깨독

깨우자!
독해력!

깨독

중등 국어 독해 3 수능편

WRITERS

미래엔콘텐츠연구회

류신형 보인고 교사
박무근 중동고 교사
정지민 이화여고 교사

COPYRIGHT

인쇄일 2022년 11월 21일(1판1쇄)
발행일 2022년 11월 21일

펴낸이 신광수
펴낸곳 ㈜미래엔
등록번호 제16-67호

교육개발1실장 하남규
개발책임 이충선
개발 오혜연, 황혜린, 심현진

콘텐츠서비스실장 김효정
콘텐츠서비스책임 이승연

디자인실장 손현지
디자인책임 김기욱
디자인 윤지혜, 김단비

CS본부장 강윤구
CS지원책임 강승훈

ISBN 979-11-6841-424-2

독해력을 깨울 시간!

어휘는 어렵고, 지문은 길어서 읽기가 힘들어.
나, 이대로 괜찮을까?

걱정하지 마! 너희 선배들도 다 같은 고민을 했거든.
그런 고민이 하나하나 모여서 만들어진 게 바로,
깨독이야!

국어가 어렵다는 생각은 버려.
네 안의 독해력을 깨우면
국어가 이렇게 쉬웠다고? 소리가 저절로 나올 걸~

우리 함께 독해력을 깨울 시간이야!

중등 국어 수능 독해
학습 전략

나의 수준 점검

Level.0

글을 읽고 글의 화제나 중심 내용을 찾기가 어려워요.

기초부터 다지며 수능 국어 공부를 시작하고 싶어요.

"독해 원리부터 익혀 기초를 다지는 훈련을 해 보세요."

추천 대상: 예비 중

- 구성 비율: 원리 ▢▢▢▢ 문제
- 문제 경향: 내신 ▢▢▢▢ 수능
- 글자 수: 1000 이하 ▢▢▢▢ 2000 이상
- 문제 수준: 하 ▢▢▢▢ 상

Level.1

계획을 세워 공부하는 습관이 잡히지 않았어요.

인문, 사회, 과학, 기술, 예술 영역의 글을 읽으며 독해 능력을 기르고 싶어요.

"영역별로 비문학 지문을 집중하여 읽는 훈련을 해 보세요."

추천 대상: 중 1

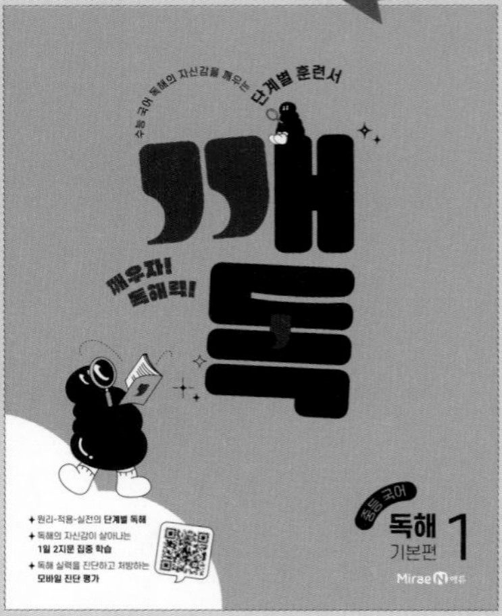

- 구성 비율: 원리 ▢▢▢▢ 문제
- 문제 경향: 내신 ▢▢▢▢ 수능
- 글자 수: 1000 이하 ▢▢▢▢ 2000 이상
- 문제 수준: 하 ▢▢▢▢ 상

한번에 모두 하려 하지 말고,

수능 국어 1등급을 중학교 때부터 미리미리 준비하자.

Level. 2

다양한 영역의 긴 지문을 읽고 독해 실력을 키우고 싶어요.

수준 높은 문제를 풀어 보고 싶어요.

"짧은 지문－긴 지문의 순서로 단계별 독해 훈련을 해 보세요."

추천 대상: 중 2

구성 비율 원리 ― 문제

문제 경향 내신 ― 수능

글자 수 1000 이하 ― 2000 이상

문제 수준 하 ― 상

Level. 3

수능 국어 1등급을 목표로 꾸준히 공부하고 싶어요.

수능에 나오는 국어 지문과 문제 유형으로 공부하고 싶어요.

"실제 수능에 나오는 문제 유형에 따라 독해 훈련을 해 보세요."

추천 대상: 중 3

구성 비율 원리 ― 문제

문제 경향 내신 ― 수능

글자 수 1000 이하 ― 2000 이상

문제 수준 하 ― 상

차근차근 하나씩 -

구성과 특징

1 유형 원리 익히기

수능 독서(비문학)에 출제되는 대표적인 5가지 문제 유형을 익혀요.

❶ 원리 포인트

수능에 나오는 문제 유형의 해결 원리 포인트를 단계별로 익혀요.

❷ 원리 적용

대표 유형 문제에 유형 해결 원리를 스스로 적용해 보며 문제 해결력을 길러요.

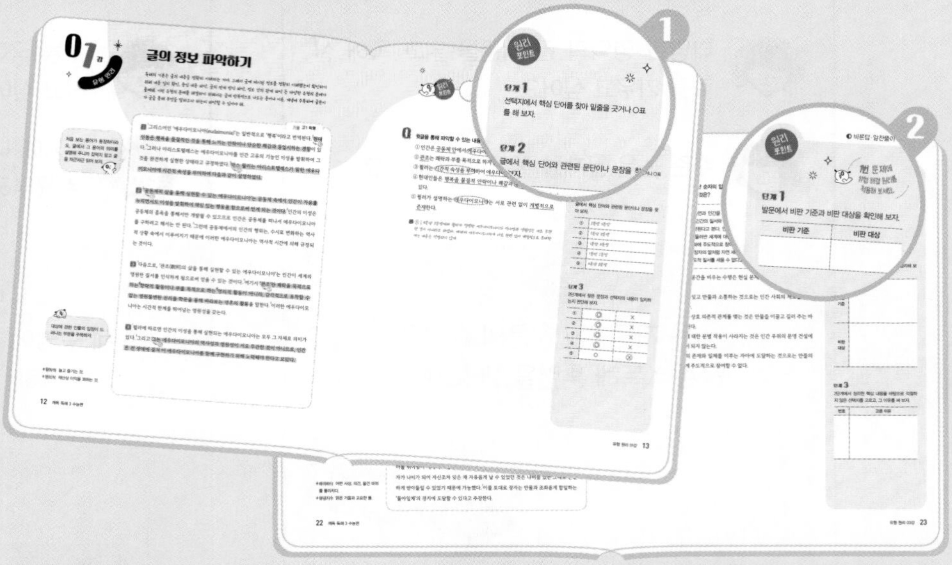

2 독해력 깨우기

짧은 지문 - 긴 지문 순으로 실전 훈련하며 차근차근 독해 실력을 완성해요.

❶ 수능이 쉬워지는 지문 키워드

수능이 쉬워지는 지문 키워드 로 수능에 출제되는 대표적인 지문 유형과 지문의 핵심 내용을 확인해요.

❷ 확인 문제

빈칸 넣기, O, × 문제 등 간단한 확인 문제로 지문의 내용을 정확히 이해했는지 점검해요.

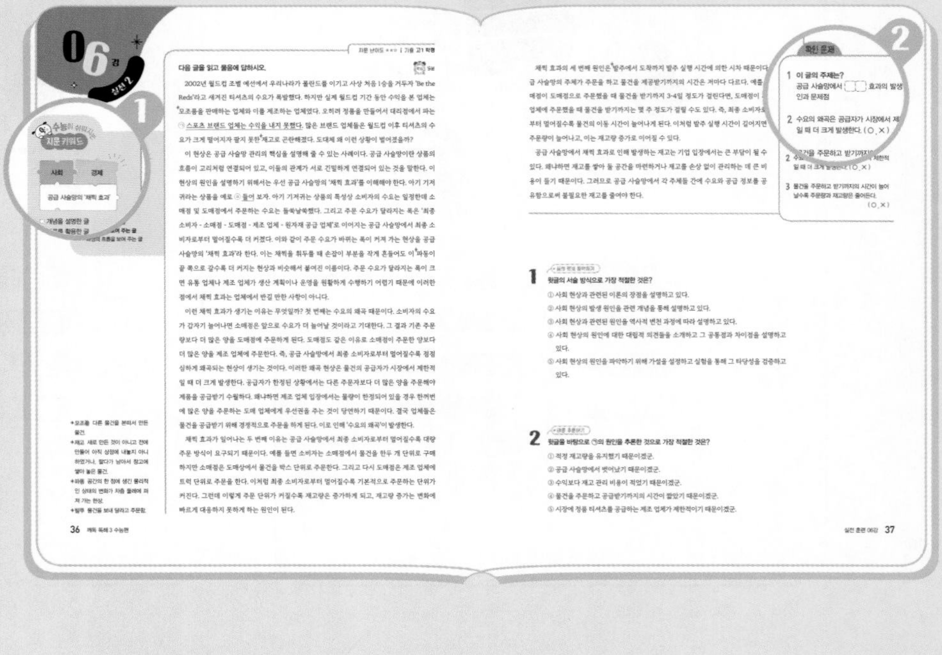

수능 기출 유형 원리로
깨우자 독해력!

3 독해력 다지기

독해에 도움이 되는 어휘력을 쌓고, 독해 실력을 점검하여 마무리해요.

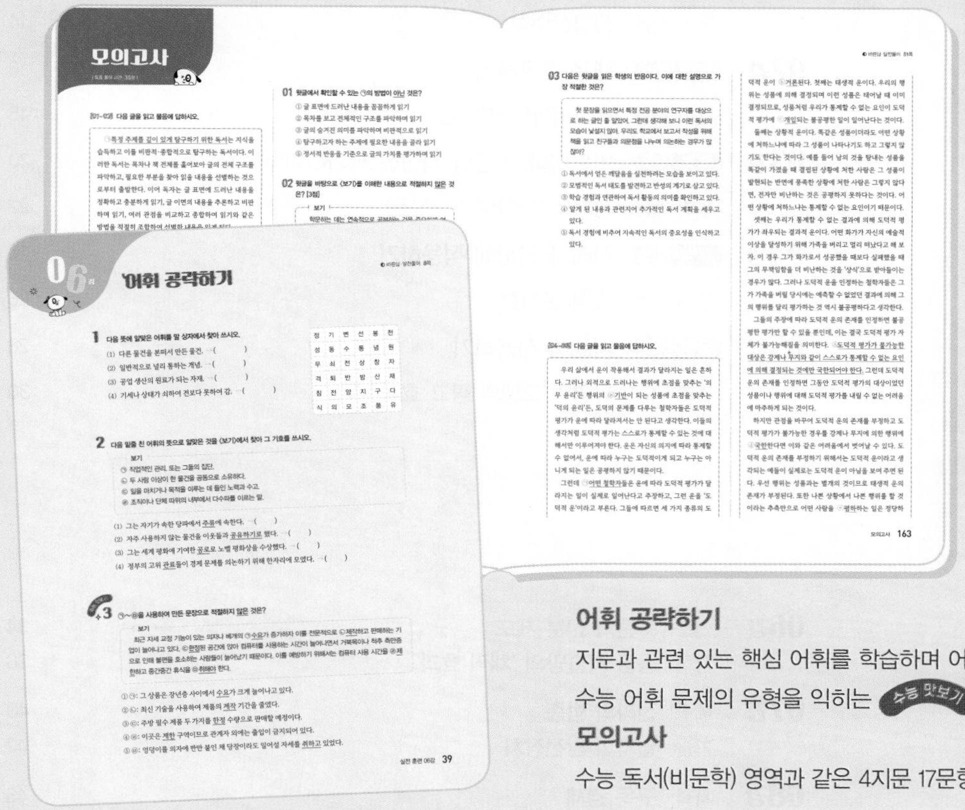

어휘 공략하기

지문과 관련 있는 핵심 어휘를 학습하며 어휘력을 높여요.

수능 어휘 문제의 유형을 익히는 수능 맛보기로 실전력도 함께 길러요.

모의고사

수능 독서(비문학) 영역과 같은 4지문 17문항의 모의고사로 실전 감각을 길러요.

모바일 진단 평가

- '학습 전 – 학습 중간 – 학습 완료 후' **총 3회의** 모바일 진단 평가로 자신의 독해 실력을 진단해요.
- 수능 국어 **예상 등급**과 **학습 처방**을 통해 스스로 실력을 점검해요.

차례

유형 원리

진단 평가 1회

실전 훈련 1

실전 훈련 2

실전 훈련 3

실전 훈련 4

모의고사

학습 계획표

5주 완성

1주	1일 ☐ 월 일	2일 ☐ 월 일	3일 ☐ 월 일	4일 ☐ 월 일	5일 ☐ 월 일
2주	6일 ☐ 월 일	7일 ☐ 월 일	8일 ☐ 월 일	9일 ☐ 월 일	10일 ☐ 월 일
3주	11일 ☐ 월 일	12일 ☐ 월 일	13일 ☐ 월 일	14일 ☐ 월 일	15일 ☐ 월 일
4주	16일 ☐ 월 일	17일 ☐ 월 일	18일 ☐ 월 일	19일 ☐ 월 일	20일 ☐ 월 일
5주	21일 ☐ 월 일	22일 ☐ 월 일	23일 ☐ 월 일	24일 ☐ 월 일	목표 달성

#계획표 #공부 습관 #꾸준히 #천천히 #1일 2지문

'학습 플래너'를 활용하여
나만의 학습 계획을 세워 보세요.

3주 완성

	1일 □ 월 일	2일 □ 월 일	3일 □ 월 일	4일 □ 월 일	5일 □ 월 일
1주					
	6일 □ 월 일	7일 □ 월 일	8일 □ 월 일	9일 □ 월 일	10일 □ 월 일
2주					
	11일 □ 월 일	12일 □ 월 일	13일 □ 월 일	14일 □ 월 일	15일 □ 월 일
3주					

#계획표 #방학 집중 #단기 완성 #1일 4지문

깨독 독해편을 완벽하게 사용하는 Tip

1. 필기 도구와 깨독 독해 책 준비하기
2. 학습 날짜와 분량을 적어서 계획표 완성하기
3. 계획표에 따라 공부하고 ✓표 하기
4. 틀린 문제를 정리하여 나만의 오답 노트 만들기

수능 기출 유형 원리로 깨우자!

유형 원리

강	학습 내용	학습 확인
01강	유형 원리 글의 정보 파악하기 원리 적용 진경산수화	
02강	유형 원리 내용 추론하기 원리 적용 베카리아의 형벌론	
03강	유형 원리 비판이나 반응의 적절성 평가하기 원리 적용 장자의 '물아일체' 사상	
04강	유형 원리 사례나 상황에 적용하기 원리 적용 손익 분기점	
05강	유형 원리 자료에 적용하기 원리 적용 유명인 모델의 광고 효과	

01강 유형 원리

글의 정보 파악하기

독해의 기본은 글의 내용을 정확히 이해하는 거야. 그래서 글에 제시된 정보를 정확히 이해했는지 확인하기 위해 내용 일치 확인, 중심 내용 파악, 글의 전개 방식 파악, 정보 간의 관계 파악 등 다양한 유형의 문제가 출제돼. 이런 유형의 문제를 해결하기 위해서는 글에 반복적으로 나오는 용어나 이론, 개념에 주목하여 글쓴이가 글을 통해 무엇을 말하고자 하는지 파악할 수 있어야 해.

기출 **고1 학평**

1 [1]그리스어인 '에우다이모니아(eudaimonia)'는 일반적으로 '행복'이라고 번역된다. [2]현대인들은 행복을 물질적인 것을 통해 느끼는 안락이나 단순한 쾌감과 동일시하는 경향이 있다. ④ [3]그러나 아리스토텔레스는 에우다이모니아를 인간 고유의 기능인 이성을 발휘하여 그것을 완전하게 실현한 상태라고 규정하였다. [4]막스 뮐러는 아리스토텔레스가 말한 에우다이모니아에 시간적 속성을 부여하여 다음과 같이 설명하였다. ③

처음 보는 용어가 등장하더라도, 글에서 그 용어의 의미를 설명해 주니까 겁먹지 말고 글을 차근차근 읽어 보자.

2 [1]'공동체적 삶을 통해 실현할 수 있는 에우다이모니아'는 공동체 속에서 인간이 자유를 누리면서도 이성을 발휘하여 책임 있는 행동을 함으로써 얻게 되는 것이다. ① [2]인간의 이성은 공동체의 훈육을 통해서만 개발될 수 있으므로 인간은 공동체를 떠나서 에우다이모니아를 구하려고 해서는 안 된다. [3]그런데 공동체에서의 인간의 행위는, 수시로 변화하는 역사적 상황 속에서 이루어지기 때문에 이러한 에우다이모니아는 역사적 시간에 의해 규정되는 것이다.

3 [1]다음으로, '관조(觀照)의 삶을 통해 실현할 수 있는 에우다이모니아'는 인간이 세계의 영원한 질서를 인식하게 됨으로써 얻을 수 있는 것이다. [2]여기서 '관조'란 쾌락을 목적으로 하는 ✦향락적 활동이나 부를 목적으로 하는 ✦영리적 활동이 아니라, 감각적으로 포착할 수 없는 영원불변한 진리를 학문을 통해 바라보는 영혼의 활동을 말한다. ② [3]이러한 에우다이모니아는 시간적 한계를 뛰어넘는 영원성을 갖는다.

대상에 관한 인물의 입장이 드러나는 부분을 주목하자.

4 [1]뮐러에 따르면 인간의 이성을 통해 실현되는 에우다이모니아는 모두 그 자체로 의미가 있다. [2]그리고 그는 에우다이모니아의 역사성과 영원성이 서로 무관한 것이 아니므로, 인간은 전 생애에 걸쳐 이 에우다이모니아를 함께 구현하기 위해 노력해야 한다고 보았다. ⑤

✦**향락적** 놀고 즐기는 것.
✦**영리적** 재산상 이익을 꾀하는 것.

원리 포인트

선택지에서 핵심 단어 찾기 → 핵심 단어와 관련된 문단이나 문장 찾기 → 문장과 선택지의 내용이 일치하는지 판단하기

Q 윗글을 통해 파악할 수 있는 내용으로 적절하지 않은 것은?

① 인간은 공동체 안에서 에우다이모니아를 얻을 수 있다.
② 관조는 쾌락과 부를 목적으로 하지 않는 영혼의 활동이다.
③ 뮐러는 시간적 속성을 부여하여 에우다이모니아를 설명하였다.
④ 현대인들은 행복을 물질적 안락이나 쾌감과 동일시하는 경향이 있다.
⑤ 뮐러가 설명하는 에우다이모니아는 서로 관련 없이 개별적으로 존재한다.

답 ⑤ | 4문단 2문장에서 뮐러가 설명한 에우다이모니아의 역사성과 영원성은 서로 무관한 것이 아니라고 하였다. 따라서 에우다이모니아가 서로 관련 없이 개별적으로 존재한다는 내용은 적절하지 않다.

원리 포인트

단계 1

선택지에서 핵심 단어를 찾아 밑줄을 긋거나 O표를 해 보자.

단계 2

글에서 핵심 단어와 관련된 문단이나 문장을 찾아 보자.

①	2문단 1문장
②	3문단 2문장
③	1문단 4문장
④	1문단 2문장
⑤	4문단 2문장

단계 3

2단계에서 찾은 문장과 선택지의 내용이 일치하는지 판단해 보자.

①	◎	×
②	◎	×
③	◎	×
④	◎	×
⑤	○	⊗

01강 원리 적용

지문 난이도 ★☆☆ | 기출 고1 학평

다음 글을 읽고 물음에 답하시오.

1 [1]18세기 조선에서는 진경산수화가 유행했다. [2]진경산수화는 우리나라의 산하를 직접 답사하고 화폭에 담은 산수화이다. [3]무엇보다 진경(眞景)은 대상의 겉모습만을 묘사하지 않고, 대상의 본질을 표현한 그림임을 강조한 말이다. [4]하지만 대상의 본질에 대한 이해는 작가에 따라 다르게 나타났다.

작가에 따라 대상의 본질에 대한 이해가 어떻게 달랐는지 확인하며 읽어 보자.

2 [1]이 시기의 대표적인 작가인 겸재 정선은 중국의 화법인 남종문인화 기법을 바탕으로 우리 ✦산하를 주체적으로 그려 냈다. [2]성리학에 깊은 이해를 가졌던 겸재는 재구성과 변형, 즉 과감한 생략과 과장으로 학문적 이상과 우리의 산하에 대한 감흥을 표현했다. [3]또한 겸재는 음과 양의 조화를 ✦화폭에 담고자 했다.

3 [1]〈구룡폭도〉에서 물줄기가 내 눈앞에서 쏟아지는 듯한 감흥을 표현하기 위해 겸재는 앞, 위, 아래에서 본 것을 모두 한 그림에 담아냈다. [2]폭포수를 강조하기 위해 물줄기를 길고 곧게 내려 긋고 위에서 본 물웅덩이를 과장되게 둥글게 변형했다. [3]그림을 보는 이들이 폭포수의 감흥에 집중할 수 있도록 실재하는 폭포 너머의 봉우리를 과감히 생략했다. [4]절벽은 서릿발 같은 필선을 통해 강한 양의 기운을 표현한 반면 절벽의 나무는 먹의 번짐을 바탕으로 한 묵법을 통해 음의 기운을 그려 냈다.

정선이 그린 진경산수화와 김홍도가 그린 진경산수화의 공통점과 차이점은 무엇일까?

4 [1]진경산수화의 새로운 ✦전기를 마련한 이는 단원 김홍도이다. [2]국가의 공식 행사를 사실대로 기록하는 화원이었던 단원은 계산된 구도로 전대에 비해 더욱 치밀하고 박진감 넘치는 화풍을 보였다. [3]그는 초상화에 인물을 사실적으로 묘사하여 인물의 정신까지 담아내려고 한 것처럼 대상의 완벽한 재현으로 자연에서 느낀 감흥에 충실하려고 했다. [4]특히 중국을 거쳐 들어온 서양 화법 중 원근법, 투시법 등을 수용해 보다 사실적인 경치를 그려 냈다.

5 [1]정조의 명을 받아 단원이 그린 〈구룡연〉은 금강산의 구룡폭포를 직접 찾아가 그 모습을 담은 것이다. [2]흘러내리는 물줄기, 폭포 너머로 보이는 봉우리, 폭포 앞의 구름다리까지 사진을 찍은 듯이 생략 없이 그렸다. [3]과장과 꾸밈이 없이 보이는 그대로의 각도로 그린 것이다. [4]그리고 절벽 바위 하나하나의 질감을 나타내기 위해 선의 굵기와 농담에 변화를 주어 입체감 있게 표현했다.

6 [1]진경산수화는 우리나라의 산천이 곧 진경이라는 당시 사람들의 생각을 담고 있는 소중한 전통인 것이다. [2]우리 산하를 진경으로 표현함에는 우리 국토에 대한 애정, 우리 문화에 대한 자긍심이 담겨 있다. [3]이러한 진경산수화는 19세기 여러 작가들에게 영향을 미쳤다.

✦**산하** 산과 내라는 뜻으로, '자연'을 이르는 말.
✦**화폭** 그림을 그려 놓은 천이나 종이의 조각.
✦**전기** 전환점이 되는 기회나 시기.

◐ 바른답·알찬풀이 1쪽

1

대표 유형

윗글을 통해 알 수 있는 내용으로 적절하지 않은 것은?

① 겸재는 성리학자로서 자신의 학문적 이상을 화폭에 담으려고 하였다.

② 단원은 실재하는 경치의 감흥을 사실적인 묘사로 표현하고자 하였다.

③ 진경산수화는 서양 화법의 영향 없이 우리 고유의 화법으로 그려졌다.

④ 진경산수화는 우리 산하에 대한 관심이 높아진 시대 분위기를 반영하고 있다.

⑤ 겸재와 단원은 필선과 농담의 변화를 통하여 대상의 본질을 표현하고자 하였다.

2

윗글의 서술 방식에 대한 설명으로 가장 적절한 것은?

① 작가 의식과 작품을 연관 지어 서술하고 있다.

② 작품의 독창성을 문답 형식으로 설명하고 있다.

③ 작품에 대한 여러 관점의 이론을 상호 비교하고 있다.

④ 화풍의 변천 과정에서 나타난 문제점을 제시하고 있다.

⑤ 전문가의 평을 근거로 작품의 예술성을 강조하고 있다.

원리 포인트

1번 문제에 유형 해결 원리를 적용해 보세요.

단계 1

선택지에서 핵심 단어를 찾아 밑줄을 긋거나 ○표를 해 보자.

단계 2

글에서 핵심 단어와 관련된 문단이나 문장을 찾아 보자.

①	______문단 ______문장
②	______문단 ______문장
③	______문단 ______문장 ______문단 ______문장
④	______문단 ______문장 ______문단 ______, ______문장
⑤	______문단 ______문장 ______문단 ______문장

단계 3

2단계에서 찾은 문장과 선택지의 내용이 일치하는지 판단해 보자.

①	○	×
②	○	×
③	○	×
④	○	×
⑤	○	×

02강 유형 원리

내용 추론하기

'추론'은 어떤 판단을 근거로 삼아 다른 판단을 끌어내는 것을 말해. '내용 추론하기' 유형의 문제로는 글을 읽고 추론한 내용이 적절한지 판단하는 문제, 특정 관점에 대해 추론하는 문제처럼 글의 내용을 바탕으로 글에 정확히 제시되어 있지 않은 정보를 미루어 짐작해야 하는 문제들이 출제돼. 이런 유형의 문제를 해결하기 위해서는 반드시 글에 제시된 정보를 토대로 내용을 추론해야 한다는 점을 기억하자.

기출 **고3 모평**

1 [1]사람의 눈이 원래 하나였다면 세계를 입체적으로 지각할 수 있었을까? [2]입체 지각은 대상까지의 거리를 인식하여 세계를 3차원으로 파악하는 과정을 말한다. [3]입체 지각은 눈으로 들어오는 시각 정보로부터 다양한 단서를 얻어 이루어지는데 이를 양안 단서와 단안 단서로 구분할 수 있다. [4]양안 단서는 양쪽 눈이 함께 작용하여 얻어지는 것으로, 양쪽 눈에서 ③ 보내오는, ✦시차(視差)가 있는 유사한 상이 대표적이다. [5]단안 단서는 한쪽 눈으로 얻을 수 있는 것인데, 사람은 ② 단안 단서만으로도 이전의 경험으로부터 추론에 의하여 세계를 3차원으로 인식할 수 있다.

2 [1]동일한 물체가 크기가 다르게 시야에 들어오면 우리는 더 큰 ✦시각(視角)을 가진 쪽이 더 가까이 있다고 인식한다. [2]이렇게 물체의 상대적 크기는 대표적인 단안 단서이다. [3]또 다른 단안 ④ 단서로는 '직선 원근'이 있다. [4]우리는 길이나 레일이 만들어 내는 평행선의 폭이 좁은 쪽이 넓은 쪽보다 멀리 있다고 인식한다.

3 [1]어떤 경우에는 운동으로부터 단안 단서를 얻을 수 있다. [2]'운동 시차' ⑤ 는 관찰자가 운동할 때 정지한 물체들이 얼마나 빠르게 움직이는 것처럼 보이는지가 물체들까지의 상대적 거리에 대한 실마리를 제공하는 것이다. [3]예를 들어 기차를 타고 가다 창밖을 보면 가까이에 있는 나무는 빨리 지나가고 멀리 있는 산은 거의 정지해 있는 것처럼 보인다.

4 [1]동물들도 단안 단서를 활용하여 입체 지각을 할 수 있다. [2]특히 머리의 ① 좌우 측면에 눈이 있는 동물들은 양쪽 눈의 시야가 겹치는 부분이 거의 없어 양안 단서를 활용하지 못한다. [3]이런 경우에 단안 단서는 입체 지각에서 결정적인 역할을 하게 된다. [4]가령 어떤 새들은 ⑤ 머리를 좌우로 움직였을 때 정지된 물체가 움직여 보이는 정도에 따라 물체까지의 거리를 파악한다.

글에서 설명하는 개념과 원리, 방법들은 추론의 바탕이 되기 때문에 꼼꼼하게 읽어야 해.

'특히'라는 말이 나오면 그다음에 이어지는 내용에 주목해야 해.

✦**시차** 하나의 물체를 서로 다른 두 지점에서 보았을 때 방향의 차이.

✦**시각** 물체의 양쪽 끝으로부터 눈에 이르는 두 직선이 이루는 각.

원리 포인트

글에서 선택지의 내용과 관련 있는 부분 찾기 → 글의 핵심 내용 정리하기 → 핵심 내용을 추론의 근거로 삼아 선택지의 적절성 판단하기

Q 윗글로 미루어 알 수 있는 내용이 아닌 것은?

① 두 눈을 가진 동물 중에 단안 단서로만 입체 지각을 하는 동물이 있다.

② 사람이 원래 눈이 하나이더라도 경험을 통해 세계를 입체로 지각할 수 있다.

③ 사람의 경우에 양쪽 눈의 망막에 맺히는 상은 비슷해 보이지만 차이가 있다.

④ 직선 원근을 이용해 입체 지각을 하려면 두 눈에서 보내오는 상을 조합해야 한다.

⑤ 새가 단안 단서를 얻으려고 머리를 움직이는 것은 달리는 기차에서 창밖을 보는 것과 유사한 효과를 낸다.

답 ④ | '두 눈에서 보내오는 상을 조합'하여 얻을 수 있는 것은 양안 단서에 해당한다. 2문단에서 직선 원근은 단안 단서라고 하였으므로 ④는 적절하지 않은 추론이다.

원리 포인트

단계 1

글에서 선택지의 내용과 관련 있는 부분을 찾아 밑줄을 긋고 선택지 번호를 적어 보자.

단계 2

글에서 밑줄 그은 부분 중 선택지와 관련된 핵심 내용을 정리해 보자.

①	머리의 좌우 측면에 눈이 있는 동물들은 양안 단서를 활용하지 못함. 이 경우 단안 단서가 입체 지각에서 결정적인 역할을 함.
②	단안 단서만으로도 경험적 추론에 의해 세계를 3차원으로 인식할 수 있음.
③	양쪽 눈에서 보내오는, 시차가 있는 유사한 상
④	직선 원근은 단안 단서 중 하나임.
⑤	달리는 기차에서 창밖을 보는 것, 새가 머리를 움직이는 것 → 운동 시차

단계 3

2단계에서 정리한 내용을 추론의 근거로 삼아 적절하지 않은 선택지를 고르고, 그 이유를 써 보자.

번호	고른 이유
④	직선 원근은 단안 단서인데, ④에서는 두 눈을 활용하는 양안 단서라고 하였으므로 적절하지 않음.

지문 난이도 ★★★ | 기출 고3 모평

다음 글을 읽고 물음에 답하시오.

이 글에서 설명하고자 하는 내용이 무엇인지 1문단을 중심으로 살펴보자.

1 [1]1764년에 발간된 「범죄와 형벌」에서 베카리아는 이익을 저울질할 줄 알고 그에 따라 행동하는 존재로서 인간을 전제하였다.[2]사람은 대가 없이 공익만을 위하여 자유를 내어놓지는 않는다.[3]끊임없는 전쟁과 같은 상태에서 벗어나기 위하여 자유의 일부를 떼어 주고 나머지 자유의 몫을 평온하게 누리기로 합의한 것이다.[4]따라서 사회의 형성과 지속을 위한 조건이라 할 법은 저마다의 행복을 증진시킬 때 가장 잘 지켜지며, 전체✦복리를 위해 법을 위반한 사람에게 설정된 것이 형벌이다.[5]이런 논증으로 베카리아는 형벌권의 행사가✦양도의 범위를 벗어날 수 없다는 출발점을 세웠다.

2 [1]베카리아가 볼 때, 형벌은 범죄가 일으킨 결과를 되돌려 놓을 수 없다.[2]또한 인간을 괴롭히는 것 자체가 그 목적인 것도 아니다.[3]형벌의 목적은 오로지 범죄자가 또다시 피해를 끼치지 못하도록 억제하고, 다른 사람들이 그 같은 행위를 하지 못하도록 예방하는 데 있다.[4]이는 범죄로 얻을 이득, 곧 공익이 입게 되는 손실보다 형벌이 가하는 손해가 조금이라도 크기만 하면 달성된다.[5]그리고 이러한 손익 관계를 누구나 알 수 있도록 처벌 체계는 명확히 법으로 규정되어야 하고, 그 집행의 확실성도 갖추어져야 한다.[6]결국 형벌을 범죄를 가로막는 벽으로 바라보는 것이다.[7]이 ㉠ <u>울타리</u>의 높이는 살인인지 절도인지 등에 따라 달리해야 한다.[8]공익을 훼손한 정도에 비례해야 하는 것이다.[9]그것을 넘어서는 처벌은 폭압이며 불필요하다.

베카리아가 잔혹한 형벌에 대해 어떤 입장을 보이는지 마지막 문단에서 확인해 보자.

3 [1]그는 인간이 감각적인 존재라는 사실에 맞추어 제도가 운용될 것을 주장한다.[2]가장 잔혹한 형벌도 계속 시행되다 보면 사회는 그에 무디어져 마침내 그런 것을 봐도 옥살이에 대한 공포 이상을 느끼지 못한다.[3]인간의 정신에 크나큰 효과를 끼치는 것은 형벌의 강도가 아니라 지속이다.[4]죽는 장면의 목격은 무시무시한 경험이지만 그 기억은 일시적이고, 자유를 박탈당한 인간이 속죄하는 고통의 모습을 오랫동안 대하는 것이 더욱 강력한 억제 효과를 갖는다는 주장이다.[5]더욱 중요한 것을 지키기 위해 희생한 자유에는 무엇보다도 값진 생명이 포함될 수 없다고도 말한다.[6]이처럼 베카리아는 잔혹한 형벌을 반대하여 휴머니스트로, 최대 다수의 최대 행복을 말하여 공리주의자로, 자유로운 인간들 사이의 합의를 바탕으로 논의를 전개하여 사회 계약론자로 이해된다.

✦**복리** 행복과 이익을 아울러 이르는 말.

✦**양도** 권리나 재산, 법률에서의 지위 따위를 남에게 넘겨줌. 또는 그런 일.

◐ 바른답·알찬풀이 2쪽

1 대표 유형

윗글을 바탕으로 베카리아의 입장을 추론한 내용으로 가장 적절한 것은?

① 사형은 범죄 예방의 효과가 없기 때문에 폐지되어야 한다고 본다.
② 피해 회복의 관점에서 사형을 무기 징역으로 대체하는 데 찬성하지 않는다.
③ 형벌이 사회적 행복 증진을 저해한다고 보는 공리주의의 입장에서 사형을 반대한다.
④ 사형은 사람의 기억에 영구히 각인될 만큼 잔혹한 것이기 때문에 형벌로 인정하지 못한다.
⑤ 가장 큰 가치를 내어 주는 합의가 있을 수 없다는 이유로 사회 계약론의 입장에서 사형을 비판한다.

2 **㉠에 대한 설명으로 적절하지 <u>않은</u> 것은?**

① 재범을 방지하는 역할을 수행한다.
② 법률로 엮어 뚜렷이 알아볼 수 있도록 해야 한다.
③ 범죄가 유발하는 손실에 따라 높낮이를 정해야 한다.
④ 손익을 저울질하는 인간의 이성을 목적 달성에 활용한다.
⑤ 지키려는 공익보다 높게 설정할수록 방어 효과가 증가한다.

원리 포인트

1번 문제에 유형 해결 원리를 적용해 보세요.

단계 1

글에서 선택지의 내용과 관련 있는 부분을 찾아 밑줄을 긋고 선택지 번호를 적어 보자.

단계 2

글에서 밑줄 그은 부분 중 선택지와 관련된 핵심 내용을 정리해 보자.

①	
②	
③	
④	
⑤	

단계 3

2단계에서 정리한 내용을 추론의 근거로 삼아 적절한 선택지를 고르고, 그 이유를 써 보자.

번호	고른 이유

03강 유형 원리

비판이나 반응의 적절성 평가하기

글에는 타당하고 바른 내용만 있는 것이 아니기 때문에 비판적인 시각으로 글을 읽을 수 있는 능력이 필요해. 그래서 글에 제시된 관점이나 내용을 비판적으로 수용할 수 있는지 평가하기 위해 반응의 적절성을 평가하는 문제, 관점을 평가하는 문제, 특정 관점에서 다른 관점을 비판하는 문제들이 출제돼. 이런 유형의 문제를 해결하기 위해서는 먼저 발문에서 비판이나 반응의 기준과 대상을 확인해야 해.

기출 **고1 학평**

1 [1]염증 반응은 우리 몸에 침입한 바이러스나 박테리아 등의 ✦병원체를 제거하여 병원체가 몸 전체로 퍼져 나가는 것을 방지하고, 손상된 세포나 조직을 제거하여 수리를 시작하기 위한 면역 반응의 하나이다. [2]염증 반응에서는 병원체에 대항하여 신체를 보호하는 역할을 하는 혈액 속 백혈구가 주로 관여하게 된다.

2 [1]그렇다면 염증 반응은 어떻게 일어날까? [2]가령 뾰족한 핀으로 찢긴 피부에 병원체가 침입해 감염을 일으키는 상태가 되면, 병원체들은 우리 몸의 여러 조직에 살고 있는, 세포 섭취 능력을 가진 '대식 세포'에 의해 잡아 먹혀 파괴되기 시작한다. [3]대식 세포 표면에는 병원체의 고유한 특징을 인식하는 수용체가 있어서 이것이 병원체 표면의 특징적인 분자들을 인식해 병원체와 결합하면 대식 세포가 활성화되어 병원체를 삼키게 되는 것이다. [4]이러한 반응과 더불어 피부나 내장 기관을 둘러싸고 있는 조직의 일부에 분포하는 '비만 세포'가 화학 물질인 히스타민을 분비한다. [5]분비된 히스타민은 화학적 경보 신호로 작용하여, 더 많은 백혈구가 감염 부위로 올 수 있도록 혈관을 확장시킨다.(⑤) [6]혈관이 확장되면 혈관 벽을 싸고 있는 내피세포들의 사이가 벌어져 혈장 단백질, 백혈구 등의 혈액 성분들이 혈관에서 쉽게 빠져나올 수 있게 된다.(①, ③)

3 [1]이때 백혈구의 일종인 단핵구가 혈관 벽을 통과하여 병원체가 있는 감염 부위로 들어오게 된다.(④) [2]혈관 속에 있을 때 세포 섭취 능력이 없던 단핵구는 혈관 벽을 통과한 후 대식 세포로 ✦분화하여 병원체를 잡아 먹게 된다. [3]이러한 대식 세포는 사이토카인과 케모카인이라는 단백질을 분비해 병원체를 제거할 다른 방어 체제를 유도한다. [4]사이토카인은 혈관 내피세포에 작용하여 혈관을 확장시키고, 또 다른 백혈구의 일종인 호중구가 혈관 벽에 잘 달라붙을 수 있게 한다.(②, ⑤) [5]그리고 케모카인은 혈관 벽에 붙은 호중구가 혈관 벽 내피세포 사이로 빠져나와 감염 부위로 이동할 수 있도록 유도하는 역할을 한다. [6]감염 부위로 이동한 호중구는 대식 세포와 같은 방법으로 병원체를 삼킨다.

과정이 드러나는 글을 읽을 때에는 각 과정에 해당하는 정보를 구분하여 정리하면서 읽으면, 과정의 흐름을 쉽게 이해할 수 있어.

✦**병원체** 병의 원인이 되는 본체. 세균, 바이러스, 기생충 따위의 병원 미생물이 있다.

✦**분화** 생물체나 세포의 구조와 기능 따위가 특수화되는 현상.

원리 포인트

발문에서 비판이나 반응의 기준과 대상 확인하기 → 비판이나 반응의 기준과 대상의 핵심 내용 정리하기 → 핵심 내용을 바탕으로 선택지의 적절성 평가하기

Q 윗글을 읽은 학생이 〈보기〉에 대해 보인 반응으로 가장 적절한 것은?

보기

우리 몸의 염증 반응은 정상적인 치유 과정의 일부이지만 과도하거나 지속적으로 일어나게 되면, 결국 질병으로 이어진다. 이를 치료하기 위한 다양한 방법 중 하나는 확장된 혈관을 '약물'을 통해 수축시켜 과도한 염증 반응을 가라앉히는 것이다.

① '약물'을 사용하기 전에는 혈액 속의 호중구가 혈관 벽에 달라붙지 않아 염증 반응이 과도하게 일어났겠군.
② '약물'을 사용하기 전에는 혈액 속의 단핵구가 혈관 벽을 통과할 수 없어 염증 반응이 지속적으로 일어났겠군.
③ '약물'을 사용한 후에는 이전보다 염증 반응에 관여하는 백혈구가 감염 부위로 더 많이 이동하겠군.
④ '약물'을 사용한 후에는 이전보다 혈관의 내피세포들의 사이가 더욱 벌어지게 되어 염증 반응이 진정되겠군.
⑤ '약물'을 사용한 후에는 히스타민이나 사이토카인의 작용이 이전보다 원활하지 않게 되어 염증 반응이 진정되겠군.

답 ⑤ | 이 글에서 히스타민과 사이토카인은 혈관을 확장시켜 염증 반응에 관여하는 백혈구와 같은 혈액 성분들이 혈관에서 쉽게 빠져나올 수 있게 한다고 하였다. 그런데 〈보기〉에서 약물은 혈관을 수축시켜 과도한 염증 반응을 가라앉힌다고 하였으므로, 약물을 사용한 후에는 히스타민과 사이토카인의 작용이 이전보다 원활하지 않게 되어 염증 반응이 진정될 것이다.

원리 포인트

단계 1

발문에서 반응 기준과 반응 대상을 확인해 보자.

반응 기준	반응 대상
윗글	〈보기〉

단계 2

반응 기준과 반응 대상의 핵심 내용을 정리해 보자.

반응 기준	염증 반응: 히스타민, 사이토카인이 혈관을 확장시킴. → 내피세포들 사이가 벌어짐. → 백혈구가 감염 부위로 이동함. → 백혈구의 일종인 단핵구 또는 호중구가 병원체를 포식함.
반응 대상	약물 사용: 혈관을 수축시킴. → 염증 반응을 가라앉힘.

단계 3

2단계에서 정리한 핵심 내용을 바탕으로 적절한 선택지를 고르고, 그 이유를 써 보자.

번호	고른 이유
⑤	약물 사용으로 혈관이 수축되면 히스타민과 사이토카인의 작용이 원활하지 않아 염증 반응이 가라앉게 됨. 따라서 글을 읽고 〈보기〉에 대해 보인 반응으로 ⑤가 가장 적절함.

03강 원리 적용

지문 난이도 ★★☆ | 기출 고3 모평

다음 글을 읽고 물음에 답하시오.

1 [1]「장자」에는 '나를 잊는다'는 구절이 나오는 일화 두 편이 있다. [2]하나는 장자가 타인의 정원에 넘어 들어갔다는 것도 모른 채, 기이한 새의 뒤를 홀린 듯 쫓는 이야기이다. [3]여기서 장자는 바깥 사물에 마음을 통째로 빼앗겨 자신조차 잊어버리는 고도의 몰입을 대상에 사로잡혀 끌려다니는 꼴에 불과한 것으로 보았다. [4]이때 마음은 자신이 원하는 하나의 대상에만 과도하게 집착하여 그 어떤 것도 돌아보지 못한다. [5]이런 마음은 맹목적 욕망일 뿐이어서 감각적 체험을 있는 그대로 받아들이지 못하고 자신에게 이롭다거나 좋다고 생각하는 것만을 과장하거나 왜곡해서 받아들이고 그렇지 않은 것들은 ✦배격하게 된다.

2 [1]다른 하나는 제자에게 "스승님의 마음은 불 꺼진 재와 같습니다."라는 말을 들은 남곽자기라는 사람이 "나는 나 자신을 잊었다."라고 대답한 이야기이다. [2]여기서 '나 자신'은 마음을 가리키며, 마음을 잊었다는 것은 불꽃처럼 마음속에 치솟던 분별 작용이 사라졌음을 뜻한다. [3]달리 말해, 이는 텅 빈 마음이 되었다는 말이며 흔히 ✦명경지수의 비유로 표현되는 정적의 상태를 뜻한다. [4]이런 고요한 마음을 유지해야 천지만물을 있는 그대로 받아들일 수 있다.

3 [1]그렇다면 첫째 이야기에서는 온전하게 회복해야 할 '참된 자아'를 잊은 것이고 둘째 이야기에서는 세상을 기웃거리면서 시비를 따지려 드는 '편협한 자아'를 잊은 것이라고 볼 수 있다. [2]장자는 참된 자아를 잊은 채 대상에 몹시 빠져드는 식으로 자아와 세계가 관계를 맺게 되면 그 대상에 꼼짝없이 종속되어 괴로움이 증폭된다고 생각한다. [3]한편 편협한 자아를 잊었다는 것은 편견과 아집의 상태에서 벗어나 세계와 자유롭게 소통하는 합일의 경지에 도달할 수 있음을 의미한다.

4 [1]장자는 이 경지를 만물의 상호 의존성으로 설명한다. [2]그는 자아와 타자는 서로의 존재를 온전히 전제할 때 자신들의 존재가 드러날 수 있다고 말한다. [3]예컨대, 내가 편견 없는 눈의 감각으로 꽃을 응시하면 그 꽃으로 인해 나의 존재가 성립되고 나로 인해 그 꽃 또한 존재의 의미를 획득하게 된다는 것이다. [4]이런 관계가 성립되기 위해서는 끊임없이 타자를 위해 마음의 공간을 비워 두는 수행이 필요하다. [5]장자는 이런 수행을 통해서 개체로서의 자아를 뛰어넘어 세계의 모든 존재와 일체를 이루는 자아에 도달할 수 있다고 주장한다. [6]장자가 나비가 되어 자신조차 잊은 채 자유롭게 날 수 있었던 것은 나비를 있는 그대로 온전하게 받아들일 수 있었기 때문에 가능했다. [7]이를 토대로 장자는 만물과 조화롭게 합일하는 '물아일체'의 경지에 도달할 수 있다고 주장한다.

견해나 관점이 드러나는 글을 읽을 때에는 주장과 이를 뒷받침하는 근거를 파악하며 읽어야 해.

이 글은 하나의 주장에 관한 두 개의 이야기를 제시하고 있어. 두 이야기에서 '나를 잊는다'라는 구절이 어떤 의미인지 확인해 보자.

✦배격하다 어떤 사상, 의견, 물건 따위를 물리치다.
✦명경지수 맑은 거울과 고요한 물.

◐ 바른답·알찬풀이 3쪽

1 대표 유형

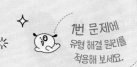

〈보기〉에 나타난 순자의 입장에서 윗글의 장자 사상을 비판한 내용으로 적절하지 않은 것은?

보기

순자는 자연과 인간을 구별하면서 인간 우위의 문명 건설에 중점을 둔다. 그는 인간의 질서와 혼란이 자연 세계가 아니라 인간 세상의 문제로부터 비롯된다고 본다. 인간의 현실 문제를 해결하기 위해 그는 인간과 인간을 둘러싼 세계에 대한 지속적인 학습을 강조한다. 또한 인간은 만물의 변화에 주도적으로 참여하여 만물을 이끌고 길러 주어야 한다고 주장한다. 장자의 말처럼 자연 세계와 온전하게 합일하는 것으로는 인간 사회의 제도적 질서를 세울 수 없다고 본다.

① 마음의 공간을 비우는 수행은 현실 문제 해결에 도움이 되지 않는다.
② 자아를 잊고 만물과 소통하는 것으로는 인간 사회의 제도를 세울 수 없다.
③ 만물과 상호 의존적 관계를 맺는 것은 만물을 이끌고 길러 주는 바탕이 된다.
④ 만물에 대한 분별 작용이 사라지는 것은 인간 우위의 문명 건설에 도움이 되지 않는다.
⑤ 세계의 존재와 일체를 이루는 자아에 도달하는 것으로는 만물의 변화에 주도적으로 참여할 수 없다.

원리 포인트

1번 문제에 유형 해결 원리를 적용해 보세요.

단계 1

발문에서 비판 기준과 비판 대상을 확인해 보자.

비판 기준	비판 대상

단계 2

비판 기준과 비판 대상의 핵심 내용을 정리해 보자.

비판 기준	
비판 대상	

단계 3

2단계에서 정리한 핵심 내용을 바탕으로 적절하지 않은 선택지를 고르고, 그 이유를 써 보자.

번호	고른 이유

04강 유형 원리

사례나 상황에 적용하기

글에 제시된 내용을 다른 사례나 상황에 적용할 수 있다면 글을 정확하게 이해했다고 볼 수 있어. 그래서 글에 나타난 개념이나 원리, 주장 등과 같은 정보를 〈보기〉를 통해 제시되는 구체적인 사례나 다른 상황과 연관 지어 판단하는 문제가 출제돼. 두 대상의 같거나 비슷한 점을 바탕으로 정보를 추측하는 유추를 기본으로 하는 유형의 문제니까 글에서 〈보기〉와 관련된 내용을 최대한 많이, 정확하게 찾을 수 있어야 해.

앞부분에서 문제 상황이나 문제의 원인을 밝힌 글은 이어지는 내용에서 해결 방안을 제시해. 문제의 원인과 그에 따른 해결 방안이 무엇인지 파악하며 읽어 보자.

기출 고1 학평

1 [1]종이가 개발되기 전, 인류는 동물의 뼈나 양피지 등에 필요한 정보를 기록해 왔다. [2]그러다 보니 부피가 커지면서 정보를 보관하고 읽는 데에 어려움을 겪었다. [3]이후 종이가 개발되어 종이로 된 책이 주된 기록 매체가 되면서, 책의 보존성과 가독성, 휴대성 등을 높이기 위한 제책 기술의 발달이 요구되었다.

2 [1]서양은 종이 책을 만들기 시작했을 때 동양에 비해 종이를 만드는 데에 서툴렀고 종이의 질이 나빴다. [2]그래서 책을 튼튼하게 만들기 위해 책의 표지에 가죽을 씌우거나 나무 판을 덧대는 방법인 양장(洋裝)을 개발했다. [3]양장은 내지 묶기와 표지 제작을 따로 한 후에 합치는 방법(②)이다. [4]내지는 실매기 방식을 활용해 실로 단단히 묶고,(③) 표지는 두껍고 단단한 종이에 천이나 가죽 등의 재료를 붙여 만든다. [5]표지와 내지를 결합할 때는 책등과 만나는 내지 부분에 접착제를 발라 책등에 붙인다. [6]그리고 내지보다 두껍고 질긴 종이인 면지를 표지와 내지 사이에 접착제로 붙여 책의 ✦내구성을 높인다.

시간의 흐름이 드러나는 글은 각 시기에 해당하는 특징을 잘 기억해야 해. 이 글은 시간의 흐름에 따라 '양장 기술 → 철사 사용 기술(옆매기, 중철) → 무선철 기술'의 순서로 설명하고 있어.

3 [1]18세기 말, 유럽은 산업 혁명으로 대량 생산의 기반이 갖추어졌고, 제책 기술도 이러한 방식으로 발전했다. [2]대량 생산을 위해 간편하게 철사를 사용해 묶는 제책 기술이 개발되었는데 처음에는 '옆매기'라 불리는 기술을 사용했다.(①) [3]그러나 옆매기는 책장 넘김이 어려워 '가운데매기'라 불리는 중철(中綴)이 주로 쓰이게 되었다. [4]중철은 종이를 포개 놓고 책장이 접히는 한가운데 부분을 ㄷ자형 철침을 이용해 매는 방식이다. [5]보통 2개의 철침으로 표지와 내지를 고정하지만 표지나 내지가 한가운데서부터 떨어지는 경우가 많아 철침을 4개로 박기도 하였다.(④) [6]중철은 오랜 보관이 필요 없거나 분량이 적은 인쇄물에 사용해 왔으며, 중철된 책은 쉽게 펼치거나 넘길 수 있고 두루마리처럼 말아서 간편하게 휴대할 수도 있다.

4 [1]20세기 중반에는 화학 접착제가 개발되며 화학 접착제만으로 책을 묶는 무선철(無線綴)이라는 제책 기술이 등장했다. [2]대량 생산에 적합한 이 방법은 낮은 가격에 책을 만들 수 있게 하여 책의 대중화에 기여했으며, 1990년대에는 새로운 화학 접착제가 개발되어 책의 내구성을 더욱 높였다.(⑤) [3]무선철 기술은 지금도 계속 보완, 발전하고 있으며 그로 인해 오늘날 대부분의 책은 무선철 방식으로 제작되고 있다.

✦**내구성** 물질이 원래의 상태에서 변질되거나 변형됨이 없이 오래 견디는 성질.

원리 포인트

〈보기〉의 중심 내용 파악하기 → 글에서 〈보기〉와 관련된 부분을 찾아 〈보기〉를 구체적으로 이해하기 → 핵심 내용을 바탕으로 선택지의 적절성 판단하기

Q 윗글과 〈보기〉를 고려할 때, 제책 회사가 제시할 의견으로 가장 적절한 것은?

보기

작년에 제작한 문집은 간편하게 말아서 휴대가 가능했지만 표지의 한가운데가 떨어지는 문제가 있었습니다. 올해는 이러한 문제를 보완해야 하며, 문집의 분량이 100쪽 이상 늘어날 예정이라는 점과 학생들이 오래도록 문집을 보관하고 싶어 하는 점을 고려해 주시기 바랍니다. 또한 문집 제작 비용을 절감하는 방향으로 제안서를 보내 주시기 바랍니다.

① 표지가 쉽게 떨어지지 않게 철사로 옆매기를 하겠습니다.
② 분량이 증가한 점을 고려하여 내지와 표지를 별도로 제작하겠습니다.
③ 오래도록 보관할 수 있게 내지는 실매기 방식을 활용해 단단하게 묶겠습니다.
④ 표지와 내지의 결합력을 높이기 위해 철침을 2개에서 4개로 늘려 묶겠습니다.
⑤ 책의 판매 가격을 낮추고 내구성을 높이기 위해 성능이 좋은 화학 접착제를 사용하여 묶겠습니다.

답 ⑤ | 〈보기〉에서는 작년에 문집을 제작했던 방식인 중철의 문제점을 보완하면서 오래 보관할 수 있고 제작 비용을 절감할 수 있는 제책 기술을 요구하고 있다. 4문단에서 화학 접착제만으로 책을 묶는 방식인 무선철은 제작 가격을 낮추면서 내구성을 더욱 높였다고 하였다. 따라서 제책 회사는 ⑤와 같이 화학 접착제를 사용한 무선철 방식을 제안할 것이다.

원리 포인트

단계 1

〈보기〉의 중심 내용에 밑줄을 긋고, 그 내용을 정리해 보자.

작년 문집	간편하게 휴대할 수 있지만, 표지 한가운데가 떨어지는 문제가 있음.
올해 문집	표지가 떨어지는 문제를 보완하고 분량이 늘어나도 장기간 보관할 수 있으며 제작 비용을 절감할 수 있는 방식을 요구함.

단계 2

글에서 〈보기〉와 관련된 부분을 찾아 핵심 내용을 정리하고, 〈보기〉를 구체적으로 이해해 보자.

중철	• 2개의 철침으로 표지와 내지를 고정하지만 표지나 내지가 한가운데서부터 떨어지는 경우가 많음. • 보관 기간이 짧거나 분량이 적은 인쇄물에 사용함.

↘ 작년의 문집은 중철 기술로 제작함.

무선철	• 화학 접착제로 묶어 책의 내구성을 높임. • 대량 생산에 적합하여 낮은 가격으로 책을 만들 수 있음.

↘ 올해의 문집은 무선철 기술을 사용해야 함.

단계 3

2단계에서 정리한 내용을 바탕으로 적절한 선택지를 고르고, 그 이유를 써 보자.

번호	고른 이유
⑤	화학 접착제를 사용하여 묶는 것은 무선철 기술에 해당하므로 ⑤가 가장 적절함.

04강 원리 적용

지문 난이도 ★★☆ | 기출 고1 학평

다음 글을 읽고 물음에 답하시오.

1 [1]기업은 제품이 어떤 가격에서 어느 정도 판매될 것인지를 예상하여 제품을 생산한다. [2]그런데 기업이 예상한 만큼 판매가 이루어지지 않으면 예상보다 적은 이익을 얻거나, 손해를 볼 수 있다. [3]따라서 기업은 자신들이 제품을 최소한 어느 정도 판매해야 손해를 피할 수 있는지를 분석해야 한다. [4]이 과정에서 활용할 수 있는 것이 손익 ✦분기점이다.

2 [1]손익 분기점은 기업의 수익과 비용이 일치하는 지점을 말한다. [2]손익 분기점을 이해하기 위해서는 기업의 수익과 비용의 개념을 알아야 한다. [3]기업의 수익은 제품의 가격과 판매량의 곱이고, 비용은 고정 비용과 변동 비용을 합한 금액이다. [4]이때 수익에서 비용을 빼면 기업의 이익이 된다. [5]그러므로 손익 분기점은 수익과 비용이 같아지는 지점의 판매량으로 나타낼 수 있고, 이 판매량을 손익 분기점 판매량이라 한다. [6]손익 분기점 판매량은 아래와 같이 계산한다.

$$\text{손익 분기점 판매량} = \frac{\text{고정 비용}}{\text{가격 - 단위당 변동 비용}}$$

글에 계산식이 나오면 문제로 출제될 확률이 높아. 계산식에서 각 요소가 서로 어떤 영향을 주고받으며 변하는지 생각하며 글을 읽어 보자.

3 [1]여기에서 고정 비용은 생산량이나 판매량에 따라 변하지 않는 비용이다. [2]제품 생산에 필요한 시설을 갖추는 데 드는 비용, 제품 생산을 위한 물건과 건물을 빌리고 내는 돈, 연구 개발비 등이 대표적인 고정 비용이다. [3]일반적으로 제품 생산에는 일정 수준의 고정 비용이 발생한다. [4]반면에 변동 비용은 생산량이나 판매량에 따라 변하는 비용이다. [5]제품 생산을 위한 재료 비용, 포장비 등이 변동 비용에 속한다. [6]변동 비용은 제품 생산량이 늘어남에 따라 증가한다. [7]그리고 고정 비용과 변동 비용을 합한 비용을 생산량으로 나누면 해당 제품의 단위당 비용이 된다. [8]마찬가지로 고정 비용과 변동 비용을 각각 생산량으로 나누면 해당 제품의 단위당 고정 비용, 단위당 변동 비용이 된다. [9]이러한 개념들을 바탕으로 손익 분기점 판매량을 계산해 보면, 고정 비용이나 단위당 변동 비용이 늘어날수록 손익 분기점 판매량은 커지게 된다는 것을 알 수 있다.

4 [1]기업의 손익 분기점 분석이 효과적이려면 비용 구조를 정확하게 파악해야 한다. [2]비용이 달라지면 손익 분기점도 달라지기 때문이다. [3]또한 판매량을 정확하게 예측해야 한다. [4]기업은 손익 분기점 분석을 통해서 제품의 판매 성과에 대한 평가, 적정한 생산 방법의 결정 등 각종 의사 결정에 필요한 자료를 얻을 수 있다.

✦**분기점** 사물의 속성 따위가 바뀌어 갈라지는 지점이나 시기.

◐ 바른답·알찬풀이 4쪽

1

대표 유형

〈보기〉의 상황에서 기업이 취할 수 있는 대응으로 가장 적절한 것은?

보기

어떤 기업이 생산하여 판매하는 제품의 손익 분기점 판매량은 80개이다. 그런데 최근 판매량을 다시 예상했더니 이 제품은 70개만 판매될 것이라는 결과가 나왔다. 가격과 고정 비용을 변화시킬 수 없는 상황에서 손익 분기점 판매량을 낮춰야 하는 형편이다.

① 포장비를 줄인다.

② 연구 개발비를 증액한다.

③ 제품 생산을 위한 재료 구입 가격을 올린다.

④ 제품 생산에 필요한 시설을 갖추는 데 드는 비용을 늘린다.

⑤ 제품 생산을 위한 물건과 건물을 빌리고 내는 금액이 비싼 곳에서 생산한다.

2

윗글의 내용과 일치하지 않는 것은?

① 기업은 판매량을 예상하여 생산량을 결정한다.

② 변동 비용은 제품 생산량이 늘어남에 따라 감소한다.

③ 손익 분기점 분석을 위해서는 비용 구조를 파악해야 한다.

④ 단위당 고정 비용은 고정 비용을 생산량으로 나눈 값이다.

⑤ 기업은 제품의 판매 성과를 알기 위해 손익 분기점 분석을 활용할 수 있다.

원리 포인트

1번 문제에 유형 해결 원리를 적용해 보세요.

단계 1

〈보기〉의 중심 내용에 밑줄을 긋고, 그 내용을 정리해 보자.

기업의 상황	• (　　　)의 감소가 예상됨. • (　　　)와/과 (　　　　)의 변화 없이 손익 분기점 판매량을 낮춰야 함.

단계 2

글에서 〈보기〉와 관련된 부분을 찾아 핵심 내용을 정리하고, 〈보기〉를 구체적으로 이해해 보자.

손익 분기점 판매량	$= \dfrac{\text{고정 비용}}{\text{가격 - 단위당 변동 비용}}$

→ 가격과 고정 비용을 바꿀 수 없는 상태에서 손익 분기점 판매량을 낮추려면, (　　　　　　　)을/를 줄여야 함.

⬇

단위당 변동 비용	= 변동 비용 ÷ 생산량

→ 변동 비용을 줄여야 함.
→ 변동 비용: (　　　　　), (　　　　) 등

단계 3

2단계에서 정리한 내용을 바탕으로 적절한 선택지를 고르고, 그 이유를 써 보자.

번호	고른 이유

05강 유형 원리

자료에 적용하기

글이나 <보기>에 나온 표나 도식, 그래프, 사진과 같은 시각 자료를 보고 해석하는 것도 중요한 독해 능력 중 하나야. 앞서 공부한 '사례나 상황에 적용하기' 유형과 비슷하지만, 시각 자료에 담긴 내용을 추론하고 해석해야 한다는 점에서 연습이 필요해. 어렵고 복잡해 보이는 도표나 그래프가 나와도 글에서 이와 관련된 내용을 찾아 차근차근 적용하면 문제를 해결할 수 있으니 겁먹지 말자.

기능이나 구조, 작동 원리 등을 설명한 글은 구조도나 그래프를 제시하는 문제가 출제될 수 있어.

기출 고2 학평

1 [1]자동차의 매연으로 인한 대기 오염이 갈수록 심해지면서 각국에서는 앞다투어 환경 오염을 줄일 수 있는 자동차를 생산하는 데 박차를 가하고 있다. [2]그중 일상적으로 쓰이게 되는 데 성공한 대표적인 사례로 친환경 차인 하이브리드(hybrid) 자동차를 들 수 있다. [3]'하이브리드'란 두 가지의 기능을 하나로 합쳤다는 의미로, 내연 기관 엔진만 장착한 기존의 자동차와 달리 하이브리드 자동차는 내연 기관 엔진에 전기 모터를 함께 장착한 것이 특징이다.

2 [1]하이브리드 자동차의 핵심 구성 요소 중 하나인 내연 기관 엔진은 기관 내부에서 연료를 연소시켜 열에너지를 기계적 에너지로 바꾼다. [2]전기 모터는 자동차의 주행 상태에 따라 전동기나 발전기 역할을 할 수도 있고 작동하지 않을 수도 있다. [3]전동기 역할을 할 때는 전력을 사용하여 자동차를 움직이게 하고, ④ 발전기 역할을 할 때는 회전 에너지를 전력으로 바꾸어 배터리를 충전한다. [4]배터리는 전기 모터가 필요로 하는 에너지를 공급하는 장치로, 자동차의 주행 상태에 따라 에너지가 충전되기도 한다. [5]그 외 구성 요소에는 변속기, 연료 탱크, 모듈 등이 있다.

3 [1]하이브리드 자동차는 차량 속도나 주행 상태 등에 따라 내연 기관 엔진과 전기 모터의 힘을 적절히 조절하여 에너지 효율을 높인다. [2]① 시동을 걸 때는 전기 모터만 사용하지만, ② 가속하거나 비탈길을 올라갈 때처럼 많은 힘이 필요하면 전기 모터가 엔진을 보조하여 움직이는 힘을 높인다. [3]정속 주행은 속도에 따라 두 유형이 있는데, ③ 저속 정속 주행할 때는 전기 모터만 작동하지만, 고속 정속 주행할 때는 엔진과 전기 모터가 함께 작동한다. [4]반면에 ④ 감속할 때는 연료 공급이 중단되어 엔진이 정지되고 전기 모터는 배터리를 충전한다. [5]또한 ⑤ 잠깐 정차할 때는 엔진이 자동으로 정지하여 차량이 헛돌아 불필요하게 연료가 소비되거나, 배기가스가 발생하지 않도록 한다.

✦가속하다 점점 속도를 더하다.

원리 포인트

글에서 〈보기〉와 관련된 내용 찾기 → 〈보기〉의 시각 자료 분석하기 → 선택지에 적용하여 적절성 판단하기

Q 윗글을 바탕으로 〈보기〉에 대해 이해한 내용으로 적절하지 않은 것은?

보기

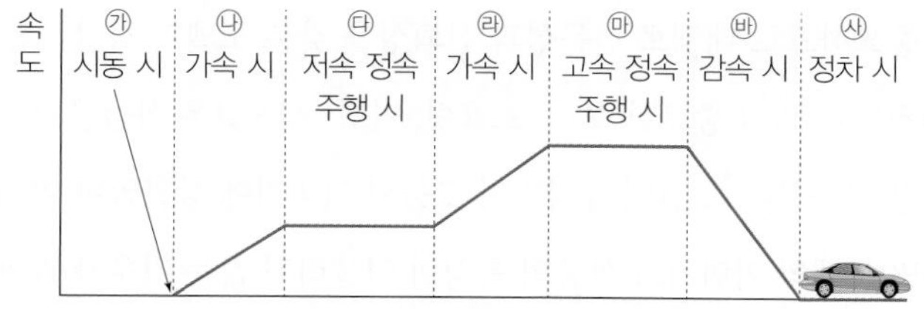

〈하이브리드 자동차의 주행 상태〉

① ㉮에서는 전기 모터만 작동한다.

② ㉯와 ㉱에서는 엔진과 전기 모터가 함께 작동한다.

③ ㉰와 달리 ㉲에서는 엔진도 작동한다.

④ ㉳에서는 전기 모터가 전동기의 역할을 한다.

⑤ ㉴에서는 엔진이 자동으로 정지한다.

답 ④ | 3문단에서 하이브리드 자동차가 감속할 때는 엔진이 정지되고 전기 모터는 배터리를 충전한다고 하였다. 2문단에서 전기 모터가 배터리를 충전하는 것은 발전기 역할을 할 때라고 하였으므로 ㉳에서 전기 모터가 전동기 역할을 한다는 내용은 적절하지 않다.

원리 포인트

단계 1

글에서 〈보기〉와 관련된 부분을 찾아 밑줄을 긋고, 그 내용을 정리해 보자.

하이브리드 자동차의 구동 방법	• 시동 시: 전기 모터만 사용함. • 가속 시: 전기 모터가 엔진을 보조함. • 저속 정속 주행 시: 전기 모터만 작동함. • 고속 정속 주행 시: 엔진과 전기 모터가 함께 작동함. • 감속 시: 연료 공급 중단 → 엔진이 정지됨, 전기 모터는 배터리를 충전함. • 정차 시: 엔진이 자동으로 정지함.

단계 2

1단계에서 정리한 내용을 바탕으로 〈보기〉의 시각 자료를 분석해 보자.

- ㉮: 전기 모터
- ㉯, ㉱: 엔진 + 전기 모터
- ㉰: 전기 모터
- ㉲: 엔진 + 전기 모터
- ㉳: 엔진 정지, 전기 모터는 배터리 충전
- ㉴: 엔진 자동 정지

단계 3

2단계에서 분석한 내용을 바탕으로 적절하지 않은 선택지를 고르고, 그 이유를 써 보자.

번호	고른 이유
④	감속할 때에는 전기 모터가 배터리를 충전하는데, 이는 전기 모터가 '전동기'가 아니라 '발전기' 역할을 하는 것이므로 적절하지 않음.

지문 난이도 ★★★ | 기출 고3 모평

다음 글을 읽고 물음에 답하시오.

1 [1]광고에서 소비자의 눈길을 확실하게 사로잡을 수 있는 요소는 유명인 모델이다. [2]그렇기 때문에 인기가 많은 일부 유명인들은 여러 상품의 광고에 중복하여 출연하기도 한다. [3]유명인의 중복 출연은 과연 높은 광고 효과를 보장할 수 있을까?

2 [1]어떤 모델이든지 상품의 특성에 적합한 이미지를 갖는 인물이어야 광고 효과가 제대로 나타날 수 있다. [2]예를 들어, 자동차, 카메라, 공기 청정기, 치약과 같은 상품의 경우에는 자체의 성능이나 효능이 중요하므로 대체로 전문성과 신뢰성을 갖춘 모델이 적합하다. [3]이와 달리 상품이 주는 감성적인 느낌이 중요한 보석, 초콜릿, 여행 등과 같은 상품은 매력성과 친근성을 갖춘 모델이 잘 어울린다. [4]그런데 유명인이 그들의 이미지에 상관없이 여러 유형의 상품 광고에 출연하면 모델의 이미지와 상품의 특성이 어울리지 않는 경우가 많아 광고 효과가 나타나지 않을 수 있다.

3 [1]유명인의 중복 출연이 소비자가 모델을 상품과 연결시켜 기억하기 어렵게 한다는 점도 광고 효과에 부정적인 영향을 미친다. [2]유명인의 이미지가 여러 상품으로 분산되면 광고 모델과 상품 간의 결합력이 약해질 것이다. [3]이는 유명인 광고 모델의 긍정적인 이미지를 광고 상품으로 옮겨 얻을 수 있는 광고 효과를 기대하기 어렵게 만든다.

4 [1]또한 유명인이 중복 출연한 광고는 광고 메시지에 대한 신뢰를 얻기 힘들다. [2]유명인 광고 모델이 여러 광고에 중복하여 출연하면, 그 모델이 경제적인 이익만을 추구한다는 이미지가 소비자에게 강하게 각인된다. [3]그러면 소비자들은 유명인 광고 모델의 진실성을 의심하게 되어 광고 메시지의 객관성이 떨어진다고 생각하게 될 것이다.

5 [1]유명인 모델의 광고 효과를 높이기 위해서는 유명인이 자신과 잘 어울리는 한 상품의 광고에만 지속적으로 나오는 것이 좋다. [2]이렇게 할 경우 상품의 인지도가 높아지고, 상품을 기억하기 쉬워지며, 광고 메시지에 대한 신뢰도가 ✦제고된다. [3]유명인의 유명세가 상품으로 옮겨지고 소비자는 유명인이 진실하다고 믿게 되기 때문이다.

6 [1]여러 광고에 중복 출연하는 유명인이 많아질수록 겉으로는 중복 출연이 광고 매출을 증대시켜 광고 산업이 활성화되는 것으로 보일 수 있다. [2]하지만 모델의 중복 출연으로 광고 효과가 제대로 나타나지 않으면 광고비가 과다 지출되어 결국 광고주와 소비자의 경제적인 부담으로 이어진다. [3]유명인을 비롯한 광고 모델의 적절한 선정이 요구되는 이유가 여기에 있다.

문제를 제기하거나 주장하는 글은 글쓴이가 제기한 문제 상황과 주장에 주목하며, 이를 뒷받침하는 구체적인 근거가 무엇인지를 잘 파악해야 해.

이 글은 뒷부분에서 글쓴이의 의도, 즉 주장이 드러나고 있어. 주장이 글의 앞부분에 나올 수도 있지만 뒷부분에 나오는 경우도 있음을 기억하자.

✦**제고되다** 수준이나 정도 따위가 끌어올려지다.

◐ 바른답·알찬풀이 5쪽

대표 유형

1 윗글의 글쓴이의 입장에 따라 〈보기〉의 유명인 모델이 등장하는 광고의 효과를 예상해 본 내용으로 적절하지 않은 것은?

보기

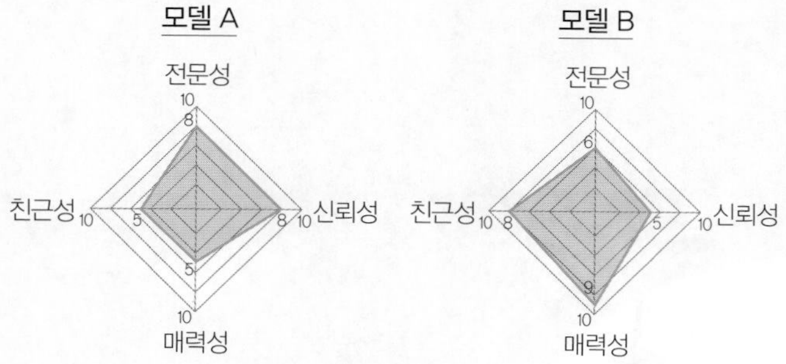

① 모델 A가 특정 카메라 광고에 계속해서 등장할 때 긍정적인 광고 효과를 기대할 수 있다.

② 모델 A가 자동차, 보석 광고 등에 중복 등장할 때 기대했던 만큼 광고 효과가 나타나지 않을 수 있다.

③ 모델 B가 치약 광고와 여행 광고에 등장할 때 두 광고 모두에서 긍정적인 광고 효과를 기대할 수 있다.

④ 초콜릿 광고의 경우 모델 A보다 모델 B가 등장할 때 더 큰 광고 효과를 기대할 수 있다.

⑤ 공기 청정기 광고의 경우 모델 B보다 모델 A가 등장할때 더 큰 광고 효과를 기대할 수 있다.

원리 포인트

1번 문제에 유형 해결 원리를 적용해 보세요.

단계 1

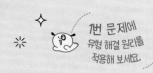

글에서 〈보기〉와 관련된 부분을 찾아 밑줄을 긋고, 그 내용을 정리해 보자.

성능이나 효능이 중요한 상품	• 자동차, 카메라, 공기 청정기, 치약 등 • (　　　)과 (　　　)을 갖춘 모델이 적합함.
감성적인 느낌이 중요한 상품	• 보석, 초콜릿, 여행 등 • (　　　)과 (　　　)을 갖춘 모델이 적합함.

단계 2

1단계에서 정리한 내용을 바탕으로 〈보기〉의 시각 자료를 분석해 보자.

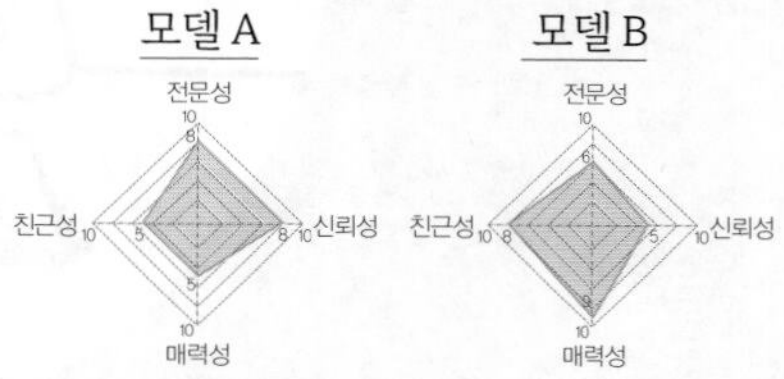

모델 A	• (　　　), (　　　) > (　　　), (　　　) → 성능이나 효능이 중요한 상품
모델 B	• (　　　) > (　　　) > (　　　) > (　　　) → 감성적인 느낌이 중요한 상품

단계 3

2단계에서 분석한 내용을 바탕으로 적절하지 않은 선택지를 고르고, 그 이유를 써 보자.

번호	고른 이유

수능 기출 유형 원리로 깨우자!

실전 훈련 1

강	학습 내용	학습 확인
06강	인문 조선의 신분 제도 사회 공급 사슬망의 '채찍 효과'	☺ 😐 ☹
07강	예술 신라의 범종 기술 열차의 안전장치	☺ 😐 ☹
08강	사회 구독 경제 과학 식욕의 작용 원리	☺ 😐 ☹
09강	기술 가로 경관 디자인 인문 인성론	☺ 😐 ☹
10강	과학 열전도 법칙 예술 국악의 장단	☺ 😐 ☹

다음 글을 읽고 물음에 답하시오. 목표 6분

고려 말이 되자 중앙 집권 체제가 약화되고 왕권이 쇠퇴되어 갔다. 이 시기에 조선을 세운 신흥 사대부들은 ✦지주층이었기 때문에 노비의 노동력이 필요했다. 그런데 이들은 강력한 중앙 집권 체제를 세우기 위해 ✦국역(國役) 대상에 해당하는 양인 계층의 폭을 넓히려 했다. 따라서 새 왕조가 추구한 국역 정책의 기본 방향은 노비가 있으면서도 되도록 많은 양인을 확보하는 것이었다.

신흥 사대부들은 국역 대상을 확보하기 위해 법적으로 모든 사회 구성원을 ㉠ 양인과 ㉡ 천인으로 나누었다. 이를 양천제라고 하며, 이들 사이에는 의무와 권리에서 차이가 있었다. 먼저 의무 면에서 양인 남자는 군대에 가는 군역(軍役)과 국가를 위해 일하는 ✦요역(徭役)을 해야 했다. 이에 비해 천인은 군역에서 철저히 제외됐다.

권리 면에서 양인과 천인은 신체와 생명의 보호와 같은 인간의 기본권을 국가 권력으로 보장받을 수 있는지에 따라 뚜렷이 차이가 났다. 천인인 노비는 재산으로 보아 사고팔 수 있는 대상이 되었으며, 사는 곳을 옮길 자유가 없었다. 노비와 양인이 싸우면 노비가 더 무거운 벌을 받는 것은 양·천 사이의 법적 지위 차이를 보여 준다. 그보다 더 큰 차이는 관직 진출권이 있느냐는 것이었다. 양인 중에도 관직에 나아갈 권리가 제한된 사람이 적지 않았다. 하지만 양인은 일단 관직 진출권이 있었다. 더러 노비가 국가에 큰 공로를 세워 관직을 받기도 하였으나 이때 천인은 반드시 양인이 되는 절차를 먼저 밟아야 했다.

그러나 이러한 양·천의 구분은 국가의 법적 구분이었지, 실제 사회 구성은 좀 더 복잡했다. 양·천이라는 구분 아래 사회 구성원은 상급 신분층인 양반 계층, 의관·역관과 같은 기술관이나 서얼 등의 중인 계층, 양인 중 수가 가장 많았던 평민 계층, 노비가 주류인 천민 계층으로 나뉘었다.

흔히 조선을 양반 관료 사회라고 말한다. 양반이 정치·사회·경제 면에서 갖가지 특권과 명예를 모두 누리면서 그 아래인 중인·평민·천민과 수준을 달리했기 때문이다. 이를 반상(班常)이라고 하는데, 반상은 곧 신분을 지배자와 피지배자로 나눈 것이다. 반상의 반(班)에는 중인이 들어가지 않았지만 상(常)에는 평민부터 노비까지 포함됐다. 이러한 반상제는 사회 통념상으로 최고 신분인 양반의 지배자적 위치를 돋보이게 하려는 의식에서 생겼다.

이처럼 국가 차원에서 양·천으로 신분을 나누는 법적 구분과 당시 실제 계급 관계를 반영하여 반상으로 나누는 사회 통념상의 구분이 서로 섞여 중세의 신분 구조를 이루었다. 중세 사회가 발전하면서 양천제라는 법적 틀에서 차츰 사회 통념상의 신분 구분이 확고히 자리 잡는 방향으로 변화했다. 이는 지주제의 확대와 발전, 그리고 조선 사회의 안정과 변동을 나타내는 것이었다.

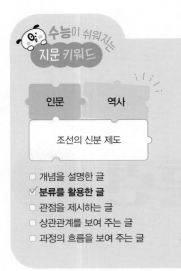

수능이 쉬워지는 지문 키워드

인문 | 역사

조선의 신분 제도

- □ 개념을 설명한 글
- ☑ **분류를 활용한 글**
- □ 관점을 제시하는 글
- □ 상관관계를 보여 주는 글
- □ 과정의 흐름을 보여 주는 글

✦**지주** 토지의 소유자.
✦**국역** 나라에서 백성들에게 지우던 부역.
✦**요역** 나라에서 16세 이상 60세 미만의 남자에게 관아의 임무 대신 시키던 노동.

확인 문제

1 **이 글의 주제는?**
조선 사회의 신분 제도인 □□□와/과 반상제

2 양인과 천인이 싸우면 천인이 더 무거운 벌을 받았다. (○ , ✕)

3 반상제는 국역 대상자를 기준으로 신분을 나눈 것이다. (○ , ✕)

◐ 바른답·알찬풀이 6쪽

1 (글의 정보 파악하기)

윗글을 통해 알 수 있는 내용으로 적절하지 않은 것은?

① 중인은 반상의 구분에서 '반'에 포함되지 않았다.
② 양인 가운데 평민층의 수가 양반층의 수보다 더 많았다.
③ 조선 시대의 사회 구성원은 사회 통념상 네 개의 계층으로 나뉘었다.
④ 지주제의 확대와 발전은 양천제에서 반상제로의 변화와 관련이 있었다.
⑤ 조선의 국역 정책은 노동력 확보를 위해 노비의 수를 최대한 늘리는 것을 우선시하였다.

2 (글의 정보 파악하기)

㉠과 ㉡에 대한 설명으로 적절하지 않은 것은?

① ㉠과 ㉡ 모두 군역의 의무를 실제로 해야 했다.
② ㉠은 법적 지위 면에서 ㉡보다 우월한 위치에 있었다.
③ ㉡이 국가에 큰 공을 세울 경우에는 ㉠이 될 수 있었다.
④ ㉡에 속하는 노비는 마음대로 거주지를 옮길 수 없었다.
⑤ ㉡은 ㉠과 달리 관직에 진출할 수 있는 권한이 원칙적으로 없었다.

3 (내용 추론하기)

'채수'의 견해를 윗글과 관련지어 이해한 내용으로 가장 적절한 것은?

> 사헌부 대사헌 채수가 아뢰었다.
> "어제 전지를 보니 역관, 의관을 권장하고 장려하고자 능통하고 재주가 있는 자는 동서 양반으로 선발하여 쓰라고 특별히 명령하셨다니 듣고 놀랐습니다. 무릇 벼슬에는 높고 낮은 것이 있고 직책에는 가볍고 무거운 것이 있습니다. 의관, 역관은 사대부 반열에 낄 수 없습니다. 의관, 역관 무리는 모두 미천한 계급 출신으로 사족(士族)이 아닙니다."
> – 「성종실록(成宗實錄)」
>
> ✦**전지** 상벌(賞罰)에 관한 임금의 명령을 그 맡은 관아에 전달하던 일.
> ✦**사족** 선비나 무인(武人)의 집안. 또는 그 자손.

① 벼슬에 높고 낮음이 있다는 말은 사회 구성원을 양천으로 구분하려는 것이군.
② 의관과 역관의 무리가 미천한 계급이라는 말은 양천제가 흔들릴 것에 대한 위기감을 드러낸 것이군.
③ 의관과 역관을 양반으로 선발하려는 조치에 반대하는 것은 양반의 지배자적 위치를 돋보이게 하려는 것이군.
④ 기술직을 권장하는 대책에 우려를 나타내는 것은 양반만이 누려 온 권력이 중인에게 넘어갈 것을 염려하는 것이군.
⑤ 재주 있는 자를 양반으로 선발하도록 한 명령에 놀란 것은 신분에 따라 인간의 기본권을 보장받는 범위에 대한 시각 차이를 보여 주는군.

수능이 쉬워지는 지문 키워드

사회 경제

공급 사슬망의 '채찍 효과'

□ 개념을 설명한 글
□ 분류를 활용한 글
□ 관점을 제시하는 글
☑ **상관관계를 보여 주는 글**
□ 과정의 흐름을 보여 주는 글

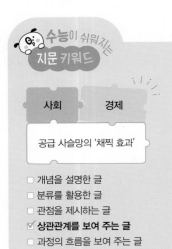

다음 글을 읽고 물음에 답하시오. 목표 9분

2002년 월드컵 조별 예선에서 우리나라가 폴란드를 이기고 사상 처음 1승을 거두자 'Be the Reds'라고 새겨진 티셔츠의 수요가 폭발했다. 하지만 실제 월드컵 기간 동안 수익을 본 업체는 모조품을 판매하는 업체와 이를 제조하는 업체였다. 오히려 정품을 만들어서 대리점에서 파는 ㉠ 스포츠 브랜드 업체는 수익을 내지 못했다. 많은 브랜드 업체들은 월드컵 이후 티셔츠의 수요가 크게 떨어지자 팔지 못한 재고로 곤란해졌다. 도대체 왜 이런 상황이 벌어졌을까?

이 현상은 공급 사슬망 관리의 핵심을 설명해 줄 수 있는 사례이다. 공급 사슬망이란 상품의 흐름이 고리처럼 연결되어 있고, 이들의 관계가 서로 긴밀하게 연결되어 있는 것을 말한다. 이 현상의 원인을 설명하기 위해서는 우선 공급 사슬망의 '채찍 효과'를 이해해야 한다. 아기 기저귀라는 상품을 예로 ⓐ 들어 보자. 아기 기저귀는 상품의 특성상 소비자의 수요는 일정한데 소매점 및 도매점에서 주문하는 수요는 들쑥날쑥했다. 그리고 주문 수요가 달라지는 폭은 '최종 소비자 - 소매점 - 도매점 - 제조 업체 - 원자재 공급 업체'로 이어지는 공급 사슬망에서 최종 소비자로부터 멀어질수록 더 커졌다. 이와 같이 주문 수요가 바뀌는 폭이 커져 가는 현상을 공급 사슬망의 '채찍 효과'라 한다. 이는 채찍을 휘두를 때 손잡이 부분을 작게 흔들어도 이 파동이 끝 쪽으로 갈수록 더 커지는 현상과 비슷해서 붙여진 이름이다. 주문 수요가 달라지는 폭이 크면 유통 업체나 제조 업체가 생산 계획이나 운영을 원활하게 수행하기 어렵기 때문에 이러한 점에서 채찍 효과는 업체에서 반길 만한 사항이 아니다.

이런 채찍 효과가 생기는 이유는 무엇일까? 첫 번째는 수요의 왜곡 때문이다. 소비자의 수요가 갑자기 늘어나면 소매점은 앞으로 수요가 더 늘어날 것이라고 기대한다. 그 결과 기존 주문량보다 더 많은 양을 도매점에 주문하게 된다. 도매점도 같은 이유로 소매점이 주문한 양보다 더 많은 양을 제조 업체에 주문한다. 즉, 공급 사슬망에서 최종 소비자로부터 멀어질수록 점점 심하게 왜곡되는 현상이 생기는 것이다. 이러한 왜곡 현상은 물건의 공급자가 시장에서 제한적일 때 더 크게 발생한다. 공급자가 한정된 상황에서는 다른 주문자보다 더 많은 양을 주문해야 제품을 공급받기 수월하다. 왜냐하면 제조 업체 입장에서는 물량이 한정되어 있을 경우 한꺼번에 많은 양을 주문하는 도매 업체에게 우선권을 주는 것이 당연하기 때문이다. 결국 업체들은 물건을 공급받기 위해 경쟁적으로 주문을 하게 된다. 이로 인해 '수요의 왜곡'이 발생한다.

채찍 효과가 일어나는 두 번째 이유는 공급 사슬망에서 최종 소비자로부터 멀어질수록 대량 주문 방식이 요구되기 때문이다. 예를 들면 소비자는 소매점에서 물건을 한두 개 단위로 구매하지만 소매점은 도매상에서 물건을 박스 단위로 주문한다. 그리고 다시 도매점은 제조 업체에 트럭 단위로 주문을 한다. 이처럼 최종 소비자로부터 멀어질수록 기본적으로 주문하는 단위가 커진다. 그런데 이렇게 주문 단위가 커질수록 재고량은 증가하게 되고, 재고량 증가는 변화에 빠르게 대응하지 못하게 하는 원인이 된다.

✦**모조품** 다른 물건을 본떠서 만든 물건.
✦**재고** 새로 만든 것이 아니고 전에 만들어 아직 상점에 내놓지 아니하였거나, 팔다가 남아서 창고에 쌓아 놓은 물건.
✦**파동** 공간의 한 점에 생긴 물리적인 상태의 변화가 차츰 둘레에 퍼져 가는 현상.
✦**발주** 물건을 보내 달라고 주문함.

채찍 효과의 세 번째 원인은 발주에서 도착까지 발주 실행 시간에 의한 시차 때문이다. 각 공급 사슬망의 주체가 주문을 하고 물건을 제공받기까지의 시간은 저마다 다르다. 예를 들어 소매점이 도매점으로 주문했을 때 물건을 받기까지 3~4일 정도가 걸린다면, 도매점이 제조 업체에 주문했을 때 물건을 받기까지는 몇 주 정도가 걸릴 수도 있다. 즉, 최종 소비자로부터 멀어질수록 물건의 이동 시간이 늘어나게 된다. 이처럼 발주 실행 시간이 길어지면 주문량이 늘어나고, 이는 재고량 증가로 이어질 수 있다.

공급 사슬망에서 채찍 효과로 인해 발생하는 재고는 기업 입장에서는 큰 부담이 될 수 있다. 왜냐하면 재고를 쌓아 둘 공간을 마련하거나 재고를 손상 없이 관리하는 데 큰 비용이 들기 때문이다. 그러므로 공급 사슬망에서 각 주체들 간에 수요와 공급 정보를 공유함으로써 불필요한 재고를 줄여야 한다.

확인 문제

1 이 글의 주제는?
공급 사슬망에서 ☐☐ 효과의 발생 원인과 문제점

2 수요의 왜곡은 공급자가 시장에서 제한적일 때 더 크게 발생한다. (○, ×)

3 물건을 주문하고 받기까지의 시간이 늘어날수록 주문량과 재고량은 줄어든다. (○, ×)

1 • 글의 정보 파악하기

윗글의 서술 방식으로 가장 적절한 것은?

① 사회 현상과 관련된 이론의 장점을 설명하고 있다.
② 사회 현상의 발생 원인을 관련 개념을 통해 설명하고 있다.
③ 사회 현상과 관련된 원인을 역사적 변천 과정에 따라 설명하고 있다.
④ 사회 현상의 원인에 대한 대립적 의견들을 소개하고 그 공통점과 차이점을 설명하고 있다.
⑤ 사회 현상의 원인을 파악하기 위해 가설을 설정하고 실험을 통해 그 타당성을 검증하고 있다.

2 • 내용 추론하기

윗글을 바탕으로 ㉠의 원인을 추론한 것으로 가장 적절한 것은?

① 적정 재고량을 유지했기 때문이겠군.
② 공급 사슬망에서 벗어났기 때문이겠군.
③ 수익보다 재고 관리 비용이 적었기 때문이겠군.
④ 물건을 주문하고 공급받기까지의 시간이 짧았기 때문이겠군.
⑤ 시장에 정품 티셔츠를 공급하는 제조 업체가 제한적이기 때문이겠군.

3

사례나 상황에 적용하기

윗글을 바탕으로 〈보기〉를 이해한 내용으로 가장 적절한 것은?

> **보기**
>
> '협력 공급 기획 예측(CPFR) 프로그램'이란 제조사와 이동 통신 사업자 간의 협력을 통해 물량의 수요를 예측하고 조정해 나가는 프로세스다. 국내 이동 통신 시장은 갑작스러운 수요 변화가 많은 편이다. 이런 환경에서 A 전자와 B 통신은 CPFR 프로그램을 이용하여 판매, 재고, 생산 계획의 정보를 실시간으로 공유하며 알맞은 시기에 필요한 물량을 공급하고 재고를 최소화하기로 하였다. (단, 여기에서는 A 전자와 B 통신 외에 다른 요인이 작용하지 않는다.)

① B 통신은 A 전자 휴대폰을 항상 대량으로 주문할 것이다.

② A 전자와 B 통신의 휴대폰 재고량이 늘어나게 될 것이다.

③ A 전자와 B 통신이 서로 정보를 공유함으로써 과잉 주문이 줄어들 것이다.

④ B 통신이 A 전자 휴대폰 공장 근처로 회사를 옮겨서 주문량에 상관없이 물건을 받는 시간은 일정하게 유지될 것이다.

⑤ A 전자가 휴대폰을 B 통신에 안정적으로 공급함으로써 국내 이동 통신 시장에서의 갑작스러운 수요 변화가 줄어들 것이다.

4

어휘의 의미 파악하기

ⓐ의 문맥적 의미와 가장 유사한 것은?

① 산에 단풍이 들어 아름다웠다.

② 이 방은 볕이 잘 들어 따뜻하다.

③ 사업에 돈이 많이 들어 걱정이다.

④ 검사는 새로운 자료를 증거로 들어 말했다.

⑤ 새로 산 옷이 내 마음에 쏙 들어 기분이 좋다.

꾸준히 공부하면
독해력이 쑥쑥!

06강

어휘 공략하기

◐ 바른답·알찬풀이 8쪽

1 다음 뜻에 알맞은 어휘를 말 상자에서 찾아 쓰시오.

(1) 다른 물건을 본떠서 만든 물건. → (　　　　　)

(2) 일반적으로 널리 통하는 개념. → (　　　　　)

(3) 공업 생산의 원료가 되는 자재. → (　　　　　)

(4) 기세나 상태가 쇠하여 전보다 못하여 감. → (　　　　　)

정	기	변	선	봉	천
성	동	수	통	념	원
무	쇠	전	상	창	자
격	퇴	반	방	산	재
침	전	양	지	구	다
식	의	모	조	품	유

2 다음 밑줄 친 어휘의 뜻으로 알맞은 것을 〈보기〉에서 찾아 그 기호를 쓰시오.

보기

㉠ 직업적인 관리. 또는 그들의 집단.

㉡ 두 사람 이상이 한 물건을 공동으로 소유하다.

㉢ 일을 마치거나 목적을 이루는 데 들인 노력과 수고.

㉣ 조직이나 단체 따위의 내부에서 다수파를 이르는 말.

(1) 그는 자기가 속한 당파에서 주류에 속한다. → (　　　)

(2) 자주 사용하지 않는 물건을 이웃들과 공유하기로 했다. → (　　　)

(3) 그는 세계 평화에 기여한 공로로 노벨 평화상을 수상했다. → (　　　)

(4) 정부의 고위 관료들이 경제 문제를 의논하기 위해 한자리에 모였다. → (　　　)

수능 맛보기

3 ㉠~㉤을 사용하여 만든 문장으로 적절하지 않은 것은?

보기

최근 자세 교정 기능이 있는 의자나 베개의 ㉠수요가 증가하자 이를 전문적으로 ㉡제작하고 판매하는 기업이 늘어나고 있다. ㉢한정된 공간에 앉아 컴퓨터를 사용하는 시간이 늘어나면서 거북목이나 척추 측만증으로 인해 불편을 호소하는 사람들이 늘어났기 때문이다. 이를 예방하기 위해서는 컴퓨터 사용 시간을 ㉣제한하고 중간중간 휴식을 ㉤취해야 한다.

① ㉠: 그 상품은 장년층 사이에서 수요가 크게 늘어나고 있다.

② ㉡: 최신 기술을 사용하여 제품의 제작 기간을 줄였다.

③ ㉢: 주방 필수 제품 두 가지를 한정 수량으로 판매할 예정이다.

④ ㉣: 이곳은 제한 구역이므로 관계자 외에는 출입이 금지되어 있다.

⑤ ㉤: 엉덩이를 의자에 반만 붙인 채 당장이라도 일어설 자세를 취하고 있었다.

07강 실전1

지문 난이도 ★☆☆ | 기출 고1 학평

다음 글을 읽고 물음에 답하시오. 목표 6분

범종은 절에서 시간을 알리거나 의식을 행할 때 쓰이는 종이다. 범종은 불교가 중국에 유입되면서 나타나기 시작하여 우리나라와 일본의 ✦사찰로 퍼져 갔다. 중국 종의 영향 속에서도 우리나라의 범종은 독특한 ✦조형 양식을 발전시켰다. 신라에서 완성된 우리나라 범종의 전형적인 조형 양식은 중국과 일본이 흉내 낼 수 없는 독창적인 형태였다. 이러한 신라의 범종 조형 양식은 조선 초에 ㉠ 큰 변화가 나타나기 전까지 후대로 이어졌다.

신라 종의 몸체는 항아리를 거꾸로 세워 놓은 것과 비슷하게 가운데가 불룩하게 튀어나와 있다. 이와 달리 중국 종은 몸체의 아랫부분이 팔(八) 자로 벌어져 있으며, 일본 종은 수직 원통형이다. 범종의 꼭대기에는 종을 매다는 고리인 용뉴가 있는데, 쌍룡 형태인 중국 종이나 일본 종의 용뉴와 달리 신라 종의 용뉴는 한 마리 용의 모습을 하고 있다. 그리고 용뉴 뒤에는 중국과 일본 종에는 없는 음통이 있다.

또한 신라의 범종에는 섬세한 문양들이 장식되어 있어 중국 종이나 일본 종과 차이를 보인다. 신라 종의 윗부분과 아랫부분에는 각각 상대와 하대라고 부르는 동일한 크기의 문양 띠가 있는데, 여기에는 덩굴무늬나 연꽃무늬 등의 불교적 상징물이 장식되어 있다. 상대 바로 아래 네 방향에는 사다리꼴의 유곽이 있으며 그 안에 연꽃 봉오리 형상이 장식된 유두가 9개씩 있다. 반면 일본 종은 단순한 꼭지 형상의 유두가 있고, 중국 종은 유두와 유곽이 모두 없다. 그리고 가장 불룩하게 튀어나온 종의 정점부에는 종을 치는 부위인 당좌가 있으며, 이 당좌 사이에는 천인상(天人像)이 장식되어 있어 가로 세로의 띠만 있는 일본 종과 차이를 보인다.

고려 시대에는 이러한 신라 종의 조형 양식이 미세한 변화 속에서 계승된다. 고려 전기에는 상대와 접하는 종의 상판 둘레에 장식이 추가되고 유곽과 당좌의 위치가 달라진다. 또한 천인상만 새겨져 있던 자리에 삼존불 등이 함께 나타난다. 고려 후기로 가면 상판 둘레의 장식이 연꽃을 세운 모양으로 바뀐다. 한편, 범종이 소형화되어 신라 종의 조형 양식이 이어지면서도 대형 종을 만드는 방법은 사라지게 된다.

조선 초에는 왕실의 주도로 다시 대형 종이 만들어진다. 이때 조선에서는 중국의 종 만드는 방법을 들여온다. 그러면서 중국 종처럼 음통이 없이 쌍룡으로 된 용뉴가 등장하며, 당좌가 사라진다. 또한 신라 종의 장식 대신 중국 종의 장식들이 나타나게 된다. 이후 불교를 억제하는 정책에 따라 한동안 범종의 제작이 통제되었고, 16세기에 사찰 주도로 소형 종이 만들어지면서 사라졌던 신라 종의 양식이 다시 나타난다. 이후 중국과의 혼합 양식과 신라의 ✦복고 양식이 함께 나타나다가 복고 양식이 사라지면서 우리나라의 범종은 쇠퇴기에 접어들게 된다.

수능이 쉬워지는 지문 키워드

예술 | 전통 예술

신라의 범종

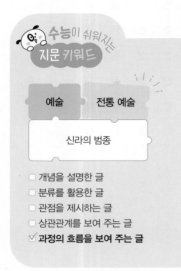

- ☐ 개념을 설명한 글
- ☐ 분류를 활용한 글
- ☐ 관점을 제시하는 글
- ☐ 상관관계를 보여 주는 글
- ☑ **과정의 흐름을 보여 주는 글**

✦**사찰** 승려가 불상을 모시고 불교를 가르치고 배우며 도를 닦는 곳.
✦**조형** 여러 가지 재료를 이용하여 구체적인 형태나 형상을 만듦.
✦**복고** 과거의 모양, 정치, 사상, 제도, 풍습 따위로 돌아감.

확인 문제

1 **이 글의 주제는?**
우리나라 범종의 전형인 ☐☐ 종의 조형적 특징과 변화 과정

2 신라 범종은 중국 종과 달리 음통이 없다. (○, ×)

3 범종은 고려 후기에 소형화되었다가 조선 초에 이르러 다시 대형으로 만들어졌다. (○, ×)

1

글의 정보 파악하기

㉠이 나타나게 된 이유로 가장 적절한 것은?

① 조선 시대에 불교를 억제하는 정책을 펴면서 범종 제작이 통제되었기 때문이다.

② 고려 시대에 종이 소형화되면서 신라 종의 조형 양식이 이어지지 못했기 때문이다.

③ 중국 종을 만드는 방법으로 대형 종을 만들면서 중국 종의 조형 양식을 따르게 되었기 때문이다.

④ 16세기에 사찰 주도로 범종을 만들 때 신라 종의 조형 양식을 복원하는 데 한계가 있었기 때문이다.

⑤ 16세기 이후에는 범종을 만들 때 중국과의 혼합 양식은 사라지고 신라 종의 양식만 따르고자 했기 때문이다.

2

자료에 적용하기

〈보기〉는 신라 시대에 만들어진 범종의 그림이다. 이 범종의 ⓐ~ⓔ와 관련된 설명으로 적절하지 않은 것은?

보기

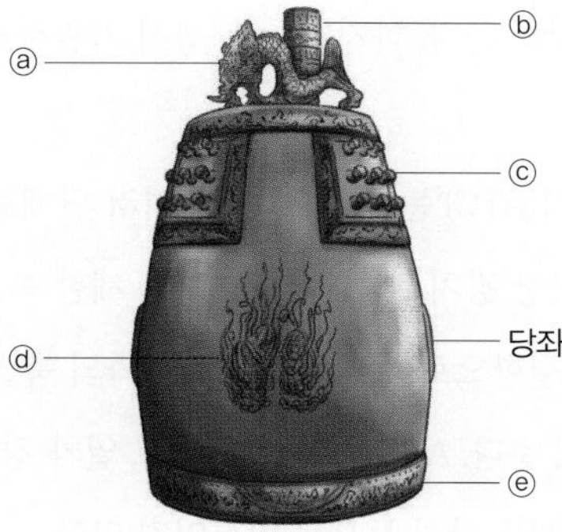

① 용이 한 마리인 형태의 ⓐ는 쌍룡 형태인 중국 종이나 일본 종과 차이가 있다.

② ⓑ는 중국 종이나 일본 종에는 없는 신라 종의 독특한 조형 양식에 해당한다.

③ 중국 종에는 ⓒ가 없고, 일본 종에 있는 것은 ⓒ와 형상이 다르다.

④ 일본 종은 신라 종과 달리 ⓓ의 주변에 가로 세로의 띠가 있다.

⑤ 신라 종은 중국 종이나 일본 종과 달리 몸체의 정점부가 ⓔ 부분보다 불룩하게 튀어나와 있다.

다음 글을 읽고 물음에 답하시오. 목표 9분

열차 운행에 있어 중요한 과제는 열차를 신속하게 운행하면서도 열차끼리의 충돌 사고를 막는 것이다. 열차를 운행할 때는 일반적으로 역과 역 사이에 일정한 간격으로 구간을 설정하고 하나의 구간에는 한 대의 열차만 운행하도록 한다. 이러한 구간을 '폐색 구간'이라고 한다. 폐색 구간을 안전하게 관리하고 열차 운행의 속도를 높이기 위해서 열차나 선로에는 다양한 안전장치들이 설치되어 있다.

'자동 폐색 장치(ABS)'는 폐색 구간의 시작과 끝에 신호를 설치하고 ✦궤도 회로를 이용하여 열차의 위치에 따라 신호를 자동으로 조절하는 장치이다. 폐색 구간에 열차가 있을 때에는 정지 신호인 적색등이 켜지고, 열차가 폐색 구간을 지나간 후에는 다음 기차가 들어와도 좋다는 녹색등이 표시된다. 이 등을 보고 뒤따라오는 열차의 기관사는 앞 구간의 열차 유무를 확인하여 열차의 운행 속도를 조절하고 앞 열차와의 안전거리를 유지하여 열차 사고를 ⓐ <u>막는다</u>.

그런데 궂은 날씨나 응급 상황으로 기관사가 신호기에 표시된 정지 신호를 잘못 인식하거나 확인하지 못해 충돌 사고가 발생하는 경우가 있다. 이러한 충돌 사고를 방지하기 위한 장치가 '자동 열차 정지 장치(ATS)'이다. ATS는 선로 위의 지상 장치와 열차 안의 차상 장치로 이루어져 있다. 열차가 지상 장치를 지나갈 때 지상 장치에서 차상 장치로 신호기에 점등 신호를 보낸다. 이때 차상 장치에 '정지'를 의미하는 적색등이 켜지면 벨이 울려 기관사에게 알려 준다. 그러면 기관사는 이를 확인하여 열차를 감속하거나 정지시키는 등 열차 운행을 조절해야 한다. 그런데 벨이 5초 이상 계속 울리는데도 열차의 속도가 줄어들지 않으면 ATS는 이를 위기 상황으로 판단하고 비상 ✦제동을 명령하여 자동으로 열차를 멈추게 한다. 이처럼 ATS는 위기 상황으로 인한 충돌 사고를 예방해 준다. 하지만 ㉠ <u>평상시 기관사의 운전 부담을 줄여 주는 데는 한계가 있다.</u>

[A]

'자동 열차 제어 장치(ATC)'는 신호에 따라 여러 단계로 나누어진 열차의 제한 속도 정보를 지상 장치에서 차상 장치로 보낸다. 그리고 제한 속도를 넘지 않도록 열차의 속도를 자동으로 감시하고 조절함으로써 앞서가는 열차와의 충돌을 막아 주고 좀 더 효율적인 열차 운행이 가능하게 해 준다. ATC는 송수신 장치, 열차 검지 장치, 속도 신호 생성 장치, 속도 검출기, 처리 장치, 제동 장치 등으로 이루어져 있다.

여러 개의 궤도 회로로 나뉜 선로 위를 A 열차와 B 열차가 달리고 있다고 가정해 보자. A, B 열차가 서로 다른 궤도 회로에 각각 들어오면 지상의 송수신 장치에서 열차 검지 장치로 신호를 보낸다. 열차 검지 장치는 이 신호를 바탕으로 선로에 있는 A, B 열차의 위치를 알아낸다. 속도 신호 생성 장치는 앞서가는 A 열차의 위치와 뒤따라오는 B 열차의 위치를 바탕으로 B 열차가 주행해야 할 적절한 속도를 계산하여 B 열차의 제한 속도를 결정한다. 이 속도는 B 열차가 위치하고 있는 궤도 회로에 전송되고 지상의 송수신 장치를 통해 B 열차

수능이 쉬워지는 지문 키워드

기술 | 생활 기술

열차의 안전장치

☑ 개념을 설명한 글
☐ 분류를 활용한 글
☐ 관점을 제시하는 글
☐ 상관관계를 보여 주는 글
☐ 과정의 흐름을 보여 주는 글

✦**궤도 회로** 철도의 회로나 건널목 경보기 따위를 제어하기 위한 전기 회로. 신호와 경보기 등을 제어하고 지상에서 차상에 정보를 전달함.

✦**제동** 기계나 자동차 따위의 운동을 멈추게 함.

에 일정 시간 간격으로 계속 전달된다.

그러면 B 열차의 운전석 계기판에는 수신된 제한 속도와 속도 검출기를 통해 얻은 B 열차의 현재 속도가 동시에 표시되어 기관사가 제한 속도를 확인하며 운전할 수 있게 한다. 이때 열차의 현재 속도가 제한 속도를 넘으면 처리 장치에서 자동으로 신호를 보내어 제동 장치가 작동되고, 제동 장치가 열차의 속도를 줄여 준다. 속도가 줄어 제한 속도 이하가 되면 제동이 풀리고 기관사는 속도를 높이게 된다. ATC는 열차가 제한 속도를 넘지 않도록 자동으로 속도를 조절하기 때문에 과속으로 인한 사고를 예방해 준다. 하지만 제한 속도 안에서는 기관사가 직접 속도를 조절해야 한다는 점에서 기관사의 부담은 여전히 남아 있다.

많은 사람들이 이용하는 열차의 특성상 열차 충돌 사고가 발생하면 큰 인명 피해로 이어진다. 그래서 현재까지도 열차 사이의 안전거리를 확보하면서도 운행 간격을 최대한 줄이고 열차의 운행 속도를 높이는 기술에 대한 연구가 지속적으로 이루어지고 있다.

확인 문제

1 **이 글의 주제는?**
안전한 열차 운행을 위한 ☐☐ 장치의 종류와 작동 원리

2 '자동 폐색 장치'는 열차의 위치에 따라 신호를 자동으로 조절한다. (○ , ×)

3 기관사는 자동 열차 제어 장치 덕분에 열차의 속도를 직접 조절하지 않아도 된다. (○ , ×)

1 • 글의 정보 파악하기

윗글의 내용과 일치하지 않는 것은?

① '폐색 구간'은 한 대의 열차만 운행하도록 정해진 구간이다.
② '자동 폐색 장치'는 정지 신호를 잘못 인식하여 발생하는 사고를 예방한다.
③ '자동 폐색 장치'는 궤도 회로를 이용하여 열차 위치에 따라 신호를 자동으로 조절한다.
④ '자동 열차 정지 장치'는 지상 장치와 차상 장치로 구성되어 있다.
⑤ '자동 열차 정지 장치'는 위기 상황에서 자동으로 작동하여 열차를 정지시킨다.

2 • 내용 추론하기

윗글을 바탕으로 ㉠의 이유를 추론한 내용으로 가장 적절한 것은?

① 정지 신호가 수신될 때 벨이 울리기 때문에
② 열차의 운전석 안에도 신호 정보가 표시되기 때문에
③ 기관사가 신호기 정보를 직접 조작해야 하기 때문에
④ 기관사가 열차의 운행 속도를 직접 조절해야 하기 때문에
⑤ 비상시에 열차의 충돌을 자동으로 방지할 수 있기 때문에

3

• 자료에 적용하기

[A]를 바탕으로 〈보기〉의 ㉮~㉲를 이해한 내용으로 적절하지 않은 것은?

보기

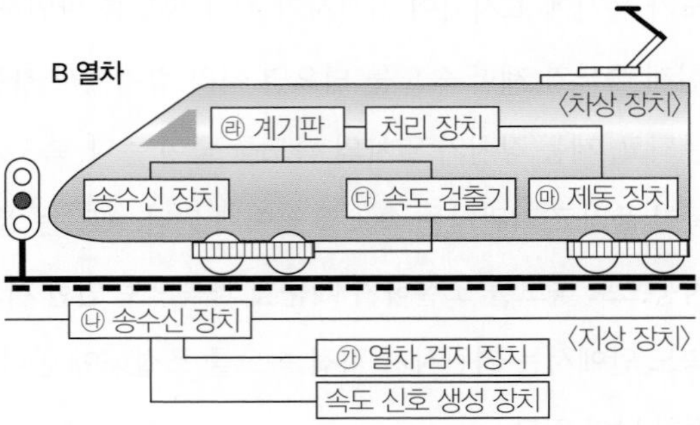

① ㉮는 선로 위에 있는 B 열차의 위치를 파악한다.

② ㉯를 통해 B 열차의 운행 제한 속도가 차상 장치에 주기적으로 전달된다.

③ ㉰는 B 열차가 운행해야 할 속도를 계산하여 제한 속도를 결정한다.

④ ㉱를 통해 B 열차의 기관사는 운행 제한 속도와 현재 속도를 확인할 수 있다.

⑤ ㉲는 B 열차가 제한 속도를 넘는 경우 처리 장치에서 신호를 받아 열차의 속도를 줄여 준다.

4

• 어휘의 의미 파악하기

ⓐ의 문맥적 의미와 가장 유사한 것은?

① 학생들이 통로를 막고 서 있다.

② 장미 정원의 주변을 울타리로 막았다.

③ 나는 그가 베푸는 호의를 막지 못했다.

④ 철저한 대비를 통해 홍수 피해를 막았다.

⑤ 올겨울 추위를 어떻게 막아야 할지 걱정이다.

차근차근 읽어 보자.
글 속에 답이 있어!

어휘 공략하기

◐ 바른답·알찬풀이 10쪽

1 다음 뜻에 알맞은 어휘를 말 상자에서 찾아 쓰시오.

(1) 어떤 부류의 특징을 가장 잘 나타내는. → (   )

(2) 과거의 모양, 정치, 사상, 제도, 풍습 따위로 돌아감.
→ (   )

(3) 기차나 전차의 바퀴가 굴러가도록 레일을 깔아 놓은 길.
→ (   )

이	기	습	윤	선	로
성	지	수	전	념	원
무	리	직	형	파	마
문	양	미	적	산	속
유	내	복	글	일	도
사	의	고	작	품	위

2 다음 밑줄 친 어휘의 뜻으로 알맞은 것을 〈보기〉에서 찾아 그 기호를 쓰시오.

보기
㉠ 확실히 보증하거나 가지고 있다.
㉡ 기계나 자동차 따위의 운동을 멈추게 하다.
㉢ 여러 가지 재료를 이용하여 구체적인 형태나 형상을 만듦.

(1) 경찰은 오랜 수사 끝에 새로운 증거를 확보했다. → (   )

(2) 빗길에서 급하게 제동하면 차가 미끄러져 위험할 수 있다. → (   )

(3) 이번 전시에서 섬유를 활용한 조형 작품을 새롭게 선보일 예정이다. → (   )

수능 맛보기

3 ㉠~㉤을 사용하여 만든 문장으로 적절하지 않은 것은?

보기
A 시는 대중교통을 이용하는 시민들의 불편을 해소하기 위해 출근 시간대에 ㉠운행하는 열차의 수를 늘리고, 운행 간격도 ㉡조정하기로 했다. 또한 시민들이 남쪽 출입구에 한꺼번에 몰려 사고가 발생하는 것을 ㉢예방하기 위해 남쪽 방향으로 출입구를 더 만들기로 결정했다. 또한 새로 만드는 출입구는 전통 ㉣양식의 상징물로 아름답게 ㉤장식할 계획이다.

① ㉠: 장마철에 차량을 운행할 때는 특별히 조심해야 한다.

② ㉡: 기상 악화로 인해 기차 운행 시간을 조정하기로 결정했다.

③ ㉢: 정기적으로 구강 검진을 받아야 충치를 예방할 수 있다.

④ ㉣: 책을 읽으며 마음의 양식을 쌓다.

⑤ ㉤: 이사한 집의 마당을 여러 종류의 꽃으로 장식했다.

다음 글을 읽고 물음에 답하시오. (목표 6분)

직장인 A 씨는 셔츠 정기 배송 서비스를 신청하여 일주일간 입을 셔츠를 제공받고, 입었던 셔츠는 반납한다. A 씨는 셔츠를 직접 사러 가거나 세탁할 필요가 없어서 시간을 절약할 수 있다. 이처럼 소비자가 회원 가입 및 신청을 하면 정기적으로 상품을 배송받거나, 필요한 서비스를 언제든지 이용할 수 있는 경제 모델을 ㉠'구독 경제'라고 한다.

신문이나 잡지 등 정기 간행물에만 적용되던 구독 모델은 최근 들어 그 적용 범위가 넓어지고 있다. 이로 인해 사람들은 상품의 소유와 관리에 대한 부담은 줄이면서 필요할 때 사용하는 방식으로 소비하게 되었다. 이러한 구독 경제에는 크게 세 가지 유형이 있다. 첫 번째 유형은 정기 배송 모델이다. 월 사용료를 내면 칫솔, 식품 등의 생필품을 지정 주소로 정기 배송해 주는 모델이다. 두 번째 유형은 무제한 이용 모델로, 정액 요금을 내고 영상이나 음원, 각종 서비스 등을 무제한 또는 정해진 횟수만큼 이용할 수 있다. 세 번째 유형인 장기 렌털 모델은 자동차 등의 고가 상품을 월 사용료를 지불하고 이용하는 것을 말한다.

최근 들어 구독 경제가 빠르게 확산되고 있는데, 그 이유는 무엇일까? 경제학자들은 그 이유를 '합리적 선택 이론'으로 설명한다. 경제 활동을 하는 소비자가 주어진 제약 속에서 자신의 효용을 최대화하려는 것을 합리적 선택이라고 한다. 이때 효용이란 소비자가 상품을 소비함으로써 얻는 만족감을 뜻한다. 소비자들이 한정된 비용으로 최대의 만족을 얻기 위해 노력한 결과가 구독 경제의 확산으로 이어졌다는 것이다. 이는 최근 소비자들이 상품을 소유해서 얻는 만족감보다 상품을 사용해서 얻는 만족감을 더 중요시한다는 것을 보여 준다.

구독 경제는 소비자의 입장에서 소유하기 전에는 사용해 보지 못하는 상품을 사용해 볼 수 있다는 장점이 있다. 그리고 값비싼 상품을 사용하는 데 큰 비용이 들지 않고, 상품 구매에 들이는 시간과 구매 과정에 따르는 불편함 등의 문제를 해결할 수 있다. 생산자 입장에서는 고객들의 정보를 수집하고, 이를 통해 개별화된 서비스를 제공하여 고객과의 관계를 지속적으로 유지할 수 있다. 또한 매월 안정적으로 매출을 올릴 수 있다.

그러나 구독 경제의 확산이 긍정적인 것만은 아니다. 소비자 입장에서는 구독하는 서비스가 지나치게 많아질 경우 고정 지출이 늘어나 경제적으로 부담이 된다. 생산자 입장에서는 상품이 소비자에게 만족을 주지 못하거나 고객과의 관계가 지속적으로 유지되지 않을 경우 구독 모델 이전보다 손해를 볼 수도 있다. 따라서 소비자는 합리적인 소비 계획을 세우고 생산자는 건전한 수익 모델을 연구하여 자신의 경제 활동에 도움이 되는 방향으로 구독 경제를 활용할 필요가 있다.

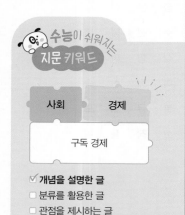

수능이 쉬워지는 지문 키워드

사회 | 경제

구독 경제

- ☑ 개념을 설명한 글
- ☐ 분류를 활용한 글
- ☐ 관점을 제시하는 글
- ☐ 상관관계를 보여 주는 글
- ☐ 과정의 흐름을 보여 주는 글

확인 문제

1 이 글의 주제는?
☐☐ 경제의 개념과 장단점

2 월 사용료를 지불하고 고가의 상품을 이용하는 것을 장기 렌털 모델이라고 한다. (○, ×)

3 구독 경제의 확산은 소비자들이 상품을 사용해서 얻는 만족감보다 상품을 소유해서 얻는 만족감을 추구한 결과이다. (○, ×)

1 글의 정보 파악하기

윗글의 내용과 일치하지 않는 것은?

① 생산자는 구독 경제를 통해 이용 고객들에게 개별화된 서비스를 제공할 수 있다.

② 소비자는 구독 경제를 이용함으로써 상품 구매 행위에 드는 시간을 줄일 수 있게 되었다.

③ 소비자는 구독 경제를 통해 회원 가입 시 개인 정보를 제공해야 하는 부담을 없앨 수 있다.

④ 한정된 비용으로 최대한의 만족을 얻으려는 소비자의 심리가 구독 경제 확산에 영향을 미치게 되었다.

⑤ 생산자는 구독 경제를 통해 고객과의 관계를 지속적으로 유지할 경우 안정적으로 매출을 올릴 수 있다.

2 내용 추론하기

윗글의 ㉠과 〈보기〉의 ㉡을 비교한 내용으로 가장 적절한 것은?

보기

㉡'공유 경제'는 한번 생산된 상품이나 서비스를 여럿이 공유해 사용하는 협력 소비를 통해 비용을 줄이고 소비자의 만족도를 높이는 경제 모델이다. 공유 경제는 자원의 활용도를 높이고 자원의 불필요한 소비를 줄일 수 있어 친환경적이라는 평가를 받고 있다. 공유 경제의 영역은 주택, 의류 등의 유형 자원에서 시간, 재능 등의 무형 자원으로 확장되고 있다.

① ㉠은 ㉡과 달리 여러 사람이 서비스를 공유하는군.

② ㉠은 ㉡과 달리 자원의 불필요한 소비를 줄일 수 있다는 점에서 친환경적이군.

③ ㉡은 ㉠과 달리 소비자에게 서비스를 주기적으로 제공하여 구매 비용을 줄이는군.

④ ㉠과 ㉡은 모두 유형 자원보다 무형 자원을 더 많이 활용하는군.

⑤ ㉠과 ㉡은 모두 소비자의 부담은 줄이면서 상품을 사용함으로써 얻는 효용에 관심을 가지는군.

지문 난이도 ★★☆ | 기출 고1 학평

수능이 쉬워지는 지문 키워드

과학 | 생명 과학

식욕의 작용 원리

□ 개념을 설명한 글
□ 분류를 활용한 글
□ 관점을 제시하는 글
□ 상관관계를 보여 주는 글
☑ 과정의 흐름을 보여 주는 글

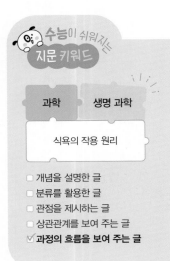

다음 글을 읽고 물음에 답하시오.

목표 9분

'식욕'은 음식을 먹고 싶어 하는 욕망으로, 인간이 살아가는 데 필요한 영양분을 얻기 위해서 반드시 필요하다. 식욕은 기본적으로 뇌에 있는 식욕 중추의 영향을 받는다. 이 중추에는 배고픈 느낌이 들게 하는 섭식 중추와 배부른 느낌이 들게 하는 포만 중추가 함께 있다. 우리 몸이 영양분을 필요로 하는 상태가 되면 섭식 중추는 뇌의 다양한 곳에 신호를 보낸다. 그러면 식욕이 느껴져 침이 나오는 등 먹는 일과 관련된 행동이 촉진된다. 그러다 영양분을 충분히 섭취하면, 포만 중추가 작용해서 식욕이 억제된다.

그렇다면 뇌에 있는 섭식 중추와 포만 중추는 어떻게 식욕을 조절하는 것일까? 여기에서 중요한 역할을 하는 것이 혈액 속을 흐르는 영양소인데, 특히 탄수화물에서 분해된 '포도당'과 지방에서 분해된 '지방산'이 중요하다. 먼저 탄수화물은 식사를 통해 몸에 들어온 후 소장에서 분해되면, 포도당으로 변해 혈액 속으로 흡수된다. 그러면 혈액 속의 포도당 농도가 높아지고, 이를 줄이기 위해 췌장에서 '인슐린'이라는 호르몬이 나온다. 이 포도당과 인슐린이 혈액을 타고 뇌로 이동하면 포만 중추의 작용을 촉진하고, 섭식 중추의 작용은 억제한다.

반면에 지방은 피부 아래의 조직에 중성 지방의 형태로 저장되어 있다가 공복 상태가 길어지면 혈액 속으로 흘러가 간으로 운반된다. 그러면 부족한 에너지를 보충하기 위해 간에서 중성 지방이 분해된다. 이 과정에서 생긴 지방산이 혈액을 타고 뇌로 이동하여 섭식 중추의 작용은 촉진하고 포만 중추의 작용은 억제한다. 이와 같은 원리에 따라 우리의 식욕은 자연스럽게 조절된다.

그런데 우리는 오직 영양분을 얻기 위한 목적으로만 식욕을 느끼는 것은 아니다. 예를 들어 '스트레스를 받으니까 매운 음식이 먹고 싶어.'처럼 취향이나 기분에 따라 생기는 식욕도 있다. 이와 같은 식욕은 대뇌의 앞부분에 있는 '전두 연합 영역'에서 조절된다. 원래 이 영역은 정신적이고 지적인 활동을 담당하는 곳이지만 식욕에도 큰 영향을 준다. 이곳에서는 음식의 맛, 냄새 등 음식에 관한 다양한 감각 정보를 정리해서 종합적으로 기억한다. 또한 맛이 없어도 건강을 위해 음식을 먹는 것과 같이, 먹는 행위를 이성적으로 조절하는 일도 한다. 전두 연합 영역에서 내리는 명령은 신경 세포의 신호를 통해서 섭식 중추와 포만 중추로 전해진다.

한편 전두 연합 영역의 기능을 알면, 음식을 먹은 후 배가 부른데도 디저트를 먹는 현상을 이해할 수 있다. 흔히 사람들이 '이젠 더 이상 못 먹겠다.'고 하는 이유가 실제로 배가 찼기 때문일 수도 있고, 배는 차지 않았지만 특정한 맛에 질려서일 수도 있다. 그런데 이런 상황에서도 디저트를 먹는 현상은 모두 전두 연합 영역의 영향을 받은 것이다. 먼저, 배가 찬 상태에서는 전두 연합 영역의 신경 세포가 '맛있다'와 같은 신호를 섭식 중추로 보내면, 거기에서 '오렉신'이라는 물질이 나온다. 오렉신은 위(胃)의 운동에 관련된 신경 세포에 작용해서, 위(胃)의 내용물을 밀어내고 다시 새로운 음식이 들어갈 공간을 마련한다. 다음으로, 배가 차지 않은 상태이지만 전

✦중추 신경 기관 가운데, 신경 세포가 모여 있는 부분.
✦섭식 음식물을 섭취함.

두 연합 영역의 영향으로 특정한 맛에 질릴 수 있다. 그래서 식사가 끝난 후에는 대개 단맛의 음식을 먹고 싶어 하는데, 이는 주식이나 반찬에는 그 정도의 단맛이 ㉠나는 음식이 없기 때문이다. 따라서 우리가 "디저트 먹을 배는 따로 있다."라고 하는 것은 생물학적으로 충분히 설득력 있는 표현이 되는 것이다.

확인 문제

1 이 글의 주제는?
식욕 ☐☐와/과 전두 연합 영역을 중심으로 한 식욕의 작용 원리

2 포도당과 인슐린은 포만 중추의 작용을 촉진한다. (○ , ×)

3 전두 연합 영역은 취향이나 기분에 따라 생기는 식욕에 영향을 미친다. (○ , ×)

1 • 글의 정보 파악하기

윗글의 표제와 부제로 가장 적절한 것은?

① 식욕의 작용 원리
- 식욕 중추와 전두 연합 영역을 중심으로

② 식욕의 개념과 특성
- 영양소의 종류와 역할을 중심으로

③ 식욕이 생기는 이유
- 탄수화물과 지방의 영향 관계를 중심으로

④ 전두 연합 영역의 특성
- 디저트의 섭취와 소화 과정을 중심으로

⑤ 전두 연합 영역의 여러 기능
- 포도당과 지방산의 작용 관계를 중심으로

2 • 글의 정보 파악하기

윗글을 이해한 내용으로 적절하지 않은 것은?

① 식욕은 인간이 살아가는 데 반드시 필요한 욕망이다.

② 인간의 뇌에 있는 식욕 중추는 인간의 식욕에 영향을 끼친다.

③ 위(胃)의 운동에 관여하는 오렉신은 전두 연합 영역에서 나온다.

④ 음식의 특정한 맛에 질렸을 때 더 이상 먹을 수 없다고 생각할 수 있다.

⑤ 전두 연합 영역은 정신적이고 지적인 활동뿐만 아니라 식욕에도 관여한다.

3

• 사례나 상황에 적용하기

윗글을 바탕으로 〈보기〉를 이해한 내용으로 적절하지 않은 것은?

> **보기**
>
> (뷔페에서 음식을 먹은 후)
> A: 너무 많이 먹어서 배가 터질 것 같아.
> B: 나도 배가 부르기는 한데, 그래도 내가 좋아하는 떡볶이를 좀 더 먹어야겠어.
>
> (잠시 후 디저트를 둘러보며)
> A: 예전에 여기서 이 과자를 먹어 봤는데 정말 달고 맛있었어. 오늘도 먹어 볼까?
> B: 너 조금 전에 배가 터질 것 같다고 하지 않았니?
> A: 후식 먹을 배는 따로 있다는 말도 못 들어 봤어?
> B: 와! 그게 또 들어가? 진짜 대단하다. 나는 입맛에는 안 맞지만 건강을 위해 녹차나 마셔야겠어.

① A는 오렉신의 영향으로 위(胃)에 후식이 들어갈 공간이 더 마련되었겠군.
② A는 섭식 중추의 작용으로 뷔페의 과자가 맛있었다고 떠올릴 수 있었겠군.
③ B는 영양분의 섭취와는 무관하게 떡볶이가 먹고 싶다고 생각했겠군.
④ B는 전두 연합 영역의 작용으로 건강을 위해 입맛에 맞지 않는 녹차를 마셨겠군.
⑤ A와 B는 디저트를 둘러보기 전까지 섭식 중추의 작용이 점점 억제되었겠군.

4

• 어휘의 의미 파악하기

㉠의 문맥적 의미와 가장 유사한 것은?

① 오늘은 합격자 발표가 나는 날이다.
② 나는 부산에서 나서 서울에서 자랐다.
③ 설렁탕은 끓일수록 진한 맛이 나는 법이다.
④ 나는 감기 몸살이 나서 학교에 가지 못했다.
⑤ 그 꽃은 좋은 향기가 나서 꽃에 많은 벌들이 날아온다.

08강 어휘 공략하기

◐ 바른답·알찬풀이 12쪽

1 다음 뜻에 알맞은 어휘를 〈보기〉에서 찾아 쓰시오.

보기

구독　　섭식　　연합　　합리적

(1) 음식물을 섭취함. → (　　　　)

(2) 이론이나 이치에 합당한. → (　　　　)

(3) 책이나 신문, 잡지 따위를 구입하여 읽음. → (　　　　)

(4) 두 가지 이상의 사물이 서로 합동하여 하나의 조직체를 만듦. → (　　　　)

2 다음 문장에 들어갈 어휘로 알맞은 것을 골라 ∨표 하시오.

(1) 나이가 들면 청각 (□ 줏대 / □ 중추)의 기능이 떨어질 수 있다.

(2) 온라인 광고를 통해 (□ 수익 / □ 수집)을 얻는 쇼핑몰이 늘어나고 있다.

(3) 이 집은 조립식이라서 필요에 따라 조립과 (□ 해소 / □ 분해)가 가능하다.

(4) 정부는 (□ 산발적 / □ 지속적)인 지역 경제 발전을 위해 소상공인들을 위한 장기적인 지원 대책을 마련하기로 했다.

수능 맛보기

3 ㉠~㉤을 사용하여 만든 문장으로 적절하지 않은 것은?

보기

오늘은 동영상 편집 방법을 소개하겠습니다. 동영상에서 ㉠음원을 추출하기 위해 먼저 A 영상 편집 프로그램을 설치해 주세요. 이 프로그램은 성능, 가격, 속도 등 제품에 대한 ㉡종합적 평가가 훌륭하여 사용자들의 입소문을 타고 ㉢확산된 제품입니다. 프로그램을 설치했다면 원하는 전송률을 ㉣적용한 뒤 '내보내기' 버튼을 눌러 주세요. 생성된 파일의 용량이 너무 크면 프로그램을 사용하는 데 ㉤제약이 있으니 컴퓨터의 사양을 꼭 확인해 주세요.

① ㉠: 이번 음반에는 그동안 공개하지 않았던 여러 음원을 담았다.

② ㉡: 산업부 장관은 수출 지원에 대한 종합적 대책을 발표했다.

③ ㉢: 은행의 이자율 상승으로 분양 시장에 냉기가 확산되고 있다.

④ ㉣: 농기계에 자율 주행 기술을 적용할 예정이다.

⑤ ㉤: 신약 개발을 위해 제약 회사들이 협업을 하기로 했다.

09강 실전 1

지문 난이도 ★★☆ | 기출 고2 학평

다음 글을 읽고 물음에 답하시오.

목표 8분

'가로(街路, street)'는 ✦시가지의 넓은 도로를 뜻한다. 그리고 도시에서 도로, 도로변의 건물, 가로수 등 길거리의 구성 요소들이 어울려 이루어 내는 종합적 이미지를 '가로 경관'이라고 한다. 가로 경관은 시각적으로 연속성과 복합성을 갖는데, 도시 설계나 경관 디자인을 할 때에는 가로 경관의 시각적 효과와 관련된 기준을 고려해야 한다.

첫째, 가로 경관을 디자인할 때에는 도로의 폭과 도로변 건물 높이의 비율에 따른 시각적 효과를 고려해야 한다. 〈그림〉에서 도로 폭을 D, 도로변 건물 높이를 H라 할 때, 그 비율인 D/H가 1일 때 균형 잡힌 느낌을 준다. 한편 도로 폭에 비해 높은 건물이 많아 D/H가 1보다 작으면 폐쇄성이 강한 공간이 되고, D/H가 1보다 커지면 개방적인 공간이 된다. D/H가 3 이상이면 너무 널찍한 느낌이 들 수 있으므로 가로수로 공간을 나누거나 ✦랜드마크가 되는 공간으로 시선을 이끌어서 공간을 시각적으로 좁힐 수 있게 설계해야 한다.

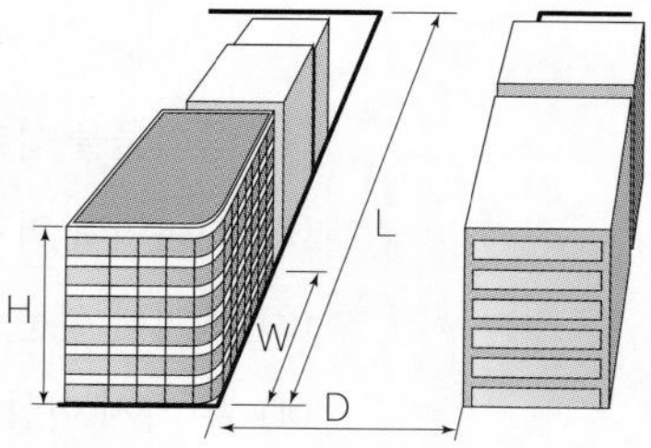

〈그림〉

둘째, 도로 폭과 도로 길이의 비율에 따른 시각적 효과도 따져 보아야 한다. 도로 폭(D)과 길이(L)의 비율(D/L)은 가로 경관의 정리된 느낌과 관련된 척도이다. 폭이 길이에 비해 상대적으로 커지면 ㉠ 광장 이미지의 공간이 된다. 이런 가로는 축제와 같은 큰 행사를 치르기에 적합하다. 반대로 도로 폭이 좁고 길게 이어지는 가로는 ㉡ 산책로 이미지의 공간이 된다. 이런 가로는 보행자가 중심이 되고, 이를 대표하는 가로는 번화가이다. 가로가 하나의 공간으로 인식되기 위해서는 길이를 일정하게 제한하여 구분하는 것이 좋다. 또한 광장 이미지가 강한 가로는 2km, 산책로 이미지가 강한 가로는 1km를 넘지 않도록 설계해야 시각적으로 정리된 느낌을 얻게 된다.

셋째, 도로 폭(D)과 도로에 접하고 있는 건물의 정면 폭(W)의 비율인 W/D도 고려해야 한다. W/D는 도로의 진행 방향에 대한 가로의 분위기와 관련이 있다. 사람이 도로변 상점들에 눈길을 주며 걷는 상황을 염두에 두고 이해하면 된다. 건물의 정면 폭이 도로 폭보다 작아 W/D가 1 이하인 건물이 연속되면 길을 걷는 사람이 지루하지 않게 거닐 수 있으므로 활기찬 분위기의 가로가 된다. 반면에 폭이 좁은 도로에 정면 폭이 큰 건축물들이 있으면, 가로의 분위기는 단조로워지고 활기를 잃고 만다. 따라서 정면 폭이 큰 건물이 있는 경우에는 W/D가 1보다 작아 보이도록 건물의 정면을 나누거나 변화를 주어 가로 경관에 활기를 불어넣는 것이 좋다.

도시 경관이 도시의 경쟁력으로 인식되면서 가로 경관으로 대표되는 도시 경관의 개선이 최근 도시의 과제 중 하나가 되었다. 그래서 시각적 효과와 관련되는 기준과 함께 도로변에 있는 건축물의 색채, 간판, 가로수 등을 고려한 도시 설계와 경관 디자인에 대한 요구가 늘어나고 있다.

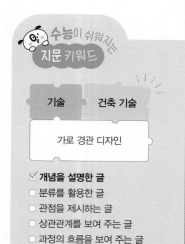

수능이 쉬워지는 지문 키워드

기술 | 건축 기술

가로 경관 디자인

☑ 개념을 설명한 글
☐ 분류를 활용한 글
☐ 관점을 제시하는 글
☐ 상관관계를 보여 주는 글
☐ 과정의 흐름을 보여 주는 글

✦**시가지** 도시의 큰 길거리를 이루는 지역.
✦**랜드마크**(landmark) 어떤 지역을 대표하거나 구별하게 하는 표지.

확인 문제

1 이 글의 주제는?
☐☐ ☐☐을/를 디자인할 때 고려해야 하는 시각적 효과와 관련된 기준

2 가로가 하나의 공간으로 인식되기 위해서는 길이를 제한하지 않는 것이 좋다. (○, ×)

3 W/D가 1 이하일 때 가로는 단조로운 느낌을 준다. (○, ×)

◐ 바른답·알찬풀이 12쪽

1 글의 정보 파악하기

윗글을 읽고 답할 수 있는 질문이 아닌 것은?

① 도시 설계와 경관 디자인에서 고려해야 할 것은?

② 도로변 건물의 특성 중 가로 경관에 영향을 미치는 것은?

③ 최근 도시 경관 개선이 이전보다 주목받는 이유는 무엇인가?

④ 가로 경관의 시각적 효과와 관련된 기준 중 가장 중요한 것은?

⑤ 널찍한 느낌의 가로를 시각적으로 좁힐 수 있는 방법은 무엇인가?

2 사례나 상황에 적용하기

윗글을 바탕으로 할 때, 〈보기〉에 대한 반응으로 가장 적절한 것은?

보기

○○시에서는 새로운 도시 경관 디자인을 위해 주요 가로에 대한 기초 조사를 실시하여 다음과 같은 결과를 얻었다. (단, 각 가로의 도로 폭은 같고, 각 가로마다 건물 높이의 편차는 작았음.)

가로	A	B	C
D/H(평균)	0.8	2.0	1.2
W/D(평균)	0.9	1.4	1.6

① A는 정면 폭이 도로 폭보다 큰 건물이 많은 가로일 것이다.

② B는 도로 폭과 도로변 건물들의 높이가 같은 가로일 것이다.

③ C는 개방성보다 폐쇄성이 강한 가로일 것이다.

④ A는 B보다 단조롭고 활기가 없는 가로일 것이다.

⑤ B는 C보다 낮은 건물들이 많은 가로일 것이다.

3 글의 정보 파악하기

㉠과 ㉡에 대한 설명으로 적절하지 않은 것은?

① 대규모 행사를 치르기에 더 적합한 가로는 ㉠이다.

② 정리된 느낌을 주는 제한 길이는 ㉠보다 ㉡이 더 짧다.

③ 번화가는 보행자가 중심이 되는 도로이며 ㉡에 해당된다.

④ 길이가 일정할 때 도로 폭을 줄이면 ㉡의 성격이 강해진다.

⑤ D/L이 1/60인 가로는 1/20인 가로보다 ㉠의 성격이 더 강하다.

09강 실전 2

수능이 쉬워지는 지문 키워드

인문 철학

인성론

□ 개념을 설명한 글
□ 분류를 활용한 글
☑ **관점을 제시하는 글**
□ 상관관계를 보여 주는 글
□ 과정의 흐름을 보여 주는 글

다음 글을 읽고 물음에 답하시오.

목표 9분

중국 역사에서 전국 시대는 전쟁이 끝없이 계속된 시대였다. 여러 사상가들이 어지러운 정국을 수습하고 백성들을 고통에서 ⓐ 벗어나게 하고자 대안을 마련하였다. 이 과정에서 그들의 이론을 뒷받침할 체계로서 인성론이 등장하였다. 인성론은, 인간의 본성은 선하다는 성선설, 인간의 본성이 악하다는 성악설, 인간의 본성에는 애초에 선과 악이라는 구분이 전혀 없다는 성무선악설 등으로 분류될 수 있다. 맹자와 순자를 비롯한 사상가들은 인간 본성에 대한 이론적 탐구에서 더 나아가 사회적·정치적 관점으로 인성론을 구성하고 변형시켜 왔다.

[A] 예를 들어 맹자의 성선설이 국가 공권력에 저항하기 위해 호족들과 지주들이 선한 본성을 갖춘 자신들을 간섭하지 말라는 이념적 근거로 사용되었다면, 순자나 법가의 성악설은 군주가 국가 공권력을 정당화할 때 사용되었다. 즉 선악이란 윤리적 개념이 정치적 개념과 매우 긴밀한 관계에 놓여 있다는 사실을 확인할 수 있다. 성선설에서는 인간이 외부의 강제적인 간섭 없이도 '정치적 질서'를 유지할 수 있다고 보았다. 반면 성악설에서는 외부의 간섭이 없을 경우 인간은 '정치적 무질서'를 가져오는 존재일 뿐이라고 본 것이다.

한편 ㉠ 고자는 성무선악설을 통해 식욕을 비롯하여 인간이 가지고 있는 자연적인 욕구가 본성이므로 이를 정치적이면서도 윤리적인 범주인 선과 악의 개념으로 다룰 수 없다고 주장했다. 고자는 인간의 본성이 동쪽으로 길을 터 주면 동쪽으로 흐르고, 서쪽으로 길을 터 주면 서쪽으로 흐르는 '소용돌이치는 물'과 같다고 하였다. 그러면서 역동적인 삶의 의지를 지닌 인간을 선악의 틀로 가두어서 그 역동성을 마비시키는 모든 외적 간섭에 저항하고자 하였다.

㉡ 맹자는, 인간의 본성을 역동적인 것으로 여긴 고자의 인성론을 비판하였다. 맹자는 살아 있는 버드나무와 그것으로 만들어진 나무 술잔의 비유를 통해, 나무 술잔으로 쓰일 수 있는 본성이 이미 버드나무 안에 있다고 보았다. 맹자는 이와 같이 인간이 태어날 때부터 지닌 선한 본성을 인의예지 네 가지로 정하였다. 고통에 빠진 타인을 측은히 여기는 동정심은 인간이라면 누구나 가지고 있으며, 측은한 마음은 인간이 의식적으로 노력해서 나온 것이 아니라 불쌍한 타인을 볼 때 저절로 내면 깊은 곳에서 흘러나온다고 본 것이다. 다시 말해 인간은 스스로의 노력으로 본성을 실현할 수 있는 존재, 즉 타인의 힘이 아닌 스스로의 힘으로 수양할 수 있는 존재라고 보았다. 이것이 바로 맹자 수양론의 기본 전제이다.

㉢ 순자는 모든 인간이 선한 본성을 지니고 있고, 이 선한 본성의 실현은 주체 자신의 노력에 의해서만 가능하다는 맹자의 성선설을 낙관적이며 현실 감각이 없는 주장으로 보았다. 선한 인간이 되기 위해서 인간은 국가 질서, 학문, 관습 등과 같은 외적인 것에 의존할 필요가 없다고 본 맹자의 논리는 현실 사회에서 국가 공권력과 사회 규범의 역할을 전적으로 부정하는 근거로 사용될 수 있었기 때문이다. 순자의 견해처럼 인간의 본성이 악하다고 전제할 때 그것을 교정할 수 있는 외적 강제력, 다시 말해 국가 권력이나 전통적인 제도들이 부각될 수 있다. 이처럼

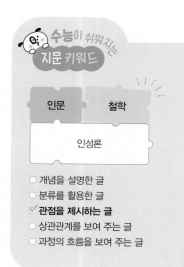

✦**정국** 정치의 국면. 또는 정치계의 형편.
✦**호족** 재산이 많고 세력이 강한 집안.
✦**이념적** 한 국가나 사회, 개인이 가지고 있는 생각의 근본이 되는, 이상적으로 여겨지는 사상에 관한 것.
✦**법가** 중국 전국 시대의 제자백가 가운데에 관자, 상앙, 한비자 등의 학자. 또는 그들이 주장한 학파.
✦**수양하다** 몸과 마음을 갈고닦아 품성이나 지식, 도덕 따위를 높은 경지로 끌어올리다.
✦**교정하다** 틀어지거나 잘못된 것을 바로잡다.
✦**재화** 사람이 바라는 바를 충족시켜 주는 모든 물건.

순자의 견해는 국가 질서와 사회 규범을 정당화하기 위한 것으로 성악설뿐만 아니라 현실주의적 인간관에서 비롯되었다.

순자는 인간의 욕망이 무한하지만 그것을 만족시켜 줄 재화는 매우 한정되어 있다고 보고 이런 모순을 해결하기 위해서 국가에 의해 예(禮)가 만들어졌다는 입장을 취하였다. 만약 인간에게 외적인 공권력과 사회 규범이 없는 경우를 가정한다면 인간들은 턱없이 부족한 재화를 놓고 자신들의 욕망 충족을 위해 일종의 전쟁 상태에 빠지게 될 것이고, 그 결과 사회는 걷잡을 수 없는 무질서 상태가 될 것이다. 맹자의 성선설이 비현실적일 뿐만 아니라 정치적 질서를 해칠 가능성이 있다고 본 순자의 비판은, 바로 인간과 사회에 대한 이와 같은 견해로부터 나온 것이다.

확인 문제

1 이 글의 주제는?
□□□의 등장 배경과 세 가지 학설

2 맹자의 성선설은 국가 공권력을 정당화하는 근거로 사용되었다. (○ , ×)

3 순자는 인간의 본성을 교정할 수 있는 외적 강제력이 필요하다고 보았다. (○ , ×)

1 • 글의 정보 파악하기

윗글에 대한 설명으로 가장 적절한 것은?

① 인성에 대한 세 견해의 장단점을 비교하고 있다.
② 인성론의 등장 배경과 다양한 견해를 소개하고 있다.
③ 인성론의 역사적 의의와 한계에 대해 분석하고 있다.
④ 인성론이 등장한 시대적 상황을 구체적 자료를 통해 제시하고 있다.
⑤ 인성에 대한 두 견해를 제시하며 이를 절충한 이론을 소개하고 있다.

2 • 글의 정보 파악하기

[A]를 통해 '인성론'에 대해 이해한 내용으로 가장 적절한 것은?

① 권력자의 윤리 의식과 통치력이 상반된다고 판단하였다.
② 정치적 입장을 정당화하는 이념적인 수단으로 사용되었다.
③ 초자연적 존재와 대비되는 인간 본성의 우위를 추구하였다.
④ 인간의 타고난 본성을 거스르는 인위적인 노력에 반대하였다.
⑤ 사회의 발전을 위해서는 갈등을 유지할 필요가 있다고 생각하였다.

사례나 상황에 적용하기

3

㉠~㉢의 관점에서 〈보기〉를 이해한 내용으로 적절하지 않은 것은?

보기

가난과 배고픔 때문에 빵을 훔친 장발장은 체포되어 19년 동안 감옥 생활을 한다. 석방되어 나온 뒤 장발장은 신분증에 전과 기록이 적혀 있어 잠잘 곳도, 일자리도 구할 수 없게 된다. 오직 미리엘 주교만이 이런 그를 따뜻하게 맞이 하여 편히 쉴 곳을 마련해 준다. 그러나 장발장은 성당에서 은촛대를 훔치다가 경관에게 붙잡힌다. 하지만 미리엘 주교는 은촛대를 장발장이 훔친 것이 아니라 선물로 준 것이라고 말하며 사랑을 베풀어 주었고, 이에 감동받은 장발장은 정체를 숨기고 선행을 베풀며 살아간다.

① ㉠: 장발장이 배가 고파 빵을 먹고 싶은 것은 인간의 자연스러운 욕구에서 비롯된 것으로 이해할 수 있다.

② ㉠: 미리엘 주교가 은촛대를 장발장에게 준 선물이라고 말한 것은 역동적 삶의 의지를 규격화하려는 행위로 볼 수 있다.

③ ㉡: 미리엘 주교가 장발장에게 편히 쉴 곳을 마련해 준 것은 불쌍한 사람을 측은히 여기는 마음에 따른 것으로 이해할 수 있다.

④ ㉡: 장발장이 선행을 베풀며 살아가는 모습은 스스로의 노력으로 선한 본성을 실현하는 것으로 볼 수 있다.

⑤ ㉢: 장발장이 체포되어 수감된 것은 본성을 바로잡기 위한 사회 규범에 근거한 것으로 볼 수 있다.

어휘의 의미 파악하기

4

ⓐ의 문맥적 의미와 가장 유사한 것은?

① 새장을 벗어난 새가 하늘 높이 날아갔다.

② 모처럼 바쁜 일상에서 벗어나 여행을 떠났다.

③ 동생이 자꾸 주제에서 벗어난 이야기를 한다.

④ 심사 위원들의 눈에서 벗어난 행동을 하면 안 된다.

⑤ 아버지는 가난에서 벗어나기 위해 열심히 일하셨다.

어휘 공략하기

◐ 바른답·알찬풀이 14쪽

1 다음 뜻에 알맞은 어휘를 말 상자에서 찾아 쓰시오.

(1) 힘차고 활발하게 움직이는. → (　　　　)

(2) 도시의 큰 길거리를 이루는 지역. → (　　　　)

(3) 산이나 들, 강, 바다 따위의 자연이나 지역의 풍경. → (　　　　)

(4) 몸과 마음을 갈고닦아 품성이나 지식, 도덕 따위를 높은 경지로 끌어올림. → (　　　　)

단	수	강	설	촉	구
성	양	천	역	감	난
만	탁	근	동	함	전
귀	가	선	적	산	바
경	관	고	폐	쇄	성
글	의	모	시	가	지

2 다음 밑줄 친 어휘의 뜻으로 알맞은 것을 〈보기〉에서 찾아 그 기호를 쓰시오.

보기
㉠ 태도나 생각 따위가 거리낌 없고 열려 있는 것.
㉡ 인간이 행동하거나 판단할 때에 마땅히 따르고 지켜야 할 가치 판단의 기준.
㉢ 국가나 공공 단체가 우월한 의사의 주체로서 국민에게 명령을 강제할 수 있는 권력.
㉣ 한 국가나 사회, 개인이 가지고 있는 생각의 근본이 되는, 이상적으로 여겨지는 사상에 관한 것.

(1) 한국 전쟁은 <u>이념적</u> 다툼으로 인해 발생하였다. → (　　　)

(2) 사회가 점차 <u>개방적</u>이고 자유로운 분위기로 바뀌고 있다. → (　　　)

(3) 우리 조상들은 충효를 가장 중요한 생활 <u>규범</u>으로 삼아 왔다. → (　　　)

(4) <u>공권력</u>은 국민의 동의를 받아야지만 정당성을 확보할 수 있다. → (　　　)

수능 맛보기

3 ㉠~㉤을 사용하여 만든 문장으로 적절하지 <u>않은</u> 것은?

보기
동물에 대한 사회적 ㉠<u>인식</u>이 '애완'에서 '반려'로 변화함에 따라 반려동물과 관련한 다양한 직업이 생겨나고 있다. 반려동물의 문제 행동을 ㉡<u>교정하는</u> 프로그램을 ㉢<u>설계하고</u> 보호자와 상담하는 일을 비롯하여, 반려동물을 산책시키는 일, 반려동물의 음식을 만드는 일, 보호자가 ㉣<u>지켜야</u> 할 사회적 규범을 교육하는 일 등 반려동물과 관련한 다양한 일을 담당하는 전문가가 등장하였다. 반려동물 관련 전문가가 되기 위해서는 온라인으로 진행되는 ㉤<u>이론</u> 수업과 함께 실습 위주의 수업을 수강해야 한다.

① ㉠: 청소년에게 올바른 <u>인식</u>을 심어 주어야 한다.
② ㉡: 글을 <u>교정할</u> 때는 글쓴이의 의도를 해치지 않아야 한다.
③ ㉢: 도시를 <u>설계하기</u> 위한 지역 토론회가 열렸다.
④ ㉣: 항상 교통 법규를 잘 <u>지키며</u> 안전하게 운전해야 한다.
⑤ ㉤: 경제 <u>이론</u>에서는 생산자와 소비자가 상호 보완적인 관계에 있다고 본다.

10강 실전 1

지문 난이도 ★☆☆ | 기출 고1 학평

다음 글을 읽고 물음에 답하시오.

목표 6분

일상에서 음식의 조리 과정은 열전달에 관한 과학적 원리로 설명할 수 있다. 열전달은 온도가 높은 곳에서 낮은 곳으로 열이 이동하는 현상이다. 조리 중에는 전도에 의한 열전달이 많이 일어난다. 전도란 물질을 이루는 입자들의 상호 작용을 통해 보다 활동적인 입자로부터 이웃해 있는 덜 활동적인 입자로 열이 전달되는 현상이다. 이러한 전도는 온도 차이가 있는 경우에 일어나는데, 한 물질 내에서 일어나기도 하며 서로 다른 물질들이 접촉할 때 일어나기도 한다.

한편 열전달 과정에서 단위 시간 동안 열이 전달되는 비율을 열전달률이라고 한다. 열전달률은 결국 열이 짧은 시간 동안 얼마나 많이 전달되는가를 나타내므로 음식의 조리에서 고려할 중요한 요소가 된다. 전도에 의한 열전달률은 온도 차이와 면적에 비례하고, 거리에 반비례한다. 즉 전도가 일어나는 두 지점 사이의 온도 차이가 클수록, 열이 전달되는 면적이 커질수록 열전달률이 높아진다. 반대로 전도가 일어나는 두 지점 사이의 거리가 멀어질수록 열전달률은 낮아진다.

이러한 현상을 푸리에가 수식으로 정리하였기 때문에 푸리에의 열전도 법칙이라고 부른다. 그런데 실제로 실험을 하면 한 물질 내에서 일어나는 전도의 경우 다른 조건이 동일하더라도 물질의 종류가 다르면 열전달률이 다르게 나타난다. 물질이 전도에 의해 열을 전달할 수 있는 능력의 척도, 즉 열전도도가 물질마다 다르기 때문이다. 따라서 이 법칙에 따르면 다른 조건이 같아도 열전도도가 높으면 열전달률도 높게 나타난다.

[A] 튀김의 조리 과정을 푸리에의 열전도 법칙으로 설명하면 다음과 같다. 튀김의 조리 과정은 주로 기름과 튀김 재료 간의 전도로 이해할 수 있다. 맛있는 튀김을 만들기 위해서는 냄비를 가열하여 기름의 온도를 높여 기름으로부터 튀김 재료로의 열전달률을 높여야 한다. 그리고 튀김 재료를 기름에 넣으면 재료 표면에 수많은 기포가 생긴다. 이 기포들은 순간적으로 기름에서 튀김 재료로 많은 열이 전달되어 생긴 것으로, 재료 표면의 수분이 수증기로 변해 기름 속에서 기포 형태가 된 것이다. 이 기포들은 기름 표면으로 올라가 공기 중으로 빠져나가고 이때 지글지글 소리가 난다.

이 기포들은 튀김을 맛있게 만드는 데 중요한 역할을 한다. 수분이 수증기 형태로 튀김 재료에서 빠져나가면 재료 안쪽의 수분들이 빈자리를 채우기 위해 표면 쪽으로 이동한다. 그 결과 지속적으로 재료의 수분은 기포로 변하고 이로 인해 재료는 수분량이 줄어들면서 바삭한 식감이 생긴다. 또한 튀김 재료 표면의 기포들은 재료와 기름 사이에서 공기층과 같은 역할을 해 기름이 재료에 흡수되지 않도록 해서 튀김을 덜 기름지게 한다. 그리고 재료 표면의 기포들을 거쳐 열전달이 일어나기 때문에 기포들은 재료 표면이 빨리 타지 않게 하고 튀김 재료의 안쪽까지 열이 전달되어 재료가 골고루 잘 익게 한다.

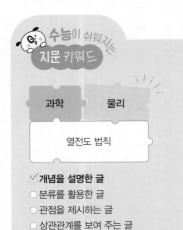

수능이 쉬워지는 지문 키워드

과학 | 물리

열전도 법칙

☑ **개념을 설명한 글**
□ 분류를 활용한 글
□ 관점을 제시하는 글
□ 상관관계를 보여 주는 글
□ 과정의 흐름을 보여 주는 글

✦**입자** 물질을 구성하는 미세한 크기의 물체.
✦**척도** 평가하거나 측정할 때의 기준.

확인 문제

1 **이 글의 주제는?**
□□□ 법칙으로 파악한 튀김의 조리 과정

2 전도가 일어나는 두 지점 사이의 거리가 가까울수록 열전달률은 높아진다. (○ , ×)

3 튀김 재료 표면에 생긴 수분은 기포로 변하여 튀김 재료의 수분량을 증가시킨다. (○ , ×)

◐ 바른답·알찬풀이 14쪽

1

• 글의 정보 파악하기

윗글을 이해한 내용으로 적절하지 않은 것은?

① 물질을 이루는 입자들의 상호 작용을 통해 전도가 일어난다.

② 음식의 조리 과정에서는 전도에 의한 열전달이 많이 일어난다.

③ 물질이 전도에 의해 열을 전달할 수 있는 능력은 물질마다 다르다.

④ 음식을 조리할 때에는 단위 시간 동안 열이 전달되는 비율을 고려하는 것이 중요하다.

⑤ 열의 전도는 서로 다른 물질들이 접촉하는 경우에만 발생하며 한 물질 안에서는 발생하지 않는다.

2

• 내용 추론하기

〈보기〉는 [A]의 과정을 나타낸 것이다. 윗글을 바탕으로 ㉠~㉣을 이해한 내용으로 적절하지 않은 것은?

보기

㉠		㉡		㉢		㉣
기름의 온도 상승	➡	튀김 재료 넣기	➡	재료 표면에 기포 생성	➡	기름 표면으로 기포 이동

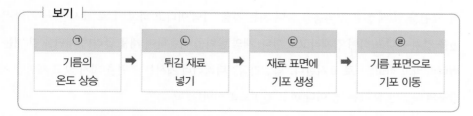

① ㉠에서는 서로 다른 물질인 냄비와 식용유 사이에서 열전달이 일어나겠군.

② ㉡의 결과로 ㉢이 진행되는 것은 튀김 재료에 순간적으로 많은 열이 전달되었기 때문이겠군.

③ ㉢에서는 열이 전달됨에 따라 튀김 재료 표면의 수분이 튀김 재료 안쪽으로 이동하겠군.

④ ㉢에서 ㉣로의 과정이 반복되면 튀김 재료의 수분량이 점차 줄어들겠군.

⑤ ㉣에서는 수증기가 공기 중으로 빠져나가면서 지글지글 소리가 나겠군.

수능이 쉬워지는 지문 키워드

예술 | 음악

국악의 장단

☑ 개념을 설명한 글
□ 분류를 활용한 글
□ 관점을 제시하는 글
□ 상관관계를 보여 주는 글
□ 과정의 흐름을 보여 주는 글

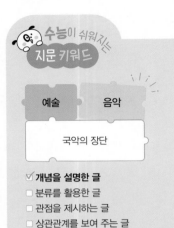

다음 글을 읽고 물음에 답하시오. 목표 9분

국악의 장단이란 일반적으로 일정한 주기로 소리의 길이와 강약이 되풀이되는 것을 말하며, 기본 단위인 '박'으로 구성된다. 박은 음의 길이를 재는 단위로, 기준이 되는 박을 보통박이라 하고 보통박을 더 작은 단위로 쪼갠 박을 소박이라 한다. 여러 개의 소박이 ⓐ 모여서 하나의 보통박을 이루며, 우리 민요 장단은 굿거리장단처럼 3개의 소박으로 이루어진 보통박이 4번 나타나는 경우가 많다. 즉 3소박 4보통박으로 구성된 것이다. 이를 ✦정간보에 나타낼 때는 〈그림 1〉과 같이 12정간(칸)이 필요하다.

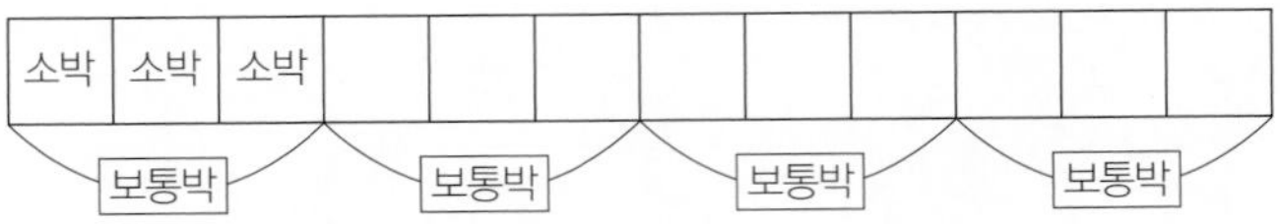

〈그림 1〉

국악 연주에서 장단을 맡는 대표적인 악기는 장구이다. 장단을 맞추기 위해 장구의 가죽 면을 치는 것을 '점(點)'이라 한다. 〈그림 2〉는 굿거리장단의 기본 장구 장단을 나타낸 것으로 장구 장단을 정간보에 기록할 때는 각각의 점에 해당하는 부호를 사용한다. 또한 악기에서 울려 나오는 특징적인 소리를 입으로 흉내 낸 ✦구음을 부호 아래에 넣기도 한다.

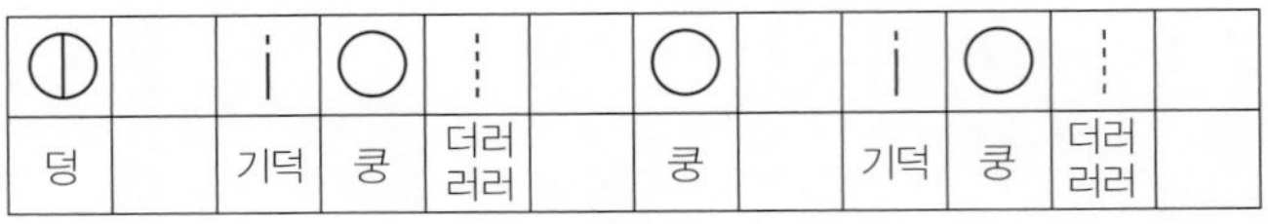

〈그림 2〉

㉠ 장구 장단을 칠 때는 한 손으로 채를 잡아 채편을 치고 다른 손으로는 북편을 친다. 장구의 채편과 북편을 동시에 치는 것을 '덩'이라고 하고 정간보에 '⦶'로 표시한다. 이는 합장단이라고도 하며 주로 음악을 시작할 때 사용한다. 채편을 한 번 치는 것을 '덕'이라 하고 '|'로 표시하며, 채편을 칠 때 짧은 꾸밈음을 붙여 치는 것을 '기덕'이라고 하고 '¦'로 표시한다. '기덕'은 채편을 겹쳐 친다고 하여 겹채라고도 한다. 채의 탄력을 이용하여 채를 굴리며 채편을 칠 때는 '더러러러'라고 하고 '⋮'로 표시한다. '덕', '기덕', '더러러러'에서는 북편을 치지 않고 채편만 치며, 장구의 북편만 칠 때는 '쿵'이라 하고 '○'로 표시한다.

또한 정간보에는 점의 길이도 나타낼 수 있다. 한 정간에 점을 나타내는 부호 하나가 있으면 그 점은 한 소박이 된다. 그리고 한 정간에 점을 나타내는 부호 하나가 있고 그 다음 정간이 빈칸으로 남아 있으면 그 점은 두 소박이 되는 식이다. 비어 있는 정간은 앞의 소리를 연장한다는 표시이기 때문이다. 예를 들어 〈그림 2〉에서 첫 번째 보통박의 '덩'은 두 소박, '기덕'은 한 소박이 된다. 또한 장단을 칠 때는 기본이 되는 장단을 흐트러트리지 않는 범위 내에서 악곡의 흐름이나 연주자의 해석에 따라 ✦변주도 가능하다. 예를 들어 연주자에 따라 '기덕'을 '덕'으로 바꾸거나 '쿵더러러러'를 '쿵덕쿵'으로 바꾸어 연주할 수 있는 것이다. 이러한 변주는 악곡의 흐름에

✦**정간보** 조선 세종 때에, 소리의 길이와 높이를 정확히 표시하기 위하여 만든 악보.
✦**구음** 거문고, 가야금, 피리, 대금 따위의 악기에서 울려 나오는 특징적인 음들을 계명창처럼 입으로 흉내 내어 읽는 소리.
✦**변주** 어떤 주제를 바탕으로, 선율·리듬·화성 따위를 여러 가지로 변형하여 연주함. 또는 그런 연주.
✦**창자** 노래나 창을 하는 사람.

맞게 장단에 변화를 주어 음악을 더욱 풍성하게 만드는 역할을 한다.

한편 실외 음악이나 사물놀이처럼 큰 소리를 내야 할 때에는 북편을 손 대신 궁채로 치기도 한다. 또한 채편을 칠 때는 채편 가죽의 중앙 부분을 치는 것이 일반적이지만 독창 또는 독주의 반주나 실내악 연주처럼 소리를 작게 내어야 할 경우에는 가죽의 가장자리 부분인 변죽을 친다. 변죽은 작고 높은 소리가 나는 반면, 중앙 부분은 크고 낮은 소리가 나기 때문에 연주 상황에 어울리는 소리가 나도록 치는 것이다.

장단은 단지 음악의 진행을 시간적으로 적절하게 배치하는 역할만 하는 것이 아니라 연주자나 창자의 호흡을 조절하며 음악의 분위기를 이끌어 나간다. 따라서 장단을 이해해야 국악을 깊이 있게 감상할 수 있으며, 우리 음악에 담긴 흥을 더욱 잘 느낄 수 있다.

확인 문제

1 **이 글의 주제는?**
국악에서 장구 ☐☐의 종류와 연주법

2 우리 민요의 장단은 3소박 4보통박으로 구성된 경우가 많다. (○ , ×)

3 일반적으로 채편을 칠 때는 채편의 가장자리 부분인 변죽을 친다. (○ , ×)

1

• 글의 정보 파악하기

윗글에서 답을 찾을 수 있는 질문으로 적절하지 않은 것은?

① 국악에서 장단의 개념은 무엇일까?
② 장단을 구성하는 단위는 무엇일까?
③ 장단을 변주할 때 얻을 수 있는 효과는 무엇일까?
④ 정간보에 점의 강약을 나타내는 방법은 무엇일까?
⑤ 국악 감상에서 장단을 이해하는 것이 중요한 이유는 무엇일까?

2

• 글의 정보 파악하기

㉠을 이해한 내용으로 가장 적절한 것은?

① 정간보를 보면 연주할 점의 길이를 알 수 있다.
② 크고 낮은 소리를 내기 위해 채편의 변죽을 친다.
③ 여러 개의 보통박을 쳐서 하나의 소박을 연주한다.
④ 북편을 치는 도구는 기본이 되는 장단에 의해 결정된다.
⑤ 기본이 되는 장단을 연주할 때에는 북편과 채편을 동시에 칠 수 없다.

• 자료에 적용하기

3 윗글을 바탕으로 〈보기〉의 창작 장단을 연주한다고 할 때, 이에 대한 이해로 적절하지 않은 것은?

보기

학생: 오늘 배운 내용을 가지고 나만의 창작 장단을 만들어 연주해 볼까? 3소박 4보통박으로 치면 재미있을 것 같아. 우선 정간보에 부호와 구음을 표시하고 그대로 연주해 봐야지.

⦶		¡	○	ǀ		○	⋮	○	ǀ		¡
덩		기덕	쿵	덕		쿵	더러 러러	쿵	덕		기덕

① 'ǀ (덕)'은 각각 두 소박으로 연주해야겠군.

② 마지막 보통박에서는 채편만 치면 되겠군.

③ 합장단으로 시작하고 겹채로 마무리해야겠군.

④ 세 번째 보통박에서는 종류가 다른 세 점을 연주해야겠군.

⑤ 첫 번째와 마지막 보통박의 세 번째 소박에서는 '¡ (기덕)'을 쳐야겠군.

• 어휘의 의미 파악하기

4 ⓐ와 문맥상 의미가 가장 유사한 것은?

① 이웃을 돕기 위한 성금이 많이 모였다.

② 그 선수의 은퇴 여부에 팬들의 관심이 모였다.

③ 이 산은 작은 돌들이 모여서 만들어진 돌산이다.

④ 우리가 힘을 모으면 어떤 어려움도 이겨 낼 수 있다.

⑤ 이번 회의에서 창의적인 의견이 모이면, 이를 토대로 보고서를 작성할 것이다.

꾸준히 공부하면
독해력이 쑥쑥!

10강

'어휘 공략하기

◐ 바른답·알찬풀이 16쪽

1 **다음 뜻에 알맞은 어휘를 말 상자에서 찾아 쓰시오.**

(1) 평가하거나 측정할 때의 기준. → (   )

(2) 한 사람이 악기를 연주하는 것. → (   )

(3) 사람이나 물자 따위를 일정한 자리에 나누어 둠. → (   )

(4) 일정한 뜻을 나타내기 위하여 따로 정하여 쓰는 기호.

→ (   )

정	기	반	양	봉	부
량	전	수	합	일	호
독	주	악	곡	창	완
격	적	발	천	산	화
침	척	양	배	치	일
금	도	탄	종	하	철

2 **다음 밑줄 친 어휘의 뜻으로 알맞은 것을 〈보기〉에서 찾아 그 기호를 쓰시오.**

보기

㉠ 물질을 구성하는 미세한 크기의 물체.
㉡ 액체나 고체 속에 기체가 들어가 거품처럼 둥그렇게 부풀어 있는 것.
㉢ 같은 현상이나 특징이 한 번 나타나고부터 다음번 되풀이되기까지의 기간.
㉣ 어떤 주제를 바탕으로, 선율·리듬·화성 따위를 여러 가지로 변형하여 연주함. 또는 그런 연주.

(1) 사이다를 따르자 하얀 기포가 일었다. → (   )

(2) 요즘은 유행 주기가 점점 짧아지는 것 같다. → (   )

(3) 이 곡은 영화에 삽입된 노래를 변주한 것이다. → (   )

(4) 녹차 팩을 할 때에는 입자가 고운 가루를 사용하는 것이 좋다. → (   )

수능 맛보기

3 **㉠~㉤을 사용하여 만든 문장으로 적절하지 않은 것은?**

보기

열전달의 종류에는 대류, ㉠전도, 복사가 있습니다. 이 중에서 전도는 입자 간의 ㉡상호 작용에 의해 에너지가 발생하고, 복사는 중간 매개체가 없이 에너지가 발생합니다. 복사로 열이 전달되는 가장 대표적인 예는 태양입니다. 태양의 흑체가 열복사 에너지를 내보낼 때 열전달률은 표면적에 ㉢비례하고, 표면 온도의 4제곱에 비례합니다. 이렇게 나온 ㉣수식을 '슈테판-볼츠만 ㉤법칙'이라고 합니다.

① ㉠: 단열재는 열이 전도되는 것을 막아 준다.

② ㉡: 우리 사회에 만연해 있는 상호 간의 불신감을 해소하기 위해 노력해야 한다.

③ ㉢: 주주의 권리는 소유하고 있는 주식의 수에 비례한다.

④ ㉣: 이 문장은 적절한 비유와 참신한 수식으로 구성되어 있다.

⑤ ㉤: 자연 과학의 법칙 중에는 질량 보존의 법칙이 있다.

수능 기출 유형 원리로 깨우자!

실전 훈련 2

강	학습 내용	학습 확인
11강	사회 조세 기술 초고층 건물의 건축 기법	
12강	인문 코나투스 과학 북극 해빙	
13강	예술 가우디 건축물의 특징 사회 민법과 형법	
14강	과학 효소의 촉매 작용 인문 감정 노동	
15강	기술 행선 예보 방식 예술 지휘자의 음악 해석	

11강 실전 1

다음 글을 읽고 물음에 답하시오.

목표 8분

조세는 국가의 재정을 마련하기 위해 경제 주체인 기업과 국민들로부터 거두어들이는 돈이다. 그런데 국가가 조세를 강제로 부과하다 보니 경제 주체의 의욕을 떨어뜨려 경제적 순손실을 초래하거나 조세를 부과하는 방식이 공평하지 못해 불만을 야기하는 문제가 나타난다. 따라서 조세를 부과할 때는 조세의 효율성과 공평성을 고려해야 한다.

우선 ㉠ 조세의 효율성에 대해서 알아보자. 상품에 소비세를 부과하면 상품의 가격 상승으로 소비자가 상품을 적게 구매하기 때문에 상품을 통해 얻는 소비자의 편익이 줄어들게 되고, 생산자가 상품을 팔아서 얻는 이윤도 줄어들게 된다. 소비자와 생산자가 얻는 편익이 줄어드는 것을 경제적 순손실이라고 하는데 조세로 인하여 경제적 순손실이 생기면 경기가 둔화될 수 있다. 이처럼 조세를 부과하게 되면 경제적 순손실이 불가피하게 발생하게 되므로, 이를 최소화하도록 조세를 부과해야 조세의 효율성을 높일 수 있다.

㉡ 조세의 공평성은 조세 부과의 형평성을 실현하는 것으로, 조세의 공평성이 확보되면 조세 부과의 형평성이 높아져서 조세 저항을 줄일 수 있다. 공평성을 확보하기 위한 기준으로는 편익 원칙과 능력 원칙이 있다. 편익 원칙은 조세를 통해 제공되는 도로나 가로등과 같은 공공재를 소비함으로써 얻는 편익이 클수록 더 많은 세금을 부담해야 한다는 원칙이다. 이는 공공재를 사용하는 만큼 세금을 내는 것이므로 납세자의 저항은 크지 않지만, 현실적으로 공공재의 사용량을 측정하기 어렵다는 문제와 조세를 부담해야 하는 사람과 편익 수혜자가 달라지는 문제가 발생할 수 있다.

능력 원칙은 개인의 소득이나 재산 등을 고려한 세금 부담 능력에 따라 세금을 내야 한다는 원칙으로 조세를 통해 소득을 재분배하는 효과가 있다. 능력 원칙은 수직적 공평과 수평적 공평으로 나뉜다. 수직적 공평은 소득이 높거나 재산이 많을수록 세금을 많이 부담해야 한다는 원칙이다. 이를 실현하기 위해 특정 세금을 내야 하는 모든 납세자에게 같은 세율을 적용하는 비례세나 소득 수준이 올라감에 따라 점점 높은 세율을 적용하는 누진세를 시행하기도 한다.

수평적 공평은 소득이나 재산이 같을 경우 세금도 같게 부담해야 한다는 원칙이다. 그런데 수치상의 소득이나 재산이 동일하더라도 실질적인 조세 부담 능력이 달라, 내야 하는 세금에 차이가 생길 수 있다. 예를 들어 소득이 동일하더라도 부양가족의 수가 다르면 실질적인 조세 부담 능력에 차이가 생긴다. 이와 같은 문제를 해결하여 공평성을 높이기 위해 정부에서는 공제 제도를 통해 조세 부담 능력이 적은 사람의 세금을 감면해 주기도 한다.

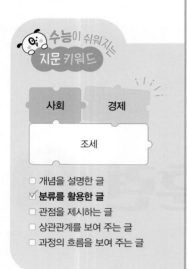

수능이 쉬워지는 지문 키워드

사회 / 경제

조세

- ☐ 개념을 설명한 글
- ☑ **분류를 활용한 글**
- ☐ 관점을 제시하는 글
- ☐ 상관관계를 보여 주는 글
- ☐ 과정의 흐름을 보여 주는 글

✦**부과하다** 세금이나 부담금 따위를 매기어 부담하게 하다.
✦**편익** 편리하고 유익함.
✦**공공재** 사회의 대부분의 사람들이 공동으로 사용하는 물건이나 시설. 도로, 항만, 공원 따위를 이른다.
✦**공제** 받을 몫에서 일정한 금액이나 수량을 뺌.

확인 문제

1 이 글의 주제는?
☐☐ 부과 시 고려할 점

2 조세의 공평성이 확보되면 조세 저항을 줄일 수 있다. (○ , ×)

3 조세를 부과할 때 소득이 높거나 재산이 많을수록 세금을 많이 부담해야 하는 원칙을 수평적 공평이라 한다. (○ , ×)

◐ 바른답·알찬풀이 16쪽

글의 정보 파악하기

1 **윗글에 대한 설명으로 가장 적절한 것은?**

① 상반된 두 입장을 비교한 후 이를 절충하고 있다.
② 대상을 기준에 따라 구분한 뒤 그 특성을 설명하고 있다.
③ 대상의 개념을 그와 유사한 대상에 빗대어 소개하고 있다.
④ 통념을 반박하며 대상이 가진 속성을 새롭게 조명하고 있다.
⑤ 시간의 흐름에 따라 대상이 발달하는 과정을 서술하고 있다.

글의 정보 파악하기

2 **㉠과 ㉡에 대한 설명으로 적절하지 않은 것은?**

① ㉠은 조세가 경기에 미치는 영향과 관련되어 있다.
② ㉡은 납세자의 조세 저항을 완화하는 데 도움이 된다.
③ ㉠은 ㉡과 달리 소득 재분배를 목적으로 한다.
④ ㉡은 ㉠과 달리 조세 부과의 형평성을 실현하는 것이다.
⑤ ㉠과 ㉡은 모두 조세를 부과할 때 고려해야 하는 요건이다.

사례나 상황에 적용하기

3 **다음은 윗글을 읽고 학생들이 대화를 나눈 것이다. 적절하게 말한 학생을 모두 골라 바르게 묶은 것은?**

한율: 납세자마다 세금 납부액에 차이가 있는 것은 소득과 재산 같은 납세자의 능력을 고려하여 세금을 징수했기 때문이야. ······ ㄱ
지유: 이처럼 납세자들의 소득을 고려하여 소득이 높을수록 세율을 높게 적용하는 것은 수평적 공평을 따른 것이지. ······ ㄴ
성훈: 연말 정산 때 부양가족 수에 따라 공제 혜택을 주는 것은 납세자의 조세 부담 능력을 고려한 거야. ······ ㄷ
유미: 그런데 부양가족 공제를 받는 것은 조세의 공평성 측면에서 보면 형평성을 해치는 것이라고 이해할 수 있어. ······ ㄹ

① ㄱ, ㄴ　② ㄱ, ㄷ　③ ㄴ, ㄷ
④ ㄴ, ㄹ　⑤ ㄷ, ㄹ

다음 글을 읽고 물음에 답하시오. 목표 11분

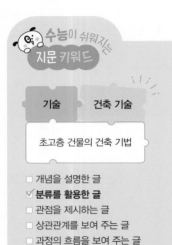

수능이 쉬워지는 지문 키워드

기술 | 건축 기술

초고층 건물의 건축 기법

- □ 개념을 설명한 글
- ☑ **분류를 활용한 글**
- □ 관점을 제시하는 글
- □ 상관관계를 보여 주는 글
- □ 과정의 흐름을 보여 주는 글

초고층 건물은 높이가 200미터 이상이거나 50층 이상인 건물을 말한다. 이런 초고층 건물을 지을 때는 건물에 작용하는 힘을 고려해야 한다. 건물에 작용하는 힘에는 수직 하중과 수평 하중이 있다. 수직 하중은 건물 자체의 무게로 인해 땅 표면에 수직 방향으로 작용하는 힘이고, 수평 하중은 바람이나 지진 등에 의해 건물에 가로 방향으로 작용하는 힘이다.

수직 하중을 견디기 위해서 ⓐ고안된 가장 단순한 구조는 ㉠보 기둥 구조이다. 보 기둥 구조는 기둥과 기둥 사이를 가로지르는 수평 구조물인 보를 설치하고 그 위에 바닥판을 놓은 구조이다. 보 기둥 구조에서는 설치된 보의 두께만큼 건물의 한 층당 높이가 높아지지만, 바닥판에 작용하는 하중이 기둥에 집중되지 않고 보에 의해 ⓑ분산되기 때문에 수직 하중을 잘 견딜 수 있다.

위에서 아래 방향으로만 작용하는 수직 하중과 달리 수평 하중은 사방에서 작용하는 힘이기 때문에 초고층 건물의 안전에 미치는 영향이 수직 하중보다 훨씬 크다. 수평 하중은 초고층 건물의 안전을 위협하는 주요 요인인데, 바람은 건물에 작용하는 수평 하중의 90% 이상을 차지한다. 건물이 많은 도심에서는 넓은 공간에서 좁은 공간으로 바람이 불어오면서 풍속이 빨라지는 현상이 발생해 건물에 작용하는 수평 하중을 크게 만든다. 그리고 바람에 의해 ✦공명 현상이 발생하면 건물이 매우 크게 흔들리게 되어 건물의 안전을 위협하게 된다.

건물이 수평 하중을 견디기 위해서는 기본적으로 뼈대에 해당하는 보와 기둥을 아주 단단하게 붙여야 하지만, 초고층 건물의 경우 이것만으로는 수평 하중을 견디기 힘들다. 그래서 등장한 것이 ㉡코어 구조이다. 코어는 빈 파이프 모양의 철골 콘크리트 구조물을 건물 중앙에 세운 것으로, 코어에 건물의 보와 기둥들을 강하게 ⓒ접합한다. 이렇게 하면 외부에서 작용하는 수평 하중에도 불구하고 코어로 인해 건물이 크게 흔들리지 않게 된다. 그런데 초고층 건물은 그 높이가 높아질수록 수평 하중이 커지고 그에 따라 코어의 크기도 커져야 한다. 코어 구조는 가운데 빈 공간이 있어 공간 활용의 효율성이 떨어지기 때문에 현대의 초고층 건물은 코어에 승강기나 화장실, 계단, 수도, 파이프 같은 시설을 설치하는 경우가 많다.

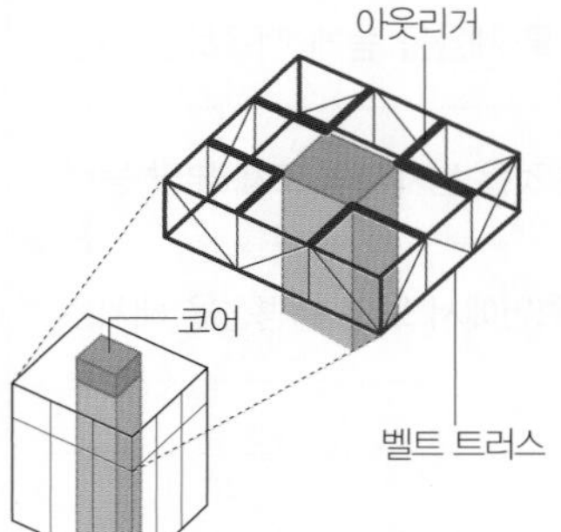

〈아웃리거 – 벨트 트러스 구조〉

그런데 초고층 건물의 높이가 점점 높아지면 코어 구조만으로는 수평 하중을 완벽하게 견뎌 낼 수 없다. 그래서 ㉢아웃리거 - 벨트 트러스 구조를 사용하여 코어 구조를 ⓓ보완한다. 아웃리거-벨트 트러스 구조에서 벨트 트러스는 철골을 사용하여 건물의 외부 기둥들을 삼각형 구조의 트러스로 짜서 벨트처럼 둘러싼 것으로 수평 하중을 견디는 역할을 한다. 삼각형 구조의 트러스로 외부 기둥들을 연결하면 외부에서 작용하는 힘이 철골 접합부를 통해 전체적으로 분산

✦**공명 현상** 진동체가 그 고유 진동수와 같은 진동수를 가진 외부의 힘을 받아 진폭이 뚜렷하게 증가하는 현상.

✦**관성의 법칙** 외부에서 힘이 가해지지 않는 한 모든 물체는 자기의 상태를 그대로 유지하려고 한다는 법칙.

되기 때문에 코어에 무리한 힘이 가해지는 것을 예방할 수 있다. 그리고 아웃리거는 콘크리트를 사용하여 건물 외벽에 설치된 벨트 트러스를 내부의 코어와 ⓔ 견고하게 연결한 것으로, 아웃리거와 벨트 트러스는 필요에 따라 건물 중간중간에 여러 개가 설치될 수 있다. 그런데 아웃리거는 건물 내부를 가로지를 수밖에 없어서 효율적인 공간 구성에 방해가 된다. 이런 단점을 극복하기 위해 아웃리거를 기계 설비층에 설치하거나 층과 층 사이, 즉 위층 바닥과 아래층 천장 사이에 설치하기도 한다.

[A] 초고층 건물은 특수한 설비를 이용하여 바람으로 인한 건물의 흔들림을 줄이기도 하는데 대표적인 것이 TLCD, 즉 동조 액체 기둥형 댐퍼이다. TLCD는 U 자형 관 안에 수백 톤의 물이 채워진 것으로 초고층 건물의 상층부 중앙에 설치한다. 바람이 불어 건물이 한쪽으로 기울어져도 물은 ✦관성의 법칙에 따라 원래의 자리에 있으려 하기 때문에 건물이 기울어진 쪽의 반대쪽에 있는 관의 물 높이가 높아진다. 그렇게 되면 그 관의 아래로 작용하는 중력이 커지고, 이로 인해 건물을 기울어지게 하는 힘을 약화시켜 흔들림이 줄어들게 된다. 물이 무거울수록 그리고 관 전체의 가로 폭이 넓어질수록 수평 방향의 흔들림을 줄여 주는 효과가 크다. 하지만 그에 따라 수직 하중이 증가하므로 TLCD는 수평 하중과 수직 하중을 고려하여 설계해야 한다.

확인 문제

1 **이 글의 주제는?**
초고층 건물의 ☐☐을/를 견디기 위한 건축 기법

2 바람이나 지진에 의해 건물에 가로 방향으로 작용하는 힘을 수평 하중이라 한다. (○, ×)

3 아웃리거 – 벨트 트러스 구조는 초고층 건물의 수직 하중을 견디기 위해 고안된 대표적인 건축 기법이다. (○, ×)

1 • 글의 정보 파악하기

윗글을 이해한 내용으로 적절하지 않은 것은?

① 보 기둥 구조에서 보의 두께는 한 층당 높이에 영향을 준다.
② 건물이 높아질수록 건물에 가해지는 수직 하중은 증가한다.
③ 넓은 공간에서 좁은 공간으로 바람이 불어오면 수평 하중이 감소한다.
④ 초고층 건물의 안전에 미치는 영향은 수평 하중이 수직 하중보다 크다.
⑤ 바람에 의해 공명 현상이 일어나면 건물이 흔들려 건물의 안전을 위협한다.

2

글의 정보 파악하기

㉠~㉢을 설명한 내용으로 적절하지 않은 것은?

① ㉠은 기둥과 기둥 사이에 설치한 수평 구조물 위에 바닥판을 놓는 구조이다.

② ㉠에서 보는 건물에 작용하는 수직 하중이 기둥에 집중되는 것을 예방한다.

③ ㉡에서 코어는 건물의 높이가 높아짐에 따라 그 크기가 커져야 한다.

④ ㉢에서 트러스는 아웃리거와 코어의 결합력을 높여 수평 하중을 덜 받게 한다.

⑤ ㉡과 ㉢을 함께 사용하면 건물에 작용하는 수평 하중을 견디는 힘이 커진다.

3

자료에 적용하기

[A]를 바탕으로 〈보기〉의 'TLCD'를 이해한 내용으로 적절하지 않은 것은?

보기

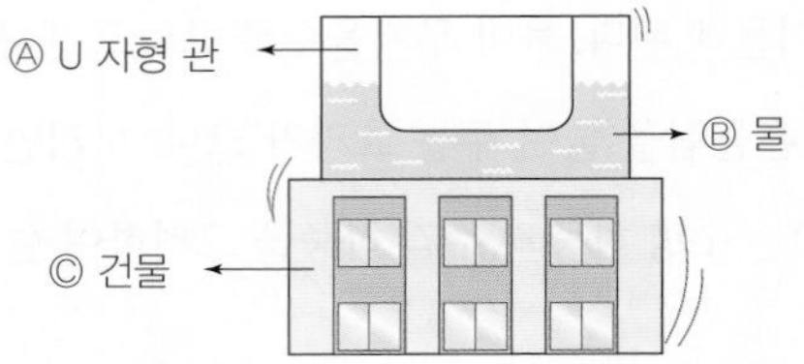

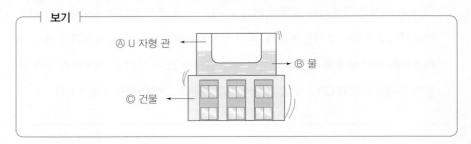

① Ⓐ가 한쪽으로 기울어도 Ⓑ는 원래의 자리에 있으려 할 것이다.

② Ⓐ가 왼쪽으로 기울면 오른쪽 관에 있는 Ⓑ의 높이가 왼쪽보다 높아질 것이다.

③ Ⓐ 전체의 가로 폭이 넓어질수록 Ⓒ가 수평 하중을 견디는 효과가 작아질 것이다.

④ Ⓐ 안에 있는 Ⓑ의 양이 많을수록 Ⓒ에 작용하는 수직 하중이 증가할 것이다.

⑤ Ⓐ에 채워진 Ⓑ의 무게가 무거울수록 Ⓒ의 수평 방향의 흔들림을 줄여 주는 효과가 클 것이다.

4

어휘의 의미 파악하기

ⓐ~ⓔ의 사전적 의미로 적절하지 않은 것은?

① ⓐ: 연구하여 새로운 안이 나오다.

② ⓑ: 갈라져 흩어지다.

③ ⓒ: 한데 대어 붙다. 또는 한데 대어 붙이다.

④ ⓓ: 잘 보호하고 간수하여 남기다.

⑤ ⓔ: 굳고 단단하다.

어휘 공략하기

◐ 바른답·알찬풀이 18쪽

1 다음 뜻에 알맞은 어휘를 말 상자에서 찾아 쓰시오.

동	유	지	관	성	측
공	제	시	설	수	정
명	민	악	평	편	익
현	하	중	성	율	효
상	정	고	안	준	부
학	설	연	구	기	과

(1) 편리하고 유익함. → (　　　　)

(2) 물체에 작용하는 외부의 힘 또는 무게. → (　　　　)

(3) 받을 몫에서 일정한 금액이나 수량을 뺌. → (　　　　)

(4) 세금이나 부담금 따위를 매기어 부담하게 함. → (　　　　)

2 다음 밑줄 친 어휘의 뜻으로 알맞은 것을 〈보기〉에서 찾아 그 기호를 쓰시오.

보기

㉠ 오래 버티거나 배겨 내다.
㉡ 생활 능력이 없는 사람의 생활을 돌봄.
㉢ 어떠한 현상을 일으키거나 영향을 미치다.
㉣ 일정한 양을 기준으로 하여 같은 종류의 다른 양의 크기를 재다.

(1) 대기업의 부도 사태가 악재로 작용하고 있다. → (　　　　)

(2) 정화조에서 흘러나온 물의 오염도를 측정하였다. → (　　　　)

(3) 네 개의 기둥이 오래된 목조 건물을 지탱하고 있다. → (　　　　)

(4) 부양 의무는 일정한 친족 간에 인정되는 생활 보장의 의무를 말한다. → (　　　　)

수능 맛보기 3 ㉠~㉤을 사용하여 만든 문장으로 적절하지 않은 것은?

보기

미국의 금리 인상으로 인해 시장 참여자들의 ㉠손실이 예상되고 있다. 양적 완화 정책으로 시장에 풀린 자금은 시장에 거품을 ㉡초래했고, 원자재 가격과 곡물 가격의 상승 그리고 급격한 물가 상승을 ㉢야기했다. 급격한 물가 상승으로 인해 서민들의 삶이 ㉣위협을 받게 되자 미국 당국에서는 ㉤시장에 다양한 조치를 취하기 시작했다.

① ㉠: 전쟁은 인명과 재산에 막대한 손실을 입힌다.

② ㉡: 한 순간의 부주의로 돌이킬 수 없는 재앙을 초래할 수도 있다.

③ ㉢: 많은 이들의 혼란을 야기할 수 있는 발언은 가급적 삼가는 것이 좋다.

④ ㉣: 대기 오염의 심화로 인간의 생존이 위협을 받고 있다.

⑤ ㉤: 텃밭에서 기른 야채를 시장에 내다 판 돈으로 반찬 가게에 들러 반찬거리를 샀다.

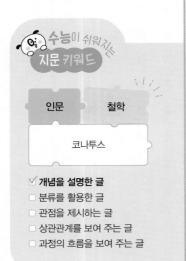

수능이 쉬워지는 지문 키워드

인문 | 철학

코나투스

☑ 개념을 설명한 글
□ 분류를 활용한 글
□ 관점을 제시하는 글
□ 상관관계를 보여 주는 글
□ 과정의 흐름을 보여 주는 글

다음 글을 읽고 물음에 답하시오.

목표 8분

스피노자의 윤리학을 이해하기 위해서는 코나투스(Conatus)라는 개념을 이해할 필요가 있다. 스피노자에 따르면 실존하는 모든 사물은 자신의 존재를 유지하기 위해 노력하는데, 이것이 바로 그 사물의 본질인 코나투스라는 것이다. 정신과 신체를 서로 다른 것이 아니라 하나로 보았던 그는 정신과 신체에 관계되는 코나투스를 충동이라 부르고, 다른 사물들과 같이 인간도 자신을 보존하고자 하는 충동을 갖고 있다고 보았다. 특히 인간은 자신의 충동을 의식할 수 있다는 점에서 동물과 차이가 있다며 인간의 충동을 욕망이라고 했다. 즉 인간에게 코나투스란 삶을 지속하고자 하는 욕망을 의미한다.

스피노자에 따르면 코나투스를 본질로 지닌 인간은 한번 태어난 이상 삶을 지속하기 위해 힘쓴다. 하지만 인간은 자신의 힘만으로 삶을 지속하기 어렵고, 다른 사람들과의 관계 속에서만 삶을 유지할 수 있다. 이때 다른 이로부터 받은 자극에 의해 신체적 활동 능력이 증거하거나 감소하는 변화가 일어난다. 감정을 신체의 변화에 대한 표현으로 보았던 스피노자는 신체적 활동 능력이 증가하면 기쁨의 감정을 느끼고, 신체적 활동 능력이 감소하면 슬픔의 감정을 느낀다고 생각했다. 또한 신체적 활동 능력이 감소하는 것과 슬픔의 감정을 느끼는 것은 코나투스가 감소하고 있음을 보여 주는 것, 다시 말해 삶을 지속하고자 하는 욕망이 줄어드는 것이라고 여겼다. 그래서 인간은 코나투스의 증가를 위해 자신의 신체적 활동 능력을 증가시키고 기쁨의 감정을 유지하려고 노력한다는 것이다.

한편 스피노자는 선악의 개념도 코나투스와 연결 짓는다. 그는 사물이 다른 사물과 어떤 관계를 맺느냐에 따라 선이 되기도 하고 악이 되기도 한다고 말한다. 코나투스의 관점에서 보면 선이란 자신의 신체적 활동 능력을 증가시키는 것이며, 악은 자신의 신체적 활동 능력을 감소시키는 것이다. 이를 정서의 차원에서 설명하면 선은 자신에게 기쁨을 주는 모든 것이며, 악은 자신에게 슬픔을 주는 모든 것이다. 한마디로 인간의 선악에 대한 판단은 자신의 감정에 따라 결정된다는 것을 의미한다.

이러한 생각을 토대로 스피노자는 코나투스인 욕망을 긍정하고 욕망에 따라 행동하라고 이야기한다. 슬픔은 거부하고, 기쁨을 지향하라는 것, 그것이 곧 선의 추구라는 것이다. 그리고 코나투스는 타자와의 관계에 영향을 받으므로 인간에게는 타자와 함께 자신의 기쁨을 증가시킬 수 있는 공동체가 필요하다고 말한다. 그 안에서 자신과 타자 모두의 코나투스를 증가시킬 수 있는 기쁨의 관계를 형성하라는 것이 스피노자의 윤리학이 우리에게 하는 당부이다.

✦실존하다 실제로 존재하다.
✦본질 본디부터 가지고 있는 사물 자체의 성질이나 모습.
✦정서 사람의 마음에 일어나는 여러 가지 감정. 또는 감정을 불러일으키는 기분이나 분위기.
✦타자 자기 외의 사람. 또는 다른 것.
✦당부 말로 단단히 부탁함. 또는 그런 부탁.

확인 문제

1 이 글의 주제는?
□□□□의 개념으로 알아본 스피노자의 윤리학

2 스피노자는 정신과 신체가 서로 다른 것이라고 보았다. (○ , ×)

3 스피노자는 자신과 타자 모두의 코나투스를 증가시키는 공동체가 필요하다고 주장하였다. (○ , ×)

1 글의 정보 파악하기

윗글을 통해 알 수 있는 내용이 아닌 것은?

① 코나투스의 개념
② 정신과 신체의 유래
③ 감정과 코나투스의 관계
④ 신체 활동 능력과 코나투스의 관계
⑤ 코나투스 증가를 위한 공동체의 필요성

2 글의 정보 파악하기

윗글에 나타난 선악에 대한 스피노자의 입장으로 적절하지 않은 것은?

① 자신에게 기쁨을 주는 것은 선이다.
② 선악은 사물 자체가 가지고 있는 성질이다.
③ 선악에 대한 판단은 타자와의 관계에 따라 달라진다.
④ 자신의 신체적 활동 능력을 감소시키는 것은 악이다.
⑤ 기쁨의 관계 형성이 가능한 공동체는 선의 추구를 위해 필요하다.

3 내용 추론하기

윗글을 바탕으로 〈보기〉를 이해한 내용으로 가장 적절한 것은?

보기

쇼펜하우어는 욕망을 인간과 세계의 본질로 생각했다. 그의 관점에서 보면 인간을 포함한 모든 사물은 욕망을 충족하기 위해 노력하지만, 채우고 채워도 욕망은 완전히 충족될 수 없다. 그래서 그는 삶을 욕망의 결핍이 주는 고통의 시간이라고 말했고, 이러한 고통으로부터 벗어나기 위해 욕망을 부정하면서 욕망을 절제해야 한다는 금욕주의를 주장했다.

① 쇼펜하우어는 스피노자처럼 욕망을 부정적으로 보고 있군.
② 쇼펜하우어는 스피노자처럼 인간은 욕망에 따라 행동해야 한다고 보고 있군.
③ 쇼펜하우어는 스피노자처럼 삶을 욕망의 결핍이 주는 고통의 시간이라고 여겼군.
④ 쇼펜하우어는 스피노자와 달리 욕망을 인간의 본질로 보고 있군.
⑤ 쇼펜하우어는 스피노자와 달리 인간이 욕망에서 벗어나야 한다고 보고 있군.

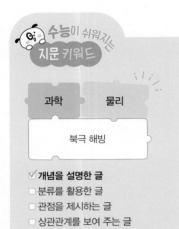

수능이 쉬워지는 지문 키워드

과학 물리

북극 해빙

☑ 개념을 설명한 글
☐ 분류를 활용한 글
☐ 관점을 제시하는 글
☐ 상관관계를 보여 주는 글
☐ 과정의 흐름을 보여 주는 글

다음 글을 읽고 물음에 답하시오. 목표 9분

냉수 속 얼음은 1시간을 넘기지 못하고 모두 녹아 버린다. 반면 북극 해빙 또한 얼음이지만, 10℃가 넘는 한여름에도 다 녹지 않고 바다에 떠 있다. 왜 해빙의 수명은 냉수 속 얼음보다 긴 걸까?

해빙의 수명이 긴 이유를 알기 위해서는 냉수 속 얼음에 작용하는 열에너지의 전달에 관한 두 가지 원리를 먼저 살펴볼 필요가 있다. 첫째, 열에너지는 온도가 높은 곳에서 낮은 곳으로 전달되는데, 이 때문에 온도가 다른 물체들이 서로 닿으면 '열적 평형'을 이루려고 한다. 열적 평형은 접촉한 물체들의 열이 똑같아져 서로 어떠한 영향도 주거나 받지 않는 상태이다. 예를 들어 3℃인 냉장고 속에 얼음이 든 냉수를 오랜 시간 동안 두면, 냉수와 얼음의 온도는 모두 3℃가 되어 얼음이 모두 녹아 버릴 것이다. 둘째, 열에너지는 두 물체 사이의 접촉면을 통해서만 전달되며, 접촉면이 클수록 전달되는 열에너지의 양은 커진다. 앞서 말한 상황에서는 열에너지가 냉수와 얼음이 맞닿는 면을 통해 전달되므로, 얼음이 냉수와 더 많이 맞닿을수록 전달되는 열에너지도 커진다. 따라서 열적 평형을 이루기 전까지 두 물체 간 전달되는 열에너지의 양은 둘 사이의 온도 차, 접촉 시간, 접촉면의 면적과 비례함을 알 수 있다.

그러면 얼음이 모두 녹아 물로 변하는 데에는 시간이 얼마나 걸릴까? 이를 알아내기 위해서 한 변의 길이가 1cm인 정육면체 얼음 8개와 한 변의 길이가 1cm인 정육면체 8개를 붙여 한 변의 길이가 2cm인 정육면체 하나로 만들어 3℃로 유지되는 냉수 속에 완전히 잠기도록 넣어 보았다. 한 변의 길이가 1cm인 8개의 얼음이 완전히 녹는 데에는 약 2시간이 걸린 데 반해, 한 변의 길이가 1cm인 정육면체 8개를 붙인 즉, 한 변이 2cm인 정육면체 하나의 얼음이 다 녹는 데에는 약 4시간가량이 ㉠ 걸렸다. 한 변의 길이가 1cm인 정육면체 얼음 8개가 각각 물에 잠겨 있을 때에는 물에 접촉하는 얼음의 총 면적은 48 cm^2이지만, 이것을 붙여 각 변의 길이를 2cm로 만든 정육면체 얼음이 물과 접촉하는 총 면적은 24 cm^2이기 때문에 물과 접촉하는 면적이 절반으로 줄어든다. 물과 접촉하는 면적이 줄어들면, 같은 시간 동안 물에서 얼음으로 전달되는 열에너지의 양도 반으로 줄어들기 때문에, 물에 녹는 시간이 2배가량 늘어난 것이다.

이를 북극 해빙에 적용해 보자. 이때 해빙은 정육면체이며 공기와 접촉하지만 공기와 열에너지를 교환하지 않는다고 가정하자. 해빙은 바다 위에 떠 있기에 물에 잠긴 정육면체 얼음과 달리 바닥 부분만 바닷물과 접촉하고 있다. 그래서 바닷물의 열에너지는 해빙과 바닷물이 접촉하는 바닥 부분으로만 전달된다. 이는 정육면체의 여섯 면 중 한 면만 닿는 것이기 때문에, 같은 부피의 해빙은 물에 잠긴 정육면체 얼음덩어리보다 녹는 시간이 6배 오래 걸린다. 따라서 수명이 훨씬 긴 것이다.

북극 해빙이 쉽게 녹지 않는 또 다른 이유는 부피와 면적 간의 관계 때문이다. 먼저 얼음이 녹는다는 것은 얼음의 부피가 없어진다는 것이기 때문에, 얼음의 부피가 클수록 녹아야 할 얼음

✦**해빙** 바닷물이 얼어서 생긴 얼음.
✦**비례하다** 한쪽의 양이나 수가 증가하는 만큼 그와 관련 있는 다른 쪽의 양이나 수도 증가하다.
✦**부피** 넓이와 높이를 가진 물건이 공간에서 차지하는 크기.

의 양은 많다. 또한 얼음이 녹는 것은 앞서 살펴봤듯이 얼음이 물에 닿는 면적과 관련이 있기 때문에, 물에 닿는 면적이 넓을수록 얼음이 녹는 양은 많다. 따라서 얼음이 녹는 시간은 부피가 클수록 길어지고 물에 닿는 면적이 클수록 짧아짐을 알 수 있다. 여기서 길이가 L배 커지면 면적은 L^2, 부피는 L^3만큼 비례하여 커진다는 '제곱-세제곱 법칙'을 적용하면 얼음이 녹는 시간은 L배만큼 길어짐을 알 수 있다. 예를 들어 한 변의 길이가 2 cm인 정육면체 얼음은 한 변의 길이가 1 cm인 정육면체 얼음보다 길이가 2배 길기 때문에 녹는 시간도 2배 긴 약 4시간가량이 된다. 또한 여기서 면적이 늘어나는 것보다 부피가 늘어나는 비율이 훨씬 크다는 것도 알 수 있다. 북극 해빙의 면적은 수천만 km^2가 넘지만 부피는 이보다 계산하기 어려울 정도로 매우 크기 때문에 해빙이 녹는 시간은 그만큼 늘어나는 것이다. 결국 해빙은 실제 다양한 조건을 고려하더라도 물에 닿는 면이 한 면뿐이고, 닿는 면적에 비해 부피가 매우 크기 때문에 10 ℃가 넘는 북극의 한여름에도 다 녹지 않고 바다에 떠 있을 수 있는 것이다.

확인 문제

1 이 글의 주제는?
열에너지 전달 원리로 살펴본 ☐☐이/가 쉽게 녹지 않는 이유

2 열에너지는 두 물체 사이의 접촉면을 통해서만 전달된다. (○, ×)

3 얼음이 녹는 시간은 얼음의 부피가 클수록 길어진다. (○, ×)

1

• 글의 정보 파악하기

윗글을 읽을 때 사용할 독서 전략으로 가장 적절한 것은?

① 질문에 대한 글쓴이의 추론 과정을 분석하며 읽는다.
② 질문에서 묻는 개념의 변천 과정에 주목하며 읽는다.
③ 질문에 대한 다양한 의견들을 서로 비교해 가며 읽는다.
④ 질문과 관련된 사람들의 일반적인 생각을 비판하며 읽는다.
⑤ 질문에 대한 글쓴이의 입장과 반대되는 의견을 찾으며 읽는다.

2

• 글의 정보 파악하기

윗글의 내용으로 적절하지 않은 것은?

① 북극 해빙의 면적은 부피에 반비례한다.
② 열에너지는 온도가 높은 곳에서 낮은 곳으로 이동한다.
③ 북극 해빙은 물에 닿는 면이 한 면이어서 녹는 시간이 길어진다.
④ 얼음이 물과 접촉하는 면적과 전달되는 열에너지의 양은 비례한다.
⑤ 열적 평형 상태에서는 접촉한 두 물체 간 열에너지의 전달이 일어나지 않는다.

3

• 내용 추론하기

윗글을 바탕으로 〈보기〉를 추론한 내용 중 가장 적절한 것은?

보기

시우는 윗글을 읽고 얼마 전에 다녀온 석빙고를 떠올린 뒤, 한여름에 석빙고의 정육면체 얼음들을 녹지 않게 하기 위한 가장 효율적인 방법이 무엇인지에 대해 탐구해 보았다.

① 얼음들을 원형으로 만들어 보관한다.
② 얼음들을 일정 간격을 두고 보관한다.
③ 얼음들을 한 줄로 높이 세워 보관한다.
④ 얼음들의 표면에 차가운 물을 뿌려서 보관한다.
⑤ 얼음들을 정육면체 한 덩어리로 만들어 보관한다.

4

• 어휘의 의미 파악하기

밑줄 친 단어 중 ㉠의 문맥적 의미와 가장 유사한 것은?

① 수업 시간에 졸다가 선생님께 걸렸다.
② 그는 규정에 걸리는 일을 일절 하지 않는다.
③ 이 문은 닫기만 하면 자동으로 빗장이 걸린다.
④ 차가 밀려 다음 정거장까지 20분 이상 걸렸다.
⑤ 열쇠를 돌리자 자동차의 시동이 가볍게 걸렸다.

차근차근 읽어 보자.
글 속에 답이 있어!
공정!

어휘 공략하기

◐ 바른답·알찬풀이 20쪽

1 다음 뜻에 알맞은 어휘를 〈보기〉에서 찾아 쓰시오.

보기

당부　　부피　　본질　　비례

(1) 말로 단단히 부탁함. 또는 그런 부탁. → (　　　)

(2) 본디부터 가지고 있는 사물 자체의 성질이나 모습. → (　　　)

(3) 넓이와 높이를 가진 물건이 공간에서 차지하는 크기. → (　　　)

(4) 한쪽의 양이나 수가 증가하는 만큼 그와 관련 있는 다른 쪽의 양이나 수도 증가함. → (　　　)

2 다음 문장에 들어갈 어휘로 알맞은 것을 골라 ∨표 하시오.

(1) 그는 외부와의 (□ 접전 / □ 접촉)을 끊고 잠적했다.

(2) 이 도시는 자연림의 (□ 보존 / □ 보류) 상태가 뛰어나다.

(3) 경기 불황의 (□ 지향 / □ 지속)으로 중소기업의 자금난이 심화되고 있다.

(4) 그 사람과 예전에 편지를 (□ 교체 / □ 교환)하던 사이였지만, 이제는 완전히 연락이 끊겼다.

수능 맛보기

3 ㉠~㉤을 사용하여 만든 문장으로 적절하지 않은 것은?

보기

실존주의는 실존하는 ㉠개인의 주체성 ㉡회복을 강조한 철학 사조이다. 실존주의 철학에서 실존은 밖으로 나타나 있는 구체적인 현실 ㉢존재를 뜻하는데, 실존주의 철학의 핵심을 나타내는 '실존이 본질에 ㉣앞선다.'라는 말은 자신이 처한 상황에서 스스로 의미를 만들어 가는 ㉤주체적인 존재로서의 인간의 모습을 인정한 것으로, 철학사에 새로운 방향을 제시했다.

① ㉠: 이것은 나 개인의 문제가 아니라 우리 부서 전체의 문제이다.

② ㉡: 명예 회복을 위해 진실을 밝힐 것이다.

③ ㉢: 인간은 관계를 떠나서 존재할 수 없는 사회적인 존재이다.

④ ㉣: 맨 뒤에 있던 선수가 갑자기 다른 선수들보다 앞서기 시작했다.

⑤ ㉤: 이번 일은 바로 우리 자신이 주체가 되어 밀고 나가야 한다.

13강 실전 1

지문 난이도 ★☆☆ | 기출 고1 학평

다음 글을 읽고 물음에 답하시오.

목표 6분

근대 건축에서 빼놓을 수 없는 인물이 안토니오 가우디이다. 가우디는 기존 건축의 어떠한 흐름에도 얽매이지 않은 역사상 가장 창의적인 건축가였다. 그는 아이디어의 원형을 자연에서 찾아 바르셀로나에 합리적이고 아름다운 건축물들을 만들어 냈다.

그가 살았던 1900년대 바르셀로나에서는 위생적이지 못한 도시 환경을 개조하기 위해 '에이샴플라'라는 이름의 도시 계획 공모전을 열었고 바르셀로나 전체를 20m 폭의 도로로 둘러싼 정사각형 모양의 주거 블록으로 채우는 획기적인 결정을 했다. 블록의 높이는 모든 건물에 빛이 45도로 내리쬘 수 있도록 6층 높이 이하로 제한했다. 이로써 도심 주택에 어느 정도 채광과 환기가 이루어졌지만 ㉠ 블록 모퉁이에 지어진 집은 햇빛과 바람이 잘 들지 않았다.

밀라는 모퉁이에 지을 자신의 집을 가우디에게 부탁했다. 가우디는 이 문제를 해결하기 위해 수직과 수평에 근거한 고전적인 건축의 엄격함을 벗어던지고, 자유로운 형태로 건물을 디자인함으로써 역동감과 활기가 느껴지는 자연스러운 건물을 설계했다. '카사밀라(밀라의 집)'는 바위로 이루어진 몬세라트산의 모양을 본떠 내부도 직각으로 이루어진 부분이 하나도 없다. 그는 지붕을 햇빛 방향에 따라 비스듬하게 설계하고 옥상 난간을 반투명 철망으로 만들어 주택 안으로 빛과 바람이 최대한 들어올 수 있게 했다. 그뿐만 아니라 철골 구조를 적절하게 이용함으로써 석조 건물의 ✦유기적인 형태를 만들어 냄과 동시에 당시 스페인에 하나도 없었던 철근 콘크리트 건물이라는 새로운 주거 환경을 마련했다.

바르셀로나에는 카사밀라 말고도 다양한 가우디의 건축물이 남아 있다. '뼈로 지은 집'이라는 별명이 있는 '카사바트요'는 창문과 창살이 뼈 모양으로 디자인되어 있다. '구엘 공원'에는 자연을 돌 자체로 묘사해 놓은 '돌로 만든 세상'이 펼쳐져 있기도 하다. ⓐ '사그라다 파밀리아 성당'의 기둥에는 플라타너스 나무의 모습을 덧입혔다. 덕분에 그곳에서는 숲에 와 있는 듯한 느낌을 받는다. 이와 같은 가우디의 건축물들은 '자연은 나의 스승이다.'라는 그의 말처럼 자연에서 작품의 ✦모티프를 따와 대부분 직선이 없고 포물선과 나선 등 수학적인 곡선이 주를 이룬다.

그렇다고 가우디가 단순히 자연을 흉내만 낸 것은 아니다. 그는 10여 년의 세심한 관찰과 실험을 통해 ⓑ 다중 ✦현수선 모형을 고안하여 중력까지 치밀하게 계산한 건축 모형을 만들었다. 그 결과 고딕 건축에서 필수적인 버팀벽 없이 날렵하고 균형 잡힌 건축물을 설계할 수 있었다. 이러한 기술력과 창의성의 결합체인 사그라다 파밀리아 성당은 거대한 조각품과 같은 예술성을 보여 준다. 그는 자연을 본따는 것에 그치지 않고 중력이라는 자연의 본성을 합리적으로 사고함으로써 건축에 감성을 담아낼 수 있었다.

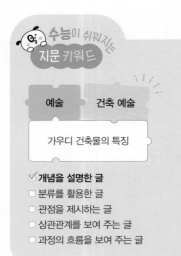

수능이 쉬워지는 지문 키워드

예술 | 건축 예술

가우디 건축물의 특징

- ☑ **개념을 설명한 글**
- □ 분류를 활용한 글
- □ 관점을 제시하는 글
- □ 상관관계를 보여 주는 글
- □ 과정의 흐름을 보여 주는 글

✦**유기적** 생물체처럼 전체를 구성하고 있는 각 부분이 서로 밀접하게 관련을 가지고 있어서 떼어 낼 수 없는 것.

✦**모티프**(motif) 예술 작품을 표현하는 동기가 된 작가의 중심 사상.

✦**현수선** 실 따위의 양쪽 끝을 고정하고 중간 부분을 자연스럽게 늘어뜨렸을 때, 실이 이루는 곡선.

확인 문제

1 이 글의 주제는?
□□□ 건축물의 특징

2 철골 구조와 석조 건물의 유기적 형태를 볼 수 있는 건축물은 '카사바트요'이다. (○, ×)

3 다중 현수선 모형은 자연에서 모티프를 따온 직선 형태의 모형이다. (○, ×)

1 (• 글의 정보 파악하기)

㉠의 문제점을 해결하기 위한 가우디의 방안을 모두 고른 것은?

보기

ㄱ. 지붕 설계: 비스듬하게 설계한다.
ㄴ. 건물의 높이: 6층 이하로 제한한다.
ㄷ. 주변 환경: 20m 폭의 도로로 둘러싼다.
ㄹ. 옥상 난간 재질: 반투명 철망으로 제작한다.

① ㄱ, ㄴ ② ㄱ, ㄹ ③ ㄴ, ㄷ
④ ㄴ, ㄹ ⑤ ㄷ, ㄹ

2 (• 글의 정보 파악하기)

ⓑ와 관련지어 ⓐ의 특징을 이해한 것으로 가장 적절한 것은?

① 숲의 모양을 본떠 생생함이 느껴진다.
② 거대한 조각이 주는 웅장함이 느껴진다.
③ 수학적 직선으로 이루어진 역동성이 느껴진다.
④ 각 구조를 치밀하게 설계한 균형감이 느껴진다.
⑤ 철근 콘크리트 자재를 사용한 견고함이 느껴진다.

3 (• 내용 추론하기)

'안토니오 가우디'와 ㉮의 공통점으로 가장 적절한 것은?

보기

㉮ 몬드리안은 예술과 과학에 공통적으로 적용할 수 있는 불변의 법칙을 찾기 위해 그림을 그렸다. 그는 선과 색채로 순수한 추상적 조형을 나타내고자 사물을 있는 그대로 재현하는 방법을 버렸다. 그는 수직은 남성성으로, 수평은 여성성으로 보고 수직선을 나무에서, 수평선을 바다의 수평선에서 모티프를 찾아 대상을 단순화하였다.

① 주요 활동 무대
② 작품 표현의 도구
③ 작품 제작의 목적
④ 모티프 선정의 근거
⑤ 수직과 수평을 바라보는 관점

13강 실전 2

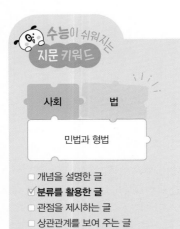

다음 글을 읽고 물음에 답하시오. 목표 9분

인간은 집단생활을 하기 때문에 ⓐ분쟁이 발생할 수밖에 없다. 그래서 문제가 발생하는 것을 예방하거나 문제를 원만히 해결하기 위해 규칙을 만든다. 여러 규칙 중 사회 구성원들의 합의에 따라 만들어지고 강제성을 가진 규칙을 법이라고 한다. 이때 강제성은 공공의 이익을 ⓑ실현하기 위해 사회 구성원들이 동의할 때만 발휘될 수 있다. 이러한 법은 몇 가지 특징이 있는데 먼저 법은 행동의 결과를 중시한다. 왜냐하면 다른 사람이 행동을 평가할 수 있고 그 변화도 확인할 수 있어야 하기 때문이다. 그리고 법은 국민의 자유와 권리를 보호한다. 만약 법이 없다면 권력자나 국가 기관이 멋대로 권력을 ⓒ휘두를 수 있을 것이다. 마지막으로 법은 최소한의 간섭만 한다. 개인이 처리해도 되는 일까지 법이 간섭한다면 사람들은 숨이 막혀 평온하게 살기 힘들 것이다.

대표적인 법에는 ㉠민법과 형법이 있다. 민법은 국가 기관이 아닌, 사람들 간의 권리관계를 다루는 법률로서 재산 관계와 가족 관계로 구성되어 있다. 근대 사회에서 형성된 민법의 원칙은 오늘날까지도 중요하게 여겨지고 있다. 중요 원칙 중 하나는 개인의 사유 재산에 대해 절대적 지배를 인정하고 국가를 비롯한 단체나 개인은 다른 사람의 사유 재산 행사에 간섭하지 못한다는 것이다. 그리고 다른 사람에게 끼친 손해는 그 행위가 위법이고 동시에 고의나 ⓓ과실에 의한 경우에만 책임을 진다는 원칙도 있다. 그런데 이 원칙들은 경제적 강자가 경제적 약자를 지배하는 수단으로 악용되기도 하여 20세기에 들면서 제한이 생겼다. 그 결과 개인의 사유 재산에 대한 지배는 여전히 보장되지만 공공복리에 적합하도록 행사해야 한다는 것과 같은 수정된 원칙들이 적용되고 있다.

반면, 형법은 범죄와 형벌을 규정하는 법률로서 '죄형 법정주의'라는 기본 원칙이 있다. 죄형 법정주의는 범죄의 행위와 그 범죄에 대한 처벌을 미리 법률로 정해 두어야 한다는 것이다. 그래서 범죄 발생 당시에는 없었던 법이 나중에 생겨도 그것을 ✦소급해서 적용할 수 없다. 또한 민법과 달리 어떤 사항을 직접 규정한 법규가 없을 때, 그와 비슷한 사항을 규정한 법규를 유추하여 적용할 수도 없다.

[A] 형법을 어긴 범죄가 발생하면, 먼저 수사 기관이 수사를 한다. 수사를 시작하는 단서로는 고소, 고발, 인지가 있는데, 이 중 고소는 피해자가 하는 반면 고발은 제3자가 한다. 일반적으로 범죄는 수사 기관이 ⓔ인지하는 것만으로도 수사를 시작할 수 있다. 하지만 명예훼손죄, 폭행죄 등은 수사를 진행했더라도 피해자가 원하지 않으면 처벌하지 않는다. 수사 결과 ✦피의자가 죄를 범했다고 의심할 만한 충분한 이유가 있다면 구속 영장을 받아 체포해 구속한다. 만약 범죄를 실행 중인 경우는 구속 영장 없이 체포 가능한데, 이 경우 48시간 이내에 구속 영장을 신청해야 하고, 법원은 신청서가 접수된 시간으로부터 48시간 이내에 구속 영장의 발부 여부를 결정해야 한다. 수사 결과 범죄 혐의가 인정되면 검사는 재판을

수능이 쉬워지는 지문 키워드

사회 | 법

민법과 형법

- □ 개념을 설명한 글
- ☑ **분류를 활용한 글**
- □ 관점을 제시하는 글
- □ 상관관계를 보여 주는 글
- □ 과정의 흐름을 보여 주는 글

✦**소급하다** 과거에까지 거슬러 올라가서 미치게 하다.

✦**피의자** 수사 기관으로부터 범죄의 의심을 받게 되어 수사를 받고 있는 자.

✦**심리하다** 재판의 기초가 되는 사실 관계 및 법률관계를 명확히 하기 위하여 법원이 증거나 방법 따위를 심사하다.

✦**점유자** 어떤 물건을 자기의 지배 아래에 두고 있는 사람.

✦**배상** 남의 권리를 침해한 사람이 그 손해를 물어 주는 일.

청구하는데 이를 기소라고 한다. 이때 검사는 피의자의 나이, 환경, 동기 등을 고려하여 기소를 하지 않을 수 있다. 기소로 재판 절차가 시작되면 법원은 사건을 ✦심리하여 범죄 사실이 확인된 경우 유죄를 선고한다. 유죄가 인정되면 법원이 형을 선고하고 집행 절차에 들어간다.

그런데 만약 동물이 위법한 행동을 하여 다른 사람에게 손해를 끼치면 어떻게 될까? 결론부터 말하면 동물은 아무런 책임이 없다. 법에서는 인간 이외의 것들은 생명의 유무와 상관없이 모두 물건으로 보는데 물건에는 법적 권리가 없다. 법적 권리가 없는 것은 의무와 책임도 없다. 그러므로 동물은 민, 형법상의 책임을 지지 않아도 된다. 다만 손해를 입은 사람은 민법에 따라 동물의 ✦점유자에게 ✦배상을 받을 수 있다.

확인 문제

1 이 글의 주제는?
민법과 ☐☐의 개념과 중요 원칙

2 국가 기관이 아닌, 사람들 간의 권리관계를 다루는 법률을 민법이라 한다. (○ , ×)

3 범죄의 행위와 그 범죄에 대한 처벌을 미리 법률로 정해 두는 것을 죄형 법정주의라 한다. (○ , ×)

1 • 글의 정보 파악하기

'법'에 관한 설명으로 적절하지 않은 것은?

① 법은 개인이 처리할 수 없는 부분에 대해 최소한의 간섭만 한다.
② 법은 행동의 결과보다 사건이 발생할 수밖에 없었던 동기를 중시한다.
③ 법은 분쟁을 해결하기 위해 사회 구성원의 합의 하에 만들어진 규칙이다.
④ 법이 가진 강제성은 공익 실현을 위해 사회 구성원의 동의가 있을 때만 발휘된다.
⑤ 법은 권력자의 권력 행사를 제한하여 국민들의 자유와 권리를 지키는 역할을 한다.

2 • 글의 정보 파악하기

㉠에 대한 설명으로 적절하지 않은 것은?

① 경제적 강자로부터 경제적 약자를 보호하기 위해 원칙이 수정되었다.
② 국가 기관이 아닌, 사람들 간의 권리관계에 문제가 생겼을 경우 적용한다.
③ 위법한 행위가 발생했을 때 의도적으로 잘못을 한 경우에만 책임을 물을 수 있다.
④ 20세기에 들면서 공공복리에 적합하지 않을 경우 개인의 재산권 행사를 제한할 수 있게 되었다.
⑤ 개인이 재산을 사용하는 것에 대해 국가나 타인이 간섭하지 못한다는 원칙이 근대 사회에서 형성되었다.

3

• 자료에 적용하기

[A]를 바탕으로 〈보기〉를 이해한 내용으로 적절한 것은?

보기

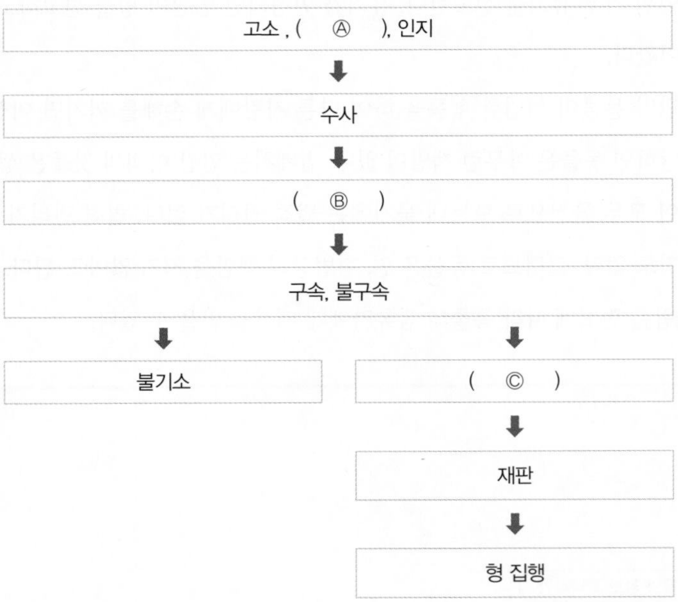

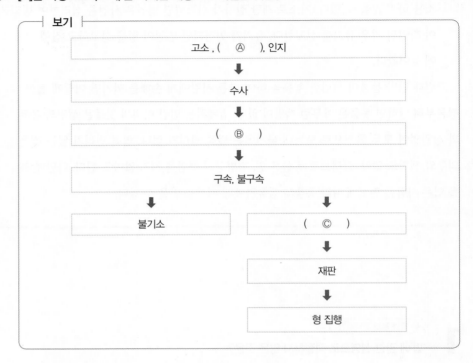

① Ⓐ는 범죄의 피해자가 직접 하는 것이다.

② 명예 훼손죄, 폭행죄는 Ⓐ가 이루어지면 피해자의 의사와 관계없이 처벌하게 된다.

③ 범죄를 실행 중인 범인이라도 Ⓑ하여, 48시간 이내에 구속 영장을 발부받아야 구속이 가능하다.

④ 범죄 혐의가 인정될 경우 법원은 Ⓒ를 해야 한다.

⑤ 피의자의 나이, 환경, 동기 등을 고려하여 Ⓒ를 하지 않을 수도 있다.

4

• 어휘의 의미 파악하기

ⓐ~ⓔ의 의미로 적절하지 않은 것은?

① ⓐ: 말썽을 일으키어 시끄럽고 복잡하게 다툼.

② ⓑ: 꿈, 기대 따위를 실제로 이루다.

③ ⓒ: 사람이나 일을 제 마음대로 마구 다루다.

④ ⓓ: 부주의로 인하여, 어떤 결과의 발생을 미리 내다보지 못한 일.

⑤ ⓔ: 생각하고 헤아려 보다.

13강 어휘 공략하기

◐ 바른답·알찬풀이 22쪽

1 다음 뜻에 알맞은 어휘를 말 상자에서 찾아 쓰시오.

(1) 새로운 것을 생각해 내는 특성. → (　　　　　)

(2) 어떤 물건을 자기의 지배 아래에 두고 있는 사람. → (　　　　　)

(3) 권력이나 위력으로 남의 자유의사를 억눌러 원하지 않는 일을 억지로 시키는 성질. → (　　　　　)

(4) 생물체처럼 전체를 구성하고 있는 각 부분이 서로 밀접하게 관련을 가지고 있어서 떼어 낼 수 없는 것. → (　　　　　)

호	주	사	부	피	인
잠	창	의	성	익	특
재	소	수	실	진	익
점	유	자	부	강	효
허	가	고	양	제	지
유	기	적	탄	성	속

2 문맥을 고려할 때 〈보기〉의 빈칸에 공통으로 들어갈 어휘로 가장 적절한 것은?

보기

- 부엌을 거실로 (　　　　　)했다.
- 그들은 오래된 가정집을 (　　　　　)하여 고급 음식점을 만들었다.

① 개괄　　② 개근　　③ 개조　　④ 개편　　⑤ 개혁

수능 맛보기 3 ㉠~㉤을 사용하여 만든 문장으로 적절하지 않은 것은?

보기

링크가 ㉠첨부된 문자를 스마트폰 사용자에게 전송해 해킹을 하는 범죄가 ㉡속출하고 있다. 스마트폰 대중화에 따라 문자 또는 모바일 메신저 사용이 활성화되면서 범죄 수단으로 ㉢악용되고 있는 것이다. 해킹 사례 중에는 문자 메시지에 사회 이슈와 밀접한 링크를 첨부해 그것을 클릭하도록 ㉣유도한 뒤 개인의 금융 정보를 ㉤탈취하는 방식이 가장 많았다.

① ㉠: 이 단체에 가입하기 위해 자격증 사본을 첨부해야한다.

② ㉡: 이번 올림픽 경기에서는 신기록이 속출하고 있다.

③ ㉢: 과학이 인류를 위협하는 수단으로 악용될 수도 있다.

④ ㉣: 점원은 손님이 옷을 입어 보도록 유도했다.

⑤ ㉤: 녹차 티백을 냉장고 안에 두면 냄새를 탈취하는 효과가 있다.

14강 실전 1

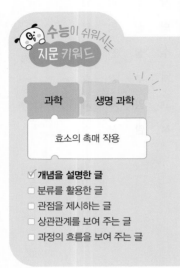

다음 글을 읽고 물음에 답하시오.

목표 8분

우리가 섭취한 영양소로부터 생활에 필요한 에너지를 얻거나 몸에 필요한 물질을 합성하는 과정은 모두 화학 반응에 의해 이루어진다. 이 화학 반응의 속도를 변화시키는 물질이 촉매이다. 촉매는 정촉매와 부촉매로 구분되는데, 활성화 에너지와 반응 속도를 통해 설명할 수 있다. 활성화 에너지란 어떤 물질이 화학 반응을 일으키기 위해 필요한 최소한의 에너지이다. 활성화 에너지가 낮아지면 반응 속도가 빨라지고, 활성화 에너지가 높아지면 반응 속도가 느려지게 된다. 이러한 활성화 에너지를 낮추는 것이 정촉매이고, 활성화 에너지를 높이는 것이 부촉매이다.

우리 몸속에도 이러한 촉매인 효소가 존재하는데, 대부분의 효소는 생체 내에서 화학 반응을 빠르고 쉽게 일어나도록 한다. 예를 들어 소화 효소인 펩신은 음식물을 오랫동안 위장에 담고 있지 않고 소화할 수 있게 한다. 효소를 구성하는 주성분은 단백질이며 각 효소는 고유의 입체 구조를 갖는다. 효소는 촉매 작용을 할 때 반응물과 일시적으로 결합하는데, 반응물과 결합하여 화학 반응이 일어나게 하는 특정 부분을 활성 부위라고 하며, 활성 부위와 결합하는 반응물을 기질이라고 한다.

효소에 의한 촉매 과정에서 효소의 활성 부위와 기질의 3차원적 입체 구조가 맞으면 효소·기질 복합체가 일시적으로 형성되는데, 이처럼 한 종류의 효소가 한 종류의 기질에만 작용하는 것을 효소의 기질 특이성이라 한다. 촉매 과정이 끝나면 기질은 생성물로 바뀌고, 효소·기질 복합체로부터 분리된 효소는 처음과 동일한 화학적 상태로 되돌아오며 다음 반응을 준비한다.

그런데 어떤 화학 물질은 효소와 결합하여 효소의 작용을 방해하는데, 이러한 물질을 저해제라고 한다. 저해제는 효소 반응을 방해하는 방식에 따라 경쟁적 저해제와 비경쟁적 저해제로 나누어진다. 먼저 경쟁적 저해제는 기질과 유사한 3차원적 입체 구조를 지니고 있어, 기질이 결합할 효소의 활성 부위에 기질 대신에 경쟁적 저해제가 결합하여 효소·기질 복합체의 형성을 저해한다. 경쟁적 저해제는 기질의 농도가 증가하면 저해 효과는 감소한다. 다음으로 비경쟁적 저해제는 효소의 활성 부위가 아닌 효소의 다른 부위에 결합하여 효소의 입체 구조를 변형시킴으로써 효소의 활성 부위에 기질이 결합하지 못하게 한다. 그 결과 효소·기질 복합체가 형성되지 않아 효소의 작용을 저해한다. 비경쟁적 저해제가 작용하는 경우에는 기질의 농도가 증가해도 저해 효과는 감소하지 않는다.

수능이 쉬워지는 지문 키워드

과학 | 생명 과학

효소의 촉매 작용

- ☑ **개념을 설명한 글**
- □ 분류를 활용한 글
- □ 관점을 제시하는 글
- □ 상관관계를 보여 주는 글
- □ 과정의 흐름을 보여 주는 글

✦**촉매** 자신은 변화하지 아니하면서 다른 물질의 화학 반응을 매개하여 반응 속도를 빠르게 하거나 늦추는 일. 또는 그런 물질.

✦**효소** 생물의 세포 안에서 합성되어 생체 속에서 행하여지는 거의 모든 화학 반응의 촉매 구실을 하는 고분자 화합물을 통틀어 이르는 말.

확인 문제

1 **이 글의 주제는?**
효소의 □□ 작용과 □□□의 작용 원리

2 정촉매는 활성화 에너지를 높이는 역할을 한다. (○, ×)

3 효소와 결합하여 효소의 작용을 방해하는 물질을 저해제라고 한다. (○, ×)

◐ 바른답·알찬풀이 23쪽

• 글의 정보 파악하기

1

윗글에 대한 이해로 적절하지 않은 것은?

① 효소는 생체 내의 화학 반응에서 활성화 에너지를 조절하는 역할을 한다.

② 촉매는 몸에 필요한 물질을 합성하는 화학 반응에서 반응 속도에 영향을 미친다.

③ 기질의 구조와 효소의 활성 부위 구조가 다르면 효소의 촉매 반응은 일어나지 않는다.

④ 촉매 과정에서 반응물과 일시적으로 결합하는 효소는 고유의 입체 구조를 가지고 있다.

⑤ 효소·기질 복합체에서 분리된 효소는 다른 종류의 기질에 맞는 입체 구조로 변형되어 다음 반응을 준비한다.

• 자료에 적용하기

2

다음은 촉매 반응을 설명하기 위한 그래프이다. 윗글을 바탕으로 〈보기〉를 이해한 내용으로 적절한 것은?

보기

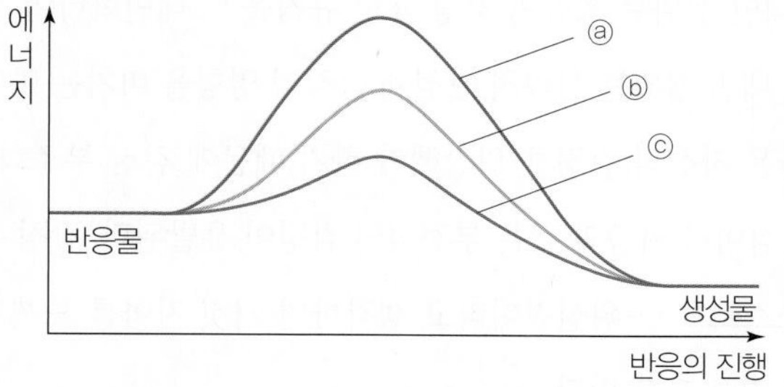

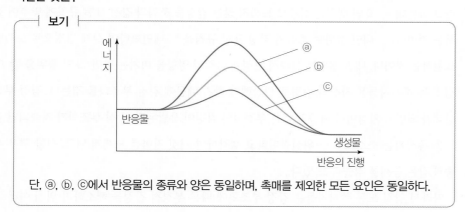

단, ⓐ, ⓑ, ⓒ에서 반응물의 종류와 양은 동일하며, 촉매를 제외한 모든 요인은 동일하다.

① ⓐ를 촉매가 없는 그래프라고 가정할 때, ⓑ는 반응물에 부촉매를 넣은 그래프이겠군.

② ⓒ를 촉매가 없는 그래프라고 가정할 때, ⓐ는 반응물에 정촉매를 넣은 그래프이겠군.

③ 생성물을 만들어 내는 화학 반응 속도는 ⓒ가 ⓑ보다 빠르겠군.

④ ⓐ, ⓑ, ⓒ에서 반응에 필요한 활성화 에너지는 동일하겠군.

⑤ ⓐ, ⓑ, ⓒ에서 동일한 양의 생성물을 만들기 위해 필요한 시간은 모두 동일하겠군.

수능이 쉬워지는 지문 키워드

인문 | 심리

감정 노동

□ 개념을 설명한 글
☑ **분류를 활용한 글**
□ 관점을 제시하는 글
□ 상관관계를 보여 주는 글
□ 과정의 흐름을 보여 주는 글

다음 글을 읽고 물음에 답하시오. 목표 9분

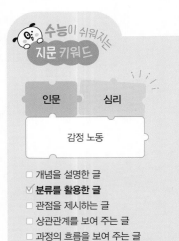

우리는 일상생활을 하면서 감정 노동 종사자를 쉽게 접할 수 있다. 감정 노동 종사자들은 특정한 감정 표현을 요구받기 때문에 스트레스를 받는 경우가 많다. 일반적으로 감정 노동은 업무상 요구되는 특정한 감정 상태를 연출하거나 유지하기 위해 행하는 일체의 감정 관리 활동을 일컫는다.

감정 노동 종사자의 감정에 영향을 미치는 요인들은 크게 개인 특성, 직무✦ 특성, 조직 특성으로 나눌 수 있다. 개인 특성을 대표하는 요인으로는 공감적 배려가 있다. 이것은 타인의 감정에 전적으로 동의하지 않더라도 타인의 감정에 공감하는 표현을 하는 것이다. 공감적 배려가 강한 사람은 타인의 감정에 대응하기 위하여 실제 감정과는 다른 감정을 표현하기도 한다. 직무 특성을 대표하는 요인으로는 직무 ⓐ다양성이 있다. 이것은 직무 수행 과정에서 활용해야 하는 기능이나 재능의 복합성과 관련되는 것으로, 직무 다양성이 증가할수록 표현해야 할 감정도 다양해질 수밖에 없다. 특히 서비스 업무에서는 고객의 유형이 다양하면 직무 다양성이 높아진다. 조직 특성을 대표하는 요인으로는 사회적 지원이 있다. 이것은 상급자, 동료 등 조직 내에서 대인 관계를 맺는 사람들에게서 얻는 인정이나 조언, 물질적 지원 등의 긍정적인 뒷받침을 의미한다. 사회적 지원이 풍부한 조직에서 일하는 사람은 감정 노동에 대한 스트레스는 낮고 업무 만족도는 높다. 이러한 세 가지 특성의 요인들은 ⓑ복합적으로 작용하면서 감정 노동의 양상도 다양하게 나타난다.

실제 직무 수행 장면에서 나타나는 감정 노동 양상 중 대표적인 것으로 표면 행위와 내면 행위 두 가지가 있다. 조직이 종사자에게 요구하는 특정한 감정 표현을 조직의 감정 표현 규칙이라고 하는데, ㉠표면 행위는 실제로 느끼지 않는 감정을 조직의 감정 표현 규칙에 맞추어 표현하는 것이다. ㉡내면 행위는 조직의 감정 표현 규칙을 ⓒ내면화하여 실제 감정으로 느끼면서 표현하는 것이다. 내면 행위는 심리적 안정에 긍정적 영향을 미치는 반면, 표면 행위를 할 때 감정 노동 종사자들은 자신의 감정을 위장해야 하기 때문에 감정 부조화를 겪는다. 감정 부조화 상태가 되면 수치심이나 짜증과 같은 부정적인 감정이 유발된다. 감정 부조화가 지속되면 감정 노동 종사자는 스스로를 ⓓ위선적이라고 생각하며 거짓 자아를 느끼게 되고, 심할 경우 우울증과 같은 증세를 겪을 수도 있다.

따라서 감정 노동 종사자들은 감정 부조화에 따른 부정적 감정을 해소하기 위해 여러 가지 감정 조절 전략을 구사한다. 첫째, 능동 전략은 부정적 감정에 적극적으로 대처하는 전략이다. 부정적인 감정을 있는 그대로 받아들이고, 자신이 왜 이러한 기분을 느끼게 되었는지 이해하고자 노력한다. 과거 유사한 상황을 떠올리거나 문제의 긍정적 측면을 보면서 자신이 더 성숙할 수 있는 기회로 삼기도 한다. 나아가 부정적인 감정을 유발한 상황을 개선하거나 해결하기 위한 구체적인 행동을 취하기도 한다. '자꾸 짜증이 나는 이유가 뭘까?', '옛날에도 비슷한 일이 있

✦**직무** 직책이나 직업상에서 책임을 지고 담당하여 맡은 사무.

었는데 잘 극복했으니 이번에도 잘 이겨 내면 좋은 경험이 될 거야.'라고 생각하는 경우가 그 예에 해당한다.

둘째, 회피·분산 전략은 부정적인 감정 상태에 있을 때 의도적으로 다른 생각들을 떠올려 현재의 부정적인 상황을 피하거나 주의를 분산시키는 전략이다. '별것 아닐 거야.', '불쾌한 감정은 금방 지나갈 거야.'라고 생각하며 부정적 상황을 외면하거나, 부정적인 상황과 상관없는 즐거운 상황을 떠올리는 것이 그 예에 해당한다. 하지만 이 전략을 자주 쓰다 보면 자신의 문제뿐만 아니라 주위의 문제에도 무관심한 태도를 가지게 될 수도 있다.

셋째, 지지 추구 전략은 자신을 지지하는 사람들과의 교류를 통하여 자아 개념과 자존감을 안정되게 유지함으로써 부정적인 감정을 해소하려는 전략이다. 친밀한 사람을 만나 자기 감정을 토로하여 공감을 얻거나 주위 사람으로부터 조언이나 도움을 구하는 것 등이 그 예이다. 이 전략은 타인과의 상호 작용 과정을 통해 감정을 조절하는 것으로, 부정적 감정을 누그러뜨릴 수 있기에 많은 사람들이 활용한다. 세 가지 감정 조절 전략 중 회피·분산 전략과 지지 추구 전략은 일시적인 감정 조절에는 ⓔ유용한 전략이나 근본적인 문제를 해결할 수 없다는 한계를 지닌다. 따라서 궁극적인 감정 조절을 위해서는 능동 전략을 활용하는 것이 바람직하다.

확인 문제

1 **이 글의 주제는?**
감정 노동 종사자의 ☐☐에 영향을 미치는 요인과 감정 조절 전략

2 감정에 영향을 미치는 요인 중 사회적 지원은 직무 특성에 포함된다. (○, ×)

3 감정 조절 전략 중 부정적 감정을 그대로 받아들이는 전략을 지지 추구 전략이라고 한다. (○, ×)

1

• 비판이나 반응의 적절성 평가하기

윗글을 읽고 보인 반응으로 적절하지 않은 것은?

① 감정 조절 전략 중에는 일시적인 감정 조절에 유용한 전략도 있군.
② 주의를 분산시키는 감정 조절 전략을 구사하면 궁극적인 감정 조절이 가능하겠군.
③ 공감적 배려가 강한 사람은 자신의 감정과 일치하지 않는 감정적인 표현을 할 수 있겠군.
④ 다른 생각들을 떠올리거나 자신을 지지해 주는 사람과의 교류를 통해 감정 조절을 할 수 있겠군.
⑤ 상급자나 동료들의 인정이나 조언은 감정 노동 종사자의 감정에 영향을 미치는 조직 특성에 해당하는군.

2

(• 글의 정보 파악하기)

〈보기〉를 참고하여 ㉠과 ㉡을 이해한 내용으로 적절한 것은?

> **보기**
>
> 감정 노동에는 여러 측면의 감정이 작용한다. 조직이 요구하는 감정, 외적으로 표현된 감정, 그리고 솔직한 내면의 감정이 그것이다.

① ㉠은 내면의 감정이 무엇인지 분명히 드러난다.

② ㉠은 내면의 감정과 조직이 요구하는 감정이 다르다.

③ ㉡은 조직이 요구하는 감정에 맞춰 내면의 감정을 위장한다.

④ ㉡은 조직이 요구하는 감정과 외적으로 표현된 감정이 다르다.

⑤ ㉡은 외적으로 표현된 감정에 맞게 조직이 요구하는 감정을 바꾸는 것이다.

3

(• 사례나 상황에 적용하기)

윗글을 바탕으로 〈보기〉의 사례를 이해한 내용으로 적절하지 <u>않은</u> 것은?

> **보기**
>
> 영희는 A 호텔에서 안내 업무를 맡고 있다. Ⓐ<u>영희가 맡은 업무는 손님들의 나이나 성향이 다양하여 힘든 점이 많다.</u> Ⓑ<u>하지만 지배인부터 동료 직원들까지 자신을 존중하고 지원해 주는 분위기가 마음에 들어 자기 일에 만족하고 있다.</u> Ⓒ<u>가끔 기분 나쁜 반응을 보이는 손님도 웃으며 맞아야 하는 것에 짜증을 느끼기도 했는데, 그런 순간마다 자신과 손님 중 누구에게 문제가 있는 것인지 생각하면서 문제를 극복하려고 했다.</u> Ⓓ<u>슬픈 일이 있는데도 손님에게 밝은 표정을 보여야 할 때는 우울함을 느끼기도 했는데, 그럴 때는 아무 생각도 하지 않으려 애를 썼다.</u> Ⓔ<u>그래도 기분이 나아지지 않을 때는 '오늘 친구랑 무슨 영화를 보러 갈까?'와 같이 좋은 일들을 떠올리면 기분이 나아졌다.</u>

① Ⓐ: 직무 다양성이 높아서 힘든 감정 노동을 수행해야 하는 상황에 놓여 있군.

② Ⓑ: 사회적 지원이 풍부하여 업무 만족도가 높게 나타나고 있군.

③ Ⓒ: 능동 전략을 사용하여 부정적 감정에 적극적으로 대처하려 하고 있군.

④ Ⓓ: 현재의 상황을 외면하여 감정 부조화에 따른 부정적인 감정을 해소하려 하는군.

⑤ Ⓔ: 타인과의 상호 작용을 바탕으로 자존감을 회복하려는 전략을 활용하였군.

4

(• 어휘의 의미 파악하기)

ⓐ~ⓔ의 의미로 적절하지 <u>않은</u> 것은?

① ⓐ: 모양, 빛깔, 형태, 양식 따위가 여러 가지로 많은 특성.

② ⓑ: 두 가지 이상이 합쳐 있는 것.

③ ⓒ: 정신적·심리적으로 깊이 마음속에 자리 잡힘.

④ ⓓ: 겉으로만 착한 체하는 것.

⑤ ⓔ: 어떤 일을 남들보다 잘하는 능력이 있다.

어휘 공략하기

◐ 바른답·알찬풀이 24쪽

1 다음 뜻에 알맞은 어휘를 〈보기〉에서 찾아 쓰시오.

보기

대응　　양상　　직무　　추구

(1) 사물이나 현상의 모양이나 상태. → (　　　　)

(2) 목적을 이룰 때까지 뒤좇아 구함. → (　　　　)

(3) 어떤 일이나 사태에 맞추어 태도나 행동을 취함. → (　　　　)

(4) 직책이나 직업상에서 책임을 지고 담당하여 맡은 사무. → (　　　　)

2 다음 문장에 들어갈 어휘로 알맞은 것을 골라 ∨표 하시오.

(1) 물은 산소와 수소의 (□결합 / □결연)으로 이루어진다.

(2) 이 책은 고대 국가의 (□양성 / □형성) 과정을 자세히 소개하고 있다.

(3) 생활한복은 우리 (□고유 / □통용)의 멋에 실용성을 더하여 만든 것이다.

(4) 우리 사회에 뿌리 깊게 남아 있는 성차별은 사회 발전에 커다란 (□성장 / □저해) 요소로 작용한다.

수능 맛보기

3 ㉠~㉤을 사용하여 만든 문장으로 적절하지 <u>않은</u> 것은?

보기

전 세계적으로 기후 변화에 대한 우려의 목소리가 높아지면서 온실가스 ㉠<u>감축</u> 필요성에 ㉡<u>공감하는</u> 사람들이 늘어나고 있다. 이에 따라 우리나라도 탄소 감축을 위한 방안을 ㉢<u>모색하고</u> 있다. 탄소 감축은 생활 속에서도 다양한 방법으로 실천할 수 있는데, 대표적인 것이 일상생활에서 전기 에너지를 절약하는 것이다. 이를 위해 에너지 ㉣<u>효율</u>이 좋은 가전 제품을 사용하고, 평상시에 사용하지 않는 코드는 뽑아서 ㉤<u>대기</u> 전력을 절감하는 것이 좋다.

① ㉠: 인원 <u>감축</u>으로 예산을 크게 절감하게 되었다.

② ㉡: 일회용품 사용을 규제하는 정책에 <u>공감하는</u> 사람들이 늘고 있다.

③ ㉢: 정부에서는 인도적 차원의 지원 방안을 <u>모색하고</u> 있다.

④ ㉣: 기술 발달이 자원 이용의 <u>효율</u>을 높여 주었다.

⑤ ㉤: 자동차 배기가스로 인해 <u>대기</u>가 오염되고 있다.

15강 실전 1

지문 난이도 ★★☆ | 기출 고2 학평

다음 글을 읽고 물음에 답하시오.

목표 8분

엘리베이터 군(群) 관리 시스템은 여러 대의 엘리베이터를 효율적으로 운행하기 위해 엘리베이터의 동작을 적절히 조절하는 시스템이다. 우리가 일상적으로 이용하는 엘리베이터는 상하의 호출 버튼을 누르면 엘리베이터가 승강장까지 오는 방식을 사용한다. 여러 대의 엘리베이터 중에서 승객에게 가장 빨리 도착할 수 있는 엘리베이터가 호출이 들어온 승강장으로 이동하고, 승객은 엘리베이터에 탄 뒤에 각자 자신이 원하는 행선 층의 버튼을 누른다. 이때 승객들의 행선 층이 다양할수록 엘리베이터를 이용하는 시간이 길어진다는 문제가 발생한다. 이런 문제에 좀 더 효과적으로 대응할 수 있는 방법이 행선 예보 방식이다.

엘리베이터 군 관리 시스템 가운데 하나인 행선 예보 방식은 기존의 방식과 달리 승객이 엘리베이터를 타기 전에 승강장에 마련된 행선 층 입력 장치를 통해 행선 층을 미리 입력하게 한다. 그러면 승객들의 행선 층 정보를 바탕으로 승객의 대기 시간과 이동 시간, 각 층에 타고 내리는 승객 수 등을 계산하여 그 승객이 타야 할 엘리베이터가 ✦배정된다.

예를 들어 1호기부터 4호기까지 엘리베이터가 있는 5층 건물의 1층에 각 층을 가려는 승객 20명이 대기하고 있다고 가정하자. 승객들이 자유롭게 엘리베이터에 탑승한다면 각 호기는 거의 매 층마다 정차하게 되어 승객들의 ✦수송 시간이 길어진다. 하지만 행선 층의 정보를 미리 분석하여 행선 층이 같은 승객끼리 묶어서 엘리베이터를 배정한다면 모든 승객이 거의 한 번 만에 행선 층에 도착할 수 있다.

이때 하나의 엘리베이터에 같은 층을 가려는 사람들만 배정하면 승객의 수송 시간은 단축되지만, 대신 운행해야 하는 엘리베이터의 수가 많아져 전력 소비량은 늘어날 수 있다. 전력 소비량을 고려하면 여러 대의 엘리베이터를 운행하는 것보다 최소의 엘리베이터를 운행하는 것이 더 효율적이기 때문이다. 따라서 행선 예보 방식은 승객의 수송 시간과 전력 소비량을 고려하여 행선 층이 비슷한 승객을 같은 엘리베이터에 타도록 배정하게 된다.

㉠ 행선 예보 방식의 시스템은 주군 제어기, 보조군 제어기, 호기 제어기, 행선 층 입력 장치, 원격 모니터 장치로 구성된다. 승객이 각 층에 설치된 행선 층 입력 장치를 통해 행선 층을 입력하면, 주군 제어기는 승객이 입력한 행선 층에 대한 최적의 호기를 결정하고, 이를 다시 행선 층 입력 장치에 전달한다. 그러면 행선 층 입력 장치가 승객이 타야 할 호기를 표시한다. 호기 제어기는 주군 제어기의 호출을 받아 이를 각 엘리베이터에 전달하여 엘리베이터가 호출된 층으로 이동할 수 있도록 한다. 보조군 제어기는 주군 제어기와 하드웨어 및 소프트웨어가 동일하며, 만약 주군 제어기의 이상이 감지되면 즉시 주군 제어기의 기능을 대신하게 된다. 원격 모니터 장치는 주군 제어기와 통신하며 주군 제어기의 작동 정보를 분석하고 표시한다.

수능이 쉬워지는 지문 키워드

기술 | 생활 기술

행선 예보 방식

- ☑ **개념을 설명한 글**
- □ 분류를 활용한 글
- □ 관점을 제시하는 글
- □ 상관관계를 보여 주는 글
- □ 과정의 흐름을 보여 주는 글

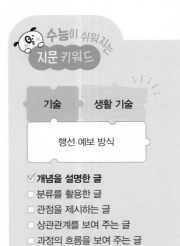

✦**배정되다** 몫이 나뉘어 정해지다.
✦**수송** 기차나 자동차, 배, 항공기 따위로 사람이나 물건을 실어 옮김.

확인 문제

1 **이 글의 주제는?**
엘리베이터 ☐☐ ☐☐ ☐☐의 개념과 작동 원리

2 행선 예보 방식은 승객이 엘리베이터를 탄 뒤에 행선 층의 버튼을 누르는 방식으로 운행한다. (○ , ×)

3 여러 대의 엘리베이터를 운행하면 승객의 수송 시간과 전력 소비량을 모두 줄일 수 있다. (○ , ×)

◐ 바른답·알찬풀이 25쪽

1 • 글의 정보 파악하기

㉠에 대한 설명으로 적절하지 않은 것은?

① 주군 제어기는 입력된 호출을 바탕으로 승객이 타야 할 호기를 결정한다.

② 호기 제어기는 주군 제어기와 담당 엘리베이터를 연결하면서 주군 제어기의 명령을 수행한다.

③ 보조군 제어기는 주군 제어기와 번갈아 가며 작동하여 주군 제어기에 이상이 생기는 것을 예방한다.

④ 원격 모니터 장치는 엘리베이터 운행에 직접적으로 관계하지 않고 주군 제어기의 작동 정보를 분석한다.

⑤ 행선 층 입력 장치는 행선 층의 정보를 전달하는 입력 기능과 결정된 호기를 표시하는 출력 기능을 담당한다.

2 • 사례나 상황에 적용하기

윗글을 바탕으로 〈보기〉의 상황에서 선택할 수 있는 엘리베이터 운행 방법으로 적절한 것은?

> 보기
>
> 행선 예보 방식으로 운행되는 엘리베이터 1호기, 2호기는 현재 지하 1층에 대기하고 있고, 1호기에는 3층에 가려는 승객이 이미 탑승해 있다. 1층에서 승객 A와 B가 각각 3층과 5층으로 가기 위해 행선 층 입력 장치에 호출을 한 상태이다.
>
> ※ 단, 전력 소비량은 두 호기의 이동 거리를 더한 것에 비례함.

① 전력 소비량을 고려하면 A와 B는 모두 2호기에 타게 해야 한다.

② 전력 소비량을 고려하면 A는 2호기에, B는 1호기에 타게 해야 한다.

③ 승객 수송 시간을 고려하면 A와 B는 모두 1호기에 타게 해야 한다.

④ 승객 수송 시간을 고려하면 A는 1호기에, B는 2호기에 타게 해야 한다.

⑤ 승객 수송 시간과 전력 소비량을 함께 고려하면 A와 B는 모두 2호기에 타게 해야 한다.

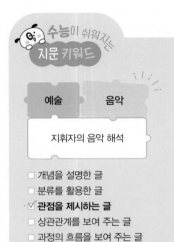

다음 글을 읽고 물음에 답하시오. 목표 9분

수능이 쉬워지는 지문 키워드

예술 | 음악

지휘자의 음악 해석

- □ 개념을 설명한 글
- □ 분류를 활용한 글
- ☑ **관점을 제시하는 글**
- □ 상관관계를 보여 주는 글
- □ 과정의 흐름을 보여 주는 글

지휘자와 오케스트라가 베토벤의 교향곡을 소리로 재현해 내지 않는다면 우리는 베토벤의 명곡을 '생생한 소리'로 감상할 수 없을 것이다. 지휘자와 오케스트라가 작곡가의 악보를 소리로 바꾸는 과정에서 '음악 해석'이라는 것이 이루어진다. 지휘자는 자신의 음악적 관점을 리허설을 통해 전달하고, 여러 가지 손동작과 표정, 몸짓 등으로 감정을 표현하거나 음악의 느낌을 단원들에게 전달하며 훌륭한 연주를 이끌어 낸다. 그 순간 지휘자는 단지 박자만 맞추는 것이 아니라 음악을 해석하고 있는 것이다.

일반인들에게는 음악 해석이라는 말이 조금 낯설지도 모른다. 엄연히 작곡가가 남긴 악보가 있고, 지휘자나 연주자는 악보에 써 있는 대로 음악을 지휘하거나 연주를 하면 될 테니 연주의 차이도 거기서 거기 아니냐고 할 수도 있다. 하지만 막상 악보를 보고 연주를 해 보면 이것이 간단한 문제가 아니라는 것을 알게 된다. 가령 '점점 느리게 연주하라'는 뜻의 '리타르단도'라든가 '점점 빠르게 연주하라'는 뜻의 '스트린젠도'라는 기호가 나타났을 때 과연 어디서부터 어떻게 느리게 연주해야 하고, 어떻게 빠르게 연주해야 할까? 작곡가가 아무리 악보를 정교하게 그린다 해도 작곡가는 연주자들에게 자신이 의도한 음악을 정확하게 전달해 낼 수 없다. 이것이 바로 '악보의 불완전성'이며 이 불완전성이 다양한 음악 해석을 가능하게 한다.

그럼 베토벤의 「교향곡 5번」이 지휘자의 관점에 따라 얼마나 다르게 연주될 수 있는지 살펴보자. 1악장 도입부만 해도 지휘자마다 천차만별이다. 베토벤 「교향곡 5번」을 여는 '따따따딴~'의 네 음은 베토벤의 운명이 문을 두드리는 소리라고 해서 흔히 '운명의 동기'라고 ㉠ 불린다. 운명의 동기가 나타나는 1악장의 첫 페이지에 베토벤은 '알레그로 콘 브리오' 즉, '빠르고 활기 있게' 연주하라고 적어 놓았다. 그리고 그 옆에는 정확한 템포를 지시하기 위해 2분 음표를 메트로놈 108로 연주하라고 적어 놓았다. 1악장은 2/4박자의 곡이므로 2분 음표의 템포는 곧 한 마디의 템포인 셈인데, 한 마디를 메트로놈 108의 속도로 연주한다는 것은 연주자들을 긴장시킬 만한 매우 빠른 템포이다.

하지만 작곡가의 의도대로 정확하게 연주하기로 유명한 지휘자 토스카니니는 베토벤이 원하는 템포 그대로 운명의 동기를 정확하게 연주한다. 그리고 운명의 동기를 반복적으로 구축하며 운명이 추적해 오는 것 같은 뒷부분도 사정없이 몰아친다. 그의 해석으로 베토벤 음악의 추진력은 더욱 돋보인다.

반면 음악을 주관적으로 해석하기로 유명한 푸르트벵글러는 베토벤이 적어 놓은 메트로놈 기호에 별로 신경을 쓰지 않았다. 푸르트벵글러의 지휘로 재탄생한 운명의 노크 소리는 매우 느린 템포로 연주된다. 그럼에도 불구하고 한 음 한 음 힘 있고 또렷하게 표현된 그 소리는 그 어느 노크 소리보다 가슴을 울리는 웅장함을 담고 있다. 두 번째 노크 소리의 여운이 끝나기가 무섭게 시작되는 '운명의 추적' 부분에서도 푸르트벵글러는 이 작품에 대한 독특한 시각을 보

✦**교향곡** 관현악을 위하여 작곡한, 소나타 형식의 규모가 큰 곡.
✦**재현하다** 다시 나타나다. 또는 다시 나타내다.
✦**템포** 악곡을 연주하는 속도나 박자.
✦**메트로놈** 악곡의 박절을 측정하거나 템포를 나타내는 기구.

여 준다. 그는 여기서 도입부의 느린 템포와는 전혀 다른 매우 빠른 템포로 음악을 이끌어 가면서 웅장하게 표현된 운명의 동기와는 대조적으로 더욱 긴박감 넘치는 운명의 추적을 느끼게 한다. 푸르트벵글러는 비록 1악장 도입부에서 베토벤이 적어 놓은 메트로놈 기호를 지키지는 않았다. 하지만 도입부에 나타난 두 번의 노크 소리를 느리고 웅장하게 연주한 후 뒷부분의 음악은 빠르고 긴박감 넘치게 이끌어 감으로써 베토벤 음악이 지닌 웅장함과 역동성을 더욱 잘 부각시키고 있다.

그렇다면 푸르트벵글러의 해석이 틀렸다고 할 수 있을까? 악보에 충실하고자 했던 토스카니니와 악보 너머의 음악적 느낌에 더 충실하고자 했던 푸르트벵글러 중 누가 옳은 것일까? 음악에서는 틀린 음을 연주하는 것 이외에 틀린 것이란 없다. 틀린 것이 아니라 다른 것이다. 여러 가지 '다름'을 허용하는 것이야말로 클래식 음악을 더욱 생동감 넘치는 현재의 음악으로 재현하는 원동력이 된다.

확인 문제

1 **이 글의 주제는?**
지휘자에 따른 ☐☐☐☐ 차이와 음악 연주에서 다름을 허용하는 자세의 필요성

2 악보의 불완전성이 지휘자의 다양한 음악 해석을 가능하게 한다. (○, ×)

3 베토벤 「교향곡 5번」을 연주한 토스카니니는 푸르트벵글러와 달리 음악 해석을 하지 않았다. (○, ×)

1

• 글의 정보 파악하기

윗글의 내용 전개 방식으로 가장 적절한 것은?

① 대상에 대한 서로 다른 관점의 장단점을 비교하고 있다.
② 대상이 세월에 따라 변하게 된 과정을 역사적으로 살펴보고 있다.
③ 대상과 관련된 낯선 개념을 익숙한 대상에 빗대어 설명하고 있다.
④ 대상에 대한 다양한 관점을 소개하면서 부정적인 면을 비판하고 있다.
⑤ 대상과 관련하여 구체적인 사례를 들어 화제에 대한 이해를 돕고 있다.

2

• 글의 정보 파악하기

음악 해석에 대한 이해로 적절하지 않은 것은?

① 악보를 통해 작곡가의 의도를 연주자에게 완벽하게 전달하기는 어렵다.
② 동일한 곡이라도 지휘자마다 연주자가 다르게 연주하도록 지휘할 수 있다.
③ 작곡가가 악보에 자신의 의도를 정확하게 담았다면 음악 해석은 불필요하다.
④ 음악 해석은 지휘자나 연주자가 작곡가의 악보를 소리로 재현할 때 이루어진다.
⑤ 지휘자는 자신이 해석한 음악의 느낌을 동작이나 표정을 통해 연주자들에게 전달한다.

3

• 비판이나 반응의 적절성 평가하기

윗글을 바탕으로 〈보기〉에 대해 보인 반응으로 적절하지 않은 것은?

보기

베토벤 당시의 호른으로는 재현부에서 C장조로 낮아진 제2주제의 ✦팡파르를 연주하기에 적합하지 않았다. 그래서 베토벤은 자신의 「교향곡 5번」 1악장 재현부에서 제2주제 팡파르를 호른과 음색이 가장 비슷한 목관 악기인 바순으로 연주하도록 악보에 표시했다. 그러나 19세기에 관악기의 성능이 보완되면서 어떤 음이든 연주할 수 있는 호른이 널리 보급되었다. 그러자 어떤 지휘자들은 베토벤 「교향곡 5번」 1악장의 재현부에서 제2주제 팡파르를 호른으로 연주해야 한다고 주장했다. 하지만 어떤 지휘자들은 베토벤이 악보에 적어 놓은 그대로 바순의 연주를 고집했다.

✦**팡파르** 북과 금관 악기를 쓰는 짧고 씩씩한 악곡.

① 베토벤은 당시 악기의 한계 때문에 자신이 의도한 바를 정확하게 구현하지 못했겠군.

② 토스카니니는 베토벤이 악보에 적어 놓은 그대로 바순으로 연주해야 한다고 생각했겠군.

③ 자신의 음악 해석에 따라 호른이나 바순 이외의 악기로 연주하는 지휘자도 있을 수 있겠군.

④ 호른으로 연주를 해야 한다고 주장한 지휘자들은 악보에 충실한 음악 해석을 중요시했겠군.

⑤ 윗글의 글쓴이는 바순과 호른 중 어떤 악기로 연주해도 그 지휘자의 연주가 틀렸다고 생각하지 않겠군.

4

• 어휘의 의미 파악하기

다음 중 ㉠의 문맥적 의미와 가장 유사한 것은?

① 시상식에서 내 이름이 불렸다.

② 반 아이들의 이름이 하나하나 불렸다.

③ 그는 많은 사람들에게 천재라고 불렸다.

④ 빈대떡을 만들기 위해 녹두를 물에 불렸다.

⑤ 이 노래가 요즘 아이들에게 가장 많이 불리는 노래이다.

15강 어휘 공략하기

◐ 바른답·알찬풀이 26쪽

1 다음 뜻에 알맞은 어휘를 말 상자에서 찾아 쓰시오.

(1) 멀리 떨어져 있음. → (　　　　)

(2) 악곡을 연주하는 속도나 박자. → (　　　　)

(3) 다시 나타남. 또는 다시 나타냄. → (　　　　)

(4) 들인 노력에 비하여 얻는 결과가 큰 것. → (　　　　)

차	고	반	신	기	원
지	객	논	재	자	격
명	효	란	현	장	치
이	율	배	반	출	장
통	적	양	템	포	다
적	자	진	면	목	각

2 다음 밑줄 친 어휘의 뜻으로 알맞은 것을 〈보기〉에서 찾아 그 기호를 쓰시오.

보기

㉠ 몫이 나뉘어 정해지다.

㉡ 체제, 체계 따위의 기초를 닦아 세우다.

㉢ 무리 중에서 훌륭하거나 뛰어나 도드라져 보이다.

㉣ 어떤 일이나 사태에 맞추어 태도나 행동을 취하다.

(1) 그는 새로운 작품 세계를 구축하였다. → (　　)

(2) 그는 평범한 사람들 속에서 단연 돋보였다. → (　　)

(3) 행사 준비를 위해 각 부서에 배정된 업무를 확인하고 있다. → (　　)

(4) 급변하는 세계정세에 대응하기 위한 방안을 마련해야 한다. → (　　)

수능 맛보기

3 ㉠~㉤을 사용하여 만든 문장으로 적절하지 않은 것은?

보기

주택 특별 ㉠공급이란 정책적 배려가 필요한 계층 가운데 무주택자의 주거 ㉡안정을 위해 청약 경쟁 없이 분양받을 수 있도록 하는 제도이다. 특별 공급 주택을 분양받기 위해서는 청약 자격과 소득 ㉢기준 등 정해진 기준을 충족해야 한다. 따라서 신청 전에 유의 사항과 ㉣가점 제도 등을 충분히 숙지해야 하며, 가점을 ㉤계산할 때 착오가 발생하지 않도록 가점 항목을 꼼꼼하게 확인해야 한다.

① ㉠: 수도관 파열로 수돗물 공급이 중단되었다.

② ㉡: 시민들은 한목소리로 물가 안정을 호소했다.

③ ㉢: 가스 배출량이 기준을 초과하였다.

④ ㉣: 표창장을 받으면 승진할 때 가점을 준다.

⑤ ㉤: 계획을 세울 때에는 뜻하지 않은 상황도 계산해 두어야 한다.

15강까지 학습을 마쳤으면 QR 코드를 찍어 진단 평가를 해 보세요.

진단평가

수능 기출 유형 원리로 깨우자!

실전 훈련 3

강	학습 내용	학습 확인
16강	과학 별의 밝기 사회 내용 증명	☺ 😐 ☹
17강	예술 공공 미술 기술 지문 인식 시스템	☺ 😐 ☹
18강	인문 관점에 따른 도덕적 판단 과학 체지방 측정 방법	☺ 😐 ☹
19강	사회 소비 형태에 관한 연구 예술 조각과 장소의 관련성	☺ 😐 ☹
20강	기술 진공 증착 기술 인문 포틀래치와 구조주의	☺ 😐 ☹

다음 글을 읽고 물음에 답하시오. 목표 8분

별의 밝기는 별의 거리, 크기, 온도 등을 연구하는 데 중요한 정보를 제공한다. 별의 밝기는 등급으로 나타내며, 지구에서 관측되는 별의 밝기를 '겉보기 등급'이라고 한다. 고대의 천문학자 히파르코스는 맨눈으로 보이는 별의 밝기에 따라 가장 밝은 1등급부터 가장 어두운 6등급까지 6개의 등급으로 구분하였다. 이후 1856년에 포그슨은 1등급의 별이 6등급의 별보다 약 100배 밝고, 한 등급 간에는 밝기가 약 2.5배 차이가 나는 것을 알아내었다. 이러한 등급 체계는 망원경이나 관측 기술의 발달로 인해 맨눈으로만 관측 가능했던 1~6등급 범위를 벗어나 그 값이 확장되었는데 6등급보다 더 어두운 별은 6보다 더 큰 수로, 1등급보다 더 밝은 별은 1보다 더 작은 수로 나타내었다. 예를 들어 7등급의 별은 6등급의 별보다 어둡고, −1등급의 별은 1등급의 별보다 더 밝다고 할 수 있다.

별의 겉보기 밝기는 지구에 도달하는 별빛의 양에 의해 결정된다. 과학자들은 단위 시간 동안 단위 면적에 도달하는 빛 에너지의 총량을 '복사 플럭스'라고 정의하였는데 복사 플럭스의 값이 클수록 별의 겉보기 밝기는 더 밝게 관측된다. 그러나 별의 복사 플럭스 값은 빛이 도달되는 거리의 제곱에 반비례하기 때문에 별과의 거리가 멀수록 그 별은 더 어둡게 보인다. 이처럼 겉보기 밝기는 거리에 따라 다르게 관측되기 때문에 절대 등급을 활용하여 별의 실제 밝기를 나타낸다. 예를 들어, '리겔'이라는 별의 경우 겉보기 등급은 0.1 정도이지만, 절대 등급은 −6.8 정도에 해당한다.

절대 등급은 별이 지구로부터 10파섹✦(약 32.6광년✦)의 거리에 있다고 가정했을 때 그 별의 겉보기 등급으로 정의한다. 별의 실제 밝기는 별이 매초 방출하는 에너지의 총량인 광도가 클수록 밝아지게 된다. 광도는 별의 반지름의 제곱과 별의 표면 온도의 네제곱에 비례한다. 즉, 별의 실제 밝기는 별의 표면적이 클수록, 표면 온도가 높을수록 밝다.

과학자들은 별의 겉보기 등급에서 절대 등급을 뺀 값인 거리 지수를 이용하여 별까지의 거리를 판단하는데, 거리 지수의 값이 큰 별일수록 지구에서 별까지의 거리가 멀다고 할 수 있다. 어떤 별의 거리 지수가 0이면 지구와 그 별 사이의 거리가 10파섹임을 나타내고, 0보다 크면 10파섹보다 멀다는 것을 의미한다. 예를 들어 '북극성'의 겉보기 등급은 2.0 정도이고, 절대 등급은 −3.6 정도이므로 거리 지수는 5.6이다. 이 값이 0보다 크기 때문에 북극성은 10파섹보다 멀리 있으며, 실제로 지구에서 133파섹 떨어져 있다. 이처럼 별의 밝기와 관련된 정보를 통해 멀리 떨어져 있는 별에 대해 탐구할 수 있다.

수능이 쉬워지는 지문 키워드

과학 | 지구 과학

별의 밝기

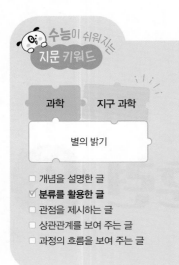

- □ 개념을 설명한 글
- ☑ **분류를 활용한 글**
- □ 관점을 제시하는 글
- □ 상관관계를 보여 주는 글
- □ 과정의 흐름을 보여 주는 글

✦**파섹** 거리의 단위로서 1파섹은 3.086×10^{13} km, 즉 약 3.26광년에 해당한다.

✦**광년** 천체와 천체 사이의 거리를 나타내는 단위. 1광년은 빛이 초속 30만 km의 속도로 1년 동안 나아가는 거리로 9조 4670억 7782만 km이다.

확인 문제

1 **이 글의 주제는?**
별의 겉보기 등급과 ☐☐ 등급

2 겉보기 등급이 2등급인 별과 6등급인 별을 비교하면 겉보기 등급이 6등급인 별이 더 밝다. (○ , ×)

3 두 개의 별이 지구로부터 같은 거리에 있고 표면 온도가 같다면 두 개의 별 중 표면적이 큰 별이 더 밝다. (○ , ×)

1

글의 정보 파악하기

윗글을 통해 알 수 있는 내용으로 적절하지 않은 것은?

① 복사 플럭스 값은 빛이 도달되는 거리의 제곱에 반비례하므로 별빛이 도달되는 거리가 3배가 되면 복사 플럭스 값은 1/9 배가 되겠군.

② 히파르코스는 별의 밝기에 따라 1등급부터 6등급까지 구분하였는데 망원경으로 별을 관측할 경우 히파르코스의 등급 범위를 벗어난 별이 있을 수 있겠군.

③ 어떤 별의 거리 지수가 0보다 크면 10파섹보다 멀다는 것을 의미하므로 어떤 별과 지구 사이의 거리가 10파섹 미만이라면 그 별의 거리 지수는 0보다 작겠군.

④ 별의 겉보기 등급에서 한 등급 간에는 밝기가 약 2.5배 차이가 난다고 했으므로 겉보기 등급이 −1인 별과 겉보기 등급이 1인 별의 밝기는 약 2.5배 차이가 나겠군.

⑤ 절대 등급은 별이 지구로부터 10파섹의 거리에 있다고 가정했을 때 그 별의 겉보기 등급이므로 겉보기 등급과 절대 등급이 같은 별은 지구에서 약 32.6 광년 떨어져 있겠군.

2

자료에 적용하기

윗글을 바탕으로 〈보기〉를 이해한 내용으로 적절한 것은?

보기

다음은 가상의 별 A, B에 대한 정보이다. 별 B의 반지름과 표면 온도는 각각 별 A의 반지름과 표면 온도를 1로 설정하여 계산한 값이다.

	겉보기 등급	절대 등급	거리 지수	반지름	표면 온도
A	2	−1	3	1	1
B	1	−6	7	0.1	10

① 별의 실제 밝기는 표면 온도와 상관없이 별 A가 별 B보다 10배 더 밝다.

② 별의 실제 밝기는 절대 등급으로 나타낸다고 했으므로 별 A는 '리겔'보다 실제 밝기가 더 밝은 별이다.

③ 지구에서 보는 밝기는 겉보기 등급으로 나타낸다고 했으므로 별 B는 지구에서 볼 때 '북극성'보다 더 어둡게 보인다.

④ 별의 광도는 별의 반지름의 제곱과 별의 표면 온도의 네제곱에 비례한다고 했으므로 별 A는 별 B보다 광도 값이 더 크다.

⑤ 거리 지수의 값이 큰 별일수록 지구에서 별까지의 거리가 멀다고 했으므로 별 B는 별 A보다 지구에서 더 멀리 떨어져 있다.

수능이 쉬워지는 지문 키워드

사회 | 법

내용 증명

☑ **개념을 설명한 글**
□ 분류를 활용한 글
□ 관점을 제시하는 글
□ 상관관계를 보여 주는 글
□ 과정의 흐름을 보여 주는 글

다음 글을 읽고 물음에 답하시오. 목표 11분

분쟁이 ⓐ 일어날 것으로 짐작되거나 진행 중인 상황에서 후일 상대방이 사실을 뒤집거나 그런 내용을 안내받지 못했다고 주장하는 것을 ⓑ 막기 위해 내용 증명을 활용할 수 있다. 내용 증명이란 누가, 언제, 누구에게, 어떤 내용의 문서를 보냈다는 사실을 우체국에서 공적으로 증명해 주는 특수한 우편 제도로, 이를 활용하면 ㉠ 향후 법적 분쟁이 일어날 가능성을 줄일 수 있다.

내용 증명은 개인 간 채권·채무 관계나 권리·의무를 더욱 명확하게 할 필요가 있을 때 주로 이용된다. 예를 들어 방문 판매를 통해 충동적으로 구입한 화장품, 건강식품 등의 구매 계약을 철회 기간 내에 취소하고 싶을 때 사용할 수 있다. 특히 판매자와 연락이 되지 않는 등의 이유로 계약을 철회할 수 있는 기간 내에 철회가 불가능한 경우에도 사용한다.

내용 증명은 다른 우편물과는 달리 우체국에 같은 내용의 문서 3부를 ⓒ 내야 한다. 이는 발신인, 수신인, 우체국 3자가 각각 동일한 내용의 문서를 소지하기 위함이다. 그 결과 발신인이 작성한 어떤 내용의 문서가 언제 누구에게 발송되었는지를 우체국장이 증명할 수 있게 되는 것이다. 그러나 이것이 문서의 내용이 맞다는 것까지 증명하는 것은 아니라는 점에 유의해야 한다. 내용 증명이 우편으로 보내졌다는 사실은 입증하지만 문서 내용이 사실인지 아닌지까지 입증하는 것은 아니므로 그 자체로 문제가 해결되는 것은 아니다.

그렇다면 내용 증명은 어떠한 기능을 하는 것일까? 우선, 내용 증명은 문서를 발송하였다는 것을 공적으로 증명하는 증거 효력을 갖는다. 만약 법적 대응 과정에서 내용 증명을 제출한다면 상대방은 그와 같은 내용의 문서를 언제 받았다는 사실만큼은 문제 삼을 수 없다. 다음으로, 내용 증명은 상대방에게 심리적 부담을 주어 그 내용을 실제로 시행하도록 만들기도 한다. 왜냐하면 내용 증명을 보내는 사람이 추후 강력한 법적 대응을 이어갈 의지가 있음을 알리기 때문이다. 예를 들어 A에게 돈을 빌린 B가 빌린 돈을 갚기를 ⓓ 재촉하는 내용 증명을 받으면 B는 A가 이후 법적 대응을 할 수도 있다는 심리적 부담을 느껴 자발적으로 돈을 갚을 가능성이 있다는 것이다.

또한 내용 증명은 그 자체만으로는 단순히 최고하는 것에 불과하지만, 소멸 시효를 중단시키는 데 중요한 역할을 한다. 채권에는 소멸 시효가 있기 때문에 제때 권리 행사를 하지 않으면 소멸 시효가 끝나 그 권리가 사라진다. 따라서 채무자가 소멸 시효가 끝날 무렵까지 채무 이행을 하지 않고 있다면 채권자는 소멸 시효가 끝나지 않도록 중단시켜야 한다. 그러나 내용 증명을 보냈다고 하여 바로 소멸 시효가 중단되는 것은 아니다. 내용 증명을 보낸 날짜로부터 6개월 이내에 청구나 압류 등의 법적 대응을 해야만 소멸 시효가 중단되는 효력이 발생한다. 이러한 법적 대응을 하게 되면 해당 사안의 소멸 시효가 내용 증명을 보낸 시점에 중단되는 효력이 발생한다. 이렇게 소멸 시효가 중단되면 그때까지 지나간 소멸 시효의 기간은 무효가 되고 중단 사유가 종료된 때로부터 소멸 시효가 새로 시작된다.

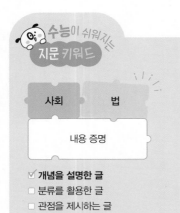

✦**채권** 재산권의 하나. 특정인이 다른 특정인에게 어떤 행위를 청구할 수 있는 권리이다.
✦**최고하다** 상대편에게 일정한 행위를 하도록 독촉하는 통지를 하다.
✦**소멸 시효** 권리자가 자신의 권리를 행사할 수 있음에도 불구하고 일정 기간 동안 권리를 행사하지 아니하는 경우에 그 권리를 소멸하는 제도.
✦**도달되다** 목적한 곳이나 수준에 다다르게 되다.
✦**서면** 일정한 내용을 적은 문서.

◐ 바른답·알찬풀이 28쪽

민법의 규정에 따라 문서의 우편 발송은 수신인에게 도달된 때로부터 효력이 발생한다. 그러나 방문 판매 등의 청약 철회를 요청하는 내용 증명의 경우에는 수신인이 우편을 받은 것과 상관없이 서면을 발송한 날부터 발생한다. 내용 증명으로 발송한 우편물은 3년간 우체국에서 보관한다. 발신인이나 수신인이 이를 ⓔ 잃어버릴 경우 발송 우체국에 특수 우편물 수령증, 주민 등록증 등을 제시하여 본인임을 입증하면 보관 중인 내용 증명의 열람을 요구할 수 있으며 필요시에는 복사를 요청할 수도 있다.

확인 문제

1 이 글의 주제는?
□□ □□의 특징과 기능

2 구매를 취소하고 싶은데 판매자와 연락이 되지 않는 경우 내용 증명을 활용할 수 있다. (○, ×)

3 내용 증명을 보내면 바로 소멸 시효가 중단된다. (○, ×)

1 • 글의 정보 파악하기

윗글의 내용과 일치하지 않는 것은?

① 내용 증명을 받은 수신인은 심리적 부담감을 느끼고 문제 해결을 시도할 수 있다.
② 구매 계약을 철회할 수 있는 기간 안에 철회가 불가능한 경우 내용 증명을 사용할 수 있다.
③ 방문 판매의 청약 철회를 요청하는 내용 증명의 효력은 수신인이 우편을 받은 날부터 발생한다.
④ 내용 증명 발송 직후 발신인이 해당 문서를 분실한 경우에는 발송 우체국에 복사를 요청할 수 있다.
⑤ 내용 증명을 위해서는 우체국에 같은 내용의 문서를 3부 제출해야 하고 발신인도 그중 하나를 가져야 한다.

2 • 내용 추론하기

㉠의 이유로 가장 적절한 것은?

① 수신인에게 분쟁을 철회할 것을 요청하기 때문에
② 수신인의 요구가 무엇인지 명확히 알 수 있게 되기 때문에
③ 발신인이 충동적으로 계약을 맺는 것을 막아 주기 때문에
④ 발신인이 의사 표시를 했음을 객관적으로 드러내기 때문에
⑤ 발신인의 주장이 사실이라는 점이 법적으로 입증되기 때문에

3

사례나 상황에 적용하기

윗글을 바탕으로 〈보기〉의 상황을 이해한 내용으로 적절하지 <u>않은</u> 것은?

> **보기**
>
> 을은 갑에게 돈을 빌려주었으며, 갑과 을의 채무 관계 소멸 시효는 3년으로 2020년 12월 31일에 만료된다. 그런데 갑은 만료일이 다가오도록 을에게 돈을 갚지 않고 있다. 이에 을은 주변의 조언을 받아 2020년 10월 31일에 빌려 간 돈을 갚기를 요구하는 내용 증명을 보내어 갑에게 도착하였음을 확인하였다.

① 을이 갑에게 내용 증명을 보낸 궁극적인 목적은 빌려간 돈을 갚기를 갑에게 요구하기 위함이다.

② 갑이 내용 증명을 받지 않았다고 주장하면 을은 우체국장을 통해 내용 증명을 보냈음을 증명할 수 있다.

③ 소멸 시효가 중단되는 효력을 발생시키기 위해서는 을이 2021년 4월 30일까지 압류 등의 법적 대응을 해야 한다.

④ 을이 내용 증명을 보낸 이후 법적 대응을 하지 않으면 을이 돈을 받을 수 있는 권리는 2020년 12월 31일까지만 유지된다.

⑤ 을이 내용 증명을 소멸 시효 만료 2개월 전에 보냈으므로 새로운 소멸 시효는 2개월이 연장되어 2021년 2월 28일에 만료된다.

4

어휘의 의미 파악하기

문맥상 ⓐ~ⓔ와 바꾸어 쓰기에 적절하지 <u>않은</u> 것은?

① ⓐ: 발생할

② ⓑ: 방지하기

③ ⓒ: 수령해야

④ ⓓ: 독촉하는

⑤ ⓔ: 분실할

꾸준히 공부하면 독해력이 쑥쑥!

16강 어휘 공략하기

◐ 바른답·알찬풀이 29쪽

1 다음 뜻에 알맞은 어휘를 〈보기〉에서 찾아 쓰시오.

보기

광년 철회 채권 서면

(1) 일정한 내용을 적은 문서. → (　　　　)

(2) 천체와 천체 사이의 거리를 나타내는 단위. → (　　　　)

(3) 이미 제출하였던 것이나 주장하였던 것을 다시 회수하거나 번복함. → (　　　　)

(4) 재산권의 하나로 특정인이 다른 특정인에게 어떤 행위를 청구할 수 있는 권리. → (　　　　)

2 다음 문장에 들어갈 어휘로 알맞은 것을 골라 ∨표 하시오.

(1) 그는 주머니에 현금 십만 원을 (□소지하고 / □소각하고) 있다.

(2) 인공위성을 통해 지구 표면의 상태를 (□관측할 / □관여할) 수 있게 되었다.

(3) 그는 우리의 이야기를 듣고 사건을 대강 (□측정하는 / □짐작하는) 눈치였다.

(4) 나는 보고서 작성을 위해 필요한 도서의 (□압류를 / □열람을) 도서관에 요청했다.

수능 맛보기 3 ㉠~㉤을 사용하여 만든 문장으로 적절하지 않은 것은?

보기

㉠입증 책임은 소송에서 자기에게 유리한 사실을 주장하기 위해 법원을 설득할 만한 증거를 제출해야 하는 책임을 ㉡말한다. 형사 소송에서는 검사가, 민사 소송에서는 원고가 입증 책임을 ㉢지는데, 소송에서 입증 책임이 있는 사람이 이를 증명하지 못할 경우 법률적 판단에서 불이익, 즉 패소의 ㉣부담을 ㉤가지게 된다.

① ㉠: 의료 사고의 입증 책임을 두고 논란이 있다.

② ㉡: 집값 폭등은 부동산 경기가 과열되었음을 말해 준다.

③ ㉢: 옷에 커피를 쏟아서 얼룩이 졌다.

④ ㉣: 이 일에는 상당히 큰 위험 부담이 따른다.

⑤ ㉤: 그는 자신의 일에 자부심을 가지고 있다.

다음 글을 읽고 물음에 답하시오.

목표 6분

서울의 청계 광장에는 '스프링(Spring)'이라는 다슬기 형상의 대형 조형물이 설치되어 있다. 이것을 기획한 올덴버그는 공공장소에 작품을 설치하여 대중과 미술의 소통을 이끌어 내려 했다. 이와 같이 대중과 미술의 소통을 위해 공공장소에 설치된 미술 작품 또는 공공 영역에서 이루어지는 예술 행위 및 활동을 공공 미술이라 한다.

1960년대 후반부터 1980년대까지의 공공 미술은 대중과 미술의 소통을 위해 작품이 설치되는 장소를 점차 확장하는 쪽으로 전개되었기 때문에 '장소' 중심의 공공 미술이라 할 수 있다. 이전까지는 미술관에만 전시되던 작품을 사람들이 자주 드나드는 공공건물에 설치하기 시작했다. 하지만 이렇게 공공건물에 설치된 작품들은 한낱 건물의 장식으로 인식되어 대중과의 소통에 한계가 있었기 때문에, 작품이 설치되는 공간은 공원이나 광장 같은 공공장소로 확장되었다. 그러나 공공장소에 놓이게 된 작품 중에는 주변 공간과 어울리지 않거나, 미술가의 미학적 입장이 대중에게 수용되지 못하는 일들이 발생했다. 이는 소통에 대한 미술가의 반성으로 이어졌고 시간이 지남에 따라 공공 미술은 점차 주변의 삶과 조화를 이루는 방향으로 발전하였다.

1990년대 이후의 공공 미술은 참된 소통이 무엇인가에 대해 진지하게 성찰하며 대중을 작품 창작 과정에 참여시키는 쪽으로 전개되었기 때문에 '참여' 중심의 공공 미술이라 할 수 있다. 이 때의 공공 미술은 대중들이 작품 제작에 직접 참여하게 하거나, 작품을 보고 만지며 체험하는 활동 속에서 작품의 의미를 완성할 수 있도록 하여 미술가와 대중, 작품과 대중 사이의 소통을 강화하였다. 장소 중심의 공공 미술이 이미 완성된 작품을 어디에 놓느냐에 주목하던 '결과 중심'의 수동적 미술이라면, 참여 중심의 공공 미술은 작품의 창작 과정에 대중이 참여하여 작품과 직접 소통하는 '과정 중심'의 능동적 미술이라고 볼 수 있다.

[A] 그런데 공공 미술에서는 대중과의 소통을 위해 누구나 쉽게 다가가 감상할 수 있는 작품을 만들어야 하므로, 미술가는 자신의 ✦미학적 입장을 어느 정도 포기해야 한다고 우려할 수 있다. 그러나 이러한 우려는 대중의 미적 감상 능력을 무시하는 ✦편협한 시각이다. 왜냐하면 추상적이고 ✦난해한 작품이라도 대중과의 소통의 가능성은 늘 존재하기 때문이다. 따라서 공공 미술에서 예술의 자율성은 소통의 가능성과 대립하지 않는다. 공공 미술가는 예술의 자율성과 소통의 가능성을 높이기 위해 대중의 예술적 감성이 어떠한지, 대중이 어떠한 작품을 기대하는지 면밀히 분석하며 작품을 창작해야 한다.

수능이 쉬워지는 지문 키워드

예술 / 미술 → 공공 미술

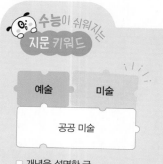

- □ 개념을 설명한 글
- □ 분류를 활용한 글
- □ 관점을 제시하는 글
- □ 상관관계를 보여 주는 글
- ☑ **과정의 흐름을 보여 주는 글**

✦**미학적** 자연이나 인생 및 예술 따위에 담긴 미의 본질과 구조를 해명하는 학문인 미학을 바탕으로 하는 것.

✦**편협하다** 한쪽으로 치우쳐 도량이 좁고 너그럽지 못하다.

✦**난해하다** 뜻을 이해하기 어렵다.

확인 문제

1 이 글의 주제는?
시대 변화에 따른 □□□□의 특징

2 작품을 어디에 놓는지에 주목하던 장소 중심의 공공 미술은 수동적 미술이라고 볼 수 있다. (○, ×)

3 공공 미술가는 대중과 소통하기 위해 자신의 미학적 입장을 포기해야 한다. (○, ×)

◐ 바른답·알찬풀이 29쪽

1 글의 정보 파악하기

윗글의 내용과 일치하지 않는 것은?

① 장소 중심의 공공 미술은 결과 중심의 미술이다.

② 올덴버그의 '스프링'은 대중과의 소통을 위한 작품이다.

③ 장소 중심의 공공 미술은 대중과의 소통에 한계가 있었다.

④ 장소 중심의 공공 미술은 작품 창작에서 대중의 참여를 중요시하였다.

⑤ 참여 중심의 공공 미술은 대중들이 작품 제작에 직접 참여할 수 있게 하였다.

2 비판이나 반응의 적절성 평가하기

[A]의 입장에서 〈보기〉의 견해를 비판한 내용으로 가장 적절한 것은?

보기

공원이나 광장 같은 공공장소에 주변의 공간과의 조화를 고려하지 않고 마치 던져 놓은 듯 만들어 놓은 공공 미술 작품들은 대중들의 관심을 끌지 못했다. 이는 대중과의 소통을 염두에 두지 않았기 때문에 발생하는 것이다. 따라서 공공 미술가는 대중과의 소통을 위해 때로는 자신의 미학적 입장을 포기할 수 있어야 한다.

① 공원이나 광장 같은 공공장소에 설치된 작품들은 대중에 의해 예술로 인정받을 수 없다.

② 공공 미술 작품이 대중으로부터 호응을 받으려면 누구나 쉽게 다가갈 수 있도록 해야 한다.

③ 대중의 미적 감상 능력은 한계가 있으므로 작품에서 작가의 미학적 입장을 강조해서는 안 된다.

④ 공공 미술에서 미술가가 자신의 미학적 입장을 포기하지 않아도 대중과의 소통 가능성은 열려 있다.

⑤ 미술가의 생각을 작품에 추상적으로 표현하여 대중이 난해하게 느끼면 이 작품은 외면받을 수밖에 없다.

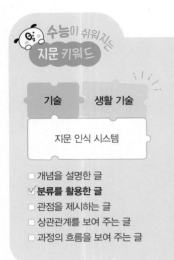

수능이 쉬워지는 지문 키워드

기술 | 생활 기술

지문 인식 시스템

- □ 개념을 설명한 글
- ☑ **분류를 활용한 글**
- □ 관점을 제시하는 글
- □ 상관관계를 보여 주는 글
- □ 과정의 흐름을 보여 주는 글

다음 글을 읽고 물음에 답하시오. 목표 11분

지문은 손가락의 끝마디 안쪽에 있는 살갗의 무늬로, 솟아오른 부분을 융선, 파인 부분을 골이라고 한다. 지문은 사람마다 다르며 지문이 손상되지 않는 한 그 모양이 평생 변하지 않는다. 이 때문에 홍채, 정맥, 목소리 등과 함께 지문은 신원을 확인하기 위한 중요한 생체 정보로 널리 사용되고 있다.

지문 인식 시스템은 시스템에 미리 등록한 지문과 신원 판단을 위해 조회하는 지문이 동일한지 판단함으로써 신원을 확인하는 생체 인식 시스템이다. 지문을 등록하거나 조회하기 위해서는 지문 입력 장치를 통해 지문의 융선과 골이 잘 드러나 있는 지문 영상을 얻어야 한다. 지문 입력 장치는 손가락과의 접촉을 통해 정보를 얻는데, 이때 지문의 융선은 접촉면과 닿게 되고 골은 닿지 않는다. 따라서 지문 입력 장치의 융선과 골에 대응하는 빛의 세기, ✦전하량, 온도와 같은 물리량에 차이가 발생한다.

㉠ ✦광학식 지문 입력 장치는 조명 장치, 프리즘, 이미지 센서로 구성되어 있다. 프리즘의 반사면에 손가락을 갖다 대면 융선 부분에 묻어 있는 습기나 기름이 반사면에 얇은 막을 형성한다. 조명 장치에서 나와 반사면에 형성된 막에 도달한 빛은 꺾이거나 여러 방향으로 흩어져 약해진 상태로 이미지 센서에 도달한다. 골 부분은 반사면에 닿아 있지 않으므로 빛이 꺾이거나 흩어지지 않고 반사되어 센서에 도달한다. 이미지 센서는 빛의 세기를 디지털 신호로 바꾸어 지문 영상을 만든다. 이 장치는 지문이 있는 부위에 땀이나 기름기가 적은 건성 지문인 경우에는 온전한 지문 영상을 얻기 어렵다.

㉡ 정전형 센서식 지문 입력 장치는 미세한 정전형 센서들을 촘촘하게 배치한 판을 사용한다. 이 판에는 전기가 흐르고 각 센서마다 전하가 일정하게 충전되어 있다. 판에 손가락이 닿으면 전하가 방전되어 센서의 전하량이 줄어든다. 이때 융선이 접촉된 센서와 그렇지 않은 센서는 전하량에 차이가 생기는데, 각 센서의 전하량의 차이를 활용하여 지문 영상을 ㉮ 얻는다.

㉢ 초전형 센서식 지문 입력 장치는 인체의 온도 변화를 감지하는 여러 개의 작은 초전형 센서를 손가락의 폭에 해당하는 길이만큼 일렬로 배치해서 사용한다. 이 센서는 온도가 변할 때에만 신호가 발생하는 특성이 있다. 센서가 늘어선 방향과 직각 방향으로 손가락을 접촉시킨 채 이동시키면, 접촉면과 지문의 융선 사이에 마찰열이 발생하여 융선과 골에 따라 센서의 온도가 달라진다. 이때 발생하는 미세한 온도 변화를 센서가 감지하고 이에 해당하는 신호를 변환하여 연속적으로 저장해 지문 영상을 얻는다. 이 장치는 다른 지문 입력 장치보다 소형화할 수 있어 스마트폰과 같은 작은 기기에 장착할 수 있다.

ⓐ 일반적으로 생체 인식 시스템에서는 '생체 정보 수집', '전처리', '특징 데이터 ✦추출', '정합'의 과정을 거치는데 지문 인식 시스템도 이를 따른다. 생체 정보 수집 단계는 지문 입력 장치를 사용하여 지문 영상을 얻는 과정에 해당한다. 전처리 단계에서는 지문 형태와 무관한 영상 정

✦**전하량** 어떤 물체 또는 입자가 띠고 있는 전기의 양.

✦**광학식** 빛의 반사나 굴절을 이용하는 방식.

✦**추출** 전체 속에서 어떤 물건, 생각, 요소 따위를 뽑아냄.

보를 제거하고 지문 형태의 특징이 부각되도록 지문 영상을 보정한다. 특징 데이터 추출 단계에서는 전처리 단계에서 보정된 영상으로부터 각 지문이 가진 고유한 특징 데이터를 추출한다. 특징 데이터로는 융선의 분포 유형, 융선의 위치와 연결 상태 등이 사용된다. 정합 단계에서는 사전에 등록되어 있는 특징 데이터와 지문 조회를 위해 추출된 특징 데이터를 비교하여 유사도를 계산한다. 이 값이 기준치보다 크면 동일한 사람의 지문으로 판정한다.

확인 문제

1 이 글의 주제는?
□□□□ 시스템의 종류와 지문 인식 원리

2 지문의 융선이 닳아 사라지면 지문 인식 시스템을 통해 신원을 확인할 수 없다. (○, ×)

3 광학식 지문 입력 장치는 융선과 골에 대응하는 온도 차이를 이용하여 지문 영상을 얻는다. (○, ×)

1

• 글의 정보 파악하기

윗글의 내용과 일치하지 않는 것은?

① 광학식 지문 입력 장치에는 프리즘이 필요하다.

② 정맥은 지문처럼 신원 확인을 위한 생체 정보로 활용할 수 있다.

③ 초전형 센서식 지문 입력 장치는 정전형 센서식 지문 입력 장치보다 소형화에 더 유리하다.

④ 광학식 지문 입력 장치에서 반사면에 융선 모양의 얇은 막이 잘 형성되어야 온전한 지문 영상을 얻을 수 있다.

⑤ 초전형 센서식 지문 입력 장치에서 양호한 지문 영상을 얻기 위해서는 손가락을 센서에 접촉시킨 후 움직이지 않아야 한다.

2

• 내용 추론하기

㉠~㉢을 사용해 정상적인 '지문 영상'을 얻었다고 할 때, 각 센서에 감지되는 물리량에 대한 설명으로 가장 적절한 것은?

① ㉠에서는 융선의 위치에서 반사되어 센서에 도달한 빛의 세기가 골의 위치에서 반사되어 센서에 도달한 빛의 세기보다 강하겠군.

② ㉡에서는 융선에 대응하는 센서의 전하량이 골에 대응하는 센서의 전하량과 같겠군.

③ ㉡에서는 융선에 대응하는 센서의 전하량이 골에 대응하는 센서의 전하량보다 적겠군.

④ ㉢에서는 융선에 대응하는 센서의 온도가 골에 대응하는 센서의 온도와 같겠군.

⑤ ㉢에서는 융선에 대응하는 센서의 온도가 골에 대응하는 센서의 온도보다 낮겠군.

3

• 자료에 적용하기

ⓐ에 따라 〈보기〉의 정보를 활용한 홍채 인식 시스템을 설계한다고 할 때, 단계별 고려 사항으로 적절하지 않은 것은?

보기

홍채는 각막과 수정체 사이에 있는 근육 막으로, 빛을 통과시키는 구멍인 동공을 둘러싸고 있다. 홍채 근육은 빛의 양을 조절하기 위해 수축하거나 이완하여 동공의 크기를 조절한다. 홍채에는 불규칙한 무늬가 있는데, 두 사람의 홍채 무늬가 같을 확률은 대략 20억분의 1 정도로 알려져 있다.

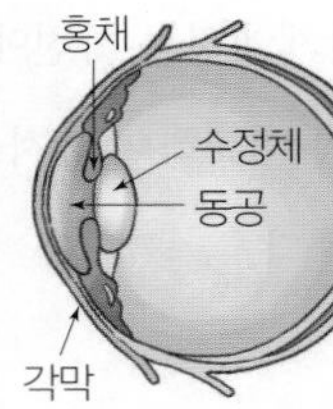

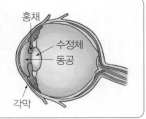

① [생체 정보 수집] 홍채는 각막에 둘러싸여 있으므로 지문이 직접 닿는 지문 입력 시스템과 달리 홍채 입력 시스템에는 홍채가 직접 닿지 않게 하는 방식이 필요하겠군.

② [전처리] 지문 입력 시스템에서 사람마다 고유한 지문 형태의 특징을 부각하듯이 홍채 입력 시스템에서는 생체 정보 수집 단계에서 얻은 영상에서 홍채의 불규칙한 무늬가 나타난 부분만을 분리하는 과정이 필요하겠군.

③ [전처리] 지문 입력 시스템에서 지문 형태의 특징이 부각되도록 지문 영상을 보정하듯이 홍채 입력 시스템에서는 홍채의 불규칙한 무늬가 선명하게 드러날 수 있도록 생체 정보 수집 단계에서 얻은 영상을 보정해야겠군.

④ [특징 데이터 추출] 지문 입력 시스템에서 지문이 가진 고유한 특징 데이터를 추출하듯이 홍채 입력 시스템에서는 홍채 근육에 의해 달라지는 동공의 크기를 특징 데이터로 추출해야겠군.

⑤ [정합] 지문 입력 시스템과 같이 홍채 입력 시스템에서도 등록된 홍채의 특징 데이터와 조회하려는 홍채의 특징 데이터 사이의 유사도 값이 기준치보다 크면 동일한 사람의 홍채로 판정하겠군.

4

• 어휘의 의미 파악하기

문맥상 ㉮와 바꾸어 쓰기에 가장 적절한 것은?

① 조작한다 ② 준비한다 ③ 제공한다
④ 제작한다 ⑤ 획득한다

어휘 공략하기

◐ 바른답·알찬풀이 31쪽

1 다음 뜻에 알맞은 어휘를 말 상자에서 찾아 쓰시오.

신	호	보	정	하	다
다	도	기	장	자	대
시	달	술	가	편	문
스	하	개	의	협	심
템	다	발	대	하	각
지	추	출	하	다	성

(1) 목적한 곳이나 수준에 다다르다. → (　　　　　　　)

(2) 부족한 부분을 보태어 바르게 하다. → (　　　　　　　)

(3) 한쪽으로 치우쳐 도량이 좁고 너그럽지 못하다.
→ (　　　　　　　)

(4) 전체 속에서 어떤 물건, 생각, 요소 따위를 뽑아내다.
→ (　　　　　　　)

2 문맥을 고려할 때 〈보기〉의 빈칸에 공통으로 들어갈 어휘로 가장 적절한 것은?

보기
- 이 책은 전공자도 이해하기 어려울 정도로 (　　　　　)하다.
- 이 시에는 (　　　　　)한 표현이 많이 사용되어 시인이 말하고자 하는 바를 파악하기 어렵다.

① 교정　② 난해　③ 모방　④ 비범　⑤ 흡족

수능 맛보기

3 ㉠~㉤을 사용하여 만든 문장으로 적절하지 않은 것은?

보기

안면 인식 기술은 얼굴의 특징점을 추출하여 데이터베이스에 저장된 자료와 비교하여 ㉠신원을 확인하는 기술이다. 과거 안면 인식 기술은 다른 생체 인식 기술보다 얼굴을 잘못 인식하는 확률이 높아 보조 수단으로만 ㉡활용되었다. 그런데 인공 지능 기술의 발달에 ㉢따라 안면 인식의 정확성이 높아져 현재는 안면 인식 장치를 ㉣설치하여 출입국 심사에 활용하거나 금융 서비스, 운송 물류업까지 ㉤확장하여 활용하고 있다.

① ㉠: 경찰은 용의자의 신원 파악을 서둘렀다.

② ㉡: 대학에서 개발된 기술이 실제 제품에 활용되었다.

③ ㉢: 동생은 형이 보여 주는 동작을 그대로 따라 했다.

④ ㉣: 운동장에 조명 탑을 설치하는 공사가 한창이다.

⑤ ㉤: 그 회사는 사업 규모를 확장하기 위해 노력하고 있다.

18강 실전 1

지문 난이도 ★☆☆ | 기출 고1 학평

다음 글을 읽고 물음에 답하시오.

목표 6분

다음 상황을 생각해 보자. A가 등교하는 길에 다리가 불편한 할머니가 횡단보도 건너는 것을 도와 달라고 하였다. 그런데 지금 학교에 가지 않으면 지각을 하여 벌점을 받게 된다. A는 할머니를 도와야 할까, 아니면 학교에 가야 할까? 이런 상황을 도덕적 ✦딜레마라 한다. 이런 상황에서 개인 행위의 옳고 그름을 판단하는 기준이 필요하다. 이러한 기준을 우리는 크게 두 가지 관점에서 제시할 수 있다. 하나는 ㉠ 의무론적 관점이고 다른 하나는 ㉡ 목적론적 관점이다.

의무론적 관점은 행위에 대한 도덕적 판단이 도덕 법칙에 따라 이루어져야 한다고 보았다. 이 관점은 도덕 법칙을 지키려는 의지를 의무로 보았으며 결과와 상관없이 행위 자체의 옳고 그름에 주목하였다. 도덕 법칙은 언제나 타당하고 보편적인 것이기에 '왜'라는 질문은 성립하지 않는다. 따라서 좋지 않은 결과를 ✦초래하더라도 도덕 법칙은 지켜야 한다. 이런 의미에서 의무론적 관점을 법칙론이라고도 한다.

그러나 의무론적 관점에는 한계가 있다. 두 개의 옳은 도덕 법칙이 충돌할 때 의무론적 관점에 따르면 결정을 ⓐ 내릴 수 없다. 예를 들어 1번 철로에는 3명의 인부가, 2번 철로에는 5명의 인부가 일을 하고 있을 때 브레이크가 고장 난 기차의 기관사는 어떤 길을 선택해야 할까? 의무론적 관점은 이 상황에서 어떤 철로를 선택해야 할지 결정을 내릴 수 없다.

한편, 목적론적 관점은 행복이나 ✦쾌락을 인간이 추구해야 할 목적으로 보았다. 이 관점은 오로지 최선의 결과를 가져오는 행위가 옳은 행위이며, 경험을 통하여 도덕을 얻을 수 있다고 생각하였다. 도덕은 '보다 많은 사람들에게 보다 많은 행복을 가져오는 행위'이다. 따라서 어떤 행위를 결정할 때는 미래에 있을 결과를 고려해야 한다. 이런 의미에서 목적론적 관점을 결과론이라고도 한다.

그러나 목적론적 관점도 한계가 있다. 똑같은 결과라도 사람마다 판단이 달라질 수 있기 때문이다. 위의 예에서 1번 철로를 선택하는 것이 목적론적 관점에서는 옳은 선택이지만 1번 철로에 있던 인부의 가족에게 물었을 경우 대답은 달라질 것이다. 이런 문제 때문에 목적론적 관점은 도덕 법칙에 대해 많은 예외를 허용할 우려가 있다.

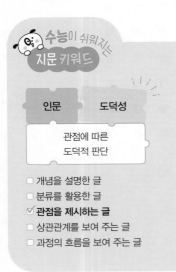

수능이 쉬워지는 지문 키워드

인문 | 도덕성

관점에 따른 도덕적 판단

- □ 개념을 설명한 글
- □ 분류를 활용한 글
- ☑ **관점을 제시하는 글**
- □ 상관관계를 보여 주는 글
- □ 과정의 흐름을 보여 주는 글

✦**딜레마** 선택해야 할 길은 두 가지 중 하나로 정해져 있는데, 그 어느 쪽을 선택해도 바람직하지 못한 결과가 나오게 되는 곤란한 상황.

✦**초래하다** 일의 결과로서 어떤 현상을 생겨나게 하다.

✦**쾌락** 유쾌하고 즐거움. 또는 그런 느낌.

확인 문제

1 **이 글의 주제는?**
□□□ 판단의 기준을 제시하는 두 가지 관점

2 의무론적 관점은 결과와 상관없이 항상 도덕 법칙을 지켜야 한다고 본다. (○ , ×)

3 어떤 행위를 결정할 때 미래에 있을 결과를 고려해야 한다는 관점은 목적론적 관점이다. (○ , ×)

1 글의 정보 파악하기

윗글의 내용 전개 방식으로 가장 적절한 것은?

① 서로 다른 관점을 조율하면서 결론을 이끌어 내고 있다.
② 다른 대상과 비교하여 글쓴이 주장의 타당성을 증명하고 있다.
③ 중심 대상의 개념을 밝히고 사례를 들어 대상의 한계점을 설명하고 있다.
④ 제시한 관점의 문제점을 각각 지적한 후 합리적인 대안을 제시하고 있다.
⑤ 일반적으로 널리 통하는 개념의 문제점을 제시하며 주장을 강조하고 있다.

2 글의 정보 파악하기

㉠과 ㉡에 대한 이해로 적절하지 않은 것은?

① ㉠은 결과가 나쁘더라도 도덕 법칙을 지키기 위한 것이라면 옳은 행위라고 판단할 것이다.
② ㉠은 두 개의 옳은 도덕 법칙이 충돌하는 경우 더 좋은 결과가 나타나는 행위를 선택할 것이다.
③ ㉠은 항상 타당하고 보편적인 것이 도덕 법칙이므로 어떠한 상황에서도 지켜야 한다고 판단할 것이다.
④ ㉡은 더 많은 사람이 행복을 느낄 수 있도록 하는 행위가 도덕적 행위라고 생각할 것이다.
⑤ ㉡은 결과에 대한 판단이 사람마다 다를 수 있어 도덕 법칙에 많은 예외가 발생할 수 있을 것이다.

3 어휘의 의미 파악하기

밑줄 친 단어 중 ⓐ의 문맥적 의미와 가장 유사한 것은?

① 밀가루를 체에 내렸다.
② 하루 종일 비가 내렸다.
③ 저녁이 되자 어둠이 내렸다.
④ 심사 위원들이 노래에 대한 평가를 내렸다.
⑤ 그는 회의에 참석하기 위해 서울역에서 내렸다.

수능이 쉬워지는 지문 키워드

과학 | 생명 과학

체지방 측정 방법

- □ 개념을 설명한 글
- ☑ **분류를 활용한 글**
- □ 관점을 제시하는 글
- □ 상관관계를 보여 주는 글
- □ 과정의 흐름을 보여 주는 글

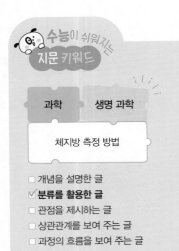

다음 글을 읽고 물음에 답하시오. 목표 9분

'지방'은 몸을 구성하는 주요 성분이다. 또한 지방은 우리 몸의 에너지원이 되기도 하는데, 탄수화물과 단백질은 1 g당 4 kcal의 열량을 내는 데 비해 지방은 9 kcal의 열량을 낸다. '체지방'은 섭취한 영양분 중 쓰고 남은 영양분을 지방의 형태로 몸 안에 축적해 놓은 것을 지칭하는 용어이다. 체지방은 지방 조직을 ⓐ이루는 지방 세포에 축적되며, 피부 밑에 위치하는 피하 지방과 내장 기관 주위에 위치하는 내장 지방으로 나뉜다. 이 체지방은 내장 보호와 체온 조절 기능을 할 뿐 아니라 필요시 분해되어 에너지를 만들기도 한다.

체지방이 과잉 축적된 상태인 비만은 여러 가지 질병을 유발할 수 있으므로 건강을 유지하기 위해서는 체지방을 조절해야 한다. 이때 활용할 수 있는 지수가 체중에서 체지방이 차지하는 비율인 '체지방률'이다. 체지방률은 남성의 경우 15~20%, 여성의 경우 20~25%를 표준으로 삼고, 남성은 25% 이상, 여성은 30% 이상을 비만으로 판정한다.

비만의 판정과 관련하여 흔히 쓰이는 '체질량 지수(BMI)'는 신장과 체중을 이용한 여러 체격 지수 중에서 체지방과 가장 상관성이 높은 것으로 알려져 있다. BMI는 체중(kg)을 신장의 제곱(m^2)으로 나누어 구하는데, 18.5~22.9이면 정상 체중, 23 이상이면 과체중, 25 이상이면 경도 비만, 30 이상이면 고도 비만으로 판정한다. 그러나 운동선수처럼 근육량이 많은 사람은 체지방량이 적어도 상대적으로 BMI가 높을 수 있다. 이처럼 BMI는 체지방량에 대한 추정만 가능할 뿐 체지방량을 정확하게 알려 줄 수 없다는 단점이 있다. 그렇다면 BMI의 단점을 보완할 수 있는 체지방 측정 방법에는 어떤 것이 있을까?

체지방을 측정하는 방법 중 가장 간단한 방법으로 ㉠'피부 두겹법'이 있다. 이 방법은 살을 캘리퍼스로 집어서 피하 지방의 두께를 잰 후 통계 공식에 넣어 체지방을 산출한다. 하지만 이 방법은 측정 부위나 측정자의 숙련도에 따라 측정 오차가 발생할 수 있고, 내장 지방을 측정할 수 없다는 한계가 있다.

㉡'수중 체중법'은 신체를 물에 완전히 잠근 후 수중 체중을 측정하고 물 밖 체중과 비교하여 체지방량을 계산하는 방법이다. 체중은 체지방과 제지방의 합이다. 체지방은 밀도가 0.9 g/cm^3로 물에 뜨고, 제지방은 1.1 g/cm^3로 밀도가 물보다 높아 가라앉는다. 그러므로 체지방량이 많을수록 수중 체중이 줄어들어 물 밖 체중과의 차이가 커진다. 이 차이를 이용하여 체지방량을 얻어 낼 수 있다. 이 방법은 체지방량을 구하는 표준 방법으로 쓰일 정도로 이론적으로는 정확성이 높다. 하지만 신체 부위별 체지방의 구성이나 비율은 정확하게 측정할 수 없다. 그리고 체내 공기량에 따라 측정치가 달라질 수 있으므로 이에 대한 보정이 필요하며, 고가의 장비가 필요한 점 등으로 인해 연구 목적 외에는 잘 사용되지 않는다.

체지방 측정기를 이용하여 체지방을 측정할 수도 있는데, 이때 '생체 전기 저항 분석법(BIA)'이 활용된다. 이 방법은 일정한 신체 부위에 접촉된 전극을 통해 체내에 미약한 전류를 흘려 보

✦**과잉** 예정하거나 필요한 수량보다 많아 남음.
✦**캘리퍼스** 자로 재기 힘든 물체의 두께, 지름 따위를 재는 기구.
✦**제지방** 근육과 뼈, 수분 등 지방 이외의 신체 구성 성분.
✦**손실되다** 잃어버리게 되거나 축나서 손해가 생기다.

내 전기 저항을 알아봄으로써 체지방량을 산출하는 방법이다. 전류가 흘러갈 때 이를 방해하는 힘을 저항 또는 전기 저항이라고 하는데, 인체 내의 수분은 전기가 잘 통하므로 전기 저항이 매우 작다. 근육 세포는 많은 수분을 함유하고 있어 근육이 많은 곳에서는 전기 저항이 비교적 작게 나타난다. 반면 지방 세포는 수분을 거의 함유하지 않아 지방이 많은 곳에서는 전기 저항이 크게 나타난다. 전류가 신체를 통과해서 나온 값이 처음 흘려 보낸 값에서 얼마나 손실되었는지 확인하면 신체의 전기 저항을 구할 수 있다. 이런 성질을 이용하면 체지방량을 산출할 수 있게 된다. 한편, 전기 저항 수치는 체내 수분의 양에 절대적인 영향을 받는다. 따라서 음료 섭취나 운동 등으로 체내 수분의 양에 변화가 생기면 전기 저항 수치가 변하여 체지방량을 정확하게 측정할 수 없다. 그러므로 체지방 측정기를 사용할 때에는 매일 정해진 시간에 일정한 조건에서 측정해야 한다.

확인 문제

1 **이 글의 주제는?**
□□□의 특성과 체지방 측정 방법

2 체지방은 우리 몸에 축적되어 있다가 필요시 분해되어 에너지원이 된다. (○ , ×)

3 지방 세포는 수분을 많이 함유하고 있어 전기 저항이 작게 나타난다. (○ , ×)

1

• 글의 정보 파악하기

윗글을 이해한 내용으로 적절하지 않은 것은?

① 지방은 탄수화물과 단백질에 비해 열량이 높다.
② 체지방률은 판정 기준치가 성별에 따라 다르다.
③ 체지방은 피하 지방과 내장 지방으로 나눌 수 있다.
④ 비만은 인체에 체지방이 과잉 축적된 상태를 말한다.
⑤ 체중은 체지방과 제지방의 전기 저항 차이를 통해 산출한다.

2

• 글의 정보 파악하기

㉠과 ㉡의 공통점으로 가장 적절한 것은?

① 내장 지방을 별도로 측정할 수 없다는 한계가 있다.
② 측정의 정확성이 높아 표준 측정 방법이 될 수 있다.
③ 연구 목적 외에도 실제 측정 방법으로 널리 활용된다.
④ 측정자의 숙련도와 상관없이 정확하게 측정할 수 있다.
⑤ 신체 부위별로 측정할 수 있는 고가의 장비가 필요하다.

• 자료에 적용하기

3 윗글을 읽고 〈보기〉를 이해한 내용으로 적절하지 않은 것은?

보기

아래의 측정값은 체중이 60kg인 A, B 두 남성에게서 얻은 것이다.

측정 대상	BMI	체지방량(kg)
A	24.2	16.2
B	20.4	13.2

① 신장이 더 작은 사람은 A이다.

② 체지방량이 더 많은 사람은 B이다.

③ 수중 체중이 더 나가는 사람은 A이다.

④ BMI만 볼 때 정상 체중인 사람은 B이다.

⑤ 체지방률로만 볼 때 비만인 사람은 A이다.

• 어휘의 의미 파악하기

4 문맥상 ⓐ와 바꾸어 쓰기에 가장 적절한 것은?

① 구성하는　　② 달성하는　　③ 양성하는

④ 완성하는　　⑤ 이식하는

18강 어휘 공략하기

◐ 바른답·알찬풀이 34쪽

1 다음 뜻에 알맞은 어휘를 〈보기〉에서 찾아 쓰시오.

보기

저항　　보편적　　과잉

(1) 모든 것에 두루 미치거나 통하는 것. → (　　　)

(2) 예정하거나 필요한 수량보다 많아 남음. → (　　　)

(3) 도체에 전류가 흐르는 것을 방해하는 작용. → (　　　)

2 문맥을 고려할 때 〈보기〉의 ㉠, ㉡과 바꾸어 쓸 수 있는 어휘로 알맞은 것은?

보기

A 마을 주민들은 마을이 방송에 소개된 이후 갑자기 모여든 관광객들로 인해 A 마을의 자랑인 천연기념물이 훼손될 것을 ㉠걱정하여 당번을 정해 천연기념물 주변을 지키기로 했다. 천연기념물을 ㉡현재와 같이 보존하려는 주민들의 소식을 들은 지자체는 마을의 순찰 활동을 적극적으로 지원하겠다고 약속했다.

	㉠	㉡		㉠	㉡
①	우려하여	유지하려는	②	인정하여	극복하려는
③	조언하여	조절하려는	④	판정하여	개선하려는
⑤	조율하여	절제하려는			

수능 맛보기

3 ㉠~㉤을 사용하여 만든 문장으로 적절하지 않은 것은?

보기

체중 감량은 몸에 ㉠축적된 체지방을 적절하게 줄여 건강을 유지하고, 자연 치유력을 ㉡높이는 것이라 할 수 있다. 성공적인 체중 감량을 위해서는 자신의 건강 상태를 정확하게 파악하는 것이 중요하다. 또한 ㉢열량이 낮으면서 포만감을 줄 수 있는 야채, 해조류 위주의 식단에 ㉣주목해야 한다. 그렇지만 식단 관리만으로는 체중 감량에 ㉤한계가 있기 때문에 규칙적인 운동도 병행해야 한다.

① ㉠: 원자핵 속에는 막대한 에너지가 축적되어 있다.

② ㉡: 동생이 발꿈치를 들어 올려 키를 높였다.

③ ㉢: 운동선수들은 열량이 높은 음식을 섭취해야 한다.

④ ㉣: 그는 예술 작품의 형식 자체에만 주목해야 한다고 주장했다.

⑤ ㉤: 자신의 한계를 극복하기 위해 최선을 다하는 모습이 아름답다.

19강 실전 1 경제

지문 난이도 ★★☆ | 기출 고1 학평

다음 글을 읽고 물음에 답하시오. 목표 8분

18세기 산업 혁명으로 시작된 생산 혁명은 19세기 백화점이 일으킨 유통 혁명을 통해 소비 혁명으로 이어졌다. 대량 소비 시대가 되자 사람들의 소비 형태도 바뀌었다. 무엇을 소유했는지에 따라 사람을 판단하게 되면서 사람들은 주위를 신경 쓰며 자기를 나타내기 위한 상품을 고르게 되었다. 소비를 결정하는 요인이 '필요'가 아니라 '자기 과시'로 옮겨 간 것이다.

이와 같은 현상에 주목한 베블런은 소비자의 소비 형태는 독립적으로 이루어지지 않고 다른 소비자의 영향을 받는다고 주장하였다. 그는 '나는 보통 사람들과 신분이 다르다'는 점을 과시하는 부유층이나 이를 모방하려는 계층이 과시적 소비를 한다고 말하였다. 과시적 소비가 일어나면 저렴한 상품 대신 고가의 상품에 대한 수요가 증가해 가격이 오르는데도 수요가 줄어들지 않고 오히려 증가하는 현상이 일어난다. 이렇게 과시적 소비로 인해 가격이 올라도 수요가 늘어나는 현상을 '베블런 효과'라고 한다. 그리고 이러한 과시적 소비의 대상이 되는 상품을 '베블런 재(財)'라고 한다.

라이벤스타인은 이와 같은 현상을 보다 깊이 있게 다루어 '밴드 왜건 효과'와 '스놉 효과'를 발표하였다. 과시적 소비는 일부 상류층과 ✦신흥 부유층을 중심으로 일어나는 것이 보통이지만 주위 사람들이 이를 흉내 내면서 사회 전체로 퍼져 나가는 현상을 밴드 왜건 효과라고 이름 붙인 것이다. 밴드 왜건은 행진할 때 선두에서 행렬을 이끄는 악대 차를 의미하는데 악단이 지나가면 사람들이 영문도 모르고 무작정 뒤따르면서 사람들이 더욱더 불어나는 것에 비유한 것으로 밴드 왜건 효과는 '모방 효과'라고도 부른다.

그런데 모방 효과가 널리 퍼져 더 이상 과시적 소비가 ✦차별 효용을 잃게 될 때 일부 사람들은 평범한 사람들이 접근할 수 있는 상품 대신 더욱 진귀한 물건을 찾는다. 이로 인해 기존 상품의 수요가 줄어들게 되는데 이를 '스놉 효과'라고 한다. 즉 모방 효과와는 반대로 특정 제품에 대한 소비가 증가하게 되면 그 제품의 수요가 줄어들고 새로운 상품의 수요로 옮겨 가는 현상이다. 가격이 비싸서 쉽게 구매하기 어려운 고가의 명품 등이 이에 해당되는데, 명품이라 알려진 제품이 대대적인 ✦판촉 행사를 한 후 단골 고객이 줄어드는 현상으로 설명할 수 있다. 이는 남보다 돋보여야 한다는 속물 근성을 바탕으로 하여 '속물 효과'라고도 부른다.

베블런은 상품의 가격이 내려가면 소비량이 늘어난다는 기존의 이론과는 다른 관점에서 현실의 소비 형태를 설명하였고, 라이벤스타인은 현대인들이 주위 사람들의 소비 형태에 따라 자신의 소비 형태를 결정하는 모습을 이론으로 나타내었다. 그들의 연구는 소비 형태로 계층을 판단하는 현대 자본주의 사회의 모습을 설명할 수 있다는 점에서 의미가 있다.

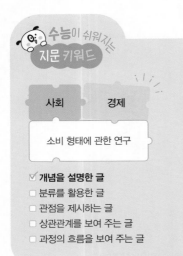

수능이 쉬워지는 지문 키워드

사회 / 경제

소비 형태에 관한 연구

- ☑ **개념을 설명한 글**
- ☐ 분류를 활용한 글
- ☐ 관점을 제시하는 글
- ☐ 상관관계를 보여 주는 글
- ☐ 과정의 흐름을 보여 주는 글

✦**신흥** 어떤 사회적 사실이나 현상이 새로 일어남.

✦**차별 효용** 어떤 물건에 대해, 남과 다르게 보인다고 판단하는 개인의 주관적인 만족감.

✦**판촉** 여러 가지 방법을 써서 수요를 불러일으키고 자극하여 판매가 늘도록 유도하는 일.

확인 문제

1 **이 글의 주제는?**
대량 소비 시대의 ☐☐ 형태에 대한 베블런과 라이벤스타인의 연구

2 가격이 오르면 수요가 줄어드는 현상을 '베블런 효과'라고 한다. (○ , ✕)

3 '스놉 효과'는 남보다 돋보여야 한다는 심리에 기반을 두고 있다. (○ , ✕)

◐ 바른답·알찬풀이 34쪽

1 글의 정보 파악하기

윗글의 내용 전개 방식으로 가장 적절한 것은?

① 다양한 사례를 분류하여 나열하고 있다.

② 하나의 개념을 다양한 각도에서 살피고 있다.

③ 이론의 특징을 요약하고 그 의의를 밝히고 있다.

④ 상반되는 학설을 제시하여 상대적 우위를 가리고 있다.

⑤ 시간의 흐름에 따른 이론의 변천 과정을 제시하고 있다.

2 자료에 적용하기

윗글을 바탕으로 〈보기〉를 이해한 내용으로 적절하지 않은 것은?

보기

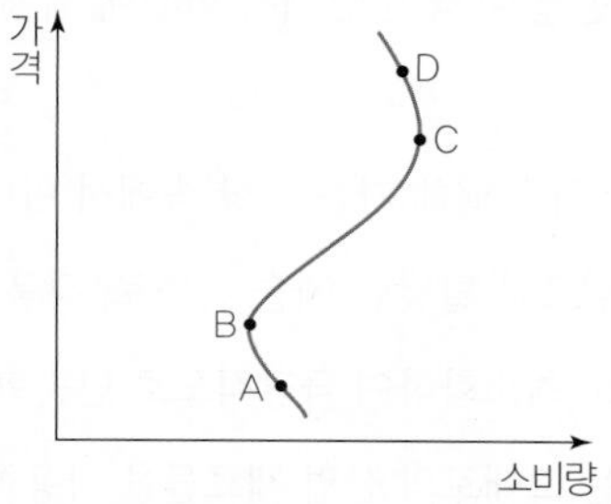

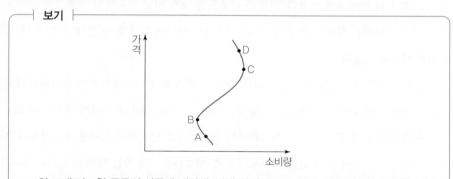

※ 위 그래프는 한 종류의 상품에 대하여, 판매 가격에 따른 실제 소비 지점을 연결한 선이다. (단 가격 외에 소비량에 영향을 미치는 요인은 없다고 가정함.)

① A-B 구간은 기존의 경제 이론으로 설명할 수 있다.

② A-B 구간에서 과시적 소비가 일어남을 알 수 있다.

③ B-C 구간에서 이 상품이 '베블런 재(財)'임을 알 수 있다.

④ B-C 구간에서 보이는 소비 형태는 대량 소비 시대가 되면서 나타났음을 알 수 있다.

⑤ B-D 구간에서 라이벤스타인이 주목한 현상이 일어남을 알 수 있다.

19강 실전 2

수능이 쉬워지는 지문 키워드

예술 | 조각

조각과 장소의 관련성

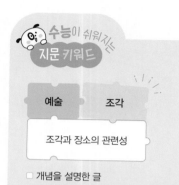

- □ 개념을 설명한 글
- □ 분류를 활용한 글
- □ 관점을 제시하는 글
- □ 상관관계를 보여 주는 글
- ☑ **과정의 흐름을 보여 주는 글**

다음 글을 읽고 물음에 답하시오.

목표 11분

[A]
근대 이전의 조각은 독립적인 미술 작품이 아니라 신전이나 사원, 왕궁과 같은 장소의 일부였다. 중세 유럽의 성당 곳곳에 성서와 관련 있는 각종 인물이 조각상으로 놓였던 것, 왕궁 안에 왕이나 귀족의 인물상들이 놓였던 것이 그 예이다. 이러한 조각은 그것이 놓여 있는 장소의 성격에 따라 종교적인 분위기를 조성하거나 왕의 권력을 상징함으로써 사람들을 감화시켰다.

조각이 장소와 관련성을 지니고 그 장소의 맥락과 의미를 강조하는 수단으로 활용되는 경향은 근대에 들어서면서 변화를 맞이했다. 종교의 영향력 및 왕권이 약화되면서 관련 장소가 지녔던 권위도 ㉠ 퇴색하여, 그 장소에 놓인 조각이 가졌던 종교적, 정치적 의미도 약해진 것이다. 또 특정 장소의 상징이었던 조각이 원래의 장소에서 물리적으로 분리되어 기존의 맥락을 ㉡ 상실하는 경우도 생겼다. 이러한 상황이 전시 및 교육을 목적으로 하는 박물관, 미술관 등 근대적 장소가 ㉢ 출현하는 상황과 맞물리면서 조각에 대한 새로운 관점이 부각되기 시작했다. 조각이 박물관이나 미술관에 놓이면서 미적 감상의 대상인 '작품'으로서의 성격이 강조된 것이다. 사람들은 조각을 예술적인 기법이나 양식 등이 구현된 독립적인 작품으로 감상하게 되었다.

이러한 경향은 19세기 이후 미술의 흐름 속에서 더욱 돋보였고, 작품 외적 맥락에 ㉣ 구속되기보다는 작품 자체에서 의미의 완성을 추구하는 경우가 많아졌다. 그래서 작품 바깥의 대상을 지시하거나 재현하기보다는 감상자의 시선을 작품에만 집중시키는 단순하고 추상화된 작품들이 이 시기부터 많이 등장하였다. 이러한 작품들은 대개 미술 전시장의 전형적인 화이트 큐브, 즉 출입구 이외에는 사방이 막힌 실내 공간 안에서 받침대 위에 놓여 실제 장소나 현실로부터 분리된 느낌을 주었다.

이렇게 조각이 특정 장소로부터 독립해 가는 경향 속에서 미니멀리즘이 등장하였다. 미니멀리즘은 1960년대에 미국을 중심으로 발달한 예술 사조로, 작품의 의미가 예술가에 의해 결정되는 것을 줄이고 꾸밈과 표현도 최소화하여 극단적으로 단순화된 형태를 추구했다. 미니멀리즘 작가들은 가공하지 않은 있는 그대로의 산업 재료들을 사용하는 등의 방법으로 무의도성과 단순성을 표현했기 때문에, 그 결과물은 작품이라기보다는 사물로 인식되기도 하였다. 또한 미니멀리즘 조각은 감상자들이 걸어 다니는 바닥이나 전시실 벽면과 같은 곳에 받침대 없이 놓임으로써 감상자와 작품 간의 거리를 축소하고, 동선에 따라 개별적이고 다양한 경험과 의미 형성이 가능하도록 하였다. 그 결과 미니멀리즘 조각은 단순성과 추상성을 특징으로 한다는 점에서 이전 시기의 추상 조각과 공통점을 지니면서도, 전시장이라는 실제 장소의 물리적 특성을 작품에 의도적으로 연관시켜 활용했다는 점에서 차별성을 지니게 되었다. 이런 특징은 근대 이전의 조각이 장소의 특성에 종속되어 있었던 것과도 차별화된다.

✦**성서** 각 종교에서 종교적인 원리나 이치를 기록한 경전.
✦**감화시키다** 좋은 영향을 주어 생각이나 감정이 바람직하게 변하도록 하다.
✦**맥락** 사물 따위가 서로 이어져 있는 관계나 연관.
✦**사조** 한 시대의 일반적인 사상의 흐름.

이후 미술에서는 미니멀리즘을 통해 부각된 작품과 장소 간의 관련성을 새롭게 실현하려는 시도들이 이어져 왔다. 미니멀리즘 작품이 장소와의 관련성을 모색하고 구현한 것이기는 해도 미술관이라는 공간 내부에 제한된다는 점을 ㉤간파한 일부 예술가들은, 미술관 바깥의 도시나 자연을 작업의 장소이자 대상으로 삼아 장소와의 관련성을 다양한 방식으로 실현하려 하였다. 대지 미술은 이러한 시도 중 하나로, 대지의 표면에 형상을 디자인하고 자연 속에 작품을 만들어 냄으로써 지역이나 환경 자체를 작품화하였다. 구체적인 장소의 특성을 작품 의미의 근원으로 삼는 이러한 작품들에서는 작품과 장소, 감상자 간의 상호 작용을 통해 의미가 만들어진다는 특징이 드러났다.

확인 문제

1 **이 글의 주제는?**
미술사의 흐름에 따른 조각과 ☐☐의 관련성 변화 양상

2 근대 이전의 조각은 미적 감상의 대상으로서의 성격이 강조되었다. (○ , ×)

3 미니멀리즘 조각은 극단적으로 단순한 형태를 추구하였다. (○ , ×)

1 • 글의 정보 파악하기

윗글의 내용과 일치하지 않는 것은?

① 대지 미술가들은 자연을 창작 작업의 장소이자 대상으로 삼았다.
② 화이트 큐브는 현실로부터 작품이 분리된 느낌을 완화해 주는 역할을 하였다.
③ 왕권이 약해짐에 따라 왕의 모습을 담은 인물상에 부여되는 상징적 의미가 변화되었다.
④ 19세기 이후의 추상 조각은 감상자의 시선을 작품 외적 맥락보다 작품 자체에 집중시키는 경향이 있었다.
⑤ 미니멀리즘 작가들은 가공하지 않은 산업 재료들을 사용하여 무의도성과 단순성을 구현하기도 하였다.

2 • 내용 추론하기

윗글을 읽고 추론한 내용으로 가장 적절한 것은?

① 미니멀리즘 바로 이전 시기의 조각은 상상 속 장소의 특성이 활용되었다.
② 미니멀리즘 바로 이전 시기의 조각은 전시된 곳의 물리적 특성과 관련이 깊지 않다.
③ 미니멀리즘 조각은 바로 이전 시기보다 조각과 장소와의 연관성이 적다.
④ 미니멀리즘 조각은 단순화된 형태를 추구하여 감상자가 다양한 의미를 형성할 수 없었다.
⑤ 미니멀리즘 이후의 조각은 장소와의 관련성을 배제하는 대지 미술을 추구하였다.

내용 추론하기

3 [A]와 〈보기〉를 관련지어 이해한 내용으로 가장 적절한 것은?

> **보기**
>
> 중세 시대에 건축, 조각, 회화는 독자적인 예술 분야가 아닌 기술이나 수공업의 영역으로 인식되었으며, 정치, 사회적 기능에 전적으로 의존하였다. 근대에 이르러 미술의 개념이 확립되고 미가 인간 행위를 지배하는 하나의 독립적 원리로 여겨지면서, 사람들은 종교적 신비감이 시들해진 상태에서 순수한 미적 체험을 추구하기 시작하였다. 미술관을 포함한 박물관의 출현은 이러한 변화와 맞물린 근대적 현상이었다.

① 박물관에서 원래의 장소로 되돌아온 조각상은 건축, 조각, 회화 영역의 통합에 기여하겠군.

② 근대에 출현한 박물관은 작품이 가진 수공업으로서의 가치를 강화하는 데 초점을 두었겠군.

③ 조각상을 감상의 대상인 '작품'으로 여긴다는 것은 그것에 정치, 사회적 기능을 부여한다는 뜻이겠군.

④ 종교적인 인물상이 사원에서 박물관으로 옮겨지면서 미의 개념이 예술 분야에서 기술 분야로 확대되었겠군.

⑤ 중세의 종교 건축물의 일부였던 조각상이 원래의 장소에서 물리적으로 분리되면 원래의 종교적 신비감이 유지되기 어렵겠군.

어휘의 의미 파악하기

4 문맥상 ㉠~㉤과 바꾸어 쓰기에 적절하지 <u>않은</u> 것은?

① ㉠: 희미해져

② ㉡: 잃어버리는

③ ㉢: 드러나는

④ ㉣: 얽매이기보다는

⑤ ㉤: 알아차린

깨독과 함께라면
수능 독해 문제없어!

19강

어휘 공략하기

◐ 바른답·알찬풀이 36쪽

1 다음 뜻에 알맞은 어휘를 〈보기〉에서 찾아 쓰시오.

보기

맥락　　모방　　사조　　수요

(1) 다른 것을 본뜨거나 본받음. → (　　　)

(2) 한 시대의 일반적인 사상의 흐름. → (　　　)

(3) 사물 따위가 서로 이어져 있는 관계나 연관. → (　　　)

(4) 어떤 재화나 용역을 일정한 가격으로 사려고 하는 욕구. → (　　　)

2 문맥을 고려할 때 〈보기〉의 빈칸에 공통으로 들어갈 어휘로 가장 적절한 것은?

보기

• 그녀는 세계 선수권 대회 우승 이후 유망주로 (　　　)되었다.

• 광고를 통해 회사의 선한 이미지가 (　　　)되어 매출이 늘었다.

① 분리　② 보전　③ 부각　④ 소비　⑤ 퇴각

수능 맛보기

3 ㉠~㉤을 사용하여 만든 문장으로 적절하지 않은 것은?

보기

최근 명품 시장의 규모가 급속도로 성장하고 있다. 특히 20대가 새로운 명품 소비의 ㉠계층으로 ㉡떠오르고 있다. 이에 대해 일부 전문가는 그들이 당장의 만족만을 ㉢추구하고 미래를 생각하지 않는다고 비판하며, 다른 사람에게 보이는 모습만을 고려하여 남에게 자신을 ㉣과시하고자 하는 ㉤경향 역시 부정적으로 평가했다.

① ㉠: 지역 사회에서 소외 계층을 위한 지원 방안을 마련하고 있다.

② ㉡: 곤란한 상황에서 마침 좋은 생각이 떠올랐다.

③ ㉢: 각 나라들은 자국의 이익을 추구하고 있다.

④ ㉣: 그는 무대에 올라서 오랫동안 갈고닦은 기량을 과시했다.

⑤ ㉤: 평균적인 결혼 연령이 과거에 비해 높아지는 경향을 보인다.

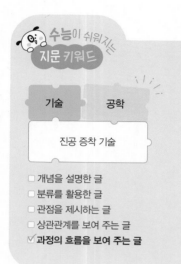

수능이 쉬워지는 지문 키워드

기술 | 공학

진공 증착 기술

□ 개념을 설명한 글
□ 분류를 활용한 글
□ 관점을 제시하는 글
□ 상관관계를 보여 주는 글
☑ **과정의 흐름을 보여 주는 글**

다음 글을 읽고 물음에 답하시오. 목표 8분

안경과 카메라의 렌즈, 스마트폰의 터치 화면 등에는 여러 겹의 박막이 만들어져 있다. 이 박막은 눈의 보호, 지문 방지, 반사 방지 등의 역할을 한다. 이러한 박막을 만들 때 가장 널리 사용되는 것이 진공 증착 기술이다. 진공 증착 기술은 진공 상태에서 금속을 가열·증발시켜 생긴 기체 분자를 물체 표면에 얇은 막으로 입히는 것인데, ㉠그 과정은 다음과 같다.

먼저 용기 내의 공기를 용기 밖으로 보내어 용기 안의 기압이 외부의 대기압보다 낮은 진공 상태를 만든다. 용기를 진공 상태로 만드는 이유는 금속이 증발할 때 용기 내 공기에 있는 다른 물질들과 충돌하면 증발된 기체 분자가 박막을 만들 기판 표면에 도달하지 못하기 때문이다.

다음으로 진공 용기 안 아랫부분에는 증발 금속을 설치하고 윗부분에는 박막이 형성될 고체 기판을 장착한다. 증발 금속을 가열하면, 증발 금속의 분자가 기체 분자가 되어 진공 공간으로 튀어 나가게 된다. 일반적으로 가열 온도가 높으면 튀어 나가는 에너지는 변하지 않지만 튀어 나가는 분자 수가 많아진다. 튀어 나가는 분자 수가 많다는 것은 증발하는 기체가 많다는 것이며, 증발하는 기체가 많을수록 증착 속도를 높일 수 있다. 그런데 물질마다 증발하는 기체 분자량이 최대가 되는 가열 온도가 다르기에 이를 고려하여 물질에 따른 증착 속도를 조절해야 한다.

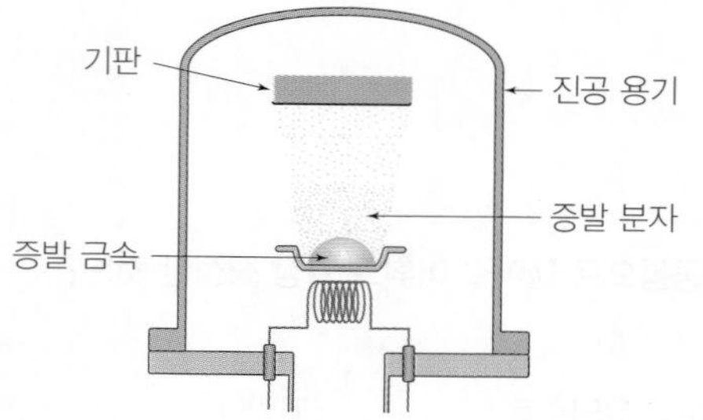

기판까지 날아간 기체 분자들은 기판 표면에 붙는다. 힘의 균형이 이루어져 안정된 기판 내부의 원자와 달리 기판 표면에 있는 원자는 아래쪽에 결합할 원자가 없는 불안정한 상태이다. 불안정한 상태인 기판 표면에 있는 원자는 기체 분자와 결합하여 안정화하려고 한다. 이 과정에서 기판 표면에 기체 분자가 달라붙는 현상인 흡착이 이루어지게 되는 것이다. 이때 안정적으로 흡착이 이루어지려면 기판의 온도가 중요하다. 기판의 온도가 기체 분자의 온도보다 높으면 흡착된 기체 분자들의 운동 에너지가 기판 표면의 원자들이 안정화하려는 힘보다 커져 기판 표면에서 쉽게 떨어지게 된다. 이때 떨어지지 않고 기판 표면에 흡착된 기체 분자는 잃어버린 운동 에너지의 일부를 열로 내보내는데 이를 흡착열이라고 한다. 흡착된 분자가 많으면 흡착열이 커지기 때문에 흡착열의 크기는 흡착 세기를 나타낸다. 마지막으로 기체 상태로 흡착된 분자들이 고체화되는 증착을 통해 기판의 박막이 만들어진다.

증발된 기체 분자는 직진으로 날아가기 때문에 입체적 모양을 가진 기판의 구석이나 뒷면에는 증착이 되지 않는 단점이 있다. 이러한 단점을 해결하기 위해 기판을 회전시키거나 증발 금속의 위치를 다양하게 조절하는 방법을 사용하고 있다.

✦**박막** 표면적에 비해 두께가 아주 얇은 막.
✦**기판** 배선을 변경할 수 있는 전기 회로가 편성되어 있는 판.

확인 문제

1 **이 글의 주제는?**
진공 증착 기술을 활용한 ☐☐ 형성 과정

2 증발 금속의 가열 온도가 높으면 튀어 나가는 분자 수가 많아진다. (○ , ×)

3 기판의 온도가 기체 분자의 온도보다 높으면 기체 분자들이 기판 표면에서 쉽게 떨어진다. (○ , ×)

◐ 바른답·알찬풀이 37쪽

1

• 글의 정보 파악하기

윗글을 이해한 내용으로 적절하지 않은 것은?

① 기판 표면에 여러 겹의 박막을 만드는 것이 가능하다.

② 증발 금속의 분자가 기체 분자가 되기 위해 열이 필요하다.

③ 용기 내에서 증발된 기체 분자는 아래에서 위쪽으로 이동한다.

④ 기판 내부의 불안정한 상태가 기체 분자의 증착을 빠르게 한다.

⑤ 흡착된 기체 분자가 방출한 열의 크기는 흡착 세기를 나타낸다.

2

• 자료에 적용하기

〈보기〉는 ㉠을 나타낸 것이다. 이에 대한 설명으로 적절하지 않은 것은?

보기

ⓐ		ⓑ		ⓒ		ⓓ		ⓔ
용기 내의 진공화	➡	증발 금속 가열	➡	증발 금속의 분자 증발	➡	흡착	➡	박막 형성

① ⓐ 단계에서 용기 안의 기압은 ⓓ 단계에서 기판에 도달하는 기체 분자의 수에 영향을 주는군.

② ⓑ 단계에서 가열 온도가 높을수록 ⓒ 단계에서 분자들이 튀어 나가는 에너지는 높아지겠군.

③ ⓒ 단계에서 증발되는 기체 분자가 많을수록 ⓔ 단계에서 증착 속도가 빨라지겠군.

④ ⓓ 단계에서의 기체 분자들은 ⓔ 단계에서 고체 상태로 변하게 되는군.

⑤ ⓓ 단계에서 기판 표면의 원자는 ⓒ 단계에서 증발된 기체 분자와 결합하여 안정화하려고 하는군.

수능이 쉬워지는 지문 키워드

인문 | 철학

포틀래치와 구조주의

- □ 개념을 설명한 글
- □ 분류를 활용한 글
- ☑ **관점을 제시하는 글**
- □ 상관관계를 보여 주는 글
- □ 과정의 흐름을 보여 주는 글

다음 글을 읽고 물음에 답하시오.

목표 9분

북아메리카 원주민들에게는 독특한 방식으로 선물을 ⓐ 주는 '포틀래치'라는 관습이 있다. 행사를 연 마을의 우두머리는 자신이 쌓아 온 재물을 초대받은 다른 마을의 우두머리들에게 무료로 나누어 준다. 손님들은 선물을 받고 자기 마을로 돌아와 '복수'를 맹세하는데, 그 방법은 그동안 선물을 준 사람들에게 답례 포틀래치를 열어 자기가 받은 것보다 더 많은 선물을 제공하는 것이다.

초기 인류학자들은 이러한 포틀래치라는 관습을 자신의 재산을 대가 없이 자발적으로 주는 일반적인 ✦증여로 파악하고, 위엄과 ✦신망을 얻기 위해 재산을 탕진하는 비합리적인 것으로 이해하였다. 하지만 모스와 레비스트로스 같은 후대 인류학자들은 포틀래치를 ✦호혜적 교환으로 보았다. 호혜적 교환이란 사물의 가격을 측정하여 같은 값으로 교환하는 행위와는 달리, 돌려받을 대가나 시기를 분명하게 정하지 않고 사물을 교환하는 방식을 말한다. 모스는 포틀래치가 자발성을 띤 증여로 보이지만 실제적으로는 교환의 성격을 지닌다고 보았다. 왜냐하면 선물을 받은 사람은 의무적으로 답례를 해야 할 뿐만 아니라 더 많은 선물을 돌려주어야 하기 때문이다. 모스는 이러한 포틀래치가 집단 간의 ✦유대 관계를 형성하는 역할을 한다고 보았다.

레비스트로스는 여기에서 더 나아가 포틀래치에 나타나는 호혜적 교환을 사회가 성립되는 원리로 제시하였다. 폐쇄적인 집단은 환경의 변화나 주변의 침략에 쉽게 무너질 수 있으므로, 인간은 생존하기 위해서 교환을 하며 다른 집단과 사회적 유대를 맺어야 한다는 것이다. 이때 포틀래치와 같이 상대방에게 선물을 주는 행위가 상대방에게 ✦부채감을 ⓑ 주고, 이 부채감이 다시 선물을 주는 행위로 이어지게 만들어 결국 교환이 이루어지도록 한다는 것이다. 한편 다른 집단과 동맹을 맺는 가장 좋은 방법은 그 집단과 결혼을 하는 것이므로, 레비스트로스는 교환을 위해 ㉠ '친족 간의 결혼 금지'가 만들어졌다고 말한다. 그는 친족 간의 결혼 금지로 인해 우리 부족의 사람이 다른 부족으로 넘어가고, 새로운 사람이 우리 부족에 들어오는 호혜적 관계가 형성되었으며, 이를 통해 부족 간의 호혜적 교환이 가능해져 사회적 공동체가 형성되었다고 주장한다. 또한 그는 친족 간의 결혼 금지라는 규칙을 바탕으로 공동체에 필요한 다른 규칙들이 만들어짐으로써 인간이 자연 상태에서 문명 상태로 접어들게 되었다고 말한다.

이처럼 레비스트로스는 포틀래치를 교환의 구조나 사회 규칙이라는 체계에서 이해하고자 하였다. 그의 견해에 따르면 인류의 보편적인 현상인 친족 간의 결혼 금지와 같은 결혼 제도도 인간의 본성이 아닌 사회적 유대 관계를 형성하는 구조 속에서 만들어진 결과이다. 이렇게 인간을 비롯한 대상의 의미나 본질은 하나의 ✦개체로서가 아니라 전체 안에서 다른 것들과 맺은 관계 때문에 결정된다는 관점을 '구조주의'라고 한다. 이 관점에 따르면 인간은 결단의 주체가 아니며 인간의 특성과 정체성은 인간 스스로 결정하는 것이 아닌 그가 속한 사회 구조에 의해 결정된다.

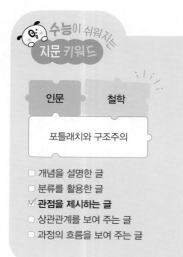

✦**증여** 물품 따위를 선물로 줌.
✦**신망** 믿고 기대함. 또는 그런 믿음과 덕망.
✦**호혜적** 서로 특별한 혜택을 주고받는 것.
✦**유대** 끈과 띠라는 뜻으로, 둘 이상을 서로 연결하거나 결합하게 하는 것. 또는 그런 관계.
✦**부채감** 어떤 대상에게 빚을 지고 있는 느낌.
✦**개체** 전체나 집단에 상대하여 하나하나의 낱개를 이르는 말.

구조주의 인류학자 레비스트로스는 인간은 어떤 고립된 개인으로 이해되어서는 안 된다고 말한다. 사회 구조가 인간을 만들기 때문에, 인간을 이해하려면 인간의 구체적인 행동보다는 그 인간이 속한 사회 구조를 살펴야 한다는 것이다. 그의 관점에 따르면 소유를 중시하고 치열한 경쟁을 하며 살아가는 현대인의 모습 역시 현대 사회의 구조 아래에서 만들어진 특성이다. 그런 점에서 그의 연구는 현대 사회의 구조 변화가 현대인들의 삶의 변화로 이어질 수 있다는 가능성을 보여 주었다는 평가를 받고 있다.

확인 문제

1 **이 글의 주제는?**
포틀래치 관습을 통해 살펴본 ☐☐☐☐

2 모스는 포틀래치를 일반적인 증여이자 비합리적인 제도라고 보았다. (○ , ×)

3 레비스트로스는 친족 간의 결혼 금지가 인간의 본성에 따라 만들어진 제도라고 주장하였다. (○ , ×)

1 • 글의 정보 파악하기

윗글을 통해 알 수 있는 내용으로 적절하지 않은 것은?

① 초기 인류학자들은 포틀래치를 재산을 탕진하는 비합리적인 행위로 보았다.
② 후대 인류학자들은 포틀래치가 유대 관계를 형성하는 역할을 한다고 보았다.
③ 일반적인 증여는 자신의 재산을 상대방에게 대가 없이 자발적으로 제공하는 행위이다.
④ 포틀래치는 사물의 가치를 따져 같은 값으로 교환하는 행위와는 다른 교환 방식을 사용한다.
⑤ 후대 인류학자들은 포틀래치를 선물을 받은 사람이 답례의 시행 여부를 선택할 수 있는 행위라고 보았다.

2 • 내용 추론하기

㉠에 대한 '레비스트로스'의 생각으로 가장 적절한 것은?

① 다른 부족과의 결혼을 유도하여 부족 간의 동맹을 약하게 한다.
② 인류의 보편적인 현상이 아닌 인간의 본성에 의해 형성된 규칙이다.
③ 사람을 받아들인 부족은 부채감을 덜게 하고, 보낸 부족은 부채감을 갖게 하는 규칙이다.
④ 인간이 자연 상태를 벗어나 문명 상태로 발전한 상황에서 사회적 구조에 의해 성립된 규칙이다.
⑤ 다른 집단과 동맹을 맺기 위한 목적으로 활용되어 호혜적 교환이 일어날 수 있게 하는 규칙이다.

3

• 내용 추론하기

윗글의 '구조주의'와 〈보기〉의 사상을 비교한 내용으로 적절하지 않은 것은?

> **보기**
>
> '전통 철학'에서는 인간이 선천적인 원리에 의해 미리 규정된 '특성'과 '본질'을 갖는다고 보았다. 인간은 규정된 특성과 본질을 이 세계에서 충실하게 실현해야 한다는 것이다. 하지만 '실존주의'에서는 인간은 결단의 주체이며 자신의 특성과 정체성을 스스로 결정할 자유로운 의식과 권리가 있고, 스스로 자신의 결정에 책임을 질 필요가 있다고 보았다. 따라서 실존주의에서는 인간을 하나의 현상이자 개별적인 존재로 보고 인간의 구체적인 행동에 관심을 두었다.

① 구조주의와 실존주의에서는 모두 인간을 자신의 결정에 책임을 지는 결단의 주체로 보는군.

② 구조주의에서는 실존주의와 달리 인간은 자신의 정체성을 스스로 결정하지 않는다고 보는군.

③ 구조주의에서는 전통 철학과 달리 인간의 특성은 집단 안에서 다른 것들과 맺는 관계에 따라 결정된다고 보는군.

④ 실존주의에서는 구조주의와 달리 인간을 이해하기 위해서는 인간의 구체적인 행동에 주목해야 한다고 보는군.

⑤ 전통 철학에서는 구조주의와 달리 인간에게는 충실하게 실현해야 할 본질이 미리 규정되어 있다고 보는군.

4

• 어휘의 의미 파악하기

ⓐ, ⓑ와 같은 의미로 사용된 어휘가 바르게 짝지어진 것은?

① ⓐ: 그는 아이에게 용돈을 주었다.
ⓑ: 지나친 기대는 학생에게 부담을 준다.

② ⓐ: 선생님께서 학생에게 책을 주셨다.
ⓑ: 그는 개에게 먹이를 주고 집을 나섰다.

③ ⓐ: 오늘부터 너에게 3일의 시간을 주겠다.
ⓑ: 나는 너에게 중요한 임무를 주겠다.

④ ⓐ: 여행은 우리에게 기쁨을 주는 일이다.
ⓑ: 손에 힘을 더 주고 손잡이를 돌려야 한다.

⑤ ⓐ: 그 사람은 모두에게 정을 주는 사람이다.
ⓑ: 어머니는 우리에게 조건 없이 사랑을 주는 분이다.

20강 어휘 공략하기

◐ 바른답·알찬풀이 39쪽

1 **다음 뜻에 알맞은 어휘를 말 상자에서 찾아 쓰시오.**

(1) 물건의 값으로 치르는 돈. → (　　　　)

(2) 재물 따위를 다 써서 없앰. → (　　　　)

(3) 남이 시키거나 요청하지 아니하여도 자기 스스로 나아가 행하는 것. → (　　　　)

(4) 물질에서 화학적 형태와 성질을 잃지 않고 분리될 수 있는 최소의 입자. → (　　　　)

자	발	적	화	대	가
흡	표	위	제	심	분
착	면	미	적	리	자
지	교	평	화	이	슬
정	탕	진	율	한	장
직	모	성	공	토	착

2 **다음 밑줄 친 어휘의 뜻으로 알맞은 것을 〈보기〉에서 찾아 그 기호를 쓰시오.**

보기

㉠ 균형이 맞게 바로잡음. 또는 적당하게 맞추어 나감.
㉡ 다른 사람과 어울리어 사귀지 아니하거나 도움을 받지 못하여 외톨이로 됨.
㉢ 끈과 띠라는 뜻으로, 둘 이상을 서로 연결하거나 결합하게 하는 것. 또는 그런 관계.
㉣ 일정한 방향으로 나아가던 파동이 다른 물체의 표면에 부딪혀서 나아가던 방향이 반대로 바뀌다.

(1) 맑은 물에 햇빛이 반사되어 반짝이고 있다. → (　　　)

(2) 그 두 사람은 친형제 이상으로 유대가 돈독하다. → (　　　)

(3) 깊은 산속에 고립되었던 사람이 극적으로 구조되었다. → (　　　)

(4) 그녀는 컨디션 조절에 실패하여 좋은 기록을 내지 못했다. → (　　　)

수능 맛보기

3 **㉠~㉤과 바꾸어 쓰기에 적절하지 않은 것은?**

보기

A 회사는 공장을 새로 짓기 위해 B 도시와 협상을 통해 의견을 ㉠교환하고자 했다. A 회사는 최대한 B 도시의 요구를 ㉡파악하기 위해 노력했다. B 도시는 공장 운영으로 인한 오염을 최대한 ㉢방지하는 대책 마련이 전제되어야 계약이 ㉣성립될 수 있다고 말하며 여러 요구 사항을 제시했다. A 회사는 여러 가지를 양보해야 하는 상황에서 B 도시에 공장을 건립할 것인지 ㉤결단해야 했다.

① ㉠: 주고받고자　　② ㉡: 알기　　③ ㉢: 막는
④ ㉣: 이루어질　　⑤ ㉤: 고민해야

수능 기출 유형 원리로 깨우자!

실전 훈련 4

강	학습 내용	학습 확인
21강	융합 미적 대상 주제 통합 과거제	☺ 😐 ☹
22강	융합 영화와 역사 주제 통합 광고와 시장	☺ 😐 ☹
23강	융합 회생 제동 장치 주제 통합 법 원리주의와 조선 시대의 형법	☺ 😐 ☹
24강	융합 베르그송 철학과 인상주의 주제 통합 플라톤과 아리스토텔레스의 예술관	☺ 😐 ☹

• 모의고사

수능이 쉬워지는 지문 키워드

융합 | 인문 · 예술

미적 대상

- □ 개념을 설명한 글
- □ 분류를 활용한 글
- ☑ **관점을 제시하는 글**
- □ 상관관계를 보여 주는 글
- □ 과정의 흐름을 보여 주는 글

다음 글을 읽고 물음에 답하시오. 목표 13분

가 스톨니츠는 우리가 미적 태도를 가지고 지각하는 모든 대상은 미적 대상이 된다고 주장한다. 이때의 미적 태도는 어떤 대상을 그것이 쓸모가 있는가에 근거해서 바라보는 실제적 태도와 다르다. 그가 말하는 미적 태도는 그것이 예술 작품이든 아니든, 감상자가 지각하는 대상 자체를 '무관심적'이면서 '공감적'으로 '관조'하는 태도이다.

스톨니츠가 말하는 미적 태도에서의 '무관심적'이라는 것은 대상에 대해 관심이 없는 '비관심적'과는 다르다. 무관심적이라는 것은 대상을 사용하거나 조작하여, 무엇을 얻으려는 의도나 목적을 가지고 대상을 바라보지 않는다는 것이다. 다시 말해 무관심적이라는 것은 대상에 대해 어떤 이해관계를 떠나, 보이고 느껴지는 대로 관심을 가지고 본다는 것이다. 예를 들어 누군가가 사과를 볼 때, 어떤 지식이나 이익을 얻으려는 관심을 가지고 보는 것이 아니라, 사과라는 대상 자체에 관심을 가지고 바라보는 것이다.

그리고 '공감적'이라는 것은, 감상자가 대상에 반응할 때 대상 자체가 가진 조건에 의해 대상을 받아들이는 것을 의미한다. 이를 위해 감상자는 자신을 대상과 분리시키는 신념이나 편견과 같은 반응은 억제해야 한다. 그렇게 하지 않으면 대상이 감상자에게 흥미롭게 지각될 수 있는 가능성이 사라지게 된다. 예를 들어 ㉠ <u>특정 신을 찬양하기 위한 의도가 담긴 조각 작품을 보면서 감상자가 자신의 종교적 기준과 다르다고 거부감을 가지는 것</u>은 공감적이지 못한 것이다.

끝으로 '관조'란 단순히 바라보는 것이 아니라 감상자가 대상에 적극적으로 주목하는 것을 의미한다. 관조는 활동과 함께 일어나기도 하는데, 예를 들어 음악을 듣는 감상자가 음악에 집중하여 멜로디를 따라 손으로 장단을 맞추는 모습을 들 수 있다. 그러나 대상에 적극적으로 주목하며 활동하는 것이 관조가 의미하는 바의 전부는 아니다. 대상의 독특한 가치를 맛보기 위해서는 복잡하고 섬세한 부분까지 주의 깊게 살펴야 한다. 이러한 섬세한 부분들을 민감하게 인지하는 것이 식별력이다. 즉, 식별력을 갖추고 관조한다면 더욱 풍부한 미적 경험을 할 수 있다. 이러한 식별력은 반복해서 예술 작품을 경험하거나, 작품에 드러나는 표현 기법이나 작품의 구성 요소와 같은 지식에 대해 공부하거나, 예술 형식에 대한 기술적 훈련을 함으로써 기를 수 있다.

나 비어즐리는 미적 대상이란 예술 작품의 속성 중 올바르게 감상되고 비평될 수 있는 것이라고 주장한다. 그는 미적 대상이 감상자의 주관적 태도에 의해서 정해질 수 없다고 말한다. 그리고 오직 예술 작품 자체가 가지는 속성들만 미적 대상이 될 수 있다는 객관주의적 태도를 가진다. 그래서 그는 '구분의 원리'와 '지각 가능성의 원리'를 통해 예술 작품에서 미적 대상이 될 수 없는 것들을 미적 대상에서 제외시킨다.

먼저 비어즐리는 '구분의 원리'를 제시하며, 예술가의 의도를 예술 작품의 미적 대상으로 바라보는 입장에 반대한다. 그는 예술 작품의 속성이 미적 대상이 되려면 우선 그 예술 작품과 구

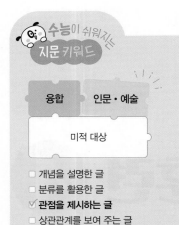

✦**지각하다** 감각 기관을 통하여 대상을 인식하다. 그 작용의 결과로 지각체가 형성된다.
✦**관조하다** 고요한 마음으로 사물이나 현상을 관찰하거나 비추어 보다.
✦**억제하다** 감정이나 욕망, 충동적 행동 따위를 내리눌러서 그치게 하다.
✦**식별력** 알아서 구별하는 능력.
✦**색조** 색깔이 강하거나 약한 정도나 상태. 또는 짙거나 옅은 정도의 상태.

분되어서는 안 된다고 본다. 그래서 그는 예술 작품과 구분되는 예술가의 의도는 예술 작품의 속성이 될 수 없으므로 미적 대상에서 제외되어야 한다고 말한다.

'지각 가능성의 원리'는 예술 작품의 어떤 속성이 직접적으로 지각될 수 있어야만 미적 대상이 될 수 있다는 것이다. 비어즐리는 예술 작품을 경험하는 데 전혀 지각될 수 없거나 직접적으로 지각될 수 없는 것들을 물리적 측면이라고 정하고, 이를 미적 대상에서 제외해야 한다고 말한다. 예를 들어 어떤 그림에 대해 '이 그림은 상쾌한✦색조와 흐르는 운동감이 있다.'라고 했다면, 이는 그림을 보면서 직접적으로 지각할 수 있는 미적 대상에 대해 말한 것이다. 하지만 '이 그림은 유화 물감을 재료로 사용하였다.'나 '이 그림은 1892년에 창작되었다.'와 같은 말은 그림에 대한 배경지식이 없으면 할 수 없는 말로, 이는 그림을 보면서 직접적으로 지각할 수 없는 물리적 측면에 해당되어 미적 대상에서 제외된다.

비어즐리는 이 원리들을 종합하여 예술 작품의 속성 중 객관적으로 지각될 수 있는 대상을 밝히며, ㉡ 미적 대상으로서의 예술 작품의 의미를 해석할 때는 오로지 예술 작품과 분리될 수 없는 객관적인 속성만을 고려해야 한다는 주장을 분명히 하였다.

확인 문제

1 이 글의 주제는?
□□ □□에 대한 스톨니츠와 비어즐리의 관점

2 (가)에 따르면, 음악을 듣는 감상자가 멜로디를 따라 손으로 장단을 맞추는 것은 '관조'에 해당한다. (○ , ×)

3 (나)에 따르면, 그림에 사용된 재료나 창작 연도는 그림을 보면서 직접적으로 지각할 수 있는 속성이다. (○ , ×)

1

• 글의 정보 파악하기

다음은 (가)와 (나)를 읽고 학생이 작성한 활동지의 일부이다. 학생의 반응으로 적절하지 않은 것은?

	질문	학생의 응답	
		예	아니요
①	(가)는 상반된 견해를 절충하여 대안을 제시하고 있나요?		✓
②	(가)는 시대에 따라 달라지는 이론의 변화 과정을 서술하고 있나요?		✓
③	(나)는 중심 내용을 정리하며 글을 마무리하고 있나요?	✓	
④	(가)와 (나)는 독자의 이해를 돕기 위해 예시를 활용하고 있나요?	✓	
⑤	(가)와 (나)는 핵심 주제와 관련된 개념들의 의미를 설명하고 있나요?		✓

• 내용 추론하기

2 **〈보기〉는 ㉡의 관점에서 ㉠에 대해 보인 학생의 반응이다. ⓐ~ⓒ에 들어갈 말로 적절한 것은?**

보기

조각 작품에 담긴 특정 신을 찬양하려 한 예술가의 의도는, (ⓐ)으로 지각될 수 있는 것이 아니기에 예술 작품과 (ⓑ)되어야 한다. 따라서 예술가의 의도는 미적 대상으로서 예술 작품의 의미를 올바르게 감상하기 위한 속성으로 볼 수 (ⓒ).

	ⓐ	ⓑ	ⓒ
①	객관적	구분	없다
②	객관적	구분	있다
③	객관적	종합	있다
④	공감적	종합	없다
⑤	공감적	구분	있다

• 자료에 적용하기

3 **〈보기〉는 학생의 독서 활동을 구조화한 것이다. 학생이 '읽기 중' 단계에서 활동한 내용으로 가장 적절한 것은?**

보기

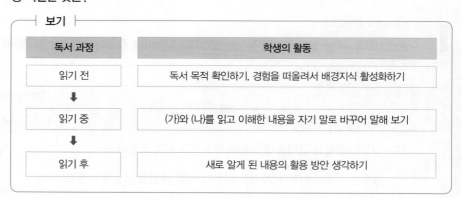

독서 과정	학생의 활동
읽기 전	독서 목적 확인하기, 경험을 떠올려서 배경지식 활성화하기
⬇	
읽기 중	(가)와 (나)를 읽고 이해한 내용을 자기 말로 바꾸어 말해 보기
⬇	
읽기 후	새로 알게 된 내용의 활용 방안 생각하기

① 두 글은 모두 예술가의 의도에 의해 정해지는 미적 대상을 비판하고 있다.
② 두 글은 모두 예술 작품의 실제적인 쓸모를 평가하기 위한 절차를 설명하고 있다.
③ 두 글은 모두 지각할 수 있는 대상이어야 미적 대상으로 고려될 수 있다는 관점을 드러내고 있다.
④ 두 글은 모두 감상자가 관심을 가지지 않고 감상해야 예술 작품은 미적 대상이 될 수 있다고 설명하고 있다.
⑤ 두 글은 모두 예술 작품이 미적 대상이 되기 위해서는 감상자와 예술가의 상호 작용이 필요함을 강조하고 있다.

다음 글을 읽고 물음에 답하시오. 목표 15분

수능이 쉬워지는 지문 키워드

주제 통합 | 인문

과거제

- □ 개념을 설명한 글
- □ 분류를 활용한 글
- ☑ **관점을 제시하는 글**
- □ 상관관계를 보여 주는 글
- □ 과정의 흐름을 보여 주는 글

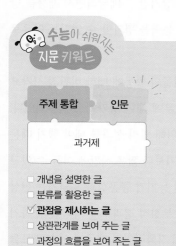

가 한국, 중국 등 동아시아 사회에서 오랫동안 유지되었던 과거제는 합리성을 갖추고 있다고 평가받는다. 신분이나 직업을 물려주는 세습과는 무관하게 시험을 통해 능력을 평가하여 관료를 선발하는 제도였기 때문이다. 과거제는 관직을 ⓐ 두고 정기적으로 시행되는 공개 시험으로, 높은 지위를 얻기 위해서는 신분이나 추천보다 시험 성적이 중요했다.

과거제는 명확하고 합리적인 기준에 따라 관료를 선발한다는 점에서 공정성을 바탕으로 보다 많은 사람들에게 사회적 지위 획득의 기회를 주었다. 응시 자격에 일부 제한이 있었다 하더라도, 비교적 공정한 제도였다는 것은 부정하기 어렵다. 시험 과정에서 ㉠ 익명성의 확보를 위한 여러 장치를 도입한 것도 공정성을 강화하기 위한 노력이었다.

과거제는 여러 가지 사회적 효과를 가져왔다. 특히 학습에 강력한 동기를 제공하여 교육의 확대와 지식의 보급에 크게 기여했다. 그 결과 통치에 참여할 능력을 갖춘 지식인 집단이 폭넓게 만들어졌다. 그리고 시험에 필요한 고전과 유교 경전이 주가 되는 학습 내용은 도덕적인 가치 기준에 대한 광범위한 공유를 이끌어 냈다. 또한 최종 단계까지 통과하지 못한 사람들에게도 국가가 여러 특권을 주고 그들이 지방 사회에 기여하도록 하여 경쟁적 선발 제도가 가져올 수 있는 부작용을 완화하고자 노력했다.

동아시아에서 과거제가 천 년이 넘게 시행된 것은 과거제의 합리성이 사회적 안정에 기여했음을 보여 준다. 과거제는 왕조의 교체와 같은 변화에도 불구하고 동질적인 관료 집단이 이어져 올 수 있게 했다. 그리고 이러한 연속성은 관료 선발 과정뿐 아니라 관료제에 기초한 통치의 안정성에도 긍정적 영향을 끼쳤다.

과거제를 장기간 유지한 것은 세계적으로 드문 현상이었다. 과거제에 대한 정보는 선교사들을 통해 유럽에 전해져 많은 관심을 불러일으켰다. 일부 유럽 계몽사상가들은 귀족의 세습적 지위보다 학자의 지식을 우선하는 이와 같은 체제를 정치적인 합리성을 갖춘 것으로 보았다. 이러한 관심은 사상적 관심뿐 아니라 유럽의 사회 제도에까지 영향을 미쳐서, 관료 선발에 시험을 통한 경쟁이 도입되기도 했다.

나 조선 후기에는 과거제라는 관료 선발 제도와 관련한 다양한 주장이 있었다. 공거제는 대표적인 관료 선발 제도 개혁론으로, 유형원이 능력주의적, 결과주의적인 방식으로 인재를 선발하는 과거제의 약점을 극복하고, 신분적 세습의 문제점을 개선하고자 생각해 낸 것이었다. 한편 중국에서는 17세기 무렵 관료 선발에 있어 세습과 같은 봉건적인 요소를 부분적으로 재도입하려는 개혁론이 등장했다. 이에 영향을 받은 고염무는 관료제의 상층에는 능력주의적 제도를 유지하되, ㉮ 지방관들은 어느 정도의 검증 기간을 거치면 그 지위를 평생 유지시켜 주고 세습의 길까지 열어 놓는 방안을 제안했다. 황종희는 지방의 관료가 자체적으로 관리를 초빙해서 시험한 후에 추천하는 '벽소'와 같은 옛 제도를 ⓑ 되살리는 방법으로 과거제를 보완하자고 주장했다.

✦**관료** 직업적인 관리. 또는 그들의 집단. 특히, 정치에 영향력이 있는 고급 관리를 이른다.
✦**관직** 공무원 또는 관리가 국가로부터 위임받은 일정한 직무나 직책.
✦**익명성** 어떤 행위를 한 사람이 누구인지 드러나지 않는 특성.
✦**통치** 나라나 지역을 도맡아 다스림.
✦**계몽** 지식수준이 낮거나 인습에 젖은 사람을 가르쳐서 깨우침.
✦**초빙하다** 예를 갖추어 불러 맞아들이다.
✦**향수** 고향을 그리워하는 마음이나 시름.

이러한 개혁론은 갑작스럽게 등장한 것이 아니었다. 과거제를 시행했던 국가들에서는 수백 년에 ⓒ 걸쳐 과거제를 개선하라는 압력이 있었다. 시험 방식이 가져오는 부작용들은 과거제의 중요한 문제였다. 치열한 경쟁은 학문에 대한 깊이 있는 학습이 아니라 합격만을 목적으로 하는 형식적 학습을 하게 만들었고, 많은 인재들이 수험 생활에 장기간 ⓓ 매달리면서 재능을 낭비하는 현상도 낳았다. 또한 학습 능력 이외의 인성이나 실무 능력을 평가할 수 없다는 이유로 시험의 ㉡ 익명성에 대한 부정적 시각도 있었다.

과거제의 부작용에 대한 인식은 과거제를 통해 임용된 관리들의 활동에 대한 비판적 시각으로 연결되었다. 능력주의적 태도는 시험뿐 아니라 관리의 업무에 대한 평가에도 적용되었다. 몇 년마다 다른 지역으로 이동해 근무하는 관리들은 승진을 위해 빨리 성과를 내야 했기 때문에, 지역 사회를 위해 장기적인 전망을 가지고 정책을 추진하기보다 짧은 시간에 이룰 수 있고 눈에 보이는 결과만을 중시하는 부작용을 가져왔다. 개인적인 동기가 공공성과 부딪치는 현상이 나타났던 것이다. 공동체 의식의 약화 역시 과거제의 부정적 결과로 인식되었다. 과거제 출신의 관리들이 공동체에 대한 소속감이 낮고 출세 지향적이기 때문에 세습 관료들이나 지역에서 추천된 관리에 비해 공동체에 대한 충성심이 약했던 것이다.

과거제가 지속되는 시기 내내 과거제 이전에 대한 향수가 존재했던 것은 그 외의 정치 체제를 상상하기 ⓔ 어려웠던 상황에서, 과거제를 통해 소속감과 충성심을 확보하기 어렵다는 판단 때문이었다. 봉건적 요소를 들여와서 과거제를 보완하자는 주장은 단순히 과거로 되돌아가려는 것이 아니었다. 합리적인 제도가 가져온 문제적 상황을 극복하고자 하는 시도였다.

확인 문제

1 이 글의 주제는?
□□□을/를 바라보는 상반된 관점

2 (가)에서 과거제는 동질적인 인재 집단이 이어지게 하여 통치의 안정성에 기여하였다고 본다. (○, ×)

3 (나)에 따르면, 세습이나 인재를 추천하는 방식은 봉건적 요소에 해당한다고 본다. (○, ×)

1 글의 정보 파악하기

(가)와 (나)의 서술 방식으로 가장 적절한 것은?

① (가)와 (나) 모두 특정 제도가 사회에 미친 영향을 인과적으로 서술하고 있다.
② (가)와 (나) 모두 특정 제도를 분석하는 두 가지 이론을 구분하여 소개하고 있다.
③ (가)는 (나)와 달리 구체적 사상가들의 견해를 언급하며 특정 제도에 대한 관점을 드러내고 있다.
④ (나)는 (가)와 달리 특정 제도에 대한 선호와 비판의 근거들을 비교하면서 특정 제도의 특징을 제시하고 있다.
⑤ (가)는 특정 제도의 발전을 시간순으로, (나)는 특정 제도에 대해 같은 시대에 제기된 학자들의 상반된 입장을 언급하고 있다.

◐ 바른답·알찬풀이 40쪽

2

글의 정보 파악하기

(가)의 내용과 일치하지 않는 것은?

① 시험을 통한 관료 선발 제도는 동아시아뿐만 아니라 유럽에서도 실시되었다.

② 과거제는 폭넓은 지식인 집단을 만들어 관료를 기반으로 한 통치에 기여했다.

③ 과거 시험의 최종 단계까지 통과하지 못한 사람도 국가로부터 혜택을 받을 수 있었다.

④ 경쟁을 바탕으로 한 과거제는 더 많은 사람들이 지방의 관료에 의해 초빙될 기회를 주었다.

⑤ 귀족의 지위보다 학자의 지식을 우선하는 체제가 합리적이라고 여긴 계몽사상가들이 있었다.

3

내용 추론하기

(나)를 참고할 때, ㉮와 같은 제안이 등장하게 된 배경을 추론한 내용으로 적절하지 않은 것은?

① 과거제로 등용된 관리들이 근무지를 자주 바꾸게 되어 근무지에 대한 소속감이 약했기 때문이었을 것이다.

② 과거제로 등용된 관리들의 봉건적 요소에 대한 지향이 공공성과 부딪치는 모습으로 나타났기 때문이었을 것이다.

③ 과거제로 선발한 관료들이 세습 관료들에 비해 개인적 동기가 강해서 공동체 의식이 높지 않았기 때문이었을 것이다.

④ 과거제를 통해 배출된 관료들이 출세 지향적이어서 장기적 안목보다는 단기간의 결과에 치중했기 때문이었을 것이다.

⑤ 과거제가 낳은 능력주의적 태도로 인해 관리들이 승진을 위해 눈에 보이는 성과만을 내려는 경향이 강해졌기 때문이었을 것이다.

4 내용 추론하기

(가)와 (나)를 참고하여 ㉠과 ㉡을 이해한 내용으로 가장 적절한 것은?

① ㉠은 모든 사람에게 응시 기회를 보장했지만, ㉡은 결과주의의 지나친 확산에서 비롯되었다.

② ㉠은 정치적 변화에도 사회적 안정을 보장했지만, ㉡은 대대로 관직을 물려받는 문제에서 비롯되었다.

③ ㉠은 지역 공동체의 전체 이익을 늘렸지만, ㉡은 지나친 경쟁이 유발한 국가 전체의 비효율성에서 비롯되었다.

④ ㉠은 사회적 지위 획득의 기회를 확대하는 데 기여했지만, ㉡은 관리 선발 시 됨됨이 검증의 곤란함에서 비롯되었다.

⑤ ㉠은 관료들이 지닌 도덕적 가치 기준의 다양성을 확대했지만, ㉡은 공동체에 대한 소속감과 충성심 확보의 어려움에서 비롯되었다.

5 어휘의 의미 파악하기

다음 중 밑줄 친 단어의 의미가 ⓐ~ⓔ와 가장 유사한 것은?

① ⓐ: 그가 열쇠를 방 안에 두고 문을 잠가 버렸다.

② ⓑ: 우리는 그 당시의 행복했던 기억을 되살렸다.

③ ⓒ: 협곡 사이에 구름다리가 멋지게 걸쳐 있었다.

④ ⓓ: 사소한 일에만 매달리면 중요한 것을 놓친다.

⑤ ⓔ: 형편이 어려울수록 모두가 힘을 합쳐야 한다.

21강 어휘 공략하기

◐ 바른답·알찬풀이 42쪽

1 다음 뜻에 알맞은 어휘를 말 상자에서 찾아 쓰시오.

(1) 알아서 구별하는 능력. → (　　　　)

(2) 예를 갖추어 불러 맞아들임. → (　　　　)

(3) 나라나 지역을 도맡아 다스림. → (　　　　)

(4) 어떤 행위를 한 사람이 누구인지 드러나지 않는 특성.
→ (　　　　)

연	기	보	초	빙	착
전	동	수	차	업	원
지	식	별	력	도	작
실	정	협	화	익	재
력	통	답	지	명	호
목	치	모	색	성	유

2 다음 밑줄 친 어휘의 뜻으로 알맞은 것을 〈보기〉에서 찾아 그 기호를 쓰시오.

보기

㉠ 지식수준이 낮거나 인습에 젖은 사람을 가르쳐서 깨우침.
㉡ 한집안의 재산이나 신분, 직업 따위를 대대로 물려주고 물려받음.
㉢ 사물의 옳고 그름, 아름다움과 추함 따위를 분석하여 가치를 논함.
㉣ 색깔이 강하거나 약한 정도나 상태. 또는 짙거나 옅은 정도나 상태.

(1) 이 옷감은 빨강과 노랑의 두 가지 색조를 띠고 있다. → (　　)

(2) 인도는 계급을 세습하는 카스트 제도를 시행하고 있다. → (　　)

(3) 그의 그림은 개성이 없다는 이유로 냉혹한 비평을 받았다. → (　　)

(4) 그는 피폐한 농촌을 살리기 위해 농촌 계몽 운동에 뛰어들었다. → (　　)

수능 맛보기 3 ㉠~㉤을 사용하여 만든 문장으로 적절하지 않은 것은?

보기

19세기 조선은 ㉠봉건적 신분 질서가 무너져 가고 있었다. 이 시기 흥선 대원군은 혼란스러운 사회 질서를 바로잡기 위해 여러 정책의 개혁을 ㉡추진하였다. 그러나 당시 정책들이 기존의 체제를 유지하고 왕권을 강화하기 위한 목표를 바탕으로 이루어졌다는 점에서 ㉢복고적인 개혁이었다는 평가를 받는다. 결국 흥선 대원군의 개혁은 실패로 돌아갔고, 그가 ㉣배치하였던 세력이 ㉤교체되면서 그의 정치는 막을 내렸다.

① ㉠: 봉건적 사고방식은 근대화에 걸림돌이 된다.
② ㉡: 정부의 주도로 도시 개발 계획이 추진되었다.
③ ㉢: 타자기를 닮은 키보드는 복고적 형태의 디자인이다.
④ ㉣: 그와 나는 한동안 배치 상태에 있었다.
⑤ ㉤: 자동차의 타이어를 교체할 때가 되었다.

다음 글을 읽고 물음에 답하시오.

목표 13분

과거는 지나가 버렸기 때문에 역사가가 과거의 사실과 직접 만나는 것은 불가능하다. 역사가는 사료를 통해 과거와 만난다. 사료는 과거를 그대로 재현하는 것은 아니기 때문에 완전하지 않다. 이러한 사료의 불완전성으로 인해 역사 연구의 범위가 제한되지만, 그 불완전성 때문에 역사학이 학문이 될 수 있다. 매개를 거치지 않고도 손실되지 않은 과거와 만날 수 있다면 역사학은 설 자리가 없을 것이다. 역사학은 전통적으로 문헌 사료를 주로 활용해 왔지만, 유물, 그림, 구전 등 과거가 남긴 흔적은 모두 사료로 활용될 수 있다. 역사가들은 새로운 사료를 발굴하기 위해 노력하기도 하고, 중요하지 않게 여겨졌던 자료를 새롭게 사료로 활용하거나 기존의 사료를 새로운 방향에서 파악하기도 한다. 평범한 사람들의 삶의 모습을 중점적인 주제로 다루었던 미시사 연구에서 재판 기록, 일기, 편지, 탄원서, 설화집 등의 이른바 '서사적' 자료에 주목한 것도 사료 발굴을 위한 노력의 결과이다.

시각 매체의 확장은 사료의 유형을 더욱 다양하게 했다. 이에 따라 역사학에서 영화를 통한 역사 서술에 관심이 생기고, 영화를 사료로 파악하는 경향도 나타났다. 역사가들이 주로 사용하는 문헌 사료의 언어는 추상화된 상징적인 기호이다. 반면, 영화는 카메라 앞에 놓인 물리적 현실을 이미지화하여 나타내므로 영화의 이미지는 닮은꼴로 사물을 지시하는 기호이다. 또한 영화의 이미지는 그 피사체가 있었음을 지시하는 기호이기도 하다. 예를 들어 다큐멘터리 영화는 피사체와 밀접한 연관성을 갖기 때문에 피사체의 진정성에 대한 믿음을 강화하여 언어적 서술에 비해 호소력 있는 서술로 비춰지게 된다.

그렇다면 영화는 역사와 어떻게 관계를 맺고 있을까? 역사에 대한 영화적 독해와 영화에 대한 역사적 독해는 영화와 역사의 관계에 대한 두 축을 이룬다. 역사에 대한 영화적 독해는 영화라는 매체로 역사를 해석하고 평가하는 작업과 연관된다. 영화인은 자기 나름의 시선을 서사와 표현 기법으로 녹여 내어 역사를 비평할 수 있다. 역사를 소재로 한 역사 영화는 역사적 고증에 충실한 개연적 역사 서술 방식을 취할 수 있다. 혹은 역사적 사실을 자원으로 삼되 상상력에 의존하여 가공의 인물과 사건을 덧대는 상상적 역사 서술 방식을 취할 수도 있다. 그러나 역사 영화만이 역사를 재현하는 것은 아니다. 모든 영화는 명시적이거나 우회적인 방법으로 역사를 증언한다. 영화에 대한 역사적 독해는 영화에 담겨 있는 역사적 흔적과 맥락을 검토하는 것과 연관된다. 역사가는 영화 속에 나타난 풍속, 생활상 등을 통해 역사의 범위를 확장할 수 있다. 나아가 영화 제작 당시 대중이 공유하던 욕망, 강박, 믿음, 좌절 등의 집단적 무의식과 더불어 이상, 지배적 이념 같은 미처 파악하지 못했던 가려진 역사를 끌어내기도 한다.

영화는 주로 허구를 다루기 때문에 역사 서술과는 거리가 있다고 보는 사람도 있다. 왜냐하면 역사가들은 일차적으로 사실을 기록한 자료에 기반해서 연구를 펼치기 때문이다. 역사가는 ㉠<u>자료에 기록된 사실이 허구일지도 모른다는 의심을 버리지 않고 이를 확인하고자 한다</u>. 그

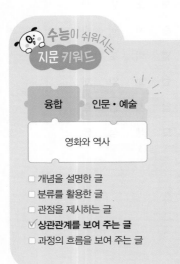

수능이 쉬워지는 지문 키워드

융합 | 인문 · 예술

영화와 역사

- □ 개념을 설명한 글
- □ 분류를 활용한 글
- □ 관점을 제시하는 글
- ☑ **상관관계를 보여 주는 글**
- □ 과정의 흐름을 보여 주는 글

✦**사료** 역사 연구에 필요한 문헌이나 유물, 문서, 기록, 건축, 조각 따위를 이른다.
✦**매개** 둘 사이에서 양편의 관계를 맺어 줌.
✦**미시** 작게 보임. 또는 작게 봄.
✦**피사체** 사진을 찍는 대상이 되는 물체.
✦**고증** 예전에 있던 사물들의 시대, 가치, 내용 따위를 옛 문헌이나 물건에 기초하여 증거를 세워 이론적으로 밝힘.
✦**명시적** 내용이나 뜻을 분명하게 드러내 보이는 것.
✦**공식** 국가적이나 사회적으로 인정된 공적인 방식.

러나 문헌 기록을 바탕으로 하는 역사 서술에서도 허구가 배제되어야 할 대상만은 아니다. 역사가는 ⓐ 허구의 이야기 속에서 그 안에 반영된 당시 시대적 상황을 발견하여 사료로 삼으려고 노력하기도 한다. 지어낸 이야기는 실제 있었던 사건에 대한 기록이 아니지만 사고방식과 언어, 물질문화, 풍속 등 다양한 측면을 반영하며, 동시대의 현실을 전달해 주기도 한다. 어떤 역사가들은 허구의 이야기에 반영된 사실을 확인하는 것에서 더 나아가 ⓑ 사료에 직접적으로 나타나지 않은 과거를 재현하기 위해 허구의 이야기를 활용하여 사료에 기반한 역사적 서술을 보완하기도 한다. 역사가가 허구를 활용하는 것은 실제로 존재했던 과거에 접근하고자 하는 고민의 결과이다.

[A] 영화는 허구적 이야기에 역사적 사실을 담아내어 새로운 사료가 될 뿐 아니라, 역사 서술을 대신할 수 있는 가능성까지 지니고 있다. 영화는 공식 제도가 배제했던 역사를 사회에 되돌려 주는 '아래로부터의 역사'의 형성에 기여한다. 평범한 사람들의 회고나 증언, 구전 등의 비공식적 사료를 토대로 영화를 만드는 작업은 빈번하게 이루어지고 있다. 그리하여 영화는 하층 계급 또는 남의 나라나 이민족에 의해 정복을 당한 사람들처럼 역사 속에서 소외된 집단의 묻혀 있던 목소리를 표현해 낸다. 이렇듯 영화는 공식 역사의 반대 지점에서 활동하면서 역사적 의식 형성에 참여한다는 점에서 역사 서술의 한 주체가 된다.

확인 문제

1 **이 글의 주제는?**
역사 사료로서 ☐☐의 의의

2 역사가들이 역사를 연구하는 것은 사료의 불완전한 특성 때문이다. (○, ×)

3 모든 영화는 분명하고 직접적인 방법으로 역사를 다루기 때문에 사료로서 가치가 있다. (○, ×)

1 • 글의 정보 파악하기

윗글을 이해한 내용으로 가장 적절한 것은?

① 개인적 기록은 사료로 활용하기에 적절하지 않다.
② 역사가가 활용하는 공식적 문헌 사료는 매개를 거치지 않은 과거의 사실이다.
③ 기존의 사료를 새로운 방향에서 파악하는 것은 사료의 발굴이라고 할 수 있다.
④ 문헌 사료의 언어는 다큐멘터리 영화의 이미지에 비해 대상을 지시하는 성질이 강하다.
⑤ 카메라를 매개로 얻어진 영화의 이미지는 지시 대상과 닮아 있다는 점에서 상징적 기호이다.

2 사례나 상황에 적용하기

ⓐ, ⓑ의 사례로 적절한 것만을 〈보기〉에서 있는 대로 찾아 바르게 짝 지은 것은?

보기

ㄱ. 조선 후기 유행했던 판소리를 자료로 활용하여 당시 음식 문화의 실상을 파악하고자 했다.

ㄴ. B.C. 3세기경에 편찬된 것으로 알려진 경전의 일부에 사용된 어휘를 면밀히 분석하여, 그 경전의 일부가 후세대에 첨가되었을 가능성을 검토했다.

ㄷ. 중국 명나라 때의 상거래 방식을 연구하기 위해 명나라 때 유행한 다양한 소설들에서 상업 활동과 관련된 내용을 모아 공통된 요소를 분석했다.

ㄹ. 17세기의 사건 기록에서 찾아낸 한 평범한 여성의 삶에 대한 역사서를 쓰면서 그 여성의 심리를 묘사하기 위해 같은 시대에 나온 설화집의 여러 곳에서 문장을 빌려 썼다.

	ⓐ	ⓑ
①	ㄱ, ㄷ	ㄹ
②	ㄱ, ㄹ	ㄴ
③	ㄴ, ㄷ	ㄱ
④	ㄷ	ㄴ, ㄹ
⑤	ㄹ	ㄱ, ㄴ

3 비판이나 반응의 적절성 평가하기

㉠에 나타난 역사가의 관점에서 [A]를 비판한 내용으로 가장 적절한 것은?

① 영화는 많은 사실 정보를 담고 있기 때문에 사료로서의 가능성을 가지고 있다.

② 하층 계급의 역사를 서술하기 위해서는 영화와 같이 허구를 포함하는 서사적 자료에 주목해야 한다.

③ 소외된 집단의 목소리는 그 집단의 이해관계를 반영하기 때문에 그것에 바탕을 둔 영화는 객관성이 없는 역사 서술일 뿐이다.

④ 영화가 늘 공식 역사의 반대 지점에 있는 것은 아니며, 공식 역사의 입장에서 지배적 이념을 널리 알리는 수단으로 활용되곤 한다.

⑤ 기억이나 구술 증언은 거짓이거나 변형될 가능성이 있기 때문에 다른 자료와 비교하여 참과 거짓 여부를 검증한 후에야 사료로 사용이 가능하다.

수능이 쉬워지는 지문 키워드

주제 통합 | 사회

광고와 시장

□ 개념을 설명한 글
□ 분류를 활용한 글
□ 관점을 제시하는 글
☑ 상관관계를 보여 주는 글
□ 과정의 흐름을 보여 주는 글

다음 글을 읽고 물음에 답하시오. 목표 15분

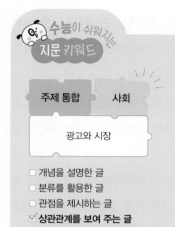

가 광고는 여러 시장의 형태 중 독점적 경쟁 시장에서 그 효과가 크다. 독점적 경쟁 시장은, 비슷하면서도 차별성이 있는 상품들을 여러 판매자가 경쟁하며 판매하는 시장이다. 각 판매자는 자신이 공급하는 상품을 구매자가 다르게 인지하고, 자신이 판매하는 상품을 다른 판매자의 상품보다 구매자가 선호하도록 하기 위해 광고를 이용한다. 이러한 차별적 인지와 선호는 판매자가 구매자에 대해 독점적 지위를 누리는 것을 돕기 때문에 판매자에게 매우 중요한 요소이다.

일반적으로 독점적 지위를 누린다는 것은 상품의 가격을 결정할 수 있는 힘이 있다는 의미이다. 그럼에도 불구하고 판매자는 구매자의 수요를 고려해야 한다. 대체로 구매자는 상품의 물량이 많을 때보다 적을 때 높은 가격을 지불하고자 하는데, 판매자는 이러한 구매자의 수요를 고려하여 공급량을 감소시킴으로써 더 높은 가격을 매길 수 있다. 독점적 경쟁 시장의 판매자도 이러한 독점적 지위를 가지고 있는데, 이로 인해 상품에 차별성이 없는 경우를 가정할 때보다 다소 비싼 가격에 상품을 판매하는 경향이 있다. 하지만 이런 방식으로 독점적 경쟁 시장의 판매자가 단기적으로 이윤을 보더라도, 그 이윤이 지속되리라 기대할 수는 없다. 이윤을 보는 판매자가 있으면 그러한 이윤에 이끌려 약간 다른 상품을 공급하는 신규 판매자의 수가 장기적으로 증가하고, 그 결과 기존 판매자가 공급하던 상품에 대한 수요는 감소하여 이윤이 줄어들 것이기 때문이다.

판매자가 광고를 통해 상품의 차별성을 알리는 대표적인 방법은 상품에 대한 정보를 전달하는 것이다. 구매자는 판매자가 경쟁력에 자신 있는 상품에 광고 비용을 지출할 것이라고 예상하므로, 많은 비용을 들인 것으로 보이는 광고만으로도 상품의 차별성을 부각할 수 있다. 가격이 변화할 때 구매자의 상품 수요량이 변하는 정도를 수요의 가격 탄력성이라 하는데, 구매자가 자신이 선호하는 상품이 차별화되었다고 느낄수록 수요의 가격 탄력성은 감소한다. 이처럼 구매자가 특정 상품에 갖는 충성도가 높아지면, 판매자의 독점적 지위는 강화된다. 판매자는 이렇게 광고가 ㉠ 경쟁을 제한하는 효과를 노린다. 독점적 경쟁 시장에 진입하는 신규 판매자도 상품의 차별성을 강조함으로써 독점적 지위를 확보하고자 광고를 빈번하게 이용한다.

나 광고는 광고주인 판매자의 이윤을 증가시키기 위해 만들어지지만, 그러한 광고가 광고주의 의도와 상관없이 시장에 영향을 끼치기도 한다. 우선 광고가 독점적 경쟁 시장의 판매자 간 ㉡ 경쟁을 촉진할 수 있다. 광고를 통해 상품에 대한 구체적 정보를 얻은 구매자는 상품의 품질이나 가격에 예민하게 반응할 수 있는데, 이에 따라 구매자가 가격에 민감하게 수요량을 바꾼다면, 판매자는 가격 경쟁에 돌입하게 되는 것이다. 또한 광고는 신규 판매자가 신상품을 쉽게 홍보하고 시장에 진입하는 것을 촉진함으로써 판매자 간 경쟁을 유도하는 결과를 낳는다. 이렇게 더 많은 판매자가 시장에서 경쟁하게 되면 각 판매자의 독점적 지위는 약화되고, 구매자는 더 다양한 상품을 높지 않은 가격에 구매할 수 있게 된다.

✦**독점적** 물건이나 자리 따위를 독차지하는 것.
✦**인지하다** 어떤 사실을 인정하여 알다.
✦**촉진하다** 다그쳐 빨리 나아가게 하다.
✦**주기** 같은 현상이나 특징이 한 번 나타나고부터 다음번 되풀이되기까지의 기간.

광고는 특정한 상품에 대한 독점적 경쟁 시장을 넘어서 경제와 사회 전반에 영향을 주기도 한다. 예를 들어 개별 광고가 구매자 내면의 욕구나 필요를 떠올리게 하여 대상 상품에 대한 소비를 촉진함으로써 경제가 잘 순환될 수 있게 하는 것이다. 광고는 쓰던 상품을 새 상품으로 대체하고 싶은 소비자의 욕구를 강화하고, 신상품이 인기를 누리는 유행✦주기를 단축하여 소비를 증가시킬 수 있다. 촉진된 소비는 생산 활동을 자극한다. 상품의 생산에는 근로자의 노동, 기계나 설비 같은 생산 요소가 ⓐ 들어가므로, 생산 활동이 증가하면 결과적으로 고용이나 투자가 증가한다. 고용 및 투자의 증가는 근로자이거나 투자자인 구매자의 소득을 증가시킬 수 있다. 경제 전반의 소득이 증가할 때 소비가 증가하는 정도를 한계 소비 성향이라고 하는데, 한계 소비 성향은 양(+)의 값이어서, 경제 전반의 소득 수준이 향상되면 소비가 증가하게 된다.

하지만 광고의 소비 촉진 효과는 환경 오염을 우려하는 사람들에게 비판의 대상이 되기도 한다. 소비뿐만 아니라 소비로 촉진된 생산 활동에서도 환경 오염이 발생하기 때문이다. 판매자와 구매자는 환경 오염을 적절한 수준으로 줄이기에 충분한 비용을 지불하기를 꺼릴 것이므로, 대부분의 경우에 환경 오염은 심할 수밖에 없다.

확인 문제

1 이 글의 주제는?
□□이/가 □□□ 경쟁 시장과 경제 전반에 미치는 영향

2 (가)에 따르면, 구매자가 광고를 통해 상품이 차별화되었다고 느낄수록 수요의 가격 탄력성은 증가한다. (○, ×)

3 (나)에 따르면, 광고는 판매자 간 경쟁을 촉진하고, 구매자의 소비를 촉진하는 효과가 있다. (○, ×)

1

• 글의 정보 파악하기

(가)와 (나)에 대한 설명으로 가장 적절한 것은?

① (가)는 광고의 개념을 정의하고 광고가 시장에서 차지하는 위상을 소개하고 있다.
② (가)는 광고가 판매자에게 중요한 이유를 제시하고 판매자가 광고를 통해 얻으려는 효과를 설명하고 있다.
③ (나)는 광고의 영향에 대한 다양한 견해를 소개하고 각각의 견해가 안고 있는 한계점을 지적하고 있다.
④ (나)는 광고가 구매자에게 수용되는 과정을 제시하고 구매자가 광고를 수용할 때 유의할 점을 나열하고 있다.
⑤ (가)와 (나)는 모두 구매자가 상품을 선택하는 기준을 제시하고 광고와 관련된 제도 마련의 필요성을 강조하고 있다.

◐ 바른답·알찬풀이 43쪽

2

글의 정보 파악하기

독점적 지위에 대한 설명으로 적절하지 않은 것은?

① 독점적 경쟁 시장에 신규 판매자가 진입하는 것을 차단하지는 않는다.

② 판매자가 공급량을 조절하여 가격을 책정할 수 있는 힘을 가지고 있음을 의미한다.

③ 구매자가 지불하고자 하는 가격이 상품 공급량에 따라 어느 정도인지를 판매자가 고려하지 않아도 되게 한다.

④ 독점적 경쟁 시장의 판매자가 다소 비싼 가격을 책정할 수 있게 하지만 이윤을 지속적으로 보장하지는 않는다.

⑤ 독점적 경쟁 시장의 판매자가 구매자로 하여금 판매자 자신의 상품을 차별적으로 인지하고 선호하게 하면 강화된다.

3

글의 정보 파악하기

(나)에서 알 수 있는 내용으로 적절하지 않은 것은?

① 광고에 의해 유행 주기가 단축되어 소비가 촉진될 수 있다.

② 광고가 경제 전반에 순환을 일으키는 정도는 한계 소비 성향이 커질 때 작아진다.

③ 광고의 소비 촉진 효과는 경제 전반에 광고가 없는 상황에 비해 환경 오염을 심화할 수 있다.

④ 광고가 생산 활동을 증가시키면, 근로자의 노동, 기계나 설비 같은 생산 요소 이용이 증가한다.

⑤ 광고가 생산 활동을 자극하면, 근로자이거나 투자자인 구매자의 소득 수준을 향상할 수 있다.

내용 추론하기

4 ㉠, ㉡을 이해한 내용으로 가장 적절한 것은?

① ㉠은 상품에 대한 구매자의 충성도가 높아질 때 일어나고, ㉡은 수요의 가격 탄력성이 높아질 때 일어난다.

② ㉠의 결과로 판매자는 상품의 가격을 올리기 어렵게 되고, ㉡의 결과로 구매자는 다소 비싼 가격을 감수하게 된다.

③ ㉠은 시장 전체의 판매자 수가 증가하지 않는다는 의미이고, ㉡은 신규 판매자가 시장에 진입하기 어려워진다는 의미이다.

④ ㉠은 기존 판매자의 광고가 차별성을 알리는 데 성공하지 못한 결과로 나타나고, ㉡은 신규 판매자의 광고가 의도대로 성공한 결과로 나타난다.

⑤ ㉠은 광고로 인해 가격에 대한 구매자의 민감도가 약화될 때 발생하고, ㉡은 광고로 인해 판매자가 경쟁 상품의 가격을 고려할 필요가 감소될 때 발생한다.

어휘의 의미 파악하기

5 문맥상 ⓐ와 바꿔 쓰기에 가장 적절한 것은?

① 반입되므로

② 삽입되므로

③ 영입되므로

④ 주입되므로

⑤ 투입되므로

어휘 공략하기

◐ 바른답·알찬풀이 45쪽

1 다음 뜻에 알맞은 어휘를 〈보기〉에서 찾아 쓰시오.

보기

우회적 명시적 독점적 공식적

(1) 물건이나 자리 따위를 독차지하는 것. → (　　　　)

(2) 곧바로 가지 않고 멀리 돌아서 가는 것. → (　　　　)

(3) 내용이나 뜻을 분명하게 드러내 보이는 것. → (　　　　)

(4) 국가적으로 규정되었거나 사회적으로 인정된 것. → (　　　　)

2 문맥을 고려할 때 〈보기〉의 빈칸에 공통으로 들어갈 어휘로 가장 적절한 것은?

보기

• 말라리아는 모기를 (　　　　)(으)로 하여 전염된다.
• 문학은 우리 두 사람 사이를 이어 주는 (　　　　)의 역할을 하고 있다.

① 가교 ② 매개 ③ 소개 ④ 알선 ⑤ 중개

수능 맛보기

3 ㉠~㉤을 사용하여 만든 문장으로 적절하지 않은 것은?

보기

인터넷에서 법률 지식을 검색하는 사람들이 ㉠급증하고 있다. 이에 따라 '판례 검색 사이트'를 이용하는 사람들의 수도 늘고 있으며, 이로 인해 판례 검색 사이트들이 경쟁에 ㉡돌입하고 있다. 판례 검색 사이트를 ㉢운영하는 업체들은 보다 많은 판결문을 ㉣확보하여 이용자의 요청에 신속하게 응답하기 위해 경쟁을 벌이고 있다. 이는 검색의 정확도와 신속성을 강조해 시장에서 우위를 ㉤차지하고 인지도를 높이기 위한 노력으로, 이러한 경쟁은 당분간 지속될 것으로 보인다.

① ㉠: 인구가 급증하여 환경의 파괴가 심하다.

② ㉡: 인간의 달 착륙은 우주 시대의 돌입을 알리는 것이었다.

③ ㉢: 회사의 대표가 이번 조직 운영에 대한 책임을 질 것이다.

④ ㉣: 정보화 사회에서는 새로운 정보의 확보가 중요하다.

⑤ ㉤: 책상이 너무 커서 자리를 많이 차지한다.

다음 글을 읽고 물음에 답하시오.

목표 13분

수능이 쉬워지는 지문 키워드

융합 | 과학·기술

회생 제동 장치

□ 개념을 설명한 글
□ 분류를 활용한 글
□ 관점을 제시하는 글
□ 상관관계를 보여 주는 글
☑ 과정의 흐름을 보여 주는 글

전기 자동차는 친환경 자동차로 주목받고 있지만 한 번 충전으로 운행할 수 있는 거리가 짧다는 단점이 있다. 이를 보완하기 위한 장치 중 하나가 회생 제동 장치이다. 일반적으로 제동 장치는 자동차를 멈추게 하거나 속력을 줄이는 기능을 하는데, 회생 제동 장치는 제동의 기능을 하는 동시에 이 과정에서 버려지는 에너지를 자동차의 운행에 다시 사용할 수 있게 해 준다.

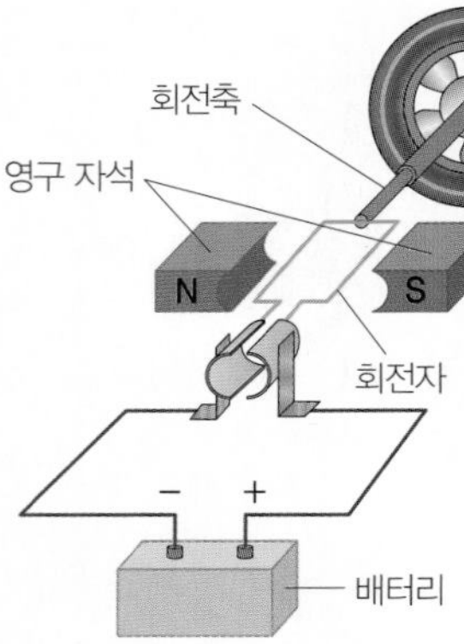

〈그림〉

회생 제동 장치를 이해하기 위해서는 우선 전기 자동차에 장착되어 있는 전동기의 작동 원리를 알아야 한다. 〈그림〉은 전동기가 장착된 전기 자동차 구조의 일부를 나타낸 것이다. 전동기는 영구 자석과 그 안쪽에서 회전할 수 있는 회전자로 구성되어 있는데, 영구 자석 사이에는 항상 자기장이 형성되어 있다. 회전자는 배터리에서 나오는 전류가 흐를 수 있는 도선으로 감겨 있고 자동차의 바퀴를 움직이는 회전축과 연결되어 있다.

운전자가 가속 페달을 밟으면 배터리에서 전동기로 전류가 공급되어 회전자의 도선에 전류가 흐르게 된다. 도선에 전류가 흐르면 자기장이 생기고 영구 자석 사이에 형성되어 있는 자기장과 상호 작용하여 전자기력이 발생된다. 이렇게 발생된 전자기력의 영향으로 도선이 힘을 받아 회전자는 회전하게 되고, 회전축과 연결된 바퀴에 회전력이 전달되어 자동차가 움직이게 된다. 결국 전동기는 전기 에너지를 운동 에너지로 바꾸는 기능을 하는 것이다.

그런데 이 전동기는 운전자가 제동 페달을 밟으면 운동 에너지를 전기 에너지로 바꾸는 발전기로 기능이 전환된다. 운전자가 제동 페달을 밟는 순간부터 배터리에서 전동기로 공급되는 전류가 차단되어 회전자의 도선에 전류가 흐르지 않게 되므로 회전자를 회전시키는 전자기력은 사라진다. 그러나 달리던 자동차의 관성으로 인해 바퀴는 일정 시간 굴러가기 때문에 바퀴가 회전자를 돌리는 상황이 된다. 바퀴가 회전자를 돌리는 데에는 에너지가 소모되므로 바퀴의 운동 에너지가 감소하면서 제동 효과가 발생한다. 이때 도선으로 감긴 회전자가 영구 자석에 의해 형성되어 있는 자기장 속에서 회전하면서 전자기 유도 현상에 따라 전기 에너지가 만들어진다. 이는 제동을 하면서 줄어든 운동 에너지가 전기 에너지의 형태로 회생된 것이다. 이렇게 만들어진 전기 에너지는 전압 변환 장치의 작용을 통해 배터리에 저장되어야 비로소 회생 제동의 효과가 발생해서 주행 거리가 늘어난다.

한편 회생 제동 장치는 전기 자동차의 운행 상태와 배터리의 충전 상태 등에 영향을 받기 때문에 단독으로 쓰이는 경우 제동 효과를 충분히 발휘하기 어렵다. 예를 들어 급정지처럼 짧은 시간에 큰 제동력이 필요한 상황에서는 회생 제동 장치만으로는 필요한 제동력을 얻기 힘들고, 배터리가 완전히 충전된 상황에서는 생성된 전기 에너지를 저장할 수 없어 회생 제동 장치가

✦**제동** 기계나 자동차 따위의 운동을 멈추게 함.
✦**전동기** 전기 에너지로부터 회전력을 얻는 기계.
✦**도선** 전기의 양극을 이어 전류를 통하게 하는 쇠붙이 줄.
✦**전자기력** 전기나 자기에 의한 힘을 통틀어 이르는 말. 전자기장 안의 전하, 자기량, 전류 따위가 받는 힘을 이른다.

◐ 바른답·알찬풀이 45쪽

작동하지 않는다. 따라서 대부분의 전기 자동차에는 회생 제동 장치뿐만 아니라 일반 자동차에 사용되는 마찰 제동 장치가 함께 장착되어 상호 보완적으로 작동한다.

운전자가 제동 페달을 밟으면 우선 페달에 있는 센서가 페달을 밟은 압력의 정도를 인식하여 전자 제어 장치로 전기적 신호를 보낸다. 전자 제어 장치는 이 신호를 바탕으로 페달을 밟은 압력의 정도에 따라 제동에 필요한 전체 제동력을 계산한다. 이와 동시에 현재 자동차 운행 상태와 배터리의 충전 상태 등을 고려하여 회생 제동으로 얻을 수 있는 제동력과, 이를 전체 제동력에서 뺀 나머지 제동력을 계산해 낸다. 그리고 이를 토대로 전자 제어 장치는 회생 제동 장치에 신호를 보내 이 신호가 배터리와 전동기의 연결을 차단하여 회생 제동이 발생하도록 하는 한편, 마찰 제동 장치에 신호를 보내 마찰 제동의 정도를 조절한다. 이 과정은 실시간으로 이루어지기 때문에 상황에 따른 전체 제동력은 일정하게 유지될 수 있다.

확인 문제

1 **이 글의 주제는?**
전기 자동차의 □□ □□ 장치의 작동 원리

2 운전자가 전기 자동차의 가속 페달을 밟으면 전동기에 의해 전기 에너지가 운동 에너지로 바뀌게 된다. (○, ×)

3 전기 자동차의 회생 제동 장치는 자동차의 주행 거리를 늘려 주는 역할을 한다. (○, ×)

1

• 글의 정보 파악하기

윗글을 이해한 내용으로 적절하지 않은 것은?

① 회전자는 도선으로 감겨 있어 전류가 흐르면 자기장이 생긴다.
② 전자기력의 영향으로 회전자가 회전하면 바퀴가 움직이게 된다.
③ 대부분의 전기 자동차에는 일반 자동차에 있는 제동 장치가 장착되어 있다.
④ 회전자의 회전력이 사라지면 영구 자석 사이에 형성되어 있던 자기장도 사라진다.
⑤ 전기 자동차의 제동력은 실시간으로 조절되어 상황에 따른 전체 제동력이 일정하게 유지된다.

2 ◦ 자료에 적용하기

〈보기〉는 운행 중인 전기 자동차의 제동 과정을 주요 장치들을 중심으로 나타낸 것이다. 윗글을 바탕으로 〈보기〉에 대해 설명한 내용으로 적절하지 않은 것은?

보기

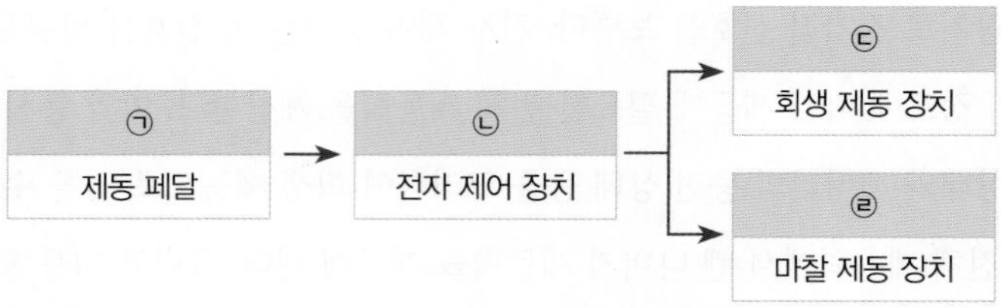

① ㉠을 밟게 되면 전기 에너지로 돌아가던 회전자는 운동 에너지에 의해 돌아가게 되겠군.

② ㉠에 있는 센서가 압력의 정도를 인식하면 ㉠에서 ㉡으로 전기적 신호가 전달되겠군.

③ ㉡에서 회생 제동으로 얻을 수 있는 제동력을 계산하려면 ㉠으로부터 받은 신호와 배터리 충전 상태 등을 고려해야겠군.

④ ㉢이 ㉡으로부터 신호를 받으면 배터리와 전동기의 연결이 차단되어 제동력이 발생하겠군.

⑤ ㉣은 ㉡으로부터 신호를 받아 전체 제동력에서 ㉢이 발생시킬 제동력의 크기를 계산하겠군.

3 ◦ 내용 추론하기

〈보기〉는 윗글을 읽은 학생이 정리한 내용의 일부이다. ⓐ~ⓒ에 들어갈 말로 가장 적절한 것은?

보기

회생 제동이 일어날 때에는 제동 과정에서 회전자를 돌리는 에너지가 (ⓐ) 에너지로 전환된 후 (ⓑ)의 작용을 통해 배터리에 저장된다. 그런데 배터리가 완전히 충전된 상태에서는 (ⓒ) 제동 장치가 작동하지 않는다.

	ⓐ	ⓑ	ⓒ
①	운동	전압 변환 장치	회생
②	운동	가속 페달	마찰
③	전기	전압 변환 장치	회생
④	전기	전압 변환 장치	마찰
⑤	전기	가속 페달	마찰

다음 글을 읽고 물음에 답하시오. 목표 15분

수능이 쉬워지는 지문 키워드

주제 통합 | 사회

법 원리주의와 조선 시대의 형법

□ 개념을 설명한 글
☑ **분류를 활용한 글**
□ 관점을 제시하는 글
□ 상관관계를 보여 주는 글
□ 과정의 흐름을 보여 주는 글

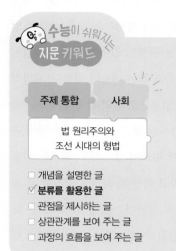

가 법 원리주의에서는 법 규범을 법 규칙과 법 원리로 나누어 파악한다. 법 규칙은 확정적 규범 내용을 갖는 반면 법 원리는 ✦이념적 ✦당위로서, 주어진 상황에서 무언가를 최대한 실현할 것을 요청하는 규범 내용을 갖는다.

법 규칙은 구성 요건과 그에 따른 법률 효과의 발생이 확정적으로 규정된 법 규범이다. 즉 법 규칙은 법 규범이 정하는 요건이 사실로 발생하면 그에 대응하는 법률 효과가 반드시 발생한다. 법 규칙을 해석하여 적용하는 과정은 법적 삼단 논법으로 이루어진다. 법적 삼단 논법은 대전제와 소전제로부터 이끌어 낸 결론을 명백한 추론으로 ⓐ 간주한다. 이때 대전제는 법 규범이고 소전제는 법 규범의 적용 조건으로 확인된 사실이다. 적용 조건의 확인은 조사를 거친 사실이 법률상의 구성 요건을 충족하고 있다는 판단을 통해 이루어진다. 법적 결론은 사실 관계에 법 규범을 적용하여 ⓑ 도출한다. 만약 같은 행위에 대해 각각 반대되는 법률 효과를 규정하고 있어 충돌하는 법 규칙들이 있다면 특별법 우선의 원칙, 신법(新法) 우선의 원칙 등을 적용하여 어느 하나의 법 규칙만이 효과가 있다고 밝히거나 예외 조항을 두는 방법으로 해결한다.

법 원리는 법률 효과의 발생이 주어진 조건 아래에서 가능한 최대로 실현되는 형식을 가지는 법 규범이다. 즉 법 원리는 법에서 정한 요건이 만족될 경우 발생하는 법률 효과가 확정되어 있지 않다. 만약 어떤 구체적인 사안에서 법 원리들이 충돌할 경우 이익 형량을 통해 해결된다. 이익 형량이란 어떤 구체적 사안에서 충돌하는 법 원리들로부터 나오는 법률 효과들 중 어떤 것이 적용되어야 하는지 선택하는 판단을 ⓒ 칭한다. 그러므로 법 원리 사이의 충돌은 법 규칙과 달리 어느 법 원리가 더 큰 비중을 가지고 있는가 하는 차원에서 다루어진다. 이때 서로 충돌하는 이익들의 비중을 측정하는 방식으로는 이익 실현의 최적화를 살피는 방법 등이 있다.

법 원리주의에서는 이익 형량에 의해 생겨난 것이 법 규칙이라고 본다. 이익 형량의 결과로 획득된 법 규범은 특정 사안에 적용할 수 있을 정도로 구체적인 요건과 법률 효과를 갖춘 법 규칙의 형식을 띨 것이기 때문이다. 이러한 맥락에서 법 원리는 법 규칙의 존재와 내용을 파악하는 데 배경적 근거가 된다.

나 죄형 법정주의란 어떠한 행위가 범죄이고 그 범죄를 어떻게 처벌할 것인지 미리 글로 써 있는 문서의 법률로 규정하여야 한다는 원칙이다. 조선의 형법은 처벌의 기준을 글로 명시한 문서의 체계를 가지고 있었다. 이와 관련하여 조선 시대 형법에서 죄형 법정주의를 발견할 수 있다는 입장과, 그럼에도 불구하고 조선 시대 형법에서 죄형 법정주의를 발견하기 어렵다는 입장이 있다.

조선 시대 형법은 범죄의 종류, 범죄자나 피해자의 신분 등을 개별적으로 구분하고 이에 따라 형량이 결정되는 정형주의적 형식을 따랐다. 조선 시대 형법의 일반법으로 적용되었던 ✦대명률의 '단죄인율령조'에 따르면 죄명을 확정할 때는 반드시 ✦율령을 따르고, 이를 ⓓ 위반할 경우

✦**이념적** 한 국가나 사회, 개인이 가지고 있는 생각의 근본이 되는, 이상적으로 여겨지는 사상에 관한.
✦**당위** 마땅히 그렇게 하거나 되어야 하는 것.
✦**대명률** 중국 명나라의 형법전(刑法典).
✦**율령** '율'은 범죄자에 대한 처벌과 제재를 규정한 형벌 법규이고, '령'은 행정적 명령이나 금지를 규정한 행정법적 규정임.
✦**흠결** 일정한 수효에서 부족함이 생김. 또는 그런 부족.
✦**형조** 조선 시대에, 육조(六曹) 가운데 법률·소송·형옥·노예 따위에 관한 일을 맡아 보던 관아.

벌을 준다고 하였다. 이러한 규정은 법관이 외부의 압력으로부터 영향을 받지 않게 하고, 동시에 법관이 임의적으로 판단해 범죄의 여부를 결정할 수 없도록 했다는 점에서 죄형 법정주의와 같은 원리가 작동했다고 할 수 있다.

그런데 조선 시대 형법은 구체적이고 개별적인 사안을 하나하나 열거하는 형식이었기 때문에 어떤 사안에 각 조항을 곧바로 적용하기에는 ⓔ 용이했지만 실제 발생하는 모든 사안을 열거할 수는 없었다. 그래서 어떤 사건을 적용할 때 이에 대응되는 규정이 없어서 법률의 흠결이 생기는 경우도 있었다. 이를 보완하고자 단죄인율령조에는 다음과 같은 내용이 있었다. 개별적인 사안에 대해 판단할 수 있는 내용을 율령에 모두 기록할 수 없으므로 만약 죄를 결정하는 데 해당하는 규정이 율령에 기록되어 있지 않으면 율령에 기록된 것 중 가장 가까운 것에 근거하여 더할 것을 더하고 뺄 것은 빼어 죄명을 결정하여 형조에 보고하고, 형조는 임금께 아뢰어 처벌하도록 한다는 것이다. 이를 '인율비부'라고 하는데, 죄명을 결정한 후 형조에 보고하고 임금에게 아뢰도록 한 것은 법관이 임의로 판단하는 것을 방지하려는 노력이었다. 하지만 죄를 결정할 때 임의적인 판단이 개입할 수 있으므로 조선 시대의 형법은 죄형 법정주의에 위배된다고 보는 입장의 근거가 되기도 한다.

하지만 ㉠ 어떤 이들은 인율비부가 정형주의를 따랐던 조선 시대 형법상 어쩔 수 없는 선택이었다고 본다. 인율비부는 정형주의의 한계를 극복하기 위해 동원된 법 적용 방법으로서 구체적인 법률들을 추상화하는 특수한 해석 방법이라는 것이다. 따라서 조선 시대 형법에서 죄형 법정주의를 발견하려는 이들은 인율비부가 조선 시대 형법상 어쩔 수 없는 것이었음을 참고하여 생각해야 한다고 본다.

확인 문제

1 이 글의 주제는?
(가): 법 □□□□에서의 법 규칙과 법 원리
(나): 죄형 □□□□와/과 관련한 조선 시대 형법에 대한 두 입장

2 (가)에 따르면, 법적 삼단 논법을 활용하여 해석하고 적용하는 과정을 수행하는 것은 법 규칙이다. (○ , ×)

3 (나)에 따르면, 조선 시대 형법에서 법관이 임의적으로 판단해 범죄의 여부를 결정할 수 없도록 한 것은 조선 시대 형법에서 죄형 법정주의를 발견하기 어렵다는 주장의 근거가 된다. (○ , ×)

1

글의 정보 파악하기

(가)에 대한 설명으로 적절하지 않은 것은?

① 법적 삼단 논법에서 법 규범은 대전제로 활용된다.
② 법 원리는 주어진 조건에 따라서 다양한 정도로 실현될 수 있다.
③ 법 원리와 달리 법 규칙은 이익 형량을 통해 충돌하는 사안을 해결한다.
④ 법 규칙은 법에서 정한 요건을 만족하면 그에 대응하는 법률 효과가 발생한다.
⑤ 법 규칙들이 서로 맞부딪치면 하나의 규칙만이 채택되어 그에 대응하는 법률 효과가 발생할 수 있다.

◐ 바른답·알찬풀이 46쪽

2

글의 정보 파악하기

(나)를 이해한 내용으로 가장 적절한 것은?

① 조선 시대는 율령에 어긋나더라도 경우에 따라 형벌을 가감하는 사법 제도를 운용하고 있었다.

② 조선 시대의 형법이 범죄에 대한 사안을 개별적으로 열거하고 있었기 때문에 인율비부가 사용되었다.

③ 조선 시대의 형법은 추상적이고 일반적인 규정을 담고 있었기 때문에 어떤 사안을 율령에 곧바로 적용하기에 곤란했다.

④ 조선 시대의 형법은 정형주의에 따라 범죄자나 피해자의 신분을 고려하지 않고 모든 사람들에게 일률적으로 벌을 내렸다.

⑤ 조선 시대는 당대의 관습에 따라 범죄 여부와 형량을 판단했기 때문에 글로 명시한 문서 체계의 형법이 존재했다고 보기 어렵다.

3

글의 정보 파악하기

다음은 (가)와 (나)를 읽은 학생이 작성한 학습 활동지의 일부이다. ㄱ~ㅁ에 들어갈 내용으로 적절하지 <u>않은</u> 것은?

학습 항목	학습 내용	
	(가)	(나)
두 글을 통합적으로 이해하기	ㄱ	
도입 문단의 내용 제시 방식 파악하기	ㄴ	ㄷ
⋮	⋮	⋮
글의 내용 전개 방식 이해하기	ㄹ	ㅁ

① ㄱ: 법을 해석하여 적용할 때 서로 충돌하는 가치를 제시하고 이를 서로 비교하였음.

② ㄴ: 법 원리주의 관점에서 법 규범을 법 규칙과 법 원리로 구분하였음.

③ ㄷ: 죄형 법정주의의 개념을 정의하면서 조선 시대 형법을 바라보는 입장들을 제시하였음.

④ ㄹ: 법 규칙과 법 원리의 차이점을 중심으로 그 둘의 관계를 설명하였음.

⑤ ㅁ: 죄형 법정주의 측면에서 조선 시대 형법을 바라보는 서로 다른 시각을 대조하였음.

• 내용 추론하기

4

〈보기〉는 ㉠이 '조선 시대의 형법'에 대해 보인 반응을 정리한 것이다. ㉮~㉰에 들어갈 말로 가장 적절한 것은?

보기
'조선 시대의 형법'에서는 죄형 법정주의를 발견할 수 (㉮). 왜냐하면 (㉯)를 통해 법관이 죄명을 확정할 때 임의적으로 판단해 범죄의 여부를 결정할 수 (㉰) 하여 정형주의의 한계를 극복하려 했기 때문이다.

	㉮	㉯	㉰
①	있다	인율비부	있도록
②	있다	단죄인율령조	있도록
③	있다	인율비부	없도록
④	없다	단죄인율령조	없도록
⑤	없다	인율비부	없도록

• 어휘의 의미 파악하기

5

문맥상 ⓐ~ⓔ와 바꿔 쓰기에 적절하지 않은 것은?

① ⓐ: 여긴다
② ⓑ: 바로잡는다
③ ⓒ: 일컫는다
④ ⓓ: 어길
⑤ ⓔ: 쉬웠지만

어휘 공략하기

◐ 바른답·알찬풀이 48쪽

1 다음 뜻에 알맞은 어휘를 〈보기〉에서 찾아 쓰시오.

(1) 마땅히 그렇게 하거나 되어야 하는 것. → (   )

(2) 기계나 자동차 따위의 운동을 멈추게 함. → (   )

(3) 일정한 수효에서 부족함이 생김. 또는 그런 부족. → (   )

(4) 한 국가나 사회, 개인이 가지고 있는 생각의 근본이 되는, 이상적으로 여겨지는 사상에 관한. → (   )

가	직	주	위	실	정
사	이	념	적	집	수
당	차	지	용	행	흠
위	기	율	물	장	결
면	제	동	잠	안	위
책	상	전	자	기	력

2 다음 밑줄 친 어휘의 뜻으로 알맞은 것을 〈보기〉에서 찾아 그 기호를 쓰시오.

보기

㉠ 다른 방향이나 상태로 바뀌다.
㉡ 양이나 범위 따위를 제한하여 정하다.
㉢ 균형이 맞게 바로잡다. 또는 적당하게 맞추어 나가다.

(1) 헌법에서는 집회의 자유를 <u>규정하고</u> 있다. → (   )

(2) 영농 체계가 소규모에서 대규모로 <u>전환되고</u> 있다. → (   )

(3) 그는 체중을 <u>조절하기</u> 위해 꾸준히 운동하고 있다. → (   )

수능 맛보기 3 ㉠~㉤을 사용하여 만든 문장으로 적절하지 <u>않은</u> 것은?

보기

조선 시대에는 누구나 소송을 할 수 있었지만, 글을 모르거나 법률에 대해 잘 알지 못하는 백성들에게 소송은 ㉠<u>어려운</u> 일이었다. 그렇기 때문에 백성의 소송을 대신해 주는 '외지부'라는 직업이 있었다. 외지부는 율령에 ㉡<u>명시된</u> 정식 관원은 아니었다. 이들은 백성이 법적 권리를 가지도록 ㉢<u>도와주는</u> 긍정적인 역할을 하기도 했지만, 금전적 이득을 ㉣<u>얻기</u> 위해 사람들을 부추겨 소송을 하게 하거나 법률 조문을 ㉤<u>임의적</u>으로 해석하여 소송 과정을 어지럽히는 등의 문제를 유발하기도 하였다.

① ㉠: 그는 형편이 <u>어려운</u> 학생들을 위해 등록금을 지원해 주었다.
② ㉡: 이 안내서에는 입장료가 <u>명시되어</u> 있지 않다.
③ ㉢: 어려울 때 <u>도와주는</u> 친구가 진짜 친구이다.
④ ㉣: 우리는 발언권을 <u>얻어</u> 입장을 밝혔다.
⑤ ㉤: 자신의 판단만 믿고 <u>임의적</u>으로 해석하면 안 된다.

수능이 쉬워지는 지문 키워드

융합 | 인문·예술

베르그송 철학과 인상주의

- □ 개념을 설명한 글
- □ 분류를 활용한 글
- □ 관점을 제시하는 글
- ☑ **상관관계를 보여 주는 글**
- □ 과정의 흐름을 보여 주는 글

다음 글을 읽고 물음에 답하시오. 목표 13분

근대 철학은 ✦양적인 크기를 중요시하는 근대 과학의 사고를 ⓐ 수용하며 발달하였다. 근대 과학은 미리 수학적으로 설정한 믿음을 통해 자연에 접근하였다. 예를 들어 케플러는 우주가 ✦기하학적인 원리에 의해 만들어졌다는 믿음에 따라, 이에 맞는 결과를 이끌어 내고자 하였다. 자연 세계에 대하여 기하학과 같은 수학적 관점의 ✦선험적 태도를 취한 것이다. 이런 태도는 근대 철학의 이성론에 많은 영향을 주었다.

특히 근대 철학자 데카르트는 선험적으로 가지고 있다고 믿는 ㉠ 직관을 통해 인식한 것들로 세계에 접근하려 하였다. 직관은 '순수한 정신의 의심할 여지없는 파악이며, 이것은 오직 이성의 빛에서 생기는 것'으로, 이를 통해 어떠한 의심 없이 분명한 인식을 얻을 수 있다고 생각하였다. 데카르트는 의심할 수 없는 것을 찾기 위해 대상을 직관으로 ✦분절하여 더 나눌 수 없는 단순 본성을 찾고, 이 단순 본성들을 합친 개념을 통해 세계에 대한 이해를 ⓑ 확장하려 하였다. 그리고 이러한 태도는 이후 근대 철학의 흐름에 큰 영향을 주었다.

그런데 현대 철학자 베르그송은 이러한 근대 철학의 흐름에 반발한다. 그는 이성이 세계를 분절시키며, 질적인 시간마저 양적으로 쪼개는 일을 한다고 이야기한다. 베르그송은 세계의 사물들이 서로 경계가 모호한 채로 연속적인 전체를 이루고, 서로 수많은 관계 속에 처해 있다고 한다. 그런데 이성이 이러한 세계를 분절시킴으로써 전체성을 잃게 되었기 때문에 아무리 노력해도 세계를 통찰할 수 없다는 것이다.

그래서 베르그송은 세계를 통찰하는 방법으로 이성 대신 ㉡ 직관과 지속을 제시한다. 그의 직관은 공감적 경험이자 통합적 경험을 의미한다. 즉 그의 직관은 사물의 내부로 들어가 서로를 느끼게 되는 공감적 경험을 통해 각각의 ✦이질성을 유지하면서도 동시에 하나가 다른 하나로 스며가면서 전체를 향해 통합되는 경험인 것이다. 예를 들어 우리가 오렌지색에 공감하는 과정을 보자. 이 과정에서 우리가 직관을 통해 공감을 확장하려는 노력을 하면, 가장 어두운색으로서의 붉은색과 가장 밝은색으로서의 노란색 사이에 이질적인 다양한 색들이 있음을 경험할 수 있으며, 다시 그것들이 모호한 경계 속에서 스며가면서 통합되는 과정도 느낄 수 있다는 것이다.

한편 베르그송은 공감과 통합은 지속되는 시간에서 이루어진다고 하였다. 근대 철학의 이성론은 시간을 분절하여 공간 안에 멈춘 상태로 보았지만, 베르그송은 시간은 계속해서 흐르기 때문에 오히려 공간적인 것이 시간적인 것에서 영향을 받아 생긴다는 주장을 하였다. 예를 들어 활짝 핀 장미꽃을 볼 때, 우리는 일정한 공간을 차지하고 있는 장미꽃을 보지만, 일정 시간이 지나면 꽃잎이 모두 떨어진 가지만을 보게 된다. 이전에 장미꽃이 차지하고 있던 공간은 비었고, 이는 시간에 의해 변화가 일어난 것이다. 그뿐만 아니라 시간이 개인 체험이 반영된 질적인 시간임도 주장하였다.

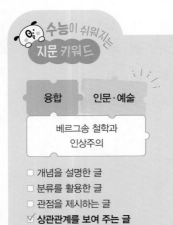

✦**양적** 세거나 잴 수 있는 분량이나 수량과 관계된.
✦**기하학적** 도형 및 공간의 성질에 대하여 연구하는 학문에 관련이 있거나 바탕을 두고 있는 것.
✦**선험적** 경험에 앞서서 인식의 주관적 형식이 인간에게 있다고 주장하는 것. 대상에 관계되지 않고 대상에 대한 인식이 선천적으로 가능함을 밝히려는 인식론적 태도를 말한다.
✦**분절하다** 사물을 마디로 나누다.
✦**이질성** 서로 바탕이 다른 성질이나 특성.
✦**편견** 공정하지 못하고 한쪽으로 치우친 생각.

인상주의는 이러한 베르그송의 철학과 유사성을 가진다. 인상주의자들은 색을 ⓒ 혼합하는 방법을 즐겨 사용하였다. 그들은 서로 다른 색들을 합치는 대신 각각의 이질성을 살리면서 색들의 경계를 흐리게 표현하여 한 가지 색이 다른 하나의 색으로 감상자의 눈에 의해 분절됨이 없이 지속적으로 섞여 들어가도록 표현하였다. 또한 원근법과 같은 기법을 자제하고 색채를 중심으로 표현하였다. 더불어 인물화 속에 지성을 통해 ⓓ 포착된 인물의 위대함이나 교훈을 담으려 했던 고전주의와 달리 대상의 인상을 표현하려 한 것도 특징이다. 예를 들어 마네의 「풀밭 위의 점심 식사」에는 등장인물들에 대한 어떤 이야기도 의미도 없다. 오로지 검은색과 흰색의 대비라는 색채의 미적 효과를 위해 '검은 양복을 입은 남자'와 '나체의 여자'를 그렸다. 고전주의에서는 풍경이 인간과 인간 행위의 배경에 불과하였다. 하지만 인상주의 회화에서는 인간도 배경의 일부로서의 의미만을 지니거나 아예 사라지기도 하였다. 심지어 대상에게 받은 인상에 집중시키기 위해 배경이 존재하지 않는 경우도 있었다. 왜냐하면 인상주의 화가들에게 중요한 것은 대상에게 받은 인상을 전달하는 것이었지, 그 대상이 인간인지 풍경인지가 중요한 것이 아니었기 때문이다.

인상주의자들은 색들을 합쳐 만든 중간색은 편견이므로 이를 해체해 본래의 색으로 되돌린 후, 빛이 연출하는 색채의 아름다운 변화들을 연속적으로 느끼게 하는 것이 중요하다고 생각하였다. 이로써 대상에 어떤 의미나 교훈을 담는 것이 아니라 받은 인상을 그대로 전달하려고 노력하였다. 이는 베르그송이 이야기한 근대 철학이 가져온 이성에 의한 분절로부터의 회복과, 이질적인 것의 연속 안에서 공감을 통한 통합으로 전체성을 느끼는 것과 ⓔ 유사한 의미를 가진다.

확인 문제

1 이 글의 주제는?
□□□□의 철학과 유사성을 지닌 인상주의

2 베르그송은 공간이 시간의 영향을 받는다고 생각하였다. (○ , ×)

3 인상주의 회화에서는 인간이 아예 등장하지 않는 경우도 있었다. (○ , ×)

1

글의 정보 파악하기

윗글의 논지 전개 방식으로 가장 적절한 것은?

① 특정 이론에 대한 상반된 주장을 제시한 후, 이에 대한 절충안을 제시하고 있다.
② 특정 이론에 대한 비판을 제시한 후, 비판에 대한 재반론을 일정한 기준에 따라 분류하고 있다.
③ 특정 이론에 대한 역사적 평가를 제시한 후, 자문자답의 방식을 통해 그 이론의 장단점을 나열하고 있다.
④ 특정 이론의 견해가 지닌 부당함을 제시한 후, 이에 대한 다양한 분야의 의견을 시대순으로 비교하고 있다.
⑤ 특정 이론의 견해를 제시한 후, 이를 반박하는 입장을 밝히고 그 입장과 연관된 다른 분야를 소개하고 있다.

2 (• 글의 정보 파악하기)

윗글에 대한 이해로 적절하지 않은 것은?

① 근대 과학의 수학적 관점은 근대 철학의 이성론에 영향을 주었다.

② 케플러는 우주의 구성 원리에 대한 선험적 태도를 바탕으로 자연에 접근하였다.

③ 인상주의자들은 인위적으로 만든 색을 편견이라고 여기며 그것을 원래대로 되돌리려고 하였다.

④ 고전주의 회화에서 인간은 중요한 대상이었기에 풍경과 차별성을 가진 존재로 작품에 표현하였다.

⑤ 근대 철학에서는 의심할 수 없는 분명한 것으로 개념화하기 위해 지속적으로 단순 본성을 분절하였다.

3 (• 내용 추론하기)

㉠과 ㉡에 대한 설명으로 적절하지 않은 것은?

① ㉠은 경험하기 전부터 가지고 있는 것이다.

② ㉡은 공감과 통합의 경험을 통해 드러난다.

③ ㉠과 달리 ㉡은 순수한 이성을 통해 얻는다.

④ ㉡과 달리 ㉠은 단순 본성을 찾는 도구이다.

⑤ ㉠과 ㉡은 모두 세계를 이해하기 위한 방법이다.

4 (• 어휘의 의미 파악하기)

문맥상 ⓐ~ⓔ와 바꾸어 쓰기에 적절하지 않은 것은?

① ⓐ: 받아들이며　② ⓑ: 넓히려　③ ⓒ: 섞는

④ ⓓ: 모아진　⑤ ⓔ: 비슷한

24강 실전 2

지문 난이도 ★★★ | 기출 고1 학평

다음 글을 읽고 물음에 답하시오. 목표 15분

가 플라톤은 이데아계와 현상계를 구분했다. 영원히 변하지 않는 이데아계는 현상계에 나타난 모든 사물의 근본이자 본질적 특성, 즉 형상(form)이 존재하는 곳으로 이성으로만 인식될 수 있는 관념의 세계이다. 반면 현상계는 이데아계의 형상을 바탕으로 만들어진 세계로 끊임없이 변화하는 사물이 감각에 의해 인식된다. 플라톤에 따르면 ㉠ 현상계의 모든 사물은 형상을 본뜬 그림자일 뿐이다.

이러한 관점에서 플라톤은 감각 가능한 현상을 모방한 것이 예술이라고 보았다. 예를 들어 목수는 이성을 통해 침대의 형상을 인식하고 그것을 모방하여 침대를 만든다. 그리고 화가는 감각을 통해 이 침대를 보고 그림을 그린다. 결국 침대 그림은 사물의 본질적 특성에서 두 단계 떨어져 있는 수준이 낮은 것이며, 형상을 올바르게 인식할 수 없게 하는 허구의 허구일 뿐이다. 이데아계의 형상을 모방하여 생겨난 것이 현상인데, 예술은 현상을 다시 모방한 것이기 때문이다.

플라톤은 시가 회화와 다르다고 보았다. 고대 그리스에서 음유 시인은 허구의 허구인 서사시나 비극을 창작하고, 이를 작품 속 등장인물의 성격에 어울리는 말투, 몸짓 같이 감각 가능한 현상으로 연기함으로써 또 다른 허구를 만들어 냈다. 이 과정에서 음유 시인의 연기는 인물의 성격을 드러내는데, 이는 감각 가능한 인물의 겉모습을 모방하여 감각으로 파악될 수 없는 인물의 내적 특징을 드러내는 것이다.

플라톤은 음유 시인이 용기나 절제 같은 성질을 갖춘 인간이 아닌 저급한 인간의 모습을 모방할 수밖에 없다고 주장했다. 예를 들어 화를 잘 내는 인물은 목소리가 거칠어지고 안색이 붉어지는 등 다양한 감각 가능한 현상들을 모방함으로써 쉽게 표현할 수 있지만, 용기나 절제력이 있는 인물이 보이는 감각 가능한 현상은 표현하기 어렵기 때문이다. 따라서 플라톤은 음유 시인의 연기를 보는 관객들이 이성이 아닌 감정이나 욕구와 같은 비이성적인 것들에 지배되어 타락하게 된다고 ⓐ 보았다.

나 아리스토텔레스는 이데아계가 존재한다고 보지 않았다. 예를 들어 사람은 나이가 들며 늙는데, 만약 이데아계의 변하지 않는 어린아이의 형상과 성인의 형상을 바탕으로 각각 현상계의 어린아이와 성인이 생겨났다면, 현상계에서 어린아이가 성인으로 성장하는 것을 설명할 수 없기 때문이다.

아리스토텔레스는 [형상]이 항상 사물이 생기고 변화하는 데 바탕이 되는 [질료] 안에 있다고 보고, 이를 가능태와 현실태라는 개념을 통해 설명하였다. 가능태란 형상을 실현시킬 수 있는 가능적 힘이자 질료를 의미하며, 현실태란 가능태에 형상이 실현된 어떤 상태이다. 예를 들어 도토리는 떡갈나무가 되기 위한 가능태라면, 도토리가 떡갈나무가 된 상태가 현실태이다. 이처럼 생성·변화하는 모든 것은 목적을 향해 움직이므로 가능태에 있는 것은 형상이 완전히 실

수능이 쉬워지는 지문 키워드

주제 통합 | 예술

플라톤과 아리스토텔레스의 예술관

□ 개념을 설명한 글
□ 분류를 활용한 글
☑ **관점을 제시하는 글**
□ 상관관계를 보여 주는 글
□ 과정의 흐름을 보여 주는 글

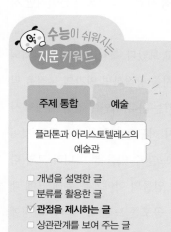

✦**관념** 어떤 대상에 관한 인식이나 의식 내용.
✦**모방하다** 다른 것을 본뜨거나 본받다.
✦**회화** 여러 가지 선이나 색채로 평면상에 형상을 그려 내는 조형 미술.
✦**음유** 시를 지어 읊으며 여기저기 떠돌아다님.
✦**서사시** 역사적 사실이나 신화, 전설, 영웅 등의 이야기를 서술 형식으로 기술한 시.
✦**내재하다** 어떤 사물이나 범위의 안에 들어 있다.

현된 상태인 '완전 현실태'를 향해 나아가는데, 이 과정이 운동이다. 즉 운동의 원인은 외부에 있는 것이 아니라 가능태 안에 있다.

아리스토텔레스에게 있어 예술의 목적은 사물 하나하나의 형상을 표현해 내는 것이다. 이런 점에서 그는 시가 역사보다 우월하다고 주장했다. 역사는 개별적 사건들의 기록일 뿐이지만 시는 개별적 사건에 스며 있는 형상을 표현한 것이기 때문이다.

아리스토텔레스는 인간이 예술을 통해 쾌감을 느낄 수 있다고 보았다. 특히 비극시는 파괴되어 가는 주인공을 통해 인간의 근본적 한계를 다루기 때문에, 시를 창작하면 인간의 본질을 알게 되어 쾌감을 느낄 수 있다고 하였다. 비극시 속 이야기는 음유 시인이 경험 세계의 사물 하나하나에 ✦내재한 형상을 인식해 내어, 그것을 다시 허구로 표현한 결과물인 것이다. 또한 관객은 음유 시인의 연기를 통해 앎의 쾌감을 느낄 수 있을 뿐 아니라 그와 다른 종류의 쾌감도 경험할 수 있다. 관객은 고통을 받는 인물의 이야기를 통해 그에 대한 연민과 함께, 자신도 유사한 고통을 겪을 수 있다는 공포를 느낀다. 이러한 과정에서 감정이 고조됐다가 해소되면서 얻게 되는 쾌감, 즉 카타르시스를 경험한다.

확인 문제

1 **이 글의 주제는?**
☐☐에 대한 플라톤과 아리스토텔레스의 관점

2 플라톤은 예술이 현상을 모방한 허구의 허구라고 여긴다. (○ , ×)

3 아리스토텔레스는 예술이 사물의 형상을 표현한 것이라는 점에서 역사보다 수준이 낮다고 생각한다. (○ , ×)

• 글의 정보 파악하기

1 **(가)와 (나)에 대한 설명으로 가장 적절한 것은?**

① (가)와 (나)는 모두 특정 사상가의 예술을 바라보는 관점이 변화하게 된 이유를 설명하고 있다.

② (가)와 (나)는 모두 특정 사상가가 예술을 평가하는 데 바탕이 된 철학적 관점을 설명하고 있다.

③ (가)와 달리 (나)는 특정 사상가가 생각하는 예술의 불완전성을 설명하고 있다.

④ (나)와 달리 (가)는 특정 사상가의 예술관에 내재한 장점과 단점을 제시하고 있다.

⑤ (가)는 특정 사상가의 예술관이 보이는 한계를, (나)는 특정 사상가의 예술관이 주는 의의를 제시하고 있다.

◐ 바른답·알찬풀이 49쪽

2 글의 정보 파악하기

(가)의 '플라톤'의 사상을 이해한 내용으로 적절하지 않은 것은?

① 예술은 형상에 대한 올바른 인식을 방해한다.

② 형상은 감각이 아닌 이성을 통해서만 인식할 수 있다.

③ 현상계의 사물을 모방한 예술은 형상보다 수준이 낮은 것이다.

④ 예술의 표현 대상은 사물이 아니라 사물 안에 존재하는 형상이다.

⑤ 이데아계는 현상계에 나타난 모든 사물의 형상이 존재하는 곳이다.

3 글의 정보 파악하기

(나)의 '아리스토텔레스'의 관점에서 형상과 질료에 대해 이해한 내용으로 적절하지 않은 것은?

① 형상은 질료와 분리되어 있을 수 없다.

② 질료는 형상을 실현시킬 수 있는 가능적 힘이다.

③ 형상이 질료에 실현되는 원인은 가능태 안에 있다.

④ 형상과 질료 사이의 관계는 현실태와 가능태 사이의 관계와 같다.

⑤ 생성·변화하는 것은 형상이 질료에 완전히 실현된 상태인 완전 현실태를 향한다.

4 ⦁ 비판이나 반응의 적절성 평가하기

(가)와 (나)를 참고할 때, '아리스토텔레스'의 입장에서 ㉠을 비판한 것으로 가장 적절한 것은?

① 형상이 현상계에 존재하는 것이라면 현상계의 사물을 감각으로 느낄 수 없다.

② 현상계의 모든 사물이 형상의 그림자일 뿐이라면 형상은 어떠한 방법으로도 인식될 수 없다.

③ 현상계의 사물이 형상을 본뜬 것이라면 현상계의 사물이 생성·변화하는 이유를 설명할 수 없다.

④ 형상과 현상계의 사물이 서로 독립적이라면 현상계에서 사물이 변화하는 현상을 설명할 수 없다.

⑤ 형상이 변하지 않는 것이라면 현상계에 존재하는 사물들이 모두 제각기 다른 이유를 설명할 수 없다.

5 ⦁ 어휘의 의미 파악하기

다음 중 밑줄 친 단어의 의미가 ⓐ와 가장 유사한 것은?

① 극장에서 영화를 보았다.

② 나는 쉬는 시간에 책을 보았다.

③ 집에 아무도 없어서 내가 집을 보았다.

④ 사람들은 그의 행동을 실수라고 보았다.

⑤ 그들은 협상 끝에 서로가 만족하는 합의를 보았다.

24 어휘 공략하기

◐ 바른답·알찬풀이 50쪽

1 다음 뜻에 알맞은 어휘를 말 상자에서 찾아 쓰시오.

이	편	무	기	이	자
상	견	모	내	언	니
지	적	상	충	녹	지
이	질	성	고	소	허
안	색	운	유	수	구
쿠	관	념	지	공	동

(1) 서로 바탕이 다른 성질이나 특성. → (　　　　)

(2) 어떤 대상에 관한 인식이나 의식 내용. → (　　　　)

(3) 사실에 없는 일을 사실처럼 꾸며 만듦. → (　　　　)

(4) 공정하지 못하고 한쪽으로 치우친 생각. → (　　　　)

2 다음 밑줄 친 어휘의 뜻으로 알맞은 것을 〈보기〉에서 찾아 그 기호를 쓰시오.

보기
㉠ 알게 되어 깨달아지다.
㉡ 사물을 마디로 나누다.
㉢ 어떤 사물이나 범위의 안에 들어 있다.
㉣ 어떤 일에 대한 방책으로 어떤 행동을 하거나 일정한 태도를 가지다.

(1) 이제야 그 일이 현실로 지각된다. → (　　　)

(2) 그 사건에는 위험 요소가 내재하고 있다. → (　　　)

(3) 그녀는 그 상황에서 강경한 태도를 취했다. → (　　　)

(4) '해'를 자음과 모음으로 분절하면 'ㅎ'과 'ㅐ'로 나뉜다. → (　　　)

수능 맛보기
3 ㉠~㉤과 바꿔 쓰기에 적절하지 않은 것은?

보기
A 교사는 학생에게 정말 숙제를 스스로 한 것이 맞냐고 물었다. 이 물음에 학생은 말끝을 흐리며 ㉠모호하게 대답하였다. 사실 A 교사는 학생이 다른 사람의 결과물을 ㉡모방한 것을 분명하게 ㉢인식한 상태였다. 이를 학생에게 전달하니 갑자기 학생은 화를 내며 자신은 잘못이 없다고 소리쳤다. A 교사는 학생과의 갈등이 ㉣고조되는 것을 막고자 학생에게 흥분을 ㉤자제하라고 하였다.

① ㉠: 분명하지 않게
② ㉡: 따라한
③ ㉢: 파악한
④ ㉣: 커지는
⑤ ㉤: 조심하라고

진단평가

24강까지 학습을 마쳤으면 QR 코드를 찍어 진단 평가를 해 보세요.

모의고사

| 목표 풀이 시간 35분 |

[01~03] 다음 글을 읽고 물음에 답하시오.

㉠특정 주제를 깊이 있게 탐구하기 위한 독서는 지식을 습득하고 이를 비판적·종합적으로 탐구하는 독서이다. 이러한 독서는 목차나 책 전체를 훑어보아 글의 전체 구조를 파악하고, 필요한 부분을 찾아 읽을 내용을 선별하는 것으로부터 출발한다. 이어 독자는 글 표면에 드러난 내용을 정확하고 충분하게 읽기, 글 이면의 내용을 추론하고 비판하며 읽기, 여러 관점을 비교하고 종합하여 읽기와 같은 방법을 적절히 조합하여 선별한 내용을 읽게 된다.

위 과정에서 독자는 자신의 배경지식과 새롭게 얻은 지식을 통합하여 의미를 구성한다. 그런데 이렇게 개인의 머릿속에서 구성된 의미는 다른 사회 구성원들과의 상호 작용을 거쳐 재구성된다. 따라서 특정 주제를 깊이 있게 탐구하기 위한 독서의 의미 구성은 개인적 차원뿐 아니라 사회적 차원에서도 이루어지는 것으로 이해되어야 한다.

이를 생각하면 특정 주제를 깊이 있게 탐구하기 위한 독서에서는 기록의 역할이 부각된다. 탐구 과정에서 개인적으로 구성한 의미를 기록하는 것은 읽은 내용을 잊지 않게 하며, 비판과 토론의 자료로서 사회적 차원의 의미 구성에 기여한다. 또한 보고서, 논문, 단행본 등의 형태로 발전하여 공동체의 지식이 축적되는 토대를 이룬다. 이렇게 볼 때 특정 주제를 깊이 있게 탐구하기 위한 독서는 학문 탐구의 과정에서 글을 읽고 의견을 주고받으며 토론하는 강론 또는 기록을 권유했던 전통과도 맥을 같이한다.

01 윗글에서 확인할 수 있는 ㉠의 방법이 아닌 것은?

① 글 표면에 드러난 내용을 꼼꼼하게 읽기
② 목차를 보고 전체적인 구조를 파악하며 읽기
③ 글의 숨겨진 의미를 파악하며 비판적으로 읽기
④ 탐구하고자 하는 주제에 필요한 내용을 골라 읽기
⑤ 정서적 반응을 기준으로 글의 가치를 평가하며 읽기

02 윗글을 바탕으로 〈보기〉를 이해한 내용으로 적절하지 않은 것은? [3점]

보기

학문하는 데는 연속적으로 공부하는 것을 중요하게 여긴다. 한 번이라도 그 맥이 끊어지게 되면 정신이 새어 나가고 성의가 흩어져 버리니, 어떻게 학문의 깊은 뜻을 꿰뚫어 볼 수 있겠는가? 벗끼리 서로 돕는 것으로는 함께 모여 학문을 강론하는 것보다 나은 것이 없다. 그런데 퇴계(退溪)는 "읽은 것을 얼굴을 마주하고 강론하는 것이 좋기는 하지만, 항상 마음속의 생각을 다 드러내지는 못하고 만다. 그러니 의문이 드는 부분을 뽑아 기록해서 벗에게 보내 자세히 살펴볼 수 있게 하는 것만 못하다."라고 하였다. 그 뜻이 참으로 옳다.

– 이익, 「서독승면록」

① '정신이 새어 나가고 성의가 흩어져 버리'는 데 대한 우려는 기록의 궁극적 목적이 학습한 것을 모두 기억하는 것에 있음을 드러낸다.
② 학문 과정에서 '학문의 깊은 뜻을 꿰뚫어' 보고자 하는 것은 주제를 깊이 있게 탐구하고자 하는 태도와 서로 통한다.
③ '읽은 것을 얼굴을 마주하고 강론하는 것'은 독서의 의미 구성 과정에 포함되는 구성원들과의 상호 작용을 가리킨다.
④ '마음속의 생각'이나 '의문이 드는 부분'을 '강론' 또는 '기록'을 통해 공유하는 것은 사회적 차원의 의미 구성 과정과 연결된다.
⑤ '기록해서 벗에게 보내 자세히 살펴볼 수 있게 하는 것'은 비판과 토론의 자료로 기능할 수 있는 기록의 의의를 드러낸다.

03 **다음은 윗글을 읽은 학생의 반응이다. 이에 대한 설명으로 가장 적절한 것은?**

> 첫 문장을 읽으면서 특정 전공 분야의 연구자를 대상으로 하는 글인 줄 알았어. 그런데 생각해 보니 이런 독서의 모습이 낯설지 않아. 우리도 학교에서 보고서 작성을 위해 책을 읽고 친구들과 의문점을 나누며 의논하는 경우가 많잖아?

① 독서에서 얻은 깨달음을 실천하려는 모습을 보이고 있다.
② 모범적인 독서 태도를 발견하고 반성의 계기로 삼고 있다.
③ 학습 경험과 연관하여 독서 활동의 의미를 확인하고 있다.
④ 알게 된 내용과 관련지어 추가적인 독서 계획을 세우고 있다.
⑤ 독서 경험에 비추어 지속적인 독서의 중요성을 인식하고 있다.

[04~08] 다음 글을 읽고 물음에 답하시오.

우리 삶에서 운이 작용해서 결과가 달라지는 일은 흔하다. 그러나 외적으로 드러나는 행위에 초점을 맞추는 '의무 윤리'든 행위의 ⓐ기반이 되는 성품에 초점을 맞추는 '덕의 윤리'든, 도덕의 문제를 다루는 철학자들은 도덕적 평가가 운에 따라 달라져서는 안 된다고 생각한다. 이들의 생각처럼 도덕적 평가는 스스로가 통제할 수 있는 것에 대해서만 이루어져야 한다. 운은 자신의 의지에 따라 통제할 수 없어서, 운에 따라 누구는 도덕적이게 되고 누구는 아니게 되는 일은 공평하지 않기 때문이다.

그런데 ㉠어떤 철학자들은 운에 따라 도덕적 평가가 달라지는 일이 실제로 일어난다고 주장하고, 그런 운을 '도덕적 운'이라고 부른다. 그들에 따르면 세 가지 종류의 도덕적 운이 ⓑ거론된다. 첫째는 태생적 운이다. 우리의 행위는 성품에 의해 결정되며 이런 성품은 태어날 때 이미 결정되므로, 성품처럼 우리가 통제할 수 없는 요인이 도덕적 평가에 ⓒ개입되는 불공평한 일이 일어난다는 것이다.

둘째는 상황적 운이다. 똑같은 성품이더라도 어떤 상황에 처하느냐에 따라 그 성품이 나타나기도 하고 그렇지 않기도 한다는 것이다. 예를 들어 남의 것을 탐내는 성품을 똑같이 가졌을 때 결핍된 상황에 처한 사람은 그 성품이 발현되는 반면에 풍족한 상황에 처한 사람은 그렇지 않다면, 전자만 비난하는 것은 공평하지 못하다는 것이다. 어떤 상황에 처하느냐는 통제할 수 없는 요인이기 때문이다.

셋째는 우리가 통제할 수 없는 결과에 의해 도덕적 평가가 좌우되는 결과적 운이다. 어떤 화가가 자신의 예술적 이상을 달성하기 위해 가족을 버리고 멀리 떠났다고 해 보자. 이 경우 그가 화가로서 성공했을 때보다 실패했을 때 그의 무책임함을 더 비난하는 것을 '상식'으로 받아들이는 경우가 많다. 그러나 도덕적 운을 인정하는 철학자들은 그가 가족을 버릴 당시에는 예측할 수 없었던 결과에 의해 그의 행위를 달리 평가하는 것 역시 불공평하다고 생각한다.

그들의 주장에 따라 도덕적 운의 존재를 인정하면 불공평한 평가만 할 수 있을 뿐인데, 이는 결국 도덕적 평가 자체가 불가능해짐을 의미한다. Ⓐ도덕적 평가가 불가능한 대상은 강제나 무지와 같이 스스로가 통제할 수 없는 요인에 의해 결정되는 것에만 국한되어야 한다. 그런데 도덕적 운의 존재를 인정하면 그동안 도덕적 평가의 대상이었던 성품이나 행위에 대해 도덕적 평가를 내릴 수 없는 어려움에 마주하게 되는 것이다.

하지만 관점을 바꾸어 도덕적 운의 존재를 부정하고 도덕적 평가가 불가능한 경우를 강제나 무지에 의한 행위에 ⓓ국한한다면 이와 같은 어려움에서 벗어날 수 있다. 도덕적 운의 존재를 부정하기 위해서는 도덕적 운이라고 생각되는 예들이 실제로는 도덕적 운이 아님을 보여 주면 된다. 우선 행위는 성품과는 별개의 것이므로 태생적 운의 존재가 부정된다. 또한 나쁜 상황에서 나쁜 행위를 할 것이라는 추측만으로 어떤 사람을 ⓔ폄하하는 일은 정당하지 못하므로 상황적 운의 존재도 부정된다. 끝으로 어떤 화가가 결과적으로 성공을 했든 안 했든 무책임함에 대해서는 똑같이 비난받아야 하므로 결과적 운의 존재도 부정된다. 실패한 화가를 더 비난하는 '상식'이 받아들여지는 것은 화가의 무책임한 행위가 그가 실패했을 때보다 성공했을 때 덜 부각되기 때문이다.

✦**무지** 아는 것이 없음.

04 윗글의 내용 전개 방식으로 가장 적절한 것은?

① 같은 대상에 대한 두 관점의 장단점을 밝히고 있다.
② 특정 주장이 등장하게 된 배경을 설명하고 그 변화 과정을 제시하고 있다.
③ 특정 주장에 대해 예를 들어 설명하고 그것이 가진 문제점에 대해 밝히고 있다.
④ 기존 주장의 장점을 다양한 측면에서 살핀 후 다른 사상가의 새로운 주장을 비판하고 있다.
⑤ 특정 주장이 가지는 의미를 제시한 후 그것에 동의하는 측면에서 새로운 관점을 제시하고 있다.

05 ㉠과 글쓴이의 견해에 대한 설명으로 가장 적절한 것은?

① ㉠과 달리 글쓴이는 도덕적 평가는 '상식'을 따라야 한다고 생각한다.
② ㉠은 글쓴이와 달리 운은 우리가 통제할 수 없는 것이라고 생각한다.
③ ㉠과 글쓴이는 모두 같은 성품을 가진 사람은 같은 행위를 한다고 생각한다.
④ ㉠과 글쓴이는 모두 도덕의 영역에서는 운에 따라 도덕적 평가가 달라지는 일은 없다고 생각한다.
⑤ ㉠과 글쓴이는 모두 도덕적 운의 존재를 인정하는 것은 도덕적 평가를 불공평하게 만든다고 생각한다.

06 Ⓐ의 관점에 따를 때, '도덕적 평가'의 대상으로 볼 수 있는 것만을 〈보기〉에서 있는 대로 고른 것은?

보기

ㄱ. 거친 성격의 사람이 자신의 성격을 억누르고 주위 사람들을 다정하게 대했다.
ㄴ. 복잡한 지하철에서 누군가에게 떠밀린 사람이 어쩔 수 없이 앞 사람의 발을 밟게 되었다.
ㄷ. 글을 모르는 어린아이가 바닥에 떨어진 중요한 서류가 실수로 버려진 것인 줄 모르고 서류를 찢으며 놀았다.
ㄹ. 풍족한 나라의 한 종교인이 가난한 나라로 발령을 받자 자신의 종교적 신념에 따라 가난한 사람들을 돕는 활동을 했다.

① ㄱ, ㄹ　② ㄴ, ㄷ　③ ㄷ, ㄹ
④ ㄱ, ㄴ, ㄷ　⑤ ㄱ, ㄴ, ㄹ

07 윗글을 토대로 〈보기〉의 ㉮~㉰에 대해 반응한 내용으로 적절하지 않은 것은? [3점]

보기

㉮ A는 타인에게 거친 말을 반복적으로 행한다. A는 다른 사람의 시선을 크게 신경 쓰지 않으며 자기 주장이 뚜렷한 성품을 가지고 있다.
㉯ B 역시 A와 같은 성품을 가졌으나 A와 달리 B 주위에는 B가 거친 말을 전할 만한 사람들이 없다.
㉰ C는 평소 A와 같이 거친 말을 반복하였으나 성공한 비평가가 된 후로 그의 행동에 대한 비난이 줄어들었다.

① ㉮에 대해 태생적 운을 부정하는 사람은 A의 행동과 성품이 별개의 것이라고 주장하겠군.
② ㉮에 대해 태생적 운이 존재한다고 여기는 사람은 A의 행동에 대한 도덕적 평가는 통제할 수 없는 성품이 개입되었기에 불공평하다고 보겠군.
③ ㉯에 대해 상황적 운을 부정하는 사람은 A가 거친 말을 전할 사람이 주변에 존재하기에 거친 말을 할 것이라는 추측이 정당하지 않다고 여기겠군.
④ ㉰에 대해 결과적 운을 부정하는 사람은 A와 C의 거친 말을 다르게 평가하는 것이 당연하다고 생각하겠군.
⑤ ㉰에 대해 결과적 운이 존재한다고 여기는 사람은 C가 비평가로 성공한 이후에 그가 행한 거친 말에 대한 평가가 달라지는 것이 불공평하다고 생각하겠군.

08 ⓐ~ⓔ의 사전적 의미로 적절하지 않은 것은?

① ⓐ: 기초가 되는 바탕. 또는 사물의 토대.
② ⓑ: 어떤 사항을 논제로 삼아 제기하거나 논의함.
③ ⓒ: 자신과 직접적 관계가 없는 일에 끼어듦.
④ ⓓ: 알맞게 이용하거나 어떤 상황에 맞추어 씀.
⑤ ⓔ: 어떤 대상이 지닌 가치를 깎아내림.

[09~13] 다음 글을 읽고 물음에 답하시오.

정보 통신 기술의 발달로 개인에 대한 정보가 데이터베이스화되면서 개인 정보 유출로 인한 피해가 늘어나고 있다. 이에 따라 최근 개인 정보를 보호해야 한다는 사회적 인식이 커지고 있다. 개인은 자신에 관한 정보가 언제, 누구에게, 어느 범위까지 알려지고 이용될 것인지를 스스로 결정할 수 있는 권리를 가지는데, 이러한 권리를 '개인 정보 자기 결정권'이라고 한다. 이는 타인에 의해 개인 정보가 함부로 공개되지 않도록 보장받을 권리와 개인 정보에 대해 열람, 삭제, 정정 등의 행위를 요구할 수 있는 권리 등을 포함한다. 우리나라는 헌법 제17조에 명시된 사생활의 비밀과 자유가 보장되어야 한다는 내용을 주된 근거로 개인 정보 자기 결정권이 기본권 중 하나임을 인정하고 있다.

이러한 개인 정보 자기 결정권을 보호하기 위해 만들어진 법률이 개인 정보 보호법이다. ㉠개인 정보 보호법에서 규정하는 개인 정보는 살아 있는 개인에 관한 정보이다. 사망자에 관한 정보나 단체 혹은 법인에 관한 정보는 개인 정보에 포함되지 않는다. 또한 성명, 주민 등록 번호, 사진이나 동영상 등과 같이 개인을 알아볼 수 있는 정보여야 한다. 그리고 주어진 정보만으로 특정 개인을 알아볼 수 없더라도 다른 정보와 쉽게 결합하여 알아볼 수 있다면 이 역시 법적 보호 대상으로서의 개인 정보에 포함된다. 가령 휴대 전화 번호의 뒷자리 숫자를 집 전화번호와 같은 다른 정보와 결합하여 사용자를 식별할 수 있다면 개인 정보에 해당한다.

개인 정보 보호법에 따른 사전 동의 제도는 정보 주체인 개인이 개인 정보에 대한 자기 결정을 표현할 수 있다는 점에서 개인 정보 자기 결정권을 보호하는 중요한 수단이다. 개인 정보를 처리하는 개인이나 단체를 의미하는 개인 정보 처리자는, 정보 주체의 동의를 구할 때 정보 수집·이용의 목적, 수집 항목, 보유 및 이용 기간 등을 알려야 한다. 또한 동의를 거부할 권리가 있다는 사실과, 동의 거부에 따른 불이익이 있는 경우 그 불이익의 내용 역시 알려야 한다.

수집·이용하려는 개인 정보 중 고유 식별 정보와 민감 정보는 별도로 동의를 받아야 한다. 고유 식별 정보는 여권 번호와 같이 개인을 고유하게 구별하기 위해 부여된 정보이며, 민감 정보는 건강 정보나 정치적 견해와 같이 주체의 사생활을 현저히 침해할 우려가 있는 정보이다. 이때 정보 주체가 알아보기 쉽도록 수집하려는 고유 식별 정보와 민감 정보의 항목을 밑줄이나 큰 글씨로 강조해야 한다.

개인 정보 보호법에서는 개인이 수집·이용에 동의했더라도 개인 정보가 무분별하게 이용되어 개인의 권리가 침해되는 것을 막기 위해 수집 목적을 달성할 수 있는 한에서 개인 정보를 ⓐ 익명 정보로 처리하여 보존하거나 이용하도록 하고 있다. 익명 정보란 다른 정보를 사용하더라도 더 이상 개인을 알아볼 수 없는 정보를 의미한다. 익명 정보는 시간이나 비용, 현재의 기술 수준이나 충분히 예견될 수 있는 기술의 발전 등을 고려했을 때 원래의 개인 정보로 복원되는 것이 불가능하다고 판단되는 정보로, 익명 처리를 마친 정보는 수집 목적 이외의 분야에서 활용하기 어렵다는 제약이 있다.

최근 정보 활용의 중요성이 커지면서 개인 정보 활용의 유연성을 높여야 한다는 주장이 대두되었다. 이에 개인 정보 보호법에서는 개인 정보를 익명 정보가 아닌 가명 정보로 가공하여 활용할 수 있도록 하는 방안을 마련하였다. ⓑ 가명 정보는 개인 정보의 일부를 삭제 혹은 대체한 것으로, 추가 정보와 비교적 쉽게 결합하여 개인을 식별할 수 있으므로 개인 정보 보호법의 보호 대상이 된다. 이러한 가명 정보는 통계 작성, 과학적 연구, 공익적 기록 보존 등을 위해 정보 주체의 동의 없이 이용·제공될 수 있다. 단, 가명 정보는 익명 정보와 달리 개인 정보와 일대일 대응이 가능하기 때문에 가명 정보를 제3자에게 제공하는 경우 특정 개인을 알아보는 데 사용될 수 있는 정보를 포함해서는 안 된다.

09 윗글에서 알 수 있는 내용이 아닌 것은?

① 개인 정보 자기 결정권은 헌법을 근거로 기본권임이 인정된다.
② 가명 정보는 개인 정보 활용의 유연성을 높여야 한다는 흐름에 따라 마련되었다.
③ 주어진 정보만으로 특정 개인을 알아볼 수 없는 경우에는 법적 보호 대상이 될 수 없다.
④ 개인 정보 처리자는 정보 주체가 개인 정보 제공을 거부할 경우의 불이익 역시 알려야 한다.
⑤ 개인을 고유하게 구별하기 위해 부여된 정보의 수집 동의를 받을 때에는 정보 주체가 알아보기 쉽도록 큰 글씨로 강조하여 표시해야 한다.

10 윗글에 대한 반응으로 가장 적절한 것은?

① 정보 통신 기술이 발달하여 개인 정보 유출 문제가 사라진 것이군.
② 돌아가신 분들의 모습을 촬영한 자료는 개인 정보 보호법에 따라 개인 정보로 보호되겠군.
③ 사전 동의 제도는 타인의 개인 정보를 처리하는 사람들을 보호하기 위한 제도라고 할 수 있겠군.
④ 정보 제공자의 건강 정보는 사생활 침해의 우려가 있으므로 이용 동의를 받을 때 은밀하게 감추어야겠군.
⑤ 개인 정보를 일부 삭제한 정보는 정보 주체의 동의 없이 통계 작성이나 과학적 연구 목적으로 이용될 수 있겠군.

11 ㉠의 사례에 해당하지 않는 것은?

① 학교 홈페이지에 담임을 맡은 학급과 함께 게시된 교사의 이름
② 희생자를 추모하기 위한 자리에 참석한 사람들의 모습을 촬영한 동영상
③ 국가에서 설립한 기관에서 장(長)의 직책을 맡고 있는 사람의 휴대 전화 번호
④ 원격 수업에 참여한 학생들의 얼굴을 모두 확인할 수 있도록 컴퓨터 화면을 촬영한 이미지
⑤ 생전에 모은 재산 전액을 기증한 '이부자'를 기리기 위해 만들어진 '이부자 장학 재단'이라는 명칭

12 ⓐ와 ⓑ에 대한 설명으로 가장 적절한 것은? [3점]

① ⓐ는 익명 처리되기 전의 개인 정보와 일대일로 대응한다.
② ⓑ는 이용 목적에 상관없이 정보 주체의 동의가 필수적이다.
③ ⓐ는 ⓑ와 달리 개인 정보 보호법의 보호 대상이 아니다.
④ ⓑ는 ⓐ와 달리 수집 목적 이외의 분야에서 활용되기 어렵다.
⑤ ⓐ와 ⓑ는 모두 개인 정보 처리자가 제3자에게 제공할 수 없다.

◐ 바른답·알찬풀이 51쪽

13 윗글을 참고할 때, 〈보기〉의 빈칸에 들어갈 내용으로 가장 적절한 것은?

보기

헌법 제17조에서는 다른 사람에 의해 자유를 제한받지 않을 권리를 보장하는데, 이러한 권리는 일반적으로 소극적 성격의 권리로 해석된다. 이는 적극적으로 다른 사람에게 일정한 행위를 요구할 수 있는 권리를 포괄하기 어려워, 헌법 제17조만으로 개인 정보 자기 결정권을 보장하기에는 그 근거가 충분하지 않다는 의견이 있다. 그것은 개인 정보 자기 결정권이 (   )하기 때문이다.

① 특정 대상에 대한 개인적 견해와 같은 사적인 정보를 보호받을 권리를 포함
② 공익을 목적으로 타인의 개인 정보를 자유롭게 이용할 수 있는 권리에 해당
③ 개인 정보에 대한 열람, 삭제, 정정 등을 적극적으로 요구할 수 있는 권리를 포함
④ 정보 주체의 이익보다 개인 정보의 활용으로 인한 사회적 이익을 우선하여 보장
⑤ 개인 정보가 정보 주체의 동의가 없더라도 개인 정보 처리자에게 제공되도록 허용

[14~17] 다음 글을 읽고 물음에 답하시오.

'메타버스(metaverse)'는 '초월'이라는 의미의 '메타(meta)'와 '세계'를 뜻하는 '유니버스(universe)'를 결합한 말로, 현실 세계와 가상 공간이 적극적으로 상호 작용하는 공간을 의미한다. 감각 전달 장치는 메타버스 속에서 사용자를 대신하는 아바타가 보고 만지는 것으로 설정된 감각을 사용자에게 전달하는 장치이다. 사용자는 이를 통하여 가상 공간을 현실감 있게 체험하면서 메타버스에 몰입하게 된다.

시각을 전달하는 장치인 ✦HMD는 사용자의 양쪽 눈에 가상 공간을 표현하는, ✦시차가 있는 영상을 전달한다. 전달된 영상을 뇌에서 조합하는 과정에서 사용자는 공간과 물체의 입체감을 느낄 수 있다. 가상 공간에서 물체를 접촉하는 것처럼 사용자의 손에 감각 반응을 직접 전달하는 장치로는 가상 현실 장갑이 있다. 가상 현실 장갑은 가상 공간에서 아바타가 만지는 가상 물체의 크기, 형태, 온도 등을 사용자가 느낄 수 있도록 만들어져 있다. 이 외에도 가상 현실 장갑은 사용자의 손가락 및 팔의 움직임에 따라 아바타를 움직이게 할 수 있다.

한편 사용자의 움직임을 아바타에게 전달하는 공간 이동 장치를 이용하면, 사용자는 몰입도 높은 메타버스 체험을 할 수 있다. 공간 이동 장치인 가상 현실 트레드밀은 일정한 공간에 설치되어 360도 방향으로 사용자의 이동이 가능하도록 바닥의 움직임을 지원한다.

[A] 가상 현실 트레드밀과 함께 사용되는 모션 트래킹 시스템은 사용자의 동작에 따라 아바타가 동일하게 움직일 수 있도록 동기화하는 시스템으로, 동작 추적 센서, 관성 측정 센서, 압력 센서 등으로 구성된다. 동작 추적 센서는 사용자의 동작을 파악하며, 관성 측정 센서는 사용자의 이동 속도 변화율 및 회전 속도를 측정한다. 압력 센서는 서로 다른 물체 간에 작용하는 압력을 측정한다. 만약 사용자가 바닥에 압력 센서가 부착된 신발을 신고 뛰면, 압력 센서는 지면과 발바닥 사이의 압력을 감지하여 사용자가 뛰는 힘을 파악할 수 있다. 모션 트래킹 시스템이 사용자의 동작 정보를 컴퓨터에 전달하면, 컴퓨터는 사용자가 움직이는 방향과 속도에 ㉠ <u>맞춰</u> 트레드밀의 바닥을 제어한다. 이와 같이 사용자의 이동 동작에 따라 트레드밀의 움직임이 변경되기도 하지만, 아바타가 존재하는 가상 공간의 환경 변화에 따라 트레드밀 바닥의 진행 속도 및 방향, 기울기 등이 변경되기도 한다. 또한 사용자의 움직임이나 트레드밀의 작동 변화에 따라 HMD에 표시되는 가상 공간의 장면이 변경되어 사용자는 더욱 현실감 높은 체험을 할 수 있다.

✦**HMD** 사용자의 머리부에 헬멧 또는 보안경 형태로 장착되어 영상 디스플레이가 가능한 장치.
✦**시차** 하나의 물체를 서로 다른 두 지점에서 보았을 때 방향의 차이.

14 윗글의 내용 전개 방식으로 가장 적절한 것은?

① 메타버스에 관한 상반된 관점을 소개하고 있다.

② 국내의 메타버스를 해외 사례와 비교하여 설명하고 있다.

③ 메타버스와 관련된 여러 장치의 개념과 역할을 설명하고 있다.

④ 메타버스에 관하여 여러 분야에서 다각도로 분석한 내용을 소개하고 있다.

⑤ 메타버스를 활용할 때 발생할 수 있는 문제점을 지적하고 이를 해결하기 위한 방안을 제시하고 있다.

15 윗글의 내용과 일치하지 않는 것은?

① 감각 전달 장치와 공간 이동 장치는 사용자가 메타버스에 몰입할 수 있게 한다.

② 공간 이동 장치는 현실 세계 사용자의 움직임을 메타버스의 아바타에게 전달한다.

③ HMD는 사용자가 시각을 통해 메타버스의 공간과 물체의 입체감을 느끼도록 한다.

④ 감각 전달 장치는 아바타가 느끼는 것으로 설정된 감각을 사용자에게 전달하는 장치이다.

⑤ 가상 현실 장갑을 착용하면 사용자와 아바타는 상호 간에 감각 반응을 주고받을 수 있다.

16 [A]에 대한 이해로 가장 적절한 것은?

① 관성 측정 센서는 사용자의 이동 속도와 뛰는 힘을 측정할 수 있다.

② HMD에 표시되는 가상 공간 장면의 변경에 따라 HMD는 가상 현실 트레드밀을 제어한다.

③ 가상 공간에서 아바타가 경사로를 만나면 가상 현실 트레드밀 바닥의 기울기가 변경될 수 있다.

④ 모션 트래킹 시스템은 아바타의 동작에 따라 사용자가 동일하게 움직일 수 있도록 동기화한다.

⑤ 아바타가 이동 방향을 바꾸면 가상 현실 트레드밀 바닥의 진행 방향이 변경되어 사용자의 이동 방향이 바뀌게 된다.

17 문맥상 의미가 ㉠과 가장 가까운 것은?

① 그 동아리는 신입 회원을 한 명 더 뽑아 인원을 맞추었다.

② 아내는 집 안에 있는 물건들의 색깔을 조화롭게 맞추었다.

③ 우리는 다음 주까지 손발을 맞추어 작업을 마치기로 했다.

④ 그 연주자는 피아노를 언니의 노래에 정확히 맞추어 쳤다.

⑤ 동생은 중간고사를 보고 나서 친구와 답을 맞추어 보았다.

중등 도서안내

비주얼 개념서

룩

이미지 연상으로 필수 개념을 쉽게 익히는 비주얼 개념서

국어 문학, 독서, 문법
영어 품사, 문법, 구문
수학 1(상), 1(하), 2(상), 2(하), 3(상), 3(하)
사회 ①, ②
역사 ①, ②
과학 1, 2, 3

필수 개념서

올리드

자세하고 쉬운 개념,
시험을 대비하는 특별한 비법이 한가득!

국어 1-1, 1-2, 2-1, 2-2, 3-1, 3-2
영어 1-1, 1-2, 2-1, 2-2, 3-1, 3-2
수학 1(상), 1(하), 2(상), 2(하), 3(상), 3(하)
사회 ①-1, ①-2, ②-1, ②-2
역사 ①-1, ①-2, ②-1, ②-2
과학 1-1, 1-2, 2-1, 2-2, 3-1, 3-2

* 국어, 영어는 미래엔 교과서 관련 도서입니다.

국어 독해·어휘 훈련서

깨독

수능 국어 독해의 자신감을 깨우는 단계별 훈련서

독해 0_준비편, 1_기본편, 2_실력편, 3_수능편
어휘 1_종합편, 2_수능편

영문법 기본서

GRAMMAR BITE

중학교 핵심 필수 문법 공략, 내신·서술형·수능까지 한 번에!

문법 PREP
Grade 1, Grade 2, Grade 3
SUM

영어 독해 기본서

READING BITE

끊어 읽으며 직독직해하는 중학 독해의 자신감!

독해 PREP
Grade 1, Grade 2, Grade 3
PLUS (수능)

영어 어휘 필독서

word BITE

중학교 전 학년 영어 교과서 분석, 빈출 핵심 어휘 단계별 집중!

어휘 핵심동사 561
중등필수 1500
중등심화 1200

깨독

깨우자! 독해력!

중등 국어 독해 3
수능편

바른답·알찬풀이

Mirae N 에듀

바른답 알찬풀이

01강 원리 적용 진경산수화

본문 14~15쪽

정답 » 1 ③ 2 ①

• 한눈에 보기

진경산수화

우리나라의 산하를 직접 답사하고 화폭에 담은 산수화

정선의 진경산수화	김홍도의 진경산수화
• 중국의 화법인 남종문인화 기법을 바탕으로 우리 산하를 주체적으로 그림. • 과감한 생략과 과장으로 자신의 학문적 이상과 우리 산하에 대한 감흥을 표현함.	• 진경산수화의 새로운 전기를 마련함. • 계산된 구도로 치밀하고 박진감 넘치는 화풍을 보임. • 서양 화법을 수용하여 경치를 사실적으로 그림.

• 주제 18세기 조선의 진경산수화

• 문단별 중심 내용

1문단: 18세기 조선에서 유행한 진경산수화
2문단: 겸재 정선이 그린 진경산수화의 특징
3문단: 겸재 정선이 그린 〈구룡폭도〉의 특징
4문단: 단원 김홍도가 그린 진경산수화의 특징
5문단: 단원 김홍도가 그린 〈구룡연〉의 특징
6문단: 우리 문화에 대한 자긍심이 담겨 있는 진경산수화

원리 포인트

단계 1

① 겸재는 성리학자로서 자신의 학문적 이상을 화폭에 담으려고 하였다.
② 단원은 실재하는 경치의 감흥을 사실적인 묘사로 표현하고자 하였다.
③ 진경산수화는 서양 화법의 영향 없이 우리 고유의 화법으로 그려졌다.
④ 진경산수화는 우리 산하에 대한 관심이 높아진 시대 분위기를 반영하고 있다.
⑤ 겸재와 단원은 필선과 농담의 변화를 통하여 대상의 본질을 표현하고자 하였다.

단계 2

① 2문단 2문장
② 4문단 3문장
③ 2문단 1문장, 4문단 4문장
④ 1문단 2문장, 6문단 1, 2문장
⑤ 3문단 4문장, 5문단 4문장

단계 3

① ○ ② ○ ③ × ④ ○ ⑤ ○

1 글의 정보 파악하기

근거 있는 정답 풀이

③ 겸재 정선은 중국의 화법인 남종문인화 기법을 바탕으로 우리 산하를 그렸고, 단원 김홍도는 중국을 거쳐 들어온 서양 화법을 수용하여 진경산수화를 그렸다. 따라서 진경산수화가 서양 화법의 영향 없이 우리 고유의 화법으로 그려졌다는 내용은 적절하지 않다. → 2, 4문단

근거 있는 오답 풀이

① 성리학에 깊은 이해를 가졌던 겸재는 과감한 생략과 과장으로 자신의 학문적 이상을 그려 냈다. → 2문단
② 단원은 대상의 완벽한 재현을 통해 자연에서 느낀 감흥에 충실하려고 하였다. → 4문단
④ 진경산수화는 우리나라의 산하를 직접 답사하고 화폭에 담은 산수화를 말하는 것으로, 우리나라의 산천이 곧 진경이라는 당시 사람들의 생각을 담고 있다. 또한 우리 산하를 진경으로 표현한 것에는 우리 국토에 대한 애정과 우리 문화에 대한 자긍심이 담겨 있다. → 1, 6문단
⑤ 겸재는 〈구룡폭도〉에서 서릿발 같은 필선을 통해 양의 기운을 표현하고, 먹의 번짐을 바탕으로 한 묵법을 통해 음의 기운을 그려 냈다. 한편 단원은 〈구룡연〉에서 선의 굵기와 농담에 변화를 주어 절벽 바위의 질감을 입체감 있게 표현하였다. → 3, 5문단

배경지식 확장하기

진경산수화(眞景山水畵)

진경산수화는 고려 시대와 조선 초기·중기에 걸쳐 그려진 실경산수화(實景山水畵)의 전통을 토대로 발전된 것으로, 다른 그림을 모방하거나 상상해서 그린 그림이 아니라 우리나라의 산천(山川)을 직접 답사하여 그린 산수화이다.

진경산수화는 조선 후기의 새로운 사회적 변동과 맞물려 유행하였는데, 정선은 실제 경치의 단순한 재현이 아니라 우리나라 산천에 어울리는 화법을 통해 회화적으로 재구성함으로써 자연 경관이 주는 감흥과 정서를 감동적으로 구현하였다. 그의 대표작으로는 「금강전도」, 「인왕제색도」 등이 있다.

2 글의 정보 파악하기

근거 있는 정답 풀이

① 이 글은 진경산수화에 드러난 겸재 정선과 단원 김홍도의 작가 의식과 특징을 설명하고, 이를 〈구룡폭도〉와 〈구룡연〉이라는 구체적인 작품과 연관 지어 서술하고 있다.

근거 있는 오답 풀이

② 이 글은 문답 형식을 사용하지 않았다.
③ 이 글은 진경산수화와 관련하여 겸재 정선과 단원 김홍도의 작품을 설명하고 있을 뿐, 작품에 대한 여러 관점의 이론을 상호 비교하지 않았다.
④ 이 글은 화풍의 변천 과정이나 이에 대한 문제점을 제시하지 않았다.
⑤ 이 글은 작품의 예술성을 강조하기 위해 전문가의 평을 근거로 사용하지 않았다.

02강 원리 적용 베카리아의 형벌론

본문 18~19쪽

정답 » 1 ⑤ 2 ⑤

• 한눈에 보기

형벌의 목적	범죄자가 또다시 피해를 끼치지 못하도록 억제하고, 다른 사람들이 같은 행위를 하지 못하도록 예방하기 위함.
형벌의 조건	처벌 체계가 명확히 법으로 규정되어야 하며, 집행의 확실성도 갖추어져야 함.
형벌의 강도	형벌의 강도는 공익을 훼손한 정도에 비례해야 하며, 이를 넘어서는 처벌은 폭압이며 불필요한 것임.

⬇

베카리아는 잔혹한 형벌도 계속 시행되면 그에 무뎌지기 때문에 형벌의 강도보다 지속이 중요하다고 주장함.

• 주제 형벌에 관한 베카리아의 견해와 그에 대한 평가

• 문단별 중심 내용

1문단: 형벌에 관한 베카리아의 견해

2문단: 형벌의 목적과 조건에 대한 베카리아의 생각

3문단: 베카리아의 견해에 대한 평가

원리 포인트

단계 1

① 2문단 3문장, 3문단 4문장
② 2문단 1문장, 3문단 4문장
③ 1문단 4문장, 3문단 6문장
④ 3문단 2문장, 4문장
⑤ 1문단 3문장, 3문단 5~6문장

단계 2

① 형벌의 목적은 범죄 예방임. / 죽는 장면의 목격보다 속죄하는 고통의 모습을 오랫동안 대하는 것이 더 강력함.
② 형벌은 범죄의 결과를 되돌릴 수 없음. / 죽는 장면의 목격보다 속죄하는 고통의 모습을 오랫동안 대하는 것이 더 강력함.
③ 전체 복리를 위해 법을 위반한 사람에게 설정된 것이 형벌임. / 베카리아는 공리주의자임.
④ 잔혹한 형벌도 계속되면 무뎌짐. / 죽는 장면의 기억은 일시적임.
⑤ 희생한 자유에는 생명이 포함될 수 없음. / 베카리아는 사회 계약론자임.

단계 3

번호	고른 이유
⑤	⑤에서 말하는 '가장 큰 가치를 내어 주는 합의'는 '생명을 내어 주는 합의'를 의미함. 그런데 이 글에서 더 중요한 것을 지키기 위해 희생한 자유에는 생명이 포함될 수 없다고 했고, 베카리아는 합의를 바탕으로 하는 사회 계약론자이므로 ⑤가 가장 적절함.

1 내용 추론하기

근거 있는 정답 풀이

⑤ 베카리아는 사람들이 자유의 일부를 떼어 주고 나머지 자유의 몫을 평온하게 누리기로 합의했다고 본다. 따라서 자유로운 인간들 사이의 합의를 바탕으로 논의를 전개하는 사회 계약론자로 이해된다. 그리고 베카리아는 이렇게 사람들이 희생한 자유에는 무엇보다도 값진 생명이 포함될 수 없다고 하였다. 그러므로 베카리아는 사회 계약론의 입장에서 '가장 큰 가치', 즉 '생명'을 내어 주는 합의는 있을 수 없다는 이유로 사형을 비판하였을 것이다. → 1, 3문단

근거 있는 오답 풀이

① 베카리아는 사형보다 지속적인 형벌이 더 강력한 범죄 억제 효과를 갖는다고 보았을 뿐, 사형이 범죄 예방 효과가 없다고 본 것은 아니다. → 2, 3문단

② 베카리아는 형벌을 통해 범죄가 일으킨 결과, 즉 피해를 회복할 수 없다고 보았다. 따라서 베카리아가 피해 회복의 관점에서 형벌을 바라보지 않았음을 추론할 수 있다. 또한 베카리아는 죽는 장면의 목격은 무시무시한 경험이지만 자유를 박탈당한 인간이 속죄하는 고통의 모습을 오랫동안 대하는 것이 더 강력한 범죄 억제 효과가 있다고 보았다. 따라서 베카리아는 지속적 형벌인 무기 징역이 사형보다 더 강력한 억제 효과가 있다고 보았을 것이다. → 2, 3문단

③ 베카리아는 최대 다수의 최대 행복을 말하여 공리주의자로 평가받는다고 하였다. 그리고 베카리아는 전체의 행복과 이익을 위해 법을 위반한 사람에게 설정된 것이 형벌이라고 하였으므로, 형벌이 사회적 행복 증진을 저해한다고 보았다는 추론은 적절하지 않다. → 1, 3문단

④ 베카리아는 가장 잔혹한 형벌도 계속 시행되면 사람들은 그것에 무뎌지게 되고, 죽는 장면을 목격한다고 해도 그 기억은 일시적이라고 하였다. 따라서 사형이 사람의 기억에 영구히 각인된다고 보았을 것이라는 추론은 적절하지 않다. → 3문단

2 글의 정보 파악하기

근거 있는 정답 풀이

⑤ ㉠은 범죄를 가로막는 벽으로서의 '형벌'을 의미한다. 베카리아는 ㉠의 높이, 즉 형벌의 강도가 공익을 훼손한 정도에 비례해야 한다고 주장하였다. 또한 베카리아는 공익을 훼손한 정도를 넘어서는 처벌은 폭압이며 불필요하다고 하였으므로 지키려는 공익보다 ㉠을 높게 설정할수록 방어 효과가 증가한다는 설명은 적절하지 않다. → 2문단

근거 있는 오답 풀이

① 형벌의 목적은 범죄자가 또다시 피해를 끼치지 못하도록 억제하는 데 있다고 하였으므로 적절한 설명이다. → 2문단

② 형벌의 처벌 체계는 명확히 법으로 규정되어야 한다고 하였으므로 적절한 설명이다. → 2문단

③ 울타리의 높이 즉, 형벌의 강도는 공익을 훼손한 정도에 비례해야 한다고 하였으므로 적절한 설명이다. → 2문단

④ 베카리아는 이익을 저울질할 줄 알고 그에 따라 행동하는 존재로 인간을 전제하였다. 그리고 형벌의 목적은 범죄로 얻을 이익보다 형벌로 인한 손해가 조금이라도 크면 달성된다고 하였다. 따라서 형벌의 목적을 달성하는 데 손해와 이익을 저울질하는 인간의 이성을 활용한다는 설명은 적절하다. → 1, 2문단

03강 원리 적용 장자의 '물아일체' 사상

본문 22~23쪽

정답 » 1 ③

• 한눈에 보기

첫 번째 이야기	두 번째 이야기
온전하게 회복해야 할 '참된 자아'를 잊음.	세상을 기웃거리며 시비를 따지려 드는 '편협한 자아'를 잊음.
⬇	⬇
참된 자아를 잊은 채 대상에 몹시 빠져드는 식으로 자아와 세계가 관계를 맺게 되면 그 대상에 종속되어 괴로움이 증폭됨.	편견과 아집의 상태에서 벗어나 세계와 자유롭게 소통하는 합일의 경지에 도달할 수 있음.

장자가 말하는 물아일체의 경지

타자를 위해 마음의 공간을 비워 두는 수행을 통해 세계의 모든 존재와 일체를 이루는 자아에 도달하는 것

• 주제 장자가 말하는 '물아일체' 사상의 의미

• 문단별 중심 내용

1문단: '나를 잊는다'라는 구절이 나오는 일화 ①
2문단: '나를 잊는다'라는 구절이 나오는 일화 ②
3문단: '나를 잊는다'라는 구절의 의미
4문단: 장자가 말하는 '물아일체'의 경지

원리 포인트

단계 1

비판 기준	비판 대상
〈보기〉 속 순자의 입장	윗글의 장자 사상

단계 2

비판 기준	• 자연과 인간을 구별함. • 자연 세계와의 합일로는 인간 사회의 제도적 질서를 세울 수 없음. • 인간은 만물을 이끌고 길러 주어야 함.
비판 대상	• 타자를 위해 마음의 공간을 비워 두는 수행이 필요함. • 만물과 조화롭게 합일하는 물아일체의 경지에 도달해야 함.

단계 3

번호	고른 이유
③	만물의 상호 의존성을 강조한 것은 장자의 사상이므로, 순자의 입장에서 장자의 사상을 비판한 내용으로 적절하지 않음.

1 비판이나 반응의 적절성 평가하기

보기 분석

순자의 입장	• 자연과 인간을 구별함. • 인간 우위 문명 건설에 중점을 둠. • 현실 문제를 해결하기 위한 방안 – 인간과 세계에 대해 지속적으로 학습해야 함. – 인간이 만물의 변화에 주도적으로 참여해야 함. • 자연 세계와의 합일로는 인간 사회의 제도적 질서를 세울 수 없음. ↔ 장자의 사상

근거 있는 정답 풀이

③ 만물과의 상호 의존성을 강조한 사람은 순자가 아니라 장자이다. 〈보기〉에 따르면, 순자는 자연과 인간을 구별하면서 인간이 만물의 변화에 주도적으로 참여하여 만물을 이끌고 길러 주어야 한다고 하였다. 즉, 순자는 인간이 만물보다 우위에 서야 한다는 입장이므로 ③은 순자의 입장에서 장자의 사상을 비판한 내용으로 적절하지 않다. → 4문단

근거 있는 오답 풀이

① 〈보기〉에 따르면, 순자는 현실 문제를 해결하기 위해 인간과 세계에 대한 지속적인 학습을 강조하였다. 따라서 순자의 입장에서는 장자가 주장한 마음의 공간을 비우는 수행이 현실 문제 해결에 도움이 되지 않는다고 비판할 수 있다. → 4문단

② 〈보기〉에 따르면, 순자는 자연 세계와 온전하게 합일하는 것으로는 인간 사회의 제도적 질서를 세울 수 없다고 본다. 따라서 순자의 입장에서는 자아를 잊고 만물과 소통하는 것, 즉 장자가 말한 합일의 경지에 이르는 것으로는 인간 사회의 제도를 세울 수 없다고 비판할 수 있다. → 3, 4문단

④ 〈보기〉에 따르면, 순자는 자연과 인간을 구별하면서 인간 우위의 문명 건설을 주장하였다. 따라서 순자는 만물에 대한 분별 작용이 사라져야 한다고 주장한 장자의 사상이 인간 우위의 문명 건설에 도움이 되지 않는다고 비판할 수 있다. → 2문단

⑤ 〈보기〉에 따르면, 순자는 인간이 만물을 주도적으로 이끌고 길러 주어야 한다고 주장하며 자연 세계와 온전하게 합일하는 것으로는 인간 사회의 제도적 질서를 세울 수 없다고 보았다. 그런데 '세계의 존재와 일체를 이루는 자아에 도달하는 것'은 세계와의 합일, 즉 장자가 강조한 '물아일체'의 사상을 의미한다. 따라서 순자의 입장에서 세계의 존재와 일체를 이루는 자아에 도달하는 것으로는 만물의 변화에 주도적으로 참여할 수 없다고 비판할 수 있다. → 4문단

04강 원리 적용 손익 분기점

본문 26~27쪽

정답 » 1 ① 2 ②

• 한눈에 보기

손익 분기점의 개념	손익 분기점 판매량 산출 방법
• 수익과 비용이 일치하는 지점 • 수익 = 제품의 가격 × 판매량 • 비용 = 고정 비용 + 변동 비용 • 이익 = 수익 − 비용	$\frac{\text{고정 비용}}{\text{가격} - \text{단위당 변동 비용}}$

고정 비용, 변동 비용, 단위당 고정(변동) 비용의 개념

• 고정 비용: 생산량이나 판매량에 따라 변하지 않는 비용
• 변동 비용: 생산량이나 판매량에 따라 변하는 비용
• 단위당 고정(변동) 비용: 고정(변동) 비용 ÷ 생산량

⬇

고정 비용, 단위당 변동 비용과 손익 분기점 판매량과의 관계

고정 비용이나 단위당 변동 비용이 늘어날수록 손익 분기점 판매량이 커짐.

• 주제 손익 분기점의 개념과 유용성

• 문단별 중심 내용

1문단: 기업이 손해를 피하기 위해 활용하는 손익 분기점
2문단: 손익 분기점 판매량의 개념과 계산 방법
3문단: 손익 분기점 판매량에 영향을 미치는 고정 비용과 단위당 변동 비용
4문단: 손익 분기점 분석의 유용성

원리 포인트

단계 1

기업의 상황	• 판매량의 감소가 예상됨. • 가격과 고정 비용의 변화 없이 손익 분기점 판매량을 낮춰야 함.

단계 2

손익 분기점 판매량	$= \frac{\text{고정 비용}}{\text{가격} - \text{단위당 변동 비용}}$
→ 가격과 고정 비용을 바꿀 수 없는 상태에서 손익 분기점 판매량을 낮추려면, 단위당 변동 비용을 줄여야 함.	

⬇

단위당 변동 비용	= 변동 비용 ÷ 생산량
→ 변동 비용을 줄여야 함. → 변동 비용: 재료 비용, 포장비 등	

단계 3

번호	고른 이유
①	포장비는 변동 비용에 해당하므로, 포장비를 줄이는 것이 적절함.

1 사례나 상황에 적용하기

보기 분석

조건 1 − 가격과 고정 비용을 변화시킬 수 없음.
조건 2 − 손익 분기점 판매량을 낮춰야 함.

근거 있는 정답 풀이

① 〈보기〉에서 가격과 고정 비용을 변화시킬 수 없는 상황에서 손익 분기점 판매량을 낮춰야 한다고 하였다. 이를 2문단의 계산식에 대입하여 보면, 손익 분기점 판매량을 낮추기 위해서는 분모에 해당하는 '가격 − 단위당 변동 비용'이 커져야 한다. 〈보기〉에서 가격은 변화시킬 수 없다고 하였으므로 결국 단위당 변동 비용을 줄여야 한다. 단위당 변동 비용은 '변동 비용/생산량'이라고 하였으므로, 단위당 변동 비용을 줄이려면 변동 비용을 줄여야 한다. 포장비는 변동 비용에 해당하므로 포장비를 줄이는 것이 가장 적절하다. → 2, 3문단

근거 있는 오답 풀이

② 연구 개발비는 고정 비용에 해당하는데, 〈보기〉에서 고정 비용을 변화시킬 수 없다고 하였으므로 적절하지 않다. → 3문단
③ 제품 생산을 위한 재료 구입 가격은 변동 비용이므로 이를 올리면, 단위당 변동 비용이 늘어나게 된다. 단위당 변동 비용이 늘어나면 손익 분기점 판매량이 커진다고 하였으므로 적절하지 않다. → 2, 3문단
④ 제품 생산에 필요한 시설을 갖추는 데 드는 비용은 고정 비용에 해당하는데, 〈보기〉에서 고정 비용을 변화시킬 수 없다고 하였으므로 적절하지 않다. → 3문단
⑤ 제품 생산을 위한 물건과 건물을 빌리고 내는 금액은 고정 비용에 해당하는데, 〈보기〉에서 고정 비용을 변화시킬 수 없다고 하였으므로 적절하지 않다. → 3문단

2 글의 정보 파악하기

근거 있는 정답 풀이

② 변동 비용은 생산량이나 판매량에 따라 변하는 비용으로, 제품 생산량이 늘어남에 따라 증가한다고 하였다. → 3문단

근거 있는 오답 풀이

① 기업은 제품이 어떤 가격에서 어느 정도 판매될 것인지를 예상하여 제품을 생산한다고 하였다. → 1문단
③ 기업의 손익 분기점 분석이 효과적이려면 비용 구조를 정확하게 파악해야 한다고 하였다. → 4문단
④ 고정 비용을 생산량으로 나누면 해당 제품의 단위당 고정 비용이 된다고 하였다. → 3문단
⑤ 기업은 손익 분기점 분석을 통해 제품의 판매 성과에 대한 평가에 필요한 자료를 얻을 수 있다고 하였다. → 4문단

05강 원리 적용 유명인 모델의 광고 효과

본문 30~31쪽

정답 » 1 ③

• 한눈에 보기

상품의 특성에 따라 적합한 모델 이미지	• 자동차, 카메라, 공기 청정기, 치약 등 자체의 성능이 중요한 상품 → 전문성과 신뢰성을 갖춘 모델 • 보석, 초콜릿, 여행 등 감성적인 느낌이 중요한 상품 → 매력성과 친근성을 갖춘 모델
유명인의 광고 중복 출연의 문제점	• 모델의 이미지와 상품의 특성이 어울리지 않을 수 있음. → 광고 효과가 나타나지 않을 수 있음. • 소비자가 모델을 상품과 연결시켜 기억하기 어려움. • 광고 메시지에 대한 신뢰를 얻기 힘듦.

• 주제 상품의 특성을 고려하여 광고 모델을 선정해야 하는 이유

• 문단별 중심 내용

1문단: 유명인의 광고 중복 출연과 광고 효과에 대한 의문
2문단: 유명인의 광고 중복 출연의 단점 ①
3문단: 유명인의 광고 중복 출연의 단점 ②
4문단: 유명인의 광고 중복 출연의 단점 ③
5문단: 유명인 모델의 광고 효과를 높이기 위한 방법
6문단: 광고 모델을 적절하게 선정해야 하는 이유

원리 포인트

단계 1

성능이나 효능이 중요한 상품	• 자동차, 카메라, 공기 청정기, 치약 등 • 전문성과 신뢰성을 갖춘 모델이 적합함.
감성적인 느낌이 중요한 상품	• 보석, 초콜릿, 여행 등 • 매력성과 친근성을 갖춘 모델이 적합함.

단계 2

모델 A

모델 B

⬇

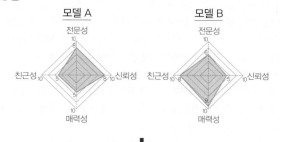

모델 A	• 전문성, 신뢰성 > 매력성, 친근성 → 성능이나 효능이 중요한 상품
모델 B	• 매력성 > 친근성 > 전문성 > 신뢰성 → 감성적인 느낌이 중요한 상품

단계 3

번호	고른 이유
③	모델 B는 매력성과 친근성이 높으므로 여행 광고에는 적합하지만, 전문성과 신뢰성이 중요한 치약 광고에는 적합하지 않음.

1 자료에 적용하기

보기 분석

• 모델 A: 전문성(8점), 신뢰성(8점) > 매력성(5점), 친근성(5점)
• 모델 B: 매력성(9점) > 친근성(8점) > 전문성(6점) > 신뢰성(5점)

근거 있는 정답 풀이

③ 상품이 주는 감성적인 느낌이 중요한 여행 광고에는 매력성과 친근성을 갖춘 모델이 적합하므로, 모델 B가 광고할 때 긍정적인 광고 효과를 기대할 수 있다. 하지만 상품 자체의 효능이 중요한 치약 광고는 전문성과 신뢰성을 갖춘 A와 같은 모델이 적합하므로, 모델 B가 광고할 때 광고 효과가 나타나지 않을 수 있다. → 2문단

근거 있는 오답 풀이

① 상품 자체의 성능이 중요한 카메라 광고에는 전문성과 신뢰성을 갖춘 모델이 적합하다. 따라서 전문성과 신뢰성이 높은 모델 A가 카메라 광고를 한다면 긍정적인 광고 효과를 기대할 수 있다. → 2문단

② 모델 A는 전문성과 신뢰성이 높으므로 상품 자체의 성능이 중요한 자동차 광고의 모델로는 적합하다. 하지만 상품이 주는 감성적인 느낌이 중요한 보석 광고에서는 매력성과 친근성이 중요하므로, 기대했던 만큼의 효과를 얻기 어렵다. → 2문단

④ 상품이 주는 감성적인 느낌이 중요한 초콜릿 광고에는 매력성과 친근성을 갖춘 모델이 적합하다. 따라서 매력성과 친근성이 모두 5점인 모델 A보다는 매력성이 9점, 친근성이 8점인 모델 B가 등장할 때 더 큰 광고 효과를 기대할 수 있다. → 2문단

⑤ 상품 자체의 성능이 중요한 공기 청정기 광고에는 전문성과 신뢰성을 갖춘 모델이 적합하다. 따라서 전문성이 6점, 신뢰성이 5점인 모델 B보다는 전문성과 신뢰성이 모두 8점인 모델 A가 등장할 때 더 큰 광고 효과를 기대할 수 있다. → 2문단

배경지식 확장하기

일반인 모델의 광고 효과

기존의 광고는 유명인 모델을 활용해 주목도를 높이고, 그들의 이미지를 이용해 상품을 알리는 것이 주된 목적이었다. 그러나 최근에는 광고에 일반인 모델이 등장하는 것을 종종 볼 수 있다. 광고 시장에서 일반인 모델을 활용하는 이유는, 일반인 모델이 제품을 사용하는 모습을 보여 줄 때 소비자들의 공감을 끌어내기 쉽기 때문이다. 또한 평범한 사람들이 늘 찾는 제품이라는 광고 메시지를 전달하기에는 유명인 모델보다 일반인 모델을 활용하는 것이 더 효과적이다. 이런 이유로 최근에는 일반인 모델을 활용하여 상품을 알리는 광고가 늘어나고 있다.

06강 실전 1

조선의 신분 제도 (인문) 본문 34~35쪽

확인 문제 » 1 양천제 2 ○ 3 ×

정답 » 1 ⑤ 2 ① 3 ③

수능이 쉬워지는 지문 키워드 ☑분류를 활용한 글

이 글은 중세 조선 사회의 신분 구조를 법적으로 구분한 양천제와 사회 통념상으로 구분한 반상제로 분류하여 설명하고 있다. 각 신분 제도의 특징을 파악하며 글을 읽어야 한다.

조선의 신분 제도

양천제		반상제	
국가에서 국역 대상을 확보하기 위해 나눈 법적 구분임.		양반의 지배자적 위치를 돋보이게 하는 사회 통념상의 구분임.	
양인	• 군역과 요역의 의무가 있음. • 인간의 기본권을 보장받으며, 사는 곳을 옮길 자유가 있음. • 관직 진출권이 있음.	반	사회 통념상 최고의 신분이었던 양반 계층으로, 특권과 명예를 가지는 지배 계층임.
천인	• 군역의 의무가 없음. • 인간의 기본권을 보장받지 못하며, 사는 곳을 옮길 자유가 없음. • 관직 진출권이 없음.	상	평민, 천민과 같은 피지배 계층임.

• 주제 조선 사회의 신분 제도인 양천제와 반상제

• 문단별 중심 내용

1문단: 조선 왕조가 추구한 국역 정책의 기본 방향
2문단: 의무 면에서 양인과 천인의 차이
3문단: 권리 면에서 양인과 천인의 차이
4문단: 법적 구분보다 복잡했던 조선의 실제 사회 구성
5문단: 실제 사회의 계급 관계를 반영했던 반상제
6문단: 서로 섞여 중세의 신분 구조를 이룬 양천제와 반상제

1 글의 정보 파악하기

근거 있는 정답 풀이

⑤ 조선을 세운 신흥 사대부들은 노동력을 제공할 노비가 있으면서도 국역 대상에 해당하는 양인을 되도록 많이 확보하여 강력한 중앙 집권 체제를 세우는 것을 국역 정책의 기본 방향으로 삼았다. → 1문단

근거 있는 오답 풀이

① 반상의 '반'에는 중인이 들어가지 않았다. → 5문단
② 양인 중에서 평민 계층의 수가 가장 많았다. → 4문단
③ 조선 시대의 사회 구성원은 사회 통념상 양반 계층, 중인 계층, 평민 계층, 천민 계층으로 나뉘었다. → 4, 5문단
④ 중세 사회의 발전에 따라 양천제라는 법적 틀에서 사회 통념상의 신분 구분인 반상제가 확고히 자리 잡게 되었는데, 이러한 변화는 지주제의 확대와 발전을 나타내는 것이었다. → 6문단

2 글의 정보 파악하기

근거 있는 정답 풀이

① ㉠은 군역과 요역의 의무가 있었지만, ㉡은 군역에서 철저히 제외되었다. → 2문단

근거 있는 오답 풀이

② 노비와 양인이 싸우면 노비가 더 무거운 벌을 받았다는 점에서 ㉠이 ㉡보다 법적 지위 면에서 우월한 위치에 있었음을 알 수 있다. → 3문단
③ ㉡에 해당하는 노비가 국가에 큰 공로를 세워 관직을 받게 되는 경우 절차를 밟아 ㉠이 될 수 있었다. → 3문단
④ ㉡에 해당하는 노비는 사는 곳을 옮길 자유가 없었다. → 3문단
⑤ 원칙적으로 ㉠은 관직 진출권이 있었지만, ㉡은 관직 진출권이 없었다. → 3문단

3 내용 추론하기

보기 분석

채수의 견해	• 벼슬에는 높고 낮음이 있음. • 의관과 역관은 사대부 반열에 낄 수 없음. • 의관과 역관 무리는 모두 미천한 계급 출신임.

→ 채수는 반상제에 따른 신분 인식을 지님.

근거 있는 정답 풀이

③ 〈보기〉에서 채수가 의관과 역관을 양반으로 선발하려는 조치에 반대하는 것에는 양반을 사회의 최고 신분이자 지배자적 위치로 돋보이게 하려는 반상제에 따른 신분 인식이 반영되어 있다. → 4, 5문단

근거 있는 오답 풀이

① 사회 구성원을 양천으로 구분하면 양반, 중인, 평민은 모두 양인, 노비는 천인이다. 그런데 〈보기〉에서 채수는 의관이나 역관과 같은 중인 계층을 미천한 계급 출신이라고 하였으며, 벼슬에 높고 낮음이 있다고 하였다. 따라서 채수는 양반만을 지배자의 위치로 구분한 반상으로 사회 구성원을 구분하려 한 것이다. → 4, 5문단
② 〈보기〉에서 채수가 의관과 역관의 무리는 모두 미천한 계급 출신이라고 한 것은 양반과 중인을 구분하여 보는 반상제가 흔들릴 것에 대한 위기감을 드러낸 것이다. → 4, 5문단
④ 〈보기〉에서 채수가 역관이나 의관과 같은 기술직을 권장하는 대책에 대해 우려를 나타내는 것은 양반만 누리던 권력을 중인과 나누어 가질 것에 대한 불만을 드러낸 것이다. → 5문단
⑤ 신분에 따라 인간의 기본권을 보장받을 수 있는 범위가 달라지는 것은 양천제에서 양인과 천인 사이의 차이와 관련이 있다. 〈보기〉에서 채수는 반상제에 따라 양반과 중인을 구분짓고 있으므로 적절하지 않다. → 3문단

06강 실전 2 공급 사슬망의 '채찍 효과' 사회

본문 36~38쪽

확인문제 » 1 채찍 2 ○ 3 ×

정답 » 1 ② 2 ⑤ 3 ③ 4 ④

수능이 쉬워지는 지문 키워드 ☑상관관계를 보여 주는 글

이 글은 수요의 왜곡이나 대량 주문 방식처럼 유통 과정에서 발생하는 여러 현상이 '채찍 효과'와 어떤 관계가 있는지 설명하고 있다. 채찍 효과의 발생 원인을 중심으로 이러한 사회 현상이 발생하는 이유를 파악하며 읽어야 한다.

채찍 효과의 발생 원인

수요의 왜곡	대량 주문 방식	발주 실행 시간에 의한 시차
공급 사슬망에서 최종 소비자로부터 멀어질수록 수요 왜곡이 더 크게 발생하여 주문 수요 변동 폭이 커짐.	공급 사슬망에서 최종 소비자로부터 멀어질수록 대량 주문 방식이 요구되어 주문 수요 변동 폭이 커짐.	공급 사슬망에서 최종 소비자로부터 멀어질수록 물건의 이동 시간이 늘어나 주문 수요 변동 폭이 커짐.

• 주제 공급 사슬망에서 채찍 효과의 발생 원인과 문제점

• 문단별 중심 내용

1문단: 월드컵 관련 티셔츠 판매에서 나타난 사회 현상
2문단: 공급 사슬망과 채찍 효과의 개념
3문단: 채찍 효과의 발생 원인 ① – 수요의 왜곡
4문단: 채찍 효과의 발생 원인 ② – 대량 주문 방식
5문단: 채찍 효과의 발생 원인 ③ – 발주 실행 시간에 의한 시차
6문단: 채찍 효과로 인해 발생하는 재고를 줄이는 방안의 필요성

1 글의 정보 파악하기

근거 있는 정답 풀이

② 이 글은 2002년 월드컵 기간에 정품을 판매하는 스포츠 브랜드 업체가 수익을 얻지 못한 사회 현상을 공급 사슬망의 '채찍 효과'라는 개념을 통해 설명하고 있다.

근거 있는 오답 풀이

① 채찍 효과 이론의 장점을 설명하지 않았다.
③ 채찍 효과가 발생하는 원인으로 수요의 왜곡, 대량 주문 방식, 발주 실행 시간에 의한 시차를 들고 있을 뿐, 이를 역사적 변천 과정에 따라 설명하지 않았다.
④ 채찍 효과가 발생하는 원인에 대한 대립적 의견들을 소개하지 않았다.
⑤ 채찍 효과의 원인을 파악하기 위해 가설을 설정하거나 실험을 통해 타당성을 검증하지 않았다.

2 내용 추론하기

근거 있는 정답 풀이

⑤ ㉠의 원인은 공급 사슬망의 채찍 효과와 관련이 있다. 시장에 공급자가 한정된 상황에서는 수요의 왜곡 현상이 크게 발생하기 때문에 주문자가 한꺼번에 많은 양을 주문하게 되고, 이로 인해 재고가 발생하여 수익을 내지 못하는 상황이 발생하는 것이다. → 3, 4문단

근거 있는 오답 풀이

① 스포츠 브랜드 업체들은 팔지 못한 재고로 곤란해졌다고 하였으므로 적정 재고량을 유지했다고 볼 수 없다. → 1문단
② 스포츠 브랜드 업체가 겪은 문제 상황은 공급 사슬망의 핵심을 설명해 주는 사례이므로 공급 사슬망에서 벗어났다는 내용은 적절하지 않다. → 2문단
③ 수익보다 재고 관리 비용이 적었다면 스포츠 브랜드 업체는 수익을 낼 수 있었을 것이다. → 1, 6문단
④ 스포츠 브랜드 업체가 물건을 주문하고 공급받기까지의 시간이 길었기 때문에 채찍 효과가 나타났고 이로 인해 수익을 내지 못한 것이다. → 5문단

3 사례나 상황에 적용하기

보기 분석

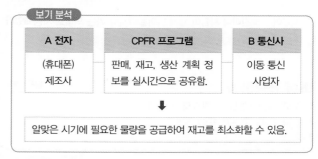

A 전자	CPFR 프로그램	B 통신사
(휴대폰) 제조사	판매, 재고, 생산 계획 정보를 실시간으로 공유함.	이동 통신 사업자

⬇

알맞은 시기에 필요한 물량을 공급하여 재고를 최소화할 수 있음.

근거 있는 정답 풀이

③ 이 글에서 공급 사슬망의 각 주체들이 수요와 공급 정보를 공유하면 불필요한 재고를 줄일 수 있다고 하였다. 또한 〈보기〉에서 A 전자와 B 통신은 알맞은 시기에 필요한 물량을 공급하고 재고를 최소화하기 위해 CPFR 프로그램을 이용한다고 하였다. 따라서 A 전자와 B 통신이 서로 정보를 공유함으로써 과잉으로 주문하는 상황이 줄어들 것이다. → 6문단

근거 있는 오답 풀이

① A 전자와 B 통신은 CPFR 프로그램을 통해 정보를 공유하여 재고를 최소화하기로 하였으므로 수요가 많은 경우에는 대량 주문을 하겠지만, 수요가 적은 경우에는 소량 주문을 할 것이다. 따라서 B 통신이 항상 대량 주문을 할 것이라는 내용은 적절하지 않다.
② A 전자와 B 통신이 CPFR 프로그램을 통해 정보를 공유하는 목적은 재고를 최소화하는 데 있다. 따라서 휴대폰 재고량은 줄어들 것이다.
④ 회사를 옮기는 것은 CPFR 프로그램과 관련이 없는 내용이며, 〈보기〉에도 제시되지 않은 내용이다.
⑤ A 전자와 B 통신은 CPFR 프로그램을 통해 알맞은 시기에 필요한 휴대폰 물량을 안정적으로 공급하게 될 것이다. 이는 국내 이동 통신 시장의 갑작스러운 수요 변화에 대처하는 것일 뿐, 시장의 수요 변화 자체를 줄어들게 할 수는 없다.

배경지식 확장하기

CPFR(Collaborative Planning Forecasting & Replenishment)

CPFR은 기업이 거래처와 협력해서 상품의 수요를 예측하고 재고를 보충하는 방법이다. 기업은 CPFR 지원용 소프트웨어를 통해 판매와 재고 데이터를 얻을 수 있다. 이를 바탕으로 기업은 도매와 소매에서 발생할 수요의 예측치를 공유하여 재고를 줄일 수 있다. CPFR은 공급 사슬망의 공급 측면에서 사용되는 응용 기술 중 최근 주목받고 있는 기술이다.

4 어휘의 의미 파악하기

근거 있는 정답 풀이

④ ⓐ와 ④의 '들다'는 '설명하거나 증명하기 위하여 사실을 가져다 대다.'라는 의미로 사용되었다.

근거 있는 오답 풀이

① '물감, 색깔, 물기, 소금기가 스미거나 배다.'라는 의미로 사용되었다.
② '빛, 볕, 물 따위가 안으로 들어오다.'라는 의미로 사용되었다.
③ '어떤 일에 돈, 시간, 노력, 물자 따위가 쓰이다.'라는 의미로 사용되었다.
⑤ '어떤 물건이나 사람이 좋게 받아들여지다.'라는 의미로 사용되었다.

어휘 공략하기

본문 39쪽

1 (1) 모조품 (2) 통념 (3) 원자재 (4) 쇠퇴
2 (1) ㉣ (2) ㉡ (3) ㉢ (4) ㉠
3 ⑤

3 수능 맛보기

근거 있는 정답 풀이

⑤ 〈보기〉에 쓰인 '취하다'는 '자기 것으로 만들어 가지다.'라는 의미로 사용되었지만, ⑤에 쓰인 '취하다'는 '어떤 특정한 자세를 하다.'라는 의미로 사용되었다.

근거 있는 오답 풀이

① '어떤 재화나 용역을 일정한 가격으로 사려고 하는 욕구.'라는 의미로 사용되었다.
② '재료를 가지고 기능과 내용을 가진 새로운 물건이나 예술 작품을 만듦.'이라는 의미로 사용되었다.
③ '수량이나 범위 따위를 제한하여 정함. 또는 그런 한도.'라는 의미로 사용되었다.
④ '일정한 한도를 정하거나 그 한도를 넘지 못하게 막음. 또는 그렇게 정한 한계.'라는 의미로 사용되었다.

07강 실전 1 신라의 범종

예술 본문 40~41쪽

확인 문제 » 1 신라 2 × 3 ○

정답 » 1 ③ 2 ④

수능이 쉬워지는 지문 키워드

☑과정의 흐름을 보여 주는 글

이 글은 우리나라 범종의 전형이었던 신라 범종의 독특한 조형 양식과 시대에 따른 범종 조형 양식의 변화 과정을 설명하고 있다. 시대의 흐름에 따라 범종의 양식이 어떻게 달라졌는지 확인하며 읽어야 한다.

신라	• 몸체의 가운데가 불룩하게 튀어나옴. • 용뉴가 한 마리 용의 모습을 하고 있음. • 음통이 있음. • 섬세한 문양이 장식되어 있음. • 사다리꼴의 유곽이 있고, 연꽃 봉오리 형상의 유두가 9개씩 있음. • 당좌 사이에 천인상이 장식되어 있음.
⬇	
고려 전기	• 상판 둘레에 장식이 추가됨. • 유곽과 당좌의 위치가 달라짐. • 천인상과 삼존불이 함께 나타남.
⬇	
고려 후기	• 상판 둘레의 장식이 연꽃을 세운 모양으로 바뀜. • 범종이 소형화되어 대형 종을 만드는 방법이 사라짐.
⬇	
조선 초	• 다시 대형 종이 만들어짐. • 중국 종의 조형 양식을 들여옴. → 음통 없이 쌍룡으로 된 용뉴와 중국 종의 장식물이 등장하고, 당좌가 사라짐.
⬇	
16세기	소형 종이 만들어지며 신라 종의 양식이 다시 나타남.
⬇	
16세기 이후	중국과의 혼합 양식과 신라의 복고 양식이 함께 나타나다가 복고 양식이 사라지며 우리나라 범종이 쇠퇴기에 접어듦.

• **주제** 우리나라 범종의 전형인 신라 종의 조형적 특징과 변화 과정

• **문단별 중심 내용**

1문단: 신라에서 완성된 우리나라 범종의 조형 양식
2문단: 신라 범종의 전체적인 모양과 특징
3문단: 신라 범종의 문양과 조형 양식
4문단: 고려 시대 범종의 조형 양식 변화
5문단: 조선 시대 범종의 조형 양식 변화

1 글의 정보 파악하기

근거 있는 정답 풀이

③ 신라 종은 중국 종과는 다른 독특한 조형 양식을 가지고 있었는데, 조선 초에 왕실의 주도로 대형 종이 만들어지면서 중국의 종 만드는 방법을 들여왔다. 이로 인해 음통이 없이 쌍룡으로 된 용뉴가 등장하고 신라 종의 장식 대신 중국 종의 장식들이 나타나는 등 중국 종의 조형 양식을 따르는 큰 변화가 나타나게 되었다. → 5문단

근거 있는 오답 풀이

① ㉠은 조선 초에 나타난 것인데, 불교를 억제하는 정책에 따라 범종의 제작이 통제된 것은 조선 초 이후의 일이므로 적절하지 않다. → 5문단

② 고려 후기에는 범종이 소형화되어, 신라 종의 조형 양식이 이어졌으므로 적절하지 않다. → 4문단

④ 16세기에 사찰 주도로 소형 종이 만들어지면서 사라졌던 신라 종의 양식이 다시 나타났다. 따라서 신라 종의 조형 양식을 복원하는 데 한계가 있었다는 내용은 적절하지 않다. → 5문단

⑤ 16세기 이후에는 중국과의 혼합 양식과 신라의 복고 양식이 함께 나타났다가 복고 양식이 사라지게 되었다. → 5문단

2 자료에 적용하기

보기 분석

ⓐ 용뉴	한 마리의 용이 있음.
ⓑ 음통	중국 종이나 일본 종에는 없음.
ⓒ 유두	연꽃 봉오리 모양의 유두가 9개씩 있음.
ⓓ 천인상	당좌와 당좌 사이에 장식되어 있음.
ⓔ 하대	덩굴무늬, 연꽃무늬 등 불교적 상징물이 장식되어 있음.

근거 있는 정답 풀이

④ ⓓ는 당좌 사이에 있는 천인상이다. 일본 종은 당좌 사이에 천인상 없이 가로 세로의 띠만 있다고 하였으므로, 천인상 주변에 가로 세로의 띠가 있다는 설명은 적절하지 않다. → 3문단

근거 있는 오답 풀이

① ⓐ는 종을 매다는 고리인 용뉴이다. 중국 종과 일본 종의 용뉴가 쌍룡 형태인 것과 달리 신라 종의 용뉴는 한 마리 용의 모습을 하고 있다. → 2문단

② ⓑ는 음통으로, 중국 종이나 일본 종에는 없는 신라만의 독특한 조형 양식이다. → 2문단

③ ⓒ는 유두이다. 신라 종은 연꽃 봉오리 모양의 유두가 9개씩 있지만, 중국 종은 유두가 없고 일본 종은 단순한 꼭지 형상의 유두가 있다. → 3문단

⑤ ⓔ는 하대이다. 중국 종은 몸체의 아랫부분이 팔(八) 자로 벌어져 있기 때문에 몸체의 정점부보다 하대가 더 튀어나와 있다. 그리고 일본 종은 수직 원통형이기 때문에 튀어나온 부분이 없다. 반면에 신라 종은 항아리를 거꾸로 세워 놓은 것과 비슷하게 가운데가 불룩하게 튀어나와 있다. → 2문단

07강 실전 2 열차의 안전장치

기술 본문 42~44쪽

확인 문제 » 1 안전 2 ○ 3 ×

정답 » 1 ② 2 ④ 3 ③ 4 ④

수능이 쉬워지는 지문 키워드

☑ 개념을 설명한 글

이 글은 열차를 신속하게 운행하면서도 열차끼리의 충돌 사고를 막기 위해 존재하는 안전장치인 자동 폐색 장치, 자동 열차 정지 장치, 자동 열차 제어 장치의 개념을 설명하고 있다. 안전장치의 역할과 작동 원리를 파악하고, 각 장치들이 어떤 상황에 사용되는지 확인하며 읽어야 한다.

자동 폐색 장치(ABS)	• 궤도 회로를 이용하여 열차의 위치에 따라 신호를 자동으로 조절함. • 궂은 날씨나 응급 상황에서 기관사가 신호를 잘못 인식하거나 확인하지 못하면 충돌 사고가 발생할 수 있음.
자동 열차 정지 장치(ATS)	• 위기 상황으로 인한 충돌 사고를 예방함. • 지상 장치에서 차상 장치로 신호기에 점등 신호를 보내서 기관사가 열차 운행을 조절하도록 하는데, 이때 벨이 5초 이상 울리는데도 감속하지 않으면 위기 상황으로 판단하여 자동으로 열차를 멈춤. • 위기 상황이 아닌 평상시 기관사의 운전 부담을 줄여 주는 데는 한계가 있음.
자동 열차 제어 장치(ATC)	• 열차의 속도를 자동으로 감시하고 조절하여 앞서 가는 열차와의 충돌을 막음. • 과속 사고는 예방할 수 있지만, 제한 속도 안에서는 기관사가 직접 속도를 조절해야 함.

• 주제 안전한 열차 운행을 위한 안전장치의 종류와 작동 원리

• 문단별 중심 내용

1문단: 열차를 안전하게 운행하기 위한 폐색 구간
2문단: 자동 폐색 장치(ABS)의 개념과 작동 원리
3문단: 자동 열차 정지 장치(ATS)의 구성 요소와 작동 원리
4문단: 자동 열차 제어 장치(ATC)의 구성 요소와 작동 원리
5문단: 자동 열차 제어 장치(ATC)의 세부적인 작동 과정 ①
6문단: 자동 열차 제어 장치(ATC)의 세부적인 작동 과정 ②
7문단: 열차의 안전을 보장하는 기술 개발의 중요성

1 글의 정보 파악하기

근거 있는 정답 풀이

② '자동 폐색 장치'는 열차의 위치에 따라 신호를 자동으로 조절하는 장치로, 폐색 구간에 열차가 있으면 정지 신호를, 열차가 지나간 후에는 다음 열차가 들어와도 좋다는 신호를 보낸다. 정지 신호를 잘못 인식하여 충돌 사고가 발생하는 것을 방지하는 장치는 '자동 열차 정지 장치'이다. → 2, 3문단

2 내용 추론하기

근거 있는 정답 풀이

④ '자동 열차 정지 장치(ATS)'는 열차가 지상 장치를 지나갈 때 지상 장치에서 차상 장치로 신호기에 점등 신호를 보내는데, 기관사는 이 신호를 확인하여 감속하거나 정지시키는 등 열차 운행을 조절해야 한다. 따라서 평상시 기관사가 직접 열차 운행 속도를 조절해야 한다는 점에서 기관사의 부담을 줄여 주는 데는 한계가 있다. → 3문단

3 자료에 적용하기

근거 있는 정답 풀이

③ B 열차가 운행해야 할 속도를 계산하여 제한 속도를 결정하는 것은 속도 신호 생성 장치의 역할이다. ㉰는 B 열차의 현재 속도를 측정하는 역할을 한다. → 5, 6문단

근거 있는 오답 풀이

① ㉮는 지상의 송수신 장치가 보낸 신호를 바탕으로 선로에 있는 B 열차의 위치를 알아낸다. → 5문단

② 속도 신호 생성 장치가 결정한 B 열차의 제한 속도는 ㉯를 통해 일정 시간 간격으로 B 열차의 차상 장치에 전달된다. → 5, 6문단

④ ㉱에는 속도 신호 생성 장치가 결정한 B 열차의 제한 속도와 속도 검출기를 통해 얻은 B 열차의 현재 속도가 동시에 표시된다. → 6문단

⑤ B 열차의 현재 속도가 제한 속도를 넘으면 처리 장치에서 자동으로 신호를 보낸다. ㉲는 이 신호를 받아 열차의 속도를 줄여 준다. → 6문단

4 어휘의 의미 파악하기

근거 있는 정답 풀이

④ ⓐ와 ④의 '막다'는 '어떤 현상이 일어나지 못하게 하다.'라는 의미로 사용되었다.

근거 있는 오답 풀이

① '길, 통로 따위가 통하지 못하게 하다.'라는 의미로 사용되었다.
② '트여 있는 곳을 가리게 둘러싸다.'라는 의미로 사용되었다.
③ '베풀어 주려는 뜻을 물리치다.'라는 의미로 사용되었다.
⑤ '강물, 추위, 햇빛 따위가 어떤 대상에 미치지 못하게 하다.'라는 의미로 사용되었다.

어휘 공략하기

본문 45쪽

1 (1) 전형적 (2) 복고 (3) 선로
2 (1) ㉠ (2) ㉡ (3) ㉢
3 ④

3 수능 맛보기

근거 있는 정답 풀이

④ <보기>에 쓰인 '양식'은 '시대나 부류에 따라 각기 독특하게 지니는 문학, 예술 따위의 형식.'이라는 의미로 사용되었지만, ④에 쓰인 '양식'은 '지식이나 물질, 사상 따위의 원천이 되는 것을 비유적으로 이르는 말.'이라는 의미로 사용되었다.

08강 실전 1 구독 경제

사회 본문 46~47쪽

확인 문제 » 1 구독 2 ○ 3 ×

정답 » 1 ③ 2 ⑤

수능이 쉬워지는 지문 키워드

☑개념을 설명한 글

이 글은 구독 경제의 개념과 유형을 제시한 뒤, 구독 경제가 최근 확산되고 있는 이유를 합리적 선택 이론으로 설명하고 있다. 또한 구독 경제의 장단점을 소개한 뒤 바람직한 구독 경제의 활용 방안을 제시하고 있다. 따라서 구독 경제의 개념과 장단점 그리고 올바른 활용 방안을 중심으로 글의 내용을 정리하며 읽어야 한다.

• 구독 경제의 개념

구독 경제	소비자가 회원 가입 및 신청을 하면 정기적으로 상품을 배송받거나, 필요한 서비스를 언제든지 이용할 수 있는 경제 모델

• 구독 경제의 장단점

	소비자	생산자
장점	• 상품을 소유하기 전에 사용할 기회를 얻음. • 값비싼 상품 사용하는 데 비용 부담 적음. • 상품 구매에 들이는 시간과 구매 과정에 따르는 불편함을 해결할 수 있음.	• 개별화된 서비스를 제공하여 고객과의 관계를 지속적으로 유지할 수 있음. • 매월 안정적으로 매출을 올릴 수 있음.
단점	고정 지출이 늘어나 경제적으로 부담이 될 수 있음.	고객과의 관계가 지속적으로 유지되지 않으면 구독 모델 이전보다 손해를 볼 수 있음.

• 주제 구독 경제의 개념과 장단점

• 문단별 중심 내용

1문단: 구독 경제의 개념
2문단: 구독 경제의 세 가지 유형
3문단: 합리적 선택 이론으로 본 구독 경제의 확산 이유
4문단: 구독 경제의 장점
5문단: 구독 경제의 단점과 바람직한 구독 경제 활용 방안

1 글의 정보 파악하기

근거 있는 정답 풀이

③ 소비자가 구독 경제를 이용하기 위해서는 회원 가입과 이용 신청을 해야 한다. 또한 생산자는 상품을 사용하는 고객들의 정보를 수집하여 이를 바탕으로 개별화된 서비스를 제공한다고 하였는데, 이는 소비자가 회원 가입을 통해 개인 정보를 제공해야 가능한 것이므로 구

독 경제를 통해 개인 정보 제공에 대한 부담을 없앨 수 있다는 내용은 적절하지 않다. → 1, 4문단

2 내용 추론하기

보기 분석

㉠ 구독 경제	㉡ 공유 경제
소비자가 원하는 서비스를 주기적으로 제공하여 구매에 드는 시간과 비용을 줄임.	한번 생산된 상품이나 서비스를 여럿이 공유하여 사용함.

⬇

- 소비자의 부담을 줄임.
- 상품을 사용해서 얻는 만족감을 중요시함.

근거 있는 정답 풀이

⑤ ㉠은 상품의 소유와 관리에 따른 부담을 줄이면서 필요할 때 사용하는 방식으로 소비하는 경제 모델이다. 이러한 ㉠의 확산은 소비자들이 상품을 소유해서 얻는 만족감보다 상품을 사용해서 얻는 만족감, 즉 효용을 중요시한 결과이다. 그리고 ㉡은 협력 소비를 통해 비용을 줄이고 소비자의 만족도를 높이는 경제 모델이다. 따라서 ㉠과 ㉡ 모두 소비자의 부담을 줄이면서, 상품을 사용함으로써 얻는 효용에 관심을 갖는다고 볼 수 있다. → 2, 3문단

근거 있는 오답 풀이

① 상품이나 서비스를 여러 사람이 공유하여 사용하는 경제 모델은 ㉡이다.
② 자원의 불필요한 소비를 줄일 수 있다는 점에서 친환경적이라는 평가를 받는 경제 모델은 ㉡이다.
③ 소비자에게 서비스를 주기적으로 제공하여 구매 비용을 줄이는 경제 모델은 ㉠이다. → 1, 2문단
④ 이 글에서 ㉠의 영역을 유형 자원과 무형 자원으로 나누어 설명하지 않았다. 또한 〈보기〉에서 ㉡의 영역이 주택, 의류 등의 유형 자원에서 시간, 재능 등의 무형 자원으로 확장되고 있다고 하였지만, ㉡이 유형 자원과 무형 자원 중 어떤 것을 더 많이 활용하는지 제시하지 않았다.

08강 실전 2 식욕의 작용 원리 과학 본문 48~50쪽

확인 문제 » 1 중추 2 ○ 3 ○

정답 » 1 ① 2 ③ 3 ② 4 ③

수능이 쉬워지는 지문 키워드 ☑과정의 흐름을 보여 주는 글

이 글은 식욕 중추가 식욕을 조절하는 과정과 전두 연합 영역이 식욕을 조절하는 과정을 설명하고 있다. 상황에 따라 식욕 중추와 전두 연합 영역이 어떤 과정을 거쳐 식욕을 조절하는지 파악하며 글을 읽어야 한다.

식욕 중추의 작용 과정

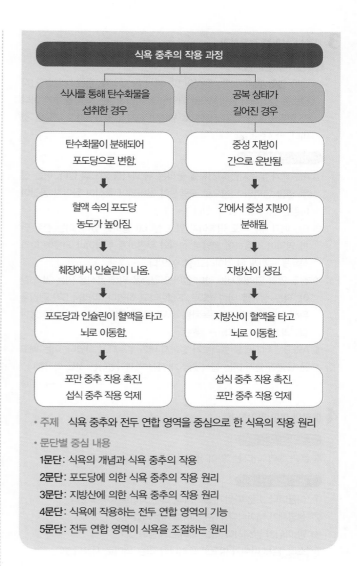

식사를 통해 탄수화물을 섭취한 경우	공복 상태가 길어진 경우
탄수화물이 분해되어 포도당으로 변함.	중성 지방이 간으로 운반됨.
⬇	⬇
혈액 속의 포도당 농도가 높아짐.	간에서 중성 지방이 분해됨.
⬇	⬇
췌장에서 인슐린이 나옴.	지방산이 생김.
⬇	⬇
포도당과 인슐린이 혈액을 타고 뇌로 이동함.	지방산이 혈액을 타고 뇌로 이동함.
⬇	⬇
포만 중추 작용 촉진, 섭식 중추 작용 억제	섭식 중추 작용 촉진, 포만 중추 작용 억제

- 주제 식욕 중추와 전두 연합 영역을 중심으로 한 식욕의 작용 원리
- 문단별 중심 내용

1문단: 식욕의 개념과 식욕 중추의 작용
2문단: 포도당에 의한 식욕 중추의 작용 원리
3문단: 지방산에 의한 식욕 중추의 작용 원리
4문단: 식욕에 작용하는 전두 연합 영역의 기능
5문단: 전두 연합 영역이 식욕을 조절하는 원리

1 글의 정보 파악하기

근거 있는 정답 풀이

① 1문단에서는 식욕 중추를 통해 식욕이 조절된다는 것을 설명하고 2, 3문단에서는 영양소가 식욕 중추에 작용하는 원리를 밝히고 있다. 그리고 4문단에서는 전두 연합 영역이 식욕에 영향을 준다는 것을 설명하고, 5문단에서는 그 작용 원리를 제시하고 있다. 따라서 이 글의 내용을 모두 포괄할 수 있는 표제는 '식욕의 작용 원리'이고, 부제는 '식욕 중추와 전두 연합 영역을 중심으로'이다.

2 글의 정보 파악하기

근거 있는 정답 풀이

③ 오렉신은 위(胃)의 운동에 관련된 신경 세포에 작용하는 물질이다. 배가 찬 상태에서 전두 연합 영역의 신경 세포가 '맛있다'와 같은 신호를 섭식 중추로 보내면, 섭식 중추에서 오렉신이 나와 위의 내용물을 밀어내고 다시 새로운 음식이 들어갈 공간을 마련한다. 따라서 오렉신이 전두 연합 영역에서 나온다는 내용은 적절하지 않다. → 5문단

3 사례나 상황에 적용하기

근거 있는 정답 풀이

② 전두 연합 영역에서는 음식의 맛, 냄새 등 음식에 관한 다양한 감각 정보를 정리해서 종합적으로 기억한다. 따라서 A는 섭식 중추가 아니라 전두 연합 영역의 작용으로 뷔페의 과자가 맛있었다고 떠올린 것이다. → 4문단

근거 있는 오답 풀이

① A는 배가 부르지만 디저트를 둘러본 뒤 과자를 먹으려 한다. 이는 전두 연합 영역의 영향으로 오렉신이 분비되어 후식이 들어갈 공간이 마련된 상태라고 볼 수 있다. → 5문단

③ B는 배가 부른데도 떡볶이가 먹고 싶다고 말하고 있다. 이는 전두 연합 영역이 작용하여 영양분 섭취와 무관하게 취향이나 기분에 따라 식욕을 느끼게 된 것이라고 볼 수 있다. → 4문단

④ 전두 연합 영역에서는 맛이 없어도 건강을 위해 음식을 먹는 것과 같이, 먹는 행위를 이성적으로 조절한다고 하였다. 따라서 B가 건강을 위해 입맛에 맞지 않는 녹차를 마시는 것은 전두 연합 영역이 작용한 결과라고 볼 수 있다. → 4문단

⑤ A와 B는 디저트를 둘러보기 전까지 배가 부르다고 하였다. 이는 배고픈 느낌이 들게 하는 섭식 중추가 점점 억제되었다는 것을 의미한다. → 1문단

4 어휘의 의미 파악하기

근거 있는 정답 풀이

③ ㉠과 ③의 '나다'는 '맛이 생기다.'라는 의미로 사용되었다.

근거 있는 오답 풀이

① '이름이나 소문 따위가 알려지다.'라는 의미로 사용되었다.
② '생명체가 태어나다.'라는 의미로 사용되었다.
④ '병 따위가 발생하다.'라는 의미로 사용되었다.
⑤ '소리, 냄새 따위가 밖으로 드러나다.'라는 의미로 사용되었다.

어휘 공략하기

본문 51쪽

1 (1) 섭식 (2) 합리적 (3) 구독 (4) 연합
2 (1) 중추 (2) 수익 (3) 분해 (4) 지속적
3 ⑤

3 수능 맛보기

근거 있는 정답 풀이

⑤ 〈보기〉에 쓰인 '제약'은 '조건을 붙여 내용을 제한함. 또는 그 조건.'이라는 의미로 사용되었다. 반면에 ⑤에 쓰인 '제약'은 '약재를 섞어서 약을 만듦. 또는 그 약.'이라는 의미로 사용되었다.

근거 있는 오답 풀이

① '소리가 나오는 근원. 또는 그 근원이 될 수 있는 것.'이라는 의미로 사용되었다.
② '여러 가지를 한데 모아 합한.'이라는 의미로 사용되었다.
③ '흩어져 널리 퍼지게 되다.'라는 의미로 사용되었다.
④ '알맞게 이용하거나 맞추어 쓰다.'라는 의미로 사용되었다.

09강 실전 1 가로 경관 디자인 기술

본문 52~53쪽

확인 문제 » 1 가로 경관 2 × 3 ×

정답 » 1 ④ 2 ⑤ 3 ⑤

수능이 쉬워지는 지문 키워드

☑개념을 설명한 글

이 글은 가로 경관의 개념과 가로 경관을 디자인할 때 고려해야 할 세 가지 기준을 설명하고 있다. 각각의 기준에 따른 시각적 효과가 가로 경관에 어떤 영향을 미치는지 생각하며 읽어야 한다.

• 가로 경관의 시각적 효과와 관련된 기준

도로 폭(D)과 도로변 건물 높이(H)의 비율	• D/H=1 → 균형 잡힌 느낌 • D/H<1 → 폐쇄적인 공간 • D/H>1 → 개방적인 공간
도로 폭(D)과 도로 길이(L)의 비율	• D>L → 광장 이미지의 공간 • D<L → 산책로 이미지의 공간
도로 폭(D)과 도로에 접하고 있는 건물의 정면 폭(W)의 비율	• W/D≤1 → 활기찬 분위기의 가로 • W/D>1 → 단조롭고 활기를 잃은 가로

• 주제 가로 경관을 디자인할 때 고려해야 하는 시각적 효과와 관련된 기준

• 문단별 중심 내용

1문단: 가로 경관의 의미와 디자인 고려 사항
2문단: 가로 경관의 시각적 효과와 관련된 기준 ①
3문단: 가로 경관의 시각적 효과와 관련된 기준 ②
4문단: 가로 경관의 시각적 효과와 관련된 기준 ③
5문단: 도시 경관의 중요성

1 글의 정보 파악하기

근거 있는 정답 풀이

④ 이 글에서는 가로 경관의 시각적 효과와 관련된 기준으로 도로의 폭과 도로변 건물 높이의 비율, 도로 폭과 도로 길이의 비율, 도로 폭과 도로에 접하고 있는 건물의 정면 폭의 비율을 제시하였다. 하지만 세 가지 기준 중에 어떤 것이 가장 중요한 것인지는 설명하지 않았다.

근거 있는 오답 풀이

① 도시 설계나 경관 디자인을 할 때에는 가로 경관의 시각적 효과와 관련된 기준을 고려해야 한다. → 1문단

② 도로변 건물의 높이와 건물의 정면 폭 등이 가로 경관에 영향을 미친다. → 2, 4문단

③ 도시 경관이 도시의 경쟁력으로 인식되면서 최근 도시 경관의 개선이 도시의 과제가 되었다. → 5문단

⑤ D/H가 3 이상이 되면 너무 널찍한 느낌이 들 수 있는데, 이 때에는 가로수로 공간을 나누거나 랜드마크가 되는 공간으로 시선을 이끌어서 공간을 시각적으로 좁힐 수 있다. → 2문단

2 사례나 상황에 적용하기

보기 분석

A	• D/H 0.8 → 폐쇄적인 공간 • W/D 0.9 → 활기찬 분위기의 가로
B	• D/H 2.0 → 개방적인 공간 • W/D 1.4 → 단조로운 분위기의 가로
C	• D/H 1.2 → 개방적인 공간 • W/D 1.6 → 단조로운 분위기의 가로

근거 있는 정답 풀이

⑤ 〈보기〉에서 각 가로의 도로 폭은 같다고 하였으므로, 도로변 건물의 높이가 낮을수록 D/H 값이 커진다. B는 D/H가 2.0이고 C는 D/H가 1.2이므로, D/H 값이 큰 B가 C보다 낮은 건물들이 많은 가로일 것이다. → 2문단

근거 있는 오답 풀이

① A는 W/D가 1보다 작은 0.9이므로 정면 폭이 도로 폭보다 작은 건물이 많은 가로일 것이다. → 4문단

② D/H가 1일 경우에 도로 폭과 도로변 건물의 높이가 같다. 그런데 B는 D/H가 2.0이므로 도로 폭에 비해 낮은 건물이 많은 가로일 것이다. → 2문단

③ D/H가 1보다 크면 개방성이 강한 공간이다. C는 D/H가 1.2이므로 폐쇄성보다는 개방성이 강한 가로일 것이다. → 2문단

④ W/D가 1 이하이면 활기찬 분위기의 가로이다. A는 W/D가 0.9이고 B는 W/D가 1.4이므로 A가 B보다 활기찬 분위기의 가로일 것이다. → 4문단

3 글의 정보 파악하기

근거 있는 정답 풀이

⑤ D/L은 '도로 폭/도로 길이'이다. 1/60인 가로는 1/20인 가로보다 도로의 폭(D)에 비해 도로의 길이(L)가 길기 때문에 ㉠이 아니라 ㉡의 성격이 더 강하다. → 3문단

09강 실전 2 인성론 인문 본문 54~56쪽

확인문제 » 1 인성론 2 × 3 ○

정답 » 1 ② 2 ② 3 ② 4 ⑤

수능이 쉬워지는 지문 키워드

☑관점을 제시하는 글

이 글은 중국 역사에서 인성론이 등장하게 된 시대적 배경과 인성론에 관한 세 가지 학설을 설명하고 있다. 학자들이 인간의 본성을 어떤 관점으로 보았는지 파악하고, 다른 학자의 견해에 대해 어떤 입장을 보였는지 확인하며 읽어야 한다.

맹자	• 성선설을 주장함. • 인간을 스스로의 힘으로 수양할 수 있는 존재로 봄. • 인간의 본성을 변화 가능한 역동적인 것으로 본 고자의 성무선악설을 비판함.
순자	• 성악설을 주장함. • 인간의 본성은 악하므로, 이를 교정할 수 있는 외적 강제력이 필요하다고 주장함. • 국가 권력이나 사회 규범 등 외적 강제력의 필요성을 부정한 맹자의 성선설을 비판함.
고자	• 성무선악설을 주장함. • 인간의 본성은 변화할 수 있다고 주장하며, 인간의 본성을 선악의 틀로 규정하는 것에 반대함.

• 주제 인성론의 등장 배경과 세 가지 학설

• 문단별 중심 내용

1문단: 인성론의 등장 배경과 세 가지 학설 소개
2문단: 정치적 근거로 사용된 인성론
3문단: 성무선악설을 주장한 고자
4문단: 성선설을 주장하며 고자의 성무선악설을 비판한 맹자
5문단: 성악설을 주장하며 맹자의 성선설을 비판한 순자
6문단: 외적인 공권력과 사회 규범의 필요성을 강조한 순자

1 글의 정보 파악하기

근거 있는 정답 풀이

② 1문단에서 인성론이 등장하게 된 배경을 소개하고 있으며, 2~6문단에서 고자의 성무선악설, 맹자의 성선설, 순자의 성악설 등 인성론과 관련한 주요 사상가들의 견해를 소개하고 있다.

근거 있는 오답 풀이

① 인성에 대한 세 견해를 소개하고 있을 뿐, 장단점을 비교하지는 않았다.

③ 인성론의 역사적 의의나 한계에 대해 분석하지 않았다.

④ 전국 시대에 인성론이 등장하였다고 언급하였으나, 구체적 자료는 제시하지 않았다. → 1문단

⑤ 인성에 대한 두 견해를 절충한 이론을 소개하지 않았다.

2 글의 정보 파악하기

근거 있는 정답 풀이

② [A]에서 맹자의 성선설은 호족들과 지주들이 선한 본성을 갖춘 자신들을 간섭하지 말라는 이념적 근거로 사용되었고, 순자나 법가의 성악설은 군주가 국가 공권력을 정당화할 때 사용되었다고 하였다. 이를 통해 인성론은 정치적 입장을 정당화하는 이념적인 수단으로 사용되었음을 알 수 있다. → 2문단

근거 있는 오답 풀이

① 권력자의 윤리 의식과 통치력의 상관관계는 드러나지 않는다.

③ 초자연적 존재와 대비되는 인간 본성의 우위를 추구하였다는 내용은 제시되지 않았다.

④ [A]에서 성악설은 인간의 본성이 악하기 때문에 외부의 간섭이 없을 경우 인간은 정치적 무질서를 가져올 수 있다고 하였다. 따라서 성악설은 인간의 타고난 본성을 거스르는 인위적인 노력에 대해 긍정적 입장을 보인 것으로 이해할 수 있다. → 2문단

⑤ 사회의 발전을 위해 갈등을 유지할 필요가 있다는 내용은 제시되지 않았다.

3 사례나 상황에 적용하기

근거 있는 정답 풀이

② ㉠은 역동적인 삶의 의지를 지닌 인간을 선악의 틀로 가두어서 그 역동성을 마비시키는 외적 간섭에 저항하고자 하였다. 이러한 ㉠의 관점에서 볼 때 미리엘 주교가 은촛대를 장발장에게 선물로 준 것이라고 거짓말을 한 것은 장발장을 선악의 틀로 가둔 것이 아니므로, 이를 역동적 삶의 의지를 규격화하려는 행위로 판단하지 않을 것이다. → 3문단

근거 있는 오답 풀이

① ㉠은 식욕을 비롯하여 인간이 가지고 있는 자연적인 욕구가 본성이라고 하였다. → 3문단

③ ㉡은 인간이라면 누구나 타인을 측은히 여기는 동정심을 가지고 있다고 하였다. 따라서 ㉡의 관점에서 볼 때 미리엘 주교가 장발장에게 쉴 곳을 마련해 준 것은 고통에 빠진 타인을 측은히 여기는 마음에서 비롯된 것이라고 볼 수 있다. → 4문단

④ ㉡은 인간이 스스로의 노력으로 본성을 실현할 수 있으며 스스로 자신을 수양할 수 있는 존재라고 보았다. ㉡의 관점에 따르면 장발장은 타고난 선한 본성을 스스로의 노력에 의해 실현한 것이라고 볼 수 있다. → 4문단

⑤ ㉢은 인간의 본성을 교정하기 위한 외적 강제력의 필요성을 주장하였다. ㉢의 관점에 따르면 장발장이 빵을 훔친 후 체포되어 감옥 생활을 한 것은 인간의 본성을 바로잡기 위한 사회 규범에 근거한 것이다. → 5문단

4 어휘의 의미 파악하기

근거 있는 정답 풀이

⑤ ⓐ와 ⑤의 '벗어나다'는 '어려운 일이나 처지에서 헤어나다.'라는 의미로 사용되었다.

어휘 공략하기

본문 57쪽

1 (1) 역동적 (2) 시가지 (3) 경관 (4) 수양
2 (1) ㉣ (2) ㉠ (3) ㉡ (4) ㉢
3 ②

3 수능 맛보기

근거 있는 정답 풀이

② 〈보기〉에 쓰인 '교정하다'는 '가르쳐서 바르게 하다.'라는 의미로 사용되었다. 반면에 ②에 쓰인 '교정하다'는 '남의 문장 또는 출판물의 잘못된 글자나 글귀 따위를 바르게 고치다.'라는 의미로 사용되었다.

10강 실전 1 열전도 법칙

과학 | 본문 58~59쪽

확인 문제 » 1 열전도 2 ○ 3 ×

정답 » 1 ⑤ 2 ③

수능이 쉬워지는 지문 키워드

☑개념을 설명한 글

이 글은 열전도와 관련된 여러 가지 개념을 설명하고, 이를 바탕으로 푸리에의 열전도 법칙을 설명하고 있다. 특히 튀김을 조리하는 과정에서 열전도 법칙이 어떻게 작용하는지 구체적으로 설명하고 있다. 따라서 글에 제시된 개념을 중심으로 열전도 법칙의 적용 사례를 이해해야 한다.

			푸리에의 열전도 법칙
전도	물질을 이루는 입자들의 상호 작용을 통해 열이 전달되는 현상	➡	• 열전달률은 온도 차이, 면적, 열전도도에 비례하고, 거리에 반비례함. • 사례: 튀김의 조리 과정에서 기름과 튀김 재료 사이의 열전도
열전달률	열전달 과정에서 단위 시간 동안 열이 전달되는 비율		
열전도도	물질이 전도에 의해 열을 전달할 수 있는 능력의 척도		

• 주제 열전도 법칙으로 파악한 튀김의 조리 과정

• 문단별 중심 내용

1문단: 열전달과 전도의 개념
2문단: 열전달률의 개념과 열전달률에 영향을 미치는 요소
3문단: 푸리에의 열전도 법칙
4문단: 푸리에의 열전도 법칙으로 설명한 튀김의 조리 과정
5문단: 튀김 요리에서 기포의 역할

1 글의 정보 파악하기

근거 있는 정답 풀이

⑤ 열의 전도는 한 물질 내에서 일어나기도 하며 서로 다른 물질들이 접촉할 때에도 일어난다고 하였으므로 적절하지 않다. → 1문단

근거 있는 오답 풀이

① 전도는 물질을 이루는 입자들의 상호 작용을 통해 보다 활동적인 입자로부터 이웃해 있는 덜 활동적인 입자로 열이 전달되는 현상이라고 하였다. → 1문단

② 열전달은 온도가 높은 곳에서 낮은 곳으로 열이 이동하는 현상으로, 조리 중에는 전도에 의한 열전달이 많이 일어난다고 하였다. → 1문단

③ 물질이 전도에 의해 열을 전달할 수 있는 능력의 척도를 열전도도라고 하는데, 열전도도는 물질마다 다르다고 하였다. → 3문단

④ 열전달 과정에서 단위 시간 동안 열이 전달되는 비율을 열전달률이라고 하는데, 열전달률은 음식의 조리에서 고려할 중요한 요소가 된다고 하였다. → 2문단

2 내용 추론하기

보기 분석

㉠	냄비와 기름 사이에서 열전달이 일어남.
㉡	튀김 재료에 순간적으로 많은 열이 전달되어 재료 표면에 기포가 생김.
㉢	재료 안쪽의 수분들은 재료 표면으로 이동함.
㉣	• 수증기가 공기 중으로 빠져나가면서 지글지글 소리가 남. • 재료의 수분량이 줄어들면서 바삭한 식감이 생김.

근거 있는 정답 풀이

③ 기름에 튀김 재료를 넣으면 재료 표면에 수많은 기포가 생기는데, 이 기포들은 재료 표면의 수분이 수증기로 변해 기포 형태가 된 것으로, 기름 표면으로 올라가 공기 중으로 빠져나간다. 즉, 재료의 수분이 수증기 형태로 튀김 재료에서 빠져나가는 것이다. 이때 재료 안쪽의 수분들이 표면 쪽으로 이동한다고 하였으므로 재료 표면의 수분이 튀김 재료 안쪽으로 이동한다는 내용은 적절하지 않다. → 4, 5문단

근거 있는 오답 풀이

① [A]에서 냄비를 가열하여 기름의 온도를 높인다고 하였다. 이는 가열된 냄비의 열이 다른 물질인 기름으로 전달되는 것을 의미한다. → 4문단

② [A]에서 기름에 튀김 재료를 넣으면 순간적으로 기름에서 튀김 재료로 많은 열이 전달되어 기포가 생긴다고 하였다. → 4문단

④ 수분이 수증기 형태로 튀김 재료에서 빠져나가면 재료 안쪽의 수분들이 표면 쪽으로 이동하고, 튀김 재료 표면의 기포들은 기름 표면으로 올라가 공기 중으로 빠져나간다고 하였다. 그 결과 지속적으로 튀김 재료의 수분이 기포로 변하고 이로 인해 재료는 수분량이 줄어들면서 바삭한 식감이 생긴다고 하였다. → 4, 5문단

⑤ [A]에서 기름 표면으로 이동한 기포들이 공기 중으로 빠져나가면서 지글지글 소리가 난다고 하였다. → 4문단

10강 실전 2 국악의 장단

예술 본문 60~62쪽

확인 문제 » 1 장단 2 ○ 3 ×

정답 » 1 ④ 2 ① 3 ④ 4 ③

수능이 쉬워지는 지문 키워드

☑개념을 설명한 글

이 글은 국악 장단의 기본 단위인 '박'과 장구의 장단을 설명하고 있다. 장구 장단의 종류, 장단을 정간보에 기록하는 부호, 점의 길이 등 장구 장단을 기록하고 연주하는 방법을 중심으로 글의 내용을 이해해야 한다.

장단	부호	장단을 치는 방법
덩	⦶	장구의 채편과 북편을 동시에 침.
덕	│	장구의 채편을 한 번만 침.
기덕	¦	장구의 채편을 겹쳐 침.
더러러러	⋮	채를 굴리며 채편을 침.
쿵	○	장구의 북편만 침.

• 주제 국악에서 장구 장단의 종류와 연주법

• 문단별 중심 내용

1문단: 국악 장단의 기본 단위인 '박'
2문단: 장구 장단을 정간보에 기록하는 방법
3문단: 장구 장단의 종류와 정간보 표시법
4문단: 점의 길이와 변주의 효과
5문단: 상황에 따라 달라지는 장구 연주 방법
6문단: 장단의 역할과 장단 이해의 중요성

1 글의 정보 파악하기

근거 있는 정답 풀이

④ 이 글에서는 정간보에 장구 장단을 기록할 때 각각의 점에 해당하는 부호, 구음, 점의 길이를 나타내는 방법을 설명하고 있다. 점의 강약을 나타내는 방법은 설명하지 않았으므로 이 글에서 답을 찾을 수 있는 질문으로 적절하지 않다. → 2, 4문단

근거 있는 오답 풀이

① 국악의 장단이란 일정한 주기로 소리의 길이와 강약이 되풀이되는 것이라고 하였다. → 1문단

② 장단을 구성하는 기본 단위는 '박'이라고 하였다. → 1문단

③ 변주는 악곡의 흐름에 맞게 장단에 변화를 주어 음악을 더욱 풍성하게 만드는 역할을 한다고 하였다. → 4문단

⑤ 장단은 음악의 진행을 시간적으로 적절하게 배치할 뿐 아니라 연주자나 창자의 호흡을 조절하며 음악의 분위기를 이끌어 나가므로, 국악을 깊이 있게 감상하기 위해서는 장단을 이해해야 한다고 하였다. → 6문단

2 글의 정보 파악하기

근거 있는 정답 풀이

① 정간보에는 점의 길이도 나타낼 수 있다고 하였으므로 정간보를 보면 연주할 점의 길이를 알 수 있다. → 4문단

근거 있는 오답 풀이

② 채편의 변죽은 작고 높은 소리가 난다고 하였다. → 5문단

③ 여러 개의 소박이 모여 하나의 보통박을 이룬다고 하였다. → 1문단

④ 실외 음악이나 사물놀이처럼 큰 소리를 내야 할 때에는 북편을 손 대신 궁채로 치기도 한다. 이와 같이 북편을 치는 도구는 연주 상황에 따라 달라진다고 볼 수 있으므로 적절하지 않다. → 5문단

⑤ 〈그림 2〉는 굿거리장단의 기본 장구 장단을 정간보에 표시한 것이다. 장구의 채편과 북편을 동시에 치는 것을 '덩'이라고 하는데, 〈그림 2〉에 '덩'이 표시되어 있다. 따라서 기본이 되는 장단을 연주할 때에는 북편과 채편을 동시에 칠 수 있다. → 3문단

3 자료에 적용하기

보기 분석

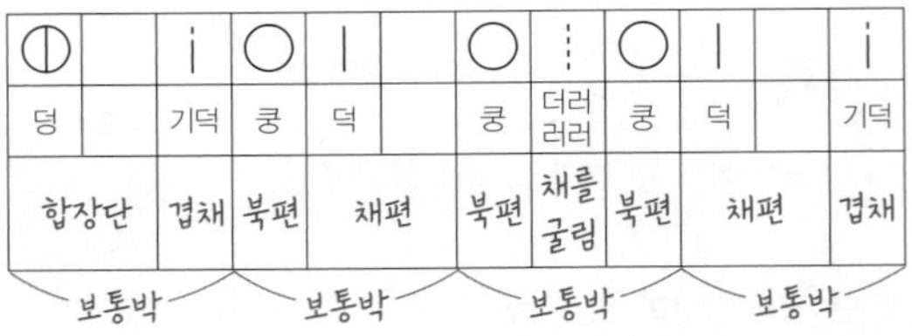

덩
기덕
쿵
덕
쿵
더러러러
쿵
덕
기덕
합장단
겹채
북편
채편
북편
채를 굴림
북편
채편
겹채
보통박
보통박
보통박
보통박

근거 있는 정답 풀이

④ 세 번째 보통박은 '쿵', '더러러러', '쿵'으로 이루어져 있으므로 두 종류의 점 '쿵'과 '더러러러'를 연주해야 한다. 따라서 세 종류의 점을 연주해야겠다는 이해는 적절하지 않다. → 3문단

근거 있는 오답 풀이

① 정간보에서 '덕'의 다음 칸이 비어 있으므로 앞의 점을 길게 늘여 두 소박으로 연주한다. → 4문단

② 마지막 보통박은 '덕'과 '기덕'으로 구성되어 있다. '덕'은 장구의 채편을 한 번만 치고, '기덕'은 장구의 채편을 겹쳐 친다. 따라서 마지막 보통박에서는 채편만 치면 된다. → 3문단

③ 정간보의 첫 번째 칸이 '덩'이므로 합장단으로 시작하고, 정간보의 맨 마지막 칸이 '기덕'이므로 겹채로 마무리하면 된다. → 3문단

⑤ 첫 번째 보통박의 세 번째 소박과 마지막 보통박의 세 번째 소박 모두 '기덕'이 적혀 있으므로, '기덕'을 쳐야 한다. → 3문단

4 어휘의 의미 파악하기

근거 있는 정답 풀이

③ ⓐ와 ③의 '모이다'는 '모으다'의 피동사로, '한데 합쳐지다.'라는 의미로 사용되었다.

어휘 공략하기

본문 63쪽

1 (1) 척도 (2) 독주 (3) 배치 (4) 부호
2 (1) ㉡ (2) ㉢ (3) ㉣ (4) ㉠
3 ④

3 수능 맛보기

근거 있는 정답 풀이

④ 〈보기〉에 쓰인 '수식'은 '수 또는 양을 나타내는 숫자나 문자를 계산 기호로 연결한 식.'이라는 의미로 사용되었다. 반면에 ④에 쓰인 '수식'은 '문장의 표현을 화려하게, 또는 기교 있게 꾸밈.'이라는 의미로 사용되었다.

11강 실전 1 조세 사회

본문 66~67쪽

확인 문제 » 1 조세 2 ○ 3 ×

정답 » 1 ② 2 ③ 3 ②

수능이 쉬워지는 지문 키워드

☑분류를 활용한 글

이 글은 국가의 재정 마련을 위해 조세를 부과할 때 고려할 점을 분류하여 설명하고 있다. 조세의 효율성과 공평성의 개념을 파악하고, 조세의 공평성을 확보하기 위한 기준과 장단점, 사례 등을 중심으로 글을 읽어야 한다.

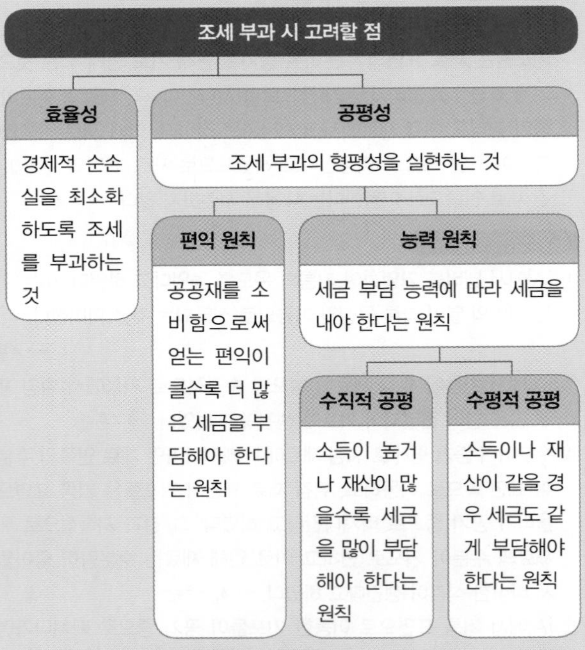

• 주제 조세 부과 시 고려할 점

• 문단별 중심 내용

1문단: 조세의 개념과 조세 부과 시 고려할 점
2문단: 조세 부과 시 고려할 점 ① 효율성
3문단: 조세 부과 시 고려할 점 ② 공평성 – 편익 원칙
4문단: 조세 부과 시 고려할 점 ② 공평성 – 능력 원칙(수직적 공평)
5문단: 조세 부과 시 고려할 점 ② 공평성 – 능력 원칙(수평적 공평)

1 글의 정보 파악하기

근거 있는 정답 풀이

② 이 글은 조세를 부과할 때 고려할 점을 조세의 효율성과 공평성으로 구분하여 소개하고, 조세 부과의 공평성을 확보하기 위한 기준으로 편익 원칙과 능력 원칙을 구분하여 그 특성을 설명하고 있다. 즉, 이 글은 조세를 부과할 때 고려할 사항을 기준에 따라 구분한 뒤 그 특성을 설명하고 있으므로 적절하다.

2 글의 정보 파악하기

근거 있는 정답 풀이

③ 개인의 세금 부담 능력에 따라 세금을 부과하면 조세를 통해 소득을 재분배하는 효과가 있는데, 이는 능력 원칙의 효과이다. 능력 원칙은 조세의 공평성을 확보하기 위한 기준 중 하나이므로 ㉡은 소득 재분배와 관련이 있다. 그렇지만 ㉠은 경제적 순손실을 최소화하기 위한 것으로 소득 재분배와는 관련이 없다. → 2~4문단

근거 있는 오답 풀이

① 상품에 소비세를 부과하면 결과적으로 경제적 순손실이 발생하고 이로 인해 경기가 둔화될 수 있다. 따라서 경제적 순손실을 최소화하도록 조세를 부과해야 조세의 효율성을 높일 수 있으므로 ㉠은 조세가 경기에 미치는 영향과 관련이 있다. → 2문단

② ㉡은 조세 부과의 형평성을 실현하는 것으로, ㉡이 확보되면 조세 부과의 형평성이 높아져서 조세 저항을 줄일 수 있다. → 3문단

④ ㉡은 조세 부과의 형평성을 실현하는 것이고, ㉠은 조세로 인한 경제적 순손실을 최소화하기 위한 것이다 → 2, 3문단

⑤ 이 글에서 조세를 부과할 때는 ㉠과 ㉡을 고려해야 한다고 하였다. → 1문단

3 사례나 상황에 적용하기

보기 분석

편익 원칙	공공재를 소비하여 얻는 편익이 클수록 더 많은 세금을 부담해야 함.
능력 원칙	개인의 세금 부담 능력에 따라 세금을 내야 함. • 수직적 공평: 소득이 높거나 재산이 많을수록 세금을 많이 부담해야 함. 예 비례세, 누진세 • 수평적 공평: 소득이나 재산이 같을 경우 세금도 같게 부담해야 함. → 소득이 동일하더라도 실질적인 조세 부담 능력이 다른 경우를 고려하여 공제 제도를 시행함.

근거 있는 정답 풀이

② ㄱ. 납세자의 세금 부담 능력에 따라 세금을 부과해야 한다는 능력 원칙에 따르면 소득이 높거나 재산이 많을수록 세금을 많이 부담해야 한다. 따라서 납세자마다 세금 납부액에 차이가 있는 것은 납세자의 능력을 고려하여 세금을 징수한 결과이다. → 4문단

ㄷ. 소득이 동일하더라도 부양가족의 수가 다르면 실질적인 조세 부담 능력에 차이가 생긴다. 따라서 부양가족 수에 따라 세금을 감면해 주는 것은 납세자의 조세 부담 능력을 고려한 것이다. → 5문단

근거 있는 오답 풀이

④ ㄴ. 납세자의 소득이 높을수록 세율을 더 높게 적용하는 것은 수직적 공평에 해당한다. → 4문단

ㄹ. 수평적 공평은 소득과 재산이 같은 납세자에게 조세를 동일하게 부과하는 것이다. 하지만 수치상의 소득과 재산이 같더라도 부양가족 수가 많으면 상대적으로 실질적인 조세 부담 능력이 낮아진다. 따라서 부양가족 공제는 이러한 형평성을 고려하여 조세의 공평성을 확보하기 위한 것이다. → 5문단

11강 실전 2 초고층 건물의 건축 기법

기술 본문 68~70쪽

확인 문제 » 1 하중 2 ○ 3 ×

정답 » 1 ③ 2 ④ 3 ③ 4 ④

수능이 쉬워지는 지문 키워드 ☑분류를 활용한 글

이 글은 초고층 건물에 작용하는 하중을 수직 하중과 수평 하중으로 나누어 설명하고 있다. 수직 하중과 수평 하중의 차이와 이러한 하중을 견디기 위한 다양한 건축 기법을 중심으로 글을 읽어야 한다.

초고층 건물에 작용하는 힘

수직 하중	수평 하중
건물 자체의 무게로 인해 땅 표면에 수직 방향으로 작용하는 힘	바람이나 지진 등에 의해 건물에 가로 방향으로 작용하는 힘

⬇ 건축 기법

구분	건축 기법
보 기둥 구조 (수직 하중)	기둥과 기둥 사이를 가로지르는 수평 구조물인 보를 설치하고 그 위에 바닥판을 놓은 구조
코어 구조 (수평 하중)	철골 콘크리트 구조물을 건물 중앙에 세워, 건물의 보와 기둥들을 강하게 접합한 구조
아웃리거-벨트 트러스 구조 (수평 하중)	건물 외벽에 설치된 벨트 트러스를 내부의 코어와 연결한 구조
TLCD (수평 하중)	U 자형 관 안에 수백 톤의 물이 채워진 것으로 초고층 건물의 상층부 중앙에 설치

• 주제 초고층 건물의 하중을 견디기 위한 건축 기법

• 문단별 중심 내용

1문단: 초고층 건물에 작용하는 수직 하중과 수평 하중
2문단: 수직 하중을 견디기 위한 건축 기법 - 보 기둥 구조
3문단: 건물의 안전을 위협하는 수평 하중
4문단: 수평 하중을 견디기 위한 건축 기법 ① - 코어 구조
5문단: 수평 하중을 견디기 위한 건축 기법 ② - 아웃리거-벨트 트러스 구조
6문단: 수평 하중을 견디기 위한 건축 기법 ③ - TLCD

1 글의 정보 파악하기

근거 있는 정답 풀이

③ 넓은 공간에서 좁은 공간으로 바람이 불어오면 풍속이 빨라지고, 이에 따라 수평 하중이 증가한다. → 3문단

2 글의 정보 파악하기

근거 있는 정답 풀이

④ ⓒ에서 트러스는 건물의 외부 기둥을 벨트처럼 둘러싸서 코어에 무리한 힘이 가해지는 것을 예방하는 역할을 한다. 벨트 트러스와 코어를 견고하게 연결하여 수평 하중을 덜 받게 하는 것은 아웃리거이므로 트러스가 아웃리거와 코어의 결합력을 높인다는 설명은 적절하지 않다. → 5문단

3 자료에 적용하기

근거 있는 정답 풀이

③ [A]에서 TLCD는 관 전체의 가로 폭이 넓어질수록 수평 방향의 흔들림을 줄여 주는 효과가 크다고 하였다. 따라서 Ⓐ 전체의 가로 폭이 넓어질수록 Ⓒ가 수평 하중을 견디는 효과가 커질 것이다. → 6문단

근거 있는 오답 풀이

① 바람이 불어 Ⓒ가 한쪽으로 기울어지면 Ⓐ도 같은 쪽으로 기울어질 것이다. 그렇지만 Ⓑ는 관성의 법칙에 따라 원래의 자리에 있으려 할 것이다. → 6문단

② [A]에서 건물이 한쪽으로 기울어지면 물은 관성의 법칙에 따라 원래의 자리에 있으려 하기 때문에 건물이 기울어진 쪽의 반대쪽에 있는 관의 물 높이가 높아진다고 하였다. 따라서 Ⓐ가 왼쪽으로 기울면 오른쪽 관에 있는 Ⓑ의 높이가 왼쪽보다 높아질 것이다. → 6문단

④ [A]에서 TLCD는 물이 무거울수록 수평 방향의 흔들림을 줄여 주는 효과가 크지만 그에 따라 수직 하중은 증가한다고 하였다. 따라서 Ⓐ에 있는 Ⓑ의 양이 많을수록 Ⓒ에 작용하는 수직 하중은 증가할 것이다. → 6문단

⑤ [A]에서 TLCD는 물이 무거울수록 수평 방향의 흔들림을 줄여 주는 효과가 크다고 하였다. 따라서 Ⓐ에 채워진 Ⓑ의 무게가 무거울수록 Ⓒ의 수평 방향의 흔들림을 줄여 주는 효과가 클 것이다. → 6문단

4 어휘의 의미 파악하기

근거 있는 정답 풀이

④ '보완하다'는 '모자라거나 부족한 것을 보충하여 완전하게 하다.'라는 의미이다. '잘 보호하고 간수하여 남기다.'라는 의미를 가진 단어는 '보존하다'이다.

어휘 공략하기

본문 71쪽

1 (1) 편익 (2) 하중 (3) 공제 (4) 부과
2 (1) ⓒ (2) ⓔ (3) ⓐ (4) ⓑ
3 ⑤

3 수능 맛보기

근거 있는 정답 풀이

⑤ 〈보기〉에 쓰인 '시장'은 '상품으로서의 재화와 서비스의 거래가 이루어지는 추상적인 영역.'을 의미한다. 반면에 ⑤에 쓰인 '시장'은 '여러 가지 상품을 사고파는 일정한 장소.'를 의미한다.

12강 실전 1 코나투스

인문 본문 72~73쪽

확인 문제 » 1 코나투스 2 × 3 ○

정답 » 1 ② 2 ② 3 ⑤

수능이 쉬워지는 지문 키워드

☑개념을 설명한 글

이 글은 스피노자 윤리학을 이해하기 위해 먼저 알아야 할 코나투스의 개념을 상세하게 설명하고 있다. 코나투스와 신체 활동 능력, 감정, 선악의 관계를 중심으로 스피노자 윤리학에서 말하고자 하는 바를 이해해야 한다.

코나투스	개념	실존하는 모든 사물은 자신의 존재를 유지하기 위해 노력하는데, 이와 같은 사물의 본질을 코나투스라고 함.
	감정과의 관계	• 신체적 활동 능력이 증가하면 기쁨의 감정을 느낌. → 코나투스 증가 • 신체적 활동 능력이 감소하면 슬픔의 감정을 느낌. → 코나투스 감소
	선악과의 관계	• 선: 신체 활동 능력 증가 → 코나투스 증가 • 악: 신체 활동 능력 감소 → 코나투스 감소
	공동체의 필요성	코나투스를 증가시키기 위해 공동체 안에서 기쁨의 관계를 형성해야 함.

• 주제 코나투스의 개념으로 알아본 스피노자의 윤리학

• 문단별 중심 내용

1문단: 스피노자가 말하는 코나투스의 개념
2문단: 코나투스와 관련된 신체와 감정의 관계
3문단: 코나투스와 관련된 선악의 개념
4문단: 코나투스 증가를 위한 기쁨의 관계 형성과 공동체의 필요성

1 글의 정보 파악하기

근거 있는 정답 풀이

② 이 글에서는 스피노자가 정신과 신체를 하나로 보았다고 하며 정신과 신체의 관계에 대해 설명하고 있을 뿐, 정신과 신체의 유래는 설명하지 않았다.

근거 있는 오답 풀이

① 실존하는 모든 사물은 자신의 존재를 유지하기 위해 노력하는데, 이것이 바로 그 사물의 본질인 코나투스라고 하였다. → 1문단

③, ④ 스피노자는 신체적 활동 능력이 감소하는 것과 슬픔의 감정을 느끼는 것은 코나투스가 감소하고 있음을 보여 주는 것이라고 하였다. 이를 통해 감정과 코나투스의 관계 그리고 신체 활동 능력과 코나투스의 관계를 알 수 있다. → 2문단

⑤ 코나투스는 타자와의 관계에 영향을 받으므로 타자와 함께 자신의 기쁨을 증가시킬 수 있는 공동체가 필요하다고 하였다. → 4문단

2 글의 정보 파악하기

근거 있는 정답 풀이

② 스피노자는 코나투스를 사물의 본질이라고 보았으며, 선악은 사물이 다른 사물과 맺는 관계에 따라 결정되는 것이라고 보았다. → 3문단

근거 있는 오답 풀이

① 스피노자는 자신에게 기쁨을 주는 모든 것은 선이라고 하였다. → 3문단

③ 스피노자는 사물이 다른 사물과 어떤 관계를 맺느냐에 따라 선이 되기도 하고 악이 되기도 한다고 하였다. 이는 선악의 판단이 타자와의 관계에 따라 달라진다는 것을 의미한다. → 3문단

④ 스피노자는 신체적 활동 능력을 감소시켜 슬픔을 주는 것을 악이라고 보았다. → 3문단

⑤ 스피노자는 기쁨을 지향하는 것이 선의 추구라고 하였으며, 자신과 타자 모두의 기쁨을 증가시킬 수 있는 공동체가 필요하다고 하였다. → 4문단

3 내용 추론하기

보기 분석

	스피노자	쇼펜하우어
공통점	욕망을 인간의 본질이라고 봄.	
차이점	인간은 욕망에 따라 행동해야 한다고 주장함.	욕망을 부정하면서 욕망에서 벗어나야 한다고 주장함.

근거 있는 정답 풀이

⑤ 스피노자가 욕망을 긍정하고 욕망에 따라 행동하라고 한 것과 달리, 쇼펜하우어는 욕망은 채우려 해도 채울 수 없는 것이므로 욕망의 결핍이 주는 고통에서 벗어나기 위해 욕망을 부정하고 절제해야 한다고 하였다. 즉 쇼펜하우어는 스피노자와 달리 욕망에서 벗어나야 한다고 본 것이다. → 4문단

근거 있는 오답 풀이

① 쇼펜하우어는 욕망을 부정하며 욕망을 절제해야 한다고 하였지만, 스피노자는 욕망을 긍정하고 욕망에 따라 행동하라고 하였다. → 4문단

② 스피노자는 욕망에 따라 행동하라고 하였지만, 쇼펜하우어는 욕망을 부정하고 절제하라고 하였다. → 4문단

③ 쇼펜하우어는 삶을 욕망의 결핍이 주는 고통의 시간이라고 여겼지만, 스피노자는 삶을 지속하고자 하는 욕망인 코나투스를 긍정하고, 욕망에 따라 행동하라고 하였다. 따라서 스피노자가 삶을 욕망의 결핍이 주는 고통의 시간이라고 여겼다는 것은 적절하지 않다. → 1, 4문단

④ 쇼펜하우어는 욕망을 인간과 세계의 본질로 생각했으며, 스피노자 역시 인간은 코나투스를 본질로 지니고 있다고 하였다. 이때 코나투스는 삶을 지속하고자 하는 욕망을 의미하므로 쇼펜하우어와 스피노자 모두 욕망을 인간의 본질로 보고 있다. → 1, 2문단

12강 실전 2 북극 해빙 과학 본문 74~76쪽

확인 문제 » 1 해빙 2 ○ 3 ○

정답 » 1 ① 2 ① 3 ⑤ 4 ④

수능이 쉬워지는 지문 키워드 ☑개념을 설명한 글

이 글은 북극 해빙이 쉽게 녹지 않는 이유를 열에너지 전달에 관한 두 가지 원리를 통해 설명하고 있다. 열에너지 전달 원리를 이해하고, 이를 토대로 북극 해빙이 쉽게 녹지 않는 이유를 바닷물과의 접촉면, 부피와 면적 간의 관계와 연관 지어 파악해야 한다.

열에너지의 전달 원리	• 열에너지는 온도가 높은 곳에서 낮은 곳으로 전달되며 온도가 다른 물체들이 접촉하면 열적 평형을 이루려고 함. • 물체 사이의 접촉면이 클수록 전달되는 열에너지의 양이 커짐.

⬇

북극 해빙이 쉽게 녹지 않는 이유	• 바닷물과의 접촉면이 적음. – 해빙은 바닥 부분만 바닷물과 접촉하고 있어서 바닷물의 열에너지가 해빙의 바닥 부분으로만 전달됨. • 부피가 큼. – 부피가 클수록 얼음이 녹는 시간이 길어지는데, 해빙의 부피는 계산하기 어려울 정도로 큼.

• 주제 열에너지 전달 원리로 살펴본 해빙이 쉽게 녹지 않는 이유

• 문단별 중심 내용

1문단: 냉수 속 얼음보다 수명이 긴 북극 해빙
2문단: 열에너지 전달에 관한 두 가지 원리
3문단: 접촉 면적에 따라 얼음이 녹는 시간을 알아보는 실험
4문단: 북극 해빙이 쉽게 녹지 않는 이유 ① – 바닷물과의 접촉면
5문단: 북극 해빙이 쉽게 녹지 않는 이유 ② – 부피와 면적 간의 관계

1 글의 정보 파악하기

근거 있는 정답 풀이

① 이 글은 '왜 해빙의 수명은 냉수 속 얼음보다 긴 걸까?'라는 질문을 던지고, 열에너지의 전달 원리에 관한 실험, 면적과 부피의 관계를 바탕으로 질문에 대한 답을 찾는 과정을 보여 주고 있다. 따라서 이 글을 읽을 때에는 질문에 대한 글쓴이의 추론 과정을 분석하며 읽는 것이 가장 적절하다.

2 글의 정보 파악하기

근거 있는 정답 풀이

① 길이가 L배 커지면 면적은 L^2, 부피는 L^3만큼 비례하여 커진다는 '제

곱-세제곱 법칙'을 참고할 때, 북극 해빙의 면적은 부피에 비례한다는 것을 알 수 있다. → 5문단

근거 있는 오답 풀이

② 이 글에서 열에너지는 온도가 높은 곳에서 낮은 곳으로 전달된다고 하였다. → 2문단

③ 물에 잠긴 정육면체 얼음과 달리 해빙은 바다 위에 떠 있기 때문에 바닥 부분만 바닷물과 접촉하고 있다. 그래서 같은 부피의 해빙은 물에 잠긴 정육면체 얼음보다 녹는 시간이 6배 오래 걸린다고 하였다. → 4문단

④ 열에너지는 두 물체 사이의 접촉면을 통해서만 전달되며, 접촉면이 클수록 전달되는 열에너지의 양이 커진다고 하였다. 따라서 얼음이 물과 접촉하는 면적은 전달되는 열에너지의 양과 비례한다. → 2문단

⑤ 이 글에서 열적 평형은 접촉한 물체들의 열이 똑같아져 서로 어떠한 영향도 주거나 받지 않는 상태라고 하였으므로 열적 평형 상태에서는 물체 간 열에너지 전달이 일어나지 않는다. → 2문단

3 내용 추론하기

근거 있는 정답 풀이

⑤ 이 글에서 부피가 클수록 얼음이 녹는 시간이 길어진다고 하였으므로 얼음이 쉽게 녹지 않게 하려면 얼음의 부피를 늘리고 공기와 접촉하는 면적을 줄여야 한다. 따라서 얼음들을 정육면체인 한 덩어리로 만들어 보관할 경우 각각의 얼음을 보관할 때보다 부피가 커지고 공기와 접촉하는 면적이 줄어들게 되므로 석빙고의 얼음들을 녹지 않게 하는 가장 효율적인 방법이라고 할 수 있다. → 4, 5문단

4 어휘의 의미 파악하기

근거 있는 정답 풀이

④ ㉠과 ④의 '걸리다'는 '시간이 들다.'라는 의미로 사용되었다.

근거 있는 오답 풀이

① '어떤 일을 하다가 도중에 들키다.'라는 의미로 사용되었다.
② '어떤 것에 어긋나다.'라는 의미로 사용되었다.
③ '자물쇠, 문고리가 채워지거나 빗장이 질리다.'라는 의미로 사용되었다.
⑤ '기계 장치가 작동되다.'라는 의미로 사용되었다.

어휘 공략하기

본문 77쪽

1 (1) 당부 (2) 본질 (3) 부피 (4) 비례
2 (1) 접촉 (2) 보존 (3) 지속 (4) 교환
3 ④

3 수능 맛보기

근거 있는 정답 풀이

④ 〈보기〉에 쓰인 '앞서다'는 '발전이나 진급, 중요성 따위의 정도가 남보다 높은 수준에 있거나 빠르다.'라는 의미로 사용되었지만, ④에 쓰인 '앞서다'는 '앞에 있는 것을 지나쳐 가다.'라는 의미로 사용되었다.

13강 실전 1 가우디 건축물의 특징

예술 본문 78~79쪽

확인 문제 » 1 가우디 2 × 3 ×

정답 » 1 ② 2 ④ 3 ④

수능이 쉬워지는 지문 키워드

☑ 개념을 설명한 글

이 글은 가우디가 설계한 건축물의 특징과 가우디 건축물의 창의성을 설명하고 있다. 가우디가 건축물을 설계할 때 모티프로 삼은 것이 무엇인지 파악하고 가우디 건축물의 특징을 확인하며 읽어야 한다.

카사밀라	• 산의 모양을 본떠 내부에 직각으로 이루어진 부분이 없음. • 햇빛 방향에 따라 지붕을 비스듬하게 설계함. • 옥상 난간을 반투명 철망으로 만들어 바람이 들어오게 함. • 철골 구조를 이용하여 석조 건물의 유기적인 형태를 만들어 냄.
카사바트요	창문과 창살을 뼈 모양으로 디자인함.
구엘 공원	자연을 돌 자체로 묘사해 놓음.
사그라다 파밀리아 성당	• 기둥에 플라타너스 나무의 모습을 덧입힘. • 다중 현수선 모형을 고안하여 버팀벽 없이 날렵하고 균형 잡힌 건축물을 설계함.

⬇

가우디는 자연 본성을 합리적으로 사고하여 건축에 감성을 담아냄.

• 주제 가우디 건축물의 특징

• 문단별 중심 내용

1문단: 근대 건축의 대표적 인물인 안토니오 가우디
2문단: 바르셀로나의 도시 환경 개조와 이로 인한 문제점
3문단: 가우디의 문제 해결 방법과 카사밀라의 특징
4문단: 자연에서 모티프를 따온 가우디 건축물의 특징
5문단: 과학적으로 설계한 가우디의 건축물

1 글의 정보 파악하기

근거 있는 정답 풀이

② 도시 환경을 개조하기 위해 바르셀로나 전체를 주거 블록으로 채운 결과 블록 모퉁이에 지어진 집은 햇빛과 바람이 들지 않는 문제가 발생하였다. 가우디는 이 문제를 해결하기 위해 햇빛이 들어올 수 있도록 지붕을 햇빛 방향에 따라 비스듬하게 설계하고, 옥상 난간을 반투명 철망으로 만들어 바람이 들어올 수 있게 하였다. → 2, 3문단

근거 있는 오답 풀이

③ ㄴ, ㄷ은 바르셀로나의 도시 계획 공모전인 에이샴플라에 따라 결정된 내용이다. → 2문단

2 글의 정보 파악하기

근거 있는 정답 풀이

④ 가우디는 다중 현수선 모형을 고안하여 중력까지 치밀하게 계산한 건축 모형을 만들었다. 그 결과 버팀벽 없이 날렵하고 균형 잡힌 건축물을 설계할 수 있었으며, 이러한 기술력과 창의성의 결합체가 사그라다 파밀리아 성당이라고 하였다. 따라서 ⓐ에서는 각 구조를 치밀하게 설계한 균형감이 느껴질 것이다. → 5문단

근거 있는 오답 풀이

① ⓐ의 기둥에 플라타너스 나무의 모습을 덧입혀 숲에 와 있는 듯한 느낌을 준다고 하였지만, 이는 ⓑ와 관련이 없다. → 4문단

② ⓐ가 거대한 조각품과 같은 예술성을 보여 준다고 하였지만, 웅장함은 ⓑ와 관련이 없다. → 5문단

③ 가우디의 건축물은 대부분 직선이 없고 포물선과 나선 등 수학적인 곡선을 이룬다고 하였다. → 4문단

⑤ 철골 구조를 적절하게 이용한 것은 카사밀라이다. 철근 콘크리트 자재를 이용한 견고함은 ⓑ와 관련이 없다. → 3문단

3 내용 추론하기

보기 분석

	안토니오 가우디	몬드리안
모티프 선정	자연	자연(나무, 바다)
작품 표현 도구	철근, 콘크리트	선, 색채
수직과 수평을 바라보는 관점	수직과 수평에 근거한 엄격함 탈피	수직과 수평을 통한 대상의 단순화

근거 있는 정답 풀이

④ 몬드리안은 나무와 바다에서 모티프를 찾아 대상을 단순화하였고, 가우디는 아이디어의 원형을 자연에서 찾아 합리적이고 아름다운 건축물을 만들었다고 하였으므로 ㉮와 가우디의 공통점은 예술 작품 창작의 모티프를 자연에서 찾았다는 것이다. → 1문단

근거 있는 오답 풀이

① 가우디가 바르셀로나에서 활동했다는 것은 알 수 있지만, 몬드리안의 활동 무대는 〈보기〉에서 확인할 수 없다. → 1, 4문단

② 몬드리안은 선과 색채로 작품을 그렸고, 가우디는 철근과 콘크리트를 이용해 건축물을 지었다. → 3문단

③ 몬드리안은 예술과 과학에 공통적으로 적용할 수 있는 불변의 법칙을 찾기 위해 그림을 그렸지만, 가우디는 밀라의 의뢰를 받아 카사밀라를 설계하였다. → 3문단

⑤ 몬드리안은 수직과 수평으로 작품을 단순화한 반면, 가우디는 수직과 수평에 근거한 고전적인 건축의 엄격함을 벗어던졌다. → 3문단

13강 실전 2 민법과 형법

사회 　본문 80~82쪽

확인 문제 » 1 형법 2 ○ 3 ○

정답 » 1 ② 2 ③ 3 ⑤ 4 ⑤

수능이 쉬워지는 지문 키워드 　☑분류를 활용한 글

이 글은 법을 민법과 형법으로 나누어 설명하고 있다. 민법과 형법의 개념과 중요 원칙, 형법을 위반했을 경우 법의 집행 절차를 중심으로 글의 내용을 이해해야 한다.

민법	개념	국가 기관이 아닌, 사람들 간의 권리관계를 다루는 법률
	원칙	• 개인의 사유 재산에 대한 지배를 인정하지만, 공공복리에 적합하도록 행사해야 함. • 다른 사람에게 끼친 손해는 그 행위가 위법이고 동시에 고의나 과실에 의한 경우에만 책임을 짐.
형법	개념	범죄와 형벌을 규정하는 법률
	원칙	범죄의 행위와 그 범죄에 대한 처벌을 미리 법률로 정해 두어야 한다는 죄형 법정주의를 따름.

• 주제 　민법과 형법의 개념과 중요 원칙

• 문단별 중심 내용

1문단: 법의 개념과 특징
2문단: 민법의 개념과 원칙
3문단: 형법의 개념과 원칙
4문단: 형법 위반 시 법의 집행 절차
5문단: 법률의 적용 대상

1 글의 정보 파악하기

근거 있는 정답 풀이

② 법은 다른 사람이 행동을 평가할 수 있고, 그 변화도 확인할 수 있어야 하기 때문에 행동의 결과를 중시한다. → 1문단

근거 있는 오답 풀이

① 개인이 처리해도 되는 일까지 법이 간섭하면 사람들은 평온하게 살기 어려울 것이라며 법은 최소한의 간섭만 한다고 하였다. → 1문단

③ 인간은 집단생활을 하기 때문에 분쟁이 발생할 수밖에 없는데, 이로 인한 문제를 예방하거나 해결하기 위해 규칙을 만든다고 하였다. 이렇게 만들어진 여러 규칙 중 사회 구성원들의 합의에 따라 만들어지고 강제성을 가진 규칙을 법이라고 한다. → 1문단

④ 법은 강제성을 가진 규칙이라고 하였다. 이때 강제성은 공공의 이익을 실현하기 위해 사회 구성원들이 동의할 때만 발휘될 수 있다고 하였다. → 1문단

⑤ 법은 국민의 자유와 권리를 보호하는 역할을 하는데, 만약 법이 없으면 권력자나 국가 기관이 멋대로 권력을 휘두를 수 있을 것이라고 하였다. → 1문단

2 글의 정보 파악하기

근거 있는 정답 풀이

③ 민법의 원칙에 따르면 다른 사람에게 끼친 손해는 그 행위가 위법이고 동시에 고의나 과실에 의한 경우에만 책임을 진다고 하였다. 즉, 위법한 행위가 발생했을 때 의도적으로 잘못한 경우 이외에 과실에 의한 경우에도 책임을 물을 수 있다. → 2문단

근거 있는 오답 풀이

①, ④ 민법의 원칙들이 경제적 강자가 경제적 약자를 지배하는 수단으로 악용되기도 하여 20세기 들면서 제한이 생겼다. 그 결과 개인의 사유 재산에 대한 지배는 공공복리에 적합하도록 행사해야 한다는 수정된 원칙이 적용되고 있다. → 2문단

② 민법은 국가 기관이 아닌, 사람들 간의 권리관계를 다루는 법률이라고 하였다. → 2문단

⑤ 근대 사회에서 형성된 민법은 개인의 사유 재산에 대한 절대적 지배를 인정하고 국가를 비롯한 단체나 개인은 다른 사람의 사유 재산 행사에 간섭하지 못한다는 원칙을 가지고 있다. → 2문단

배경지식 확장하기

민법과 형법의 차이점

헌법은 사회의 질서를 유지하고 국민을 보호하기 위해 시행되는 최고 규범이지만, 우리가 가장 많이 접하는 법률 용어는 민법과 형법이다. 민법은 가족 분쟁, 판매와 관련된 분쟁 등 개인 간 분쟁 해결에 중점을 둔다. 반면에 형법은 살인, 밀수 등과 같은 범죄 행위로 법을 위반한 가해자에 대한 처벌을 강조한다.

3 자료에 적용하기

보기 분석

수사	수사를 시작하는 단서: 고소, 고발, 인지
⬇	
체포, 구속	• 피의자가 죄를 범했다고 의심할 만한 이유가 있으면 구속 영장을 받아 체포해서 구속함. • 범죄를 실행 중인 경우는 구속 영장 없이 체포 가능하지만, 48시간 이내에 구속 영장을 신청해야 함.
⬇	
기소	• 수사 결과 범죄 혐의가 인정되면 검사가 재판을 청구함. • 피의자의 나이, 환경, 동기 등을 고려하여 기소하지 않을 수도 있음.
⬇	
재판	법원에서 사건을 심리하여 범죄 사실이 확인되면 유죄를 선고함.
⬇	
집행	유죄가 인정되면 법원이 형을 선고하고 집행 절차에 들어감.

근거 있는 정답 풀이

⑤ Ⓒ에 들어갈 내용은 '기소'이다. 검사는 피의자의 나이, 환경, 동기 등을 고려하여 기소를 하지 않을 수 있으므로 적절한 내용이다. → 4문단

근거 있는 오답 풀이

① Ⓐ에 들어갈 내용은 '고발'이다. 수사를 개시하는 단서로는 고소, 고발, 인지가 있는데 이 중 고소는 피해자가 하는 반면 고발은 제3자가 한다. → 4문단

② 명예 훼손죄와 폭행죄는 수사를 진행했더라도 피해자가 원하지 않으면 처벌하지 않는다. → 4문단

③ Ⓑ에 들어갈 내용은 '체포'이다. 범죄를 실행 중인 경우는 구속 영장 없이 체포가 가능한데, 이 경우 48시간 이내에 구속 영장을 신청해야 하고, 법원은 신청서가 접수된 시간으로부터 48시간 이내에 구속 영장의 발부 여부를 결정해야 한다. → 4문단

④ Ⓒ에 들어갈 내용은 '기소'이다. 수사 결과 범죄 혐의가 인정되면 재판을 청구하는 기소를 하게 되는데, 이는 검사가 담당한다. → 4문단

4 어휘의 의미 파악하기

근거 있는 정답 풀이

⑤ '인지하다'는 '어떤 사실을 인정하여 알다.'라는 의미이다. '생각하고 헤아려 보다.'는 '고려하다'의 의미이다.

어휘 공략하기

본문 83쪽

1 (1) 창의성 (2) 점유자 (3) 강제성 (4) 유기적
2 ③
3 ⑤

3 수능 맛보기

근거 있는 정답 풀이

⑤ <보기>에 쓰인 '탈취하다'는 '빼앗아 가지다.'라는 의미로 사용되었다. 반면에 ⑤에 쓰인 '탈취하다'는 '냄새를 빼어 없애다.'라는 의미로 사용되었다.

근거 있는 오답 풀이

① '첨부'는 '안건이나 문서 따위를 덧붙임.'이라는 의미로 사용되었다.
② '속출하다'는 '잇따라 나오다.'라는 의미로 사용되었다.
③ '악용되다'는 '알맞지 않게 쓰이거나 나쁜 일에 쓰이다.'라는 의미로 사용되었다.
④ '유도하다'는 '사람이나 물건을 목적한 장소나 방향으로 이끌다.'라는 의미로 사용되었다.

14강 실전 1 효소의 촉매 작용 과학 본문 84~85쪽

확인 문제 » 1 촉매, 저해제 2 × 3 ○

정답 » 1 ⑤ 2 ③

수능이 쉬워지는 지문 키워드

☑개념을 설명한 글

이 글은 인체의 화학 반응에 관여하는 촉매와 저해제에 대해 설명하고 있다. 촉매의 개념과 종류, 촉매의 작용 과정, 저해제의 개념과 종류를 중심으로 글의 내용을 이해해야 한다.

효소	역할	생체 내에서 화학 반응이 빠르고 쉽게 일어나도록 함.
	작용	• 촉매 작용을 할 때 반응물과 일시적으로 결합함. • 촉매 과정에서 효소의 활성 부위와 기질의 입체 구조가 맞으면 효소·기질 복합체가 일시적으로 형성됨. • 촉매 과정이 끝나면 효소·기질 복합체에서 분리된 효소는 처음과 동일한 화학적 상태로 돌아옴.
저해제	경쟁적 저해제	기질이 결합할 효소의 활성 부위에 기질 대신 결합하여 효소·기질 복합체가 형성되지 못하도록 함.
	비경쟁적 저해제	효소의 활성 부위가 아닌 다른 부위에 결합하여 효소의 입체 구조를 변형시킴으로써 효소의 활성 부위에 기질이 결합하지 못하게 함.

• 주제 효소의 촉매 작용과 저해제의 작용 원리

• 문단별 중심 내용

1문단: 촉매의 개념과 종류
2문단: 효소의 촉매 작용
3문단: 효소·기질 복합체의 형성 원리
4문단: 저해제의 개념과 종류

1 글의 정보 파악하기

근거 있는 정답 풀이

⑤ 효소·기질 복합체로부터 분리된 효소는 처음과 동일한 화학적 상태로 되돌아온다고 하였으므로, 다른 종류의 기질에 맞는 입체 구조로 변형된다는 내용은 적절하지 않다. → 3문단

근거 있는 오답 풀이

① 활성화 에너지를 낮추는 것이 정촉매이고, 활성화 에너지를 높이는 것이 부촉매인데, 우리 몸속에도 이러한 촉매인 효소가 존재한다고 하였다. 효소는 생체 내에서 화학 반응이 빠르고 쉽게 일어나도록 하기 때문에 효소가 활성화 에너지를 조절하는 역할을 한다는 내용은 적절하다. → 1, 2문단

② 우리가 생활에 필요한 에너지를 얻거나 몸에 필요한 물질을 합성하는 과정은 모두 화학 반응에 의해 이루어지는데, 이 화학 반응의 속도를 변화시키는 물질이 촉매라고 하였으므로 적절하다. → 1문단

③ 효소의 활성 부위와 기질의 3차원적 입체 구조가 맞으면 효소·기질 복합체가 형성되어 촉매로 작용한다. 따라서 효소의 활성 부위의 구조와 기질의 구조가 다르면 촉매 반응이 일어나지 않을 것이므로 적절하다. → 3문단

④ 효소는 고유의 입체 구조를 갖는다고 하였으므로 적절하다. → 2문단

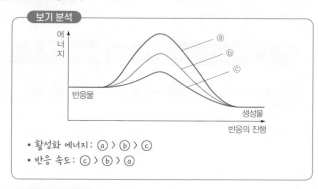

2 자료에 적용하기

보기 분석

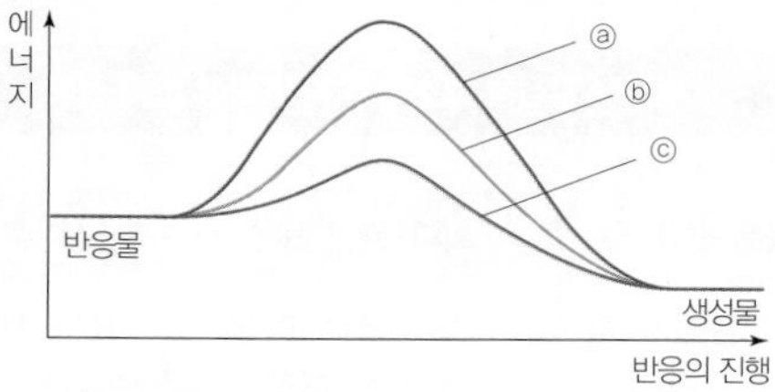

• 활성화 에너지: ⓐ > ⓑ > ⓒ
• 반응 속도: ⓒ > ⓑ > ⓐ

근거 있는 정답 풀이

③ 이 글에서 활성화 에너지가 낮아지면 반응 속도가 빨라지고, 활성화 에너지가 높아지면 반응 속도가 느려진다고 하였다. 〈보기〉에서 ⓒ는 ⓑ보다 활성화 에너지가 낮으므로 생성물을 만들어 내는 화학 반응 속도는 ⓒ가 ⓑ보다 빠를 것이다. → 1문단

근거 있는 오답 풀이

① 부촉매는 활성화 에너지를 높이는 역할을 한다. ⓐ를 촉매가 없는 그래프라고 가정할 때, ⓑ는 ⓐ에 비해 활성화 에너지가 낮아졌으므로, 반응물에 정촉매를 넣은 것이라고 볼 수 있다. → 1문단

② 정촉매는 활성화 에너지를 낮추는 역할을 한다. ⓒ를 촉매가 없는 그래프라고 가정할 때, ⓐ는 ⓒ에 비해 활성화 에너지가 높아졌으므로, 반응물에 부촉매를 넣은 것이라고 볼 수 있다. → 1문단

④ ⓐ, ⓑ, ⓒ에서 반응에 필요한 활성화 에너지는 ⓐ>ⓑ>ⓒ 순서로 높다. → 1문단

⑤ ⓐ, ⓑ, ⓒ의 활성화 에너지가 다르고, 그에 따른 화학 반응 속도도 다르기 때문에, 동일한 양의 생성물을 만들기 위해 필요한 시간 또한 다르게 소요된다. → 1문단

14강 실전 2 감정 노동 인문 본문 86~88쪽

확인 문제 » 1 감정 2 × 3 ×

정답 » 1 ② 2 ② 3 ⑤ 4 ⑤

수능이 쉬워지는 지문 키워드 ☑분류를 활용한 글

이 글은 감정 노동 종사자의 감정에 영향을 미치는 요인과 부정적 감정을 해소하기 위한 감정 조절 전략을 세 가지로 분류하여 소개하고 있다. 감정 노동의 양상과 이로 인한 부정적 감정을 해소하기 위한 전략의 특징 및 장단점을 중심으로 글의 내용을 이해해야 한다.

부정적 감정을 해소하기 위한 감정 조절 전략

능동 전략	회피·분산 전략	지지 추구 전략
부정적 감정에 적극적으로 대처하는 전략	의도적으로 다른 생각들을 떠올려 현재의 부정적인 상황을 피하거나 주의를 분산시키는 전략	자신을 지지하는 사람들과의 교류를 통해 자아 개념과 자존감을 안정되게 유지함으로써 부정적인 감정을 해소하려는 전략

- 능동 전략: 궁극적인 감정 조절을 위해 능동 전략을 활용해야 함.
- 회피·분산 전략, 지지 추구 전략: 일시적인 감정 조절에 유용하지만, 근본적인 문제를 해결할 수 없음.

• 주제 감정 노동 종사자의 감정에 영향을 미치는 요인과 감정 조절 전략

• 문단별 중심 내용

1문단: 감정 노동의 개념
2문단: 감정 노동 종사자의 감정에 영향을 미치는 요인
3문단: 감정 노동의 두 가지 양상
4문단: 감정 조절 전략 ① – 능동 전략
5문단: 감정 조절 전략 ② – 회피 · 분산 전략
6문단: 감정 조절 전략 ③ – 지지 추구 전략

1 비판이나 반응의 적절성 평가하기

근거 있는 정답 풀이

② 현재의 부정적인 상황을 피하거나 주의를 분산시키는 전략은 회피·분산 전략이다. 회피·분산 전략은 일시적인 감정 조절에는 유용하지만 근본적인 문제를 해결할 수 없다는 점에서 한계를 지닌다고 하였다. 또한 궁극적인 감정 조절을 위해서는 능동 전략을 활용하는 것이 바람직하다고 하였으므로 적절하지 않다. → 5, 6문단

2 글의 정보 파악하기

근거 있는 정답 풀이

② ㉠은 실제로 느끼지 않는 감정을 조직의 감정 표현 규칙에 맞추어 표현하는 것이므로, 내면의 감정과 조직이 요구하는 감정이 다를 수 있다. → 3문단

3 사례나 상황에 적용하기

근거 있는 정답 풀이

⑤ Ⓔ에서 부정적인 상황과 상관없는 즐거운 상황을 떠올리는 것은 회피·분산 전략에 해당한다. 타인과의 상호 작용을 바탕으로 자존감을 회복하려는 전략은 지지 추구 전략이므로 적절하지 않다. → 5, 6문단

근거 있는 오답 풀이

① Ⓐ에서 손님들의 나이나 성향이 다양하다고 하였으므로, 직무 다양성이 높다는 것을 알 수 있다. 직무 다양성이 높으면 표현해야 할 감정도 다양해진다. 영희는 이로 인해 힘든 감정 노동을 수행해야 하는 상황에 놓여 있으므로 적절하다. → 2문단

② Ⓑ에서 영희는 힘든 업무에도 불구하고 지배인부터 동료 직원들까지 자신을 존중하고 지원해 주는 분위기 즉, 사회적 지원이 풍부하여 업무 만족도가 높게 나타나고 있다. → 2문단

③ Ⓒ에서 영희는 자신이 짜증을 느끼게 된 원인이 무엇인지 파악하여 문제를 적극적으로 해결하려는 능동 전략을 사용하고 있으므로 적절하다. → 4문단

④ Ⓓ에서 영희는 슬픈 일이 있는데도 손님을 대하며 밝은 표정을 보여야 하는 감정 부조화 상황에서 우울함을 느끼는데, 이때 영희가 아무 생각도 하지 않으려고 하는 것은 부정적인 상황을 외면하려는 회피·분산 전략에 해당한다. → 5문단

4 어휘의 의미 파악하기

근거 있는 정답 풀이

⑤ '유용하다'는 '쓸모가 있다.'라는 의미이다. '어떤 일을 남들보다 잘하는 능력이 있다.'는 '유능하다'의 의미이다.

어휘 공략하기 본문 89쪽

1 (1) 양상 (2) 추구 (3) 대응 (4) 직무
2 (1) 결합 (2) 형성 (3) 고유 (4) 저해
3 ⑤

3 수능 맛보기

근거 있는 정답 풀이

⑤ 〈보기〉에 쓰인 '대기'는 '때나 기회를 기다림.'이라는 의미로 사용되었지만, ⑤에 쓰인 '대기'는 '공기를 달리 이르는 말.'이라는 의미로 사용되었다.

15강 실전 1 행선 예보 방식 (기술) 본문 90~91쪽

확인문제 » 1 행선 예보 방식 2 × 3 ×

정답 » 1 ③ 2 ④

수능이 쉬워지는 지문 키워드 ☑개념을 설명한 글

이 글은 여러 대의 엘리베이터를 효율적으로 운행하기 위한 시스템인 행선 예보 방식의 개념과 운행 원리를 설명하고 있다. 기존의 엘리베이터 운행 방식과 다른 행선 예보 방식의 특징을 이해하고, 행선 예보 방식 시스템의 구성과 작동 원리를 중심으로 글의 내용을 이해해야 한다.

행선 예보 방식	개념	엘리베이터를 타기 전에 승객이 입력한 행선 층 정보를 분석하여 승객 수송 시간과 전력 소비량을 고려하여 엘리베이터를 배정하는 방식
	장치 구성	• 행선 층 입력 장치: 승객이 행선 층을 입력하게 하고, 승객이 타야 할 호기를 표시함. • 주군 제어기: 승객이 입력한 행선 층에 대한 최적의 호기를 결정하고, 이를 행선 층 입력 장치에 전달함. • 보조군 제어기: 주군 제어기에 이상이 감지될 경우 주군 제어기의 기능을 대신함. • 호기 제어기: 주군 제어기의 호출을 받아 엘리베이터가 호출된 층으로 이동할 수 있도록 함. • 원격 모니터 장치: 주군 제어기의 작동 정보를 분석하고 표시함.

• 주제 엘리베이터 행선 예보 방식의 개념과 작동 원리

• 문단별 중심 내용

1문단: 엘리베이터 군 관리 시스템의 개념과 필요성
2문단: 행선 예보 방식의 운행 원리
3문단: 수송 시간을 고려한 행선 예보 방식의 운행 사례
4문단: 전력 소비량을 고려한 행선 예보 방식의 운행 사례
5문단: 행선 예보 방식 시스템의 구성 및 작동 원리

1 글의 정보 파악하기

근거 있는 정답 풀이

③ 보조군 제어기는 주군 제어기에 이상이 감지되었을 때 주군 제어기의 기능을 대신하는 역할을 한다. 따라서 보조군 제어기가 주군 제어기에 이상이 생기는 것을 예방하는 역할을 한다는 설명은 적절하지 않다. → 5문단

근거 있는 오답 풀이

① 주군 제어기는 승객이 입력한 행선 층에 대한 최적의 호기를 결정하고, 이를 다시 행선 층 입력 장치에 전달하는 역할을 한다. → 5문단

② 호기 제어기는 주군 제어기의 호출을 각 엘리베이터에 전달하여 엘리베이터가 호출된 층으로 이동할 수 있게 한다. → 5문단

④ 원격 모니터 장치는 주군 제어기의 작동 정보를 분석하고 표시하는 역할을 한다. 주로 정보를 분석하는 역할을 하기 때문에 주군 제어기나 행선 층 입력 장치, 호기 제어기처럼 엘리베이터 운행에 직접적으로 관계하지 않는다. → 5문단

⑤ 행선 층 입력 장치는 승객이 행선 층을 입력하도록 하고, 승객이 타야 할 호기를 표시하는 역할을 한다. → 5문단

2 사례나 상황에 적용하기

보기 분석

승객 A	승객 B
3층에 가려고 함.	5층에 가려고 함.
엘리베이터 1호기	**엘리베이터 2호기**
• 지하 1층에서 대기 중 • 3층에 가려는 승객 탑승 중	• 지하 1층에서 대기 중 • 승객 없음.

근거 있는 정답 풀이

④ 승객 수송 시간을 고려하면 동일한 층에 가고자 하는 승객은 같은 엘리베이터에 탑승시켜야 한다. 엘리베이터 1호기에는 3층에 가려는 승객이 이미 탑승 중이기 때문에 승객 A는 1호기에, 승객 B는 2호기에 타게 하는 것이 적절하다. → 3문단

15강 실전 2 지휘자의 음악 해석 (예술) 본문 92~94쪽

확인문제 » 1 음악 해석 2 ○ 3 ×

정답 » 1 ⑤ 2 ③ 3 ④ 4 ③

수능이 쉬워지는 지문 키워드 ☑관점을 제시하는 글

이 글은 악보를 소리로 바꾸는 과정에서 이루어지는 지휘자의 음악 해석을 설명하고 있다. 두 지휘자의 베토벤 「5번 교향곡」에 대한 음악 해석 차이를 알아보고, 이러한 음악 해석이 가능한 이유와 음악에서 다름을 허용하는 자세의 필요성을 중심으로 글을 이해해야 한다.

음악 해석

지휘자와 오케스트라가 작곡가의 악보를 소리로 바꾸는 과정에서 이루어짐.

토스카니니	푸르트벵글러
• 악보에 충실하게 연주함. • 베토벤 음악의 추진력을 부각함.	• 악보를 주관적으로 해석함. • 베토벤 음악이 지닌 웅장함과 역동성을 부각함.

⬇

클래식 음악을 생동감 넘치게 만드는 '다름'

• 주제 지휘자에 따른 음악 해석 차이와 음악 연주에서 다름을 허용하는 자세의 필요성

• 문단별 중심 내용

1문단: 음악 해석을 통한 지휘자의 역할
2문단: 다양한 음악 해석을 가능하게 하는 악보의 불완전성
3문단: 베토벤의「교향곡 5번」악보에 대한 설명
4문단: 베토벤「교향곡 5번」에 대한 토스카니니의 음악 해석
5문단: 베토벤「교향곡 5번」에 대한 푸르트벵글러의 음악 해석
6문단: 음악 연주에서 '다름'을 허용하는 자세의 필요성

1 글의 정보 파악하기

근거 있는 정답 풀이

⑤ 이 글은 중심 화제인 '음악 해석'을 설명하기 위해 토스카니니와 푸르트벵글러가 베토벤「교향곡 5번」을 서로 다르게 해석한 사례를 제시하여 화제에 대한 독자의 이해를 돕고 있다.

2 글의 정보 파악하기

근거 있는 정답 풀이

③ 작곡가가 아무리 악보를 정교하게 그린다고 해도 작곡가는 연주자들에게 자신이 의도한 음악을 정확하게 전달하는 데 한계가 있기 때문에 다양한 음악 해석이 가능하다고 하였으므로 음악 해석이 불필요하다는 내용은 적절하지 않다. → 2문단

3 비판이나 반응의 적절성 평가하기

근거 있는 정답 풀이

④ 베토벤은 재현부 제2주제의 팡파르를 바순으로 연주하도록 악보에 표시했다. 따라서 악보에 충실한 음악 해석을 중요시한 지휘자들은 베토벤이 악보에 적어 놓은 그대로 바순으로 연주해야 한다고 주장하였을 것이다. → 〈보기〉

근거 있는 오답 풀이

① 〈보기〉에서 베토벤은 당시의 호른으로는 재현부에서 C장조로 낮아진 제2주제의 팡파르를 연주할 수 없어 호른과 음색이 가장 비슷한 바순으로 연주하라고 표시하였으므로 적절하다. → 〈보기〉

② 토스카니니는 작곡가의 의도대로 정확하게 연주하는 지휘자라고 하였으므로, 베토벤이 악보에 적어 놓은 그대로 바순으로 연주해야 한다고 생각했을 것이다. → 4문단

③ 푸르트벵글러처럼 음악을 주관적으로 해석하는 지휘자들은 자신의 음악 해석에 따라 호른이나 바순 이외의 악기로 연주할 수 있을 것이다. → 5문단

⑤ 이 글의 글쓴이는 음악에서는 틀린 음을 연주하는 것 이외에 틀린 것은 없고, 단지 다를 뿐이라고 하였다. 따라서 바순과 호른 중 어떤 악기로 연주해도 그 지휘자의 연주가 틀렸다고 생각하지 않을 것이다. → 6문단

배경지식 확장하기

베토벤의「교향곡 5번」

베토벤의「교향곡 5번」은 클래식 음악 중 가장 유명한 곡 중 하나이다. 동양권에서는 흔히「운명」 또는「운명 교향곡」이라는 부제로 알려져 있다. 이 작품은 형식미와 구성력 면에서 매우 높은 평가를 받고 있으며, 베토벤의 교향곡 중에서도 가장 치밀하게 설계된 작품이라 할 수 있다. 이 작품은 교향곡의 전형적인 양식에 따라 4악장으로 구성되어 있고, 연주 시간은 약 35분 정도이며, 1악장에서는 시련과 고뇌, 2악장에서는 다시 찾은 평온함, 3악장에서는 열정, 4악장에서는 환희를 느낄 수 있다.

4 어휘의 의미 파악하기

근거 있는 정답 풀이

③ ㉠과 ③의 '불리다'는 '무엇이라고 가리켜 말해지거나 이름이 붙여지다.'라는 의미로 사용된 '부르다'의 피동사이다.

근거 있는 오답 풀이

①, ② '이름이나 명단이 소리 내어 읽히며 대상이 확인되다.'라는 의미로 사용된 '부르다'의 피동사이다.

④ '물에 젖게 해서 부피를 커지게 하다.'라는 의미로 사용된 '붇다'의 사동사이다.

⑤ '곡조에 맞추어 노래의 가사가 소리 내지다.'라는 의미로 사용된 '부르다'의 피동사이다.

어휘 공략하기

본문 95쪽

1 (1) 원격 (2) 템포 (3) 재현 (4) 효율적
2 (1) ㉡ (2) ㉢ (3) ㉠ (4) ㉣
3 ⑤

3 수능 맛보기

근거 있는 정답 풀이

⑤ 〈보기〉에 쓰인 '계산하다'는 '수를 헤아리다.'라는 의미로 사용되었고, ⑤에 쓰인 '계산하다'는 '어떤 일을 예상하거나 고려하다.'라는 의미로 사용되었다.

16강 실전 1 별의 밝기 과학 본문 98~99쪽

확인문제 » 1 절대 2 × 3 ○

정답 » 1 ④ 2 ⑤

수능이 쉬워지는 지문 키워드 ☑분류를 활용한 글

이 글은 별의 밝기를 겉보기 등급과 절대 등급으로 나누어 설명하고 있다. 겉보기 등급과 절대 등급의 개념을 이해하고, 이를 통해 별의 밝기와 거리, 크기, 온도 등의 관계를 이해할 수 있어야 한다.

별의 밝기

겉보기 등급
- 지구에서 관측되는 별의 밝기
- 1등급의 별이 6등급의 별보다 약 100배 밝고, 한 등급 간에는 밝기가 약 2.5배 차이가 남.

절대 등급

어떤 별이 지구로부터 10파섹(약 32.6 광년)의 거리에 있다고 가정했을 때 그 별의 겉보기 등급

거리 지수
- 거리 지수 = 별의 겉보기 등급 - 절대 등급
- 거리 지수가 큰 별일수록 지구에서 별까지의 거리가 멂.

• 주제 별의 겉보기 등급과 절대 등급

• 문단별 중심 내용

1문단: 겉보기 등급의 개념과 등급 체계

2문단: 별의 실제 밝기를 나타내는 절대 등급

3문단: 절대 등급의 개념과 별의 실제 밝기

4문단: 별까지의 거리를 판단하게 해 주는 거리 지수

1 글의 정보 파악하기

근거 있는 정답 풀이

④ 겉보기 등급에서 한 등급 간에는 밝기가 약 2.5배 차이가 난다고 하였다. 겉보기 등급이 -1인 별과 겉보기 등급이 1인 별의 밝기는 두 등급 차이가 나므로 2.5^2배 차이가 난다. → 1문단

근거 있는 오답 풀이

① 복사 플럭스 값은 빛이 도달되는 거리의 제곱에 반비례하기 때문에 별과의 거리가 멀수록 그 별은 더 어둡게 보인다고 하였다. 따라서 별빛이 도달되는 거리가 3배가 되면 복사 플럭스 값은 $1/3^2$배, 즉 1/9배가 된다. → 2문단

② 히파르코스는 별의 밝기를 6개의 등급으로 구분하였는데, 1856년 이후에 망원경이나 관측 기술의 발달로 인해 맨눈으로만 관측 가능했던 1~6등급 범위를 벗어나 그 값이 확장되었다고 하였다. → 1문단

③ 어떤 별의 거리 지수가 0이면 지구와 그 별 사이의 거리가 10파섹임을 나타내고, 0보다 크면 10파섹보다 멀다는 것을 의미한다고 하였다. 따라서 어떤 별과 지구 사이의 거리가 10파섹 미만이라면 그 별의 거리 지수는 0보다 작을 것이다. → 4문단

⑤ 별의 겉보기 등급에서 절대 등급을 뺀 값이 거리 지수이기 때문에 겉보기 등급과 절대 등급이 같으면 거리 지수는 0이 된다. 어떤 별의 거리 지수가 0이면 지구와 그 별 사이의 거리는 10파섹(약 32.6 광년)이라고 하였으므로 적절하다. → 4문단

2 자료에 적용하기

보기 분석

겉보기 등급	• 등급이 낮을수록 밝은 별임. • 밝기: 별 A(2등급) < 별 B(1등급)
절대 등급	• 등급이 낮을수록 밝은 별임. • 밝기: 별 A(-1등급) < 별 B(-6등급)
거리 지수	• 거리 지수가 클수록 지구에서 별까지의 거리가 멂. • 거리: 별 A(3) < 별 B(7)
반지름	• 광도는 별의 반지름의 제곱에 비례함. • 광도 값: 별 A(1^2) > 별 B(0.1^2)
표면 온도	• 광도는 별의 표면 온도의 네제곱에 비례함. • 광도 값: 별 A(1^4) < 별 B(10^4)

근거 있는 정답 풀이

⑤ 거리 지수의 값이 큰 별일수록 지구에서 별까지의 거리가 멀다고 하였다. 별 A의 거리 지수는 3, 별 B의 거리 지수는 7이므로 별 B는 별 A보다 지구에서 더 멀리 떨어져 있음을 알 수 있다. → 4문단

근거 있는 오답 풀이

① 별의 실제 밝기는 별의 표면적이 클수록, 표면 온도가 높을수록 밝다고 하였으므로 표면 온도와 상관없이 별 A가 별 B보다 더 밝다는 내용은 적절하지 않다. → 3문단

② 별의 실제 밝기는 절대 등급으로 나타내고, 등급이 낮을수록 별이 밝다고 하였다. 이 글에서 '리겔'의 절대 등급은 -6.8 정도라고 하였고, 별 A의 절대 등급은 -1이므로 별 A는 '리겔'보다 실제 밝기가 더 어두운 별이다. → 2문단

③ 지구에서 관측하는 밝기는 겉보기 등급으로 나타내고, 등급이 낮을수록 밝다고 하였다. 이 글에서 '북극성'의 겉보기 등급은 2.0 정도라고 하였는데, 별 B의 겉보기 등급은 1이므로 별 B는 지구에서 볼 때 '북극성'보다 더 밝게 보일 것이다. → 1, 4문단

④ 광도는 별의 반지름의 제곱과 별의 표면 온도의 네제곱에 비례한다고 하였다. 반지름만 비교하면 별 A의 광도가 별 B의 광도보다 100배 크지만, 표면 온도를 비교하면 별 B의 광도가 별 A의 광도보다 10,000배 크기 때문에 별 A의 광도 값이 별 B의 광도 값보다 크다는 내용은 적절하지 않다. → 3문단

16강 실전 2 내용 증명 (사회) 본문 100~102쪽

확인 문제 » 1 내용 증명 2 ○ 3 ×

정답 » 1 ③ 2 ④ 3 ⑤ 4 ③

수능이 쉬워지는 지문 키워드 ☑개념을 설명한 글

이 글은 분쟁의 가능성을 줄이는 데 기여하는 내용 증명 제도의 특징과 기능을 설명하고 있다. 내용 증명의 개념과 내용 증명을 활용하는 상황, 기능을 중심으로 글을 이해해야 한다.

내용 증명	개념	누가, 언제, 누구에게, 어떤 내용의 문서를 보냈다는 사실을 우체국에서 공적으로 증명해 주는 특수한 우편 제도
	효과	법적 분쟁이 일어날 가능성을 줄일 수 있음.
	활용 상황	개인 간 채권·채무 관계나 권리·의무를 더욱 명확하게 할 필요가 있을 때 이용함.
	특징	① 우체국에 동일한 내용의 문서를 3부 제출해야 함. ② 내용 증명이 우편으로 보내졌다는 사실은 입증하지만, 문서 내용의 사실 여부를 입증하는 것은 아님.
	기능	① 문서를 발송하였다는 것을 공적으로 증명하는 증거 효력을 가짐. ② 상대방에게 심리적 부담을 주어 그 내용을 실제로 시행하도록 함. ③ 소멸 시효를 중단시키는 데 중요한 역할을 함.

- 주제 내용 증명의 특징과 기능
- 문단별 중심 내용

1문단: 내용 증명의 개념과 활용 목적
2문단: 내용 증명의 필요성과 활용 사례
3문단: 내용 증명의 특징
4문단: 내용 증명의 기능 ①, ② – 증거 효력, 심리적 부담
5문단: 내용 증명의 기능 ③ – 소멸 시효 중단
6문단: 내용 증명의 효력 발생 시점과 보관 방식

1 글의 정보 파악하기

근거 있는 정답 풀이

③ 방문 판매 등의 청약 철회를 요청하는 내용 증명은 수신인이 우편을 받은 것과 상관없이 발신인이 서면을 발송한 날부터 효력이 발생한다. → 6문단

근거 있는 오답 풀이

① 내용 증명은 이를 보내는 사람이 추후 강력한 법적 대응을 이어갈 의지가 있음을 알리는 것이기 때문에 수신인에게 심리적 부담을 주어 그 내용을 실제로 시행하도록 한다. → 4문단

② 내용 증명은 판매자와 연락이 되지 않는 등의 이유로 계약을 철회할 수 있는 기간 내에 철회가 불가능한 경우에도 사용할 수 있다. → 2문단

④ 내용 증명으로 발송한 우편물은 3년간 우체국에서 보관하며, 발신인이 본인임을 입증하면 보관 중인 내용 증명의 열람을 요구할 수 있고, 복사를 요청할 수도 있다. → 6문단

⑤ 내용 증명은 발신인, 수신인, 우체국 3자가 각각 동일한 내용의 문서를 소지하기 위해 우체국에 동일한 내용의 문서 3부를 제출해야 한다. → 3문단

2 내용 추론하기

근거 있는 정답 풀이

④ 내용 증명은 문서를 발송하였다는 것을 공적으로 증명하는 증거 효력을 가지므로 상대방은 법적 대응 과정에서 내용 증명을 언제 받았다는 사실만큼은 문제 삼을 수 없다고 하였다. 따라서 내용 증명은 발신인이 의사 표시를 했음을 객관적으로 드러내어 상대방이 내용을 안 내받지 못했다고 주장하는 등의 법적 분쟁 소지를 줄일 수 있다. → 1, 4문단

근거 있는 오답 풀이

① 내용 증명은 개인 간 채권·채무 관계나 권리·의무를 더욱 명확하게 할 필요가 있을 때 이용한다고 하였다. 내용 증명 발신인이 요청하는 것은 계약의 철회이지, 분쟁의 철회가 아니므로 ㉠의 이유로 볼 수 없다. → 2문단

② 내용 증명은 발신인의 요구 사항을 수신인에게 보내는 문서이므로 수신인의 요구가 무엇인지 알 수 있게 된다는 것은 내용 증명과 관련이 없다. → 1문단

③ 내용 증명은 발신인이 충동적으로 맺은 계약을 취소하고 싶을 때 사용할 수 있지만, 충동적으로 계약을 맺는 것 자체를 막아 주는 것은 아니다. → 2문단

⑤ 내용 증명은 우편이 보내졌다는 사실은 증명하지만 문서 내용이 사실인지 아닌지까지 증명하는 것은 아니라고 하였다. 따라서 발신인 주장의 사실 여부가 법적으로 입증되는 것은 아니다. → 3문단

3 사례나 상황에 적용하기

근거 있는 정답 풀이

⑤ 소멸 시효가 중단되면 그때까지 지나간 소멸 시효의 기간은 무효가 되고 중단 사유가 종료된 때로부터 소멸 시효가 새로 시작된다고 하였다. 따라서 을이 2020년 10월 31일에 내용 증명을 보내고 법적 대응을 하여 소멸 시효가 중단된다면 새로운 소멸 시효는 2023년 10월 31일이라고 할 수 있다. → 5문단

근거 있는 오답 풀이

① 내용 증명은 개인 간 채권·채무 관계나 권리·의무를 더욱 명확하게 할 필요가 있을 때 주로 이용한다고 하였다. 〈보기〉에서 을이 보낸 내용 증명의 궁극적인 목적은 갑에게 돈을 갚기를 요구하는 것이므로 적절하다. → 2문단

② 내용 증명을 보내면 발신인이 작성한 어떤 내용의 문서가 언제 누구에게 발송되었는지를 우체국장이 증명할 수 있다고 하였다. 따라서

갑이 내용 증명을 받지 않았다고 주장하더라도 을은 우체국장을 통해 내용 증명을 보냈음을 증명할 수 있으므로 적절하다. → 3문단

③ 내용 증명을 보낸 날짜로부터 6개월 이내에 압류 등의 법적 대응을 해야만 소멸 시효가 중단되는 효력이 발생한다고 하였다. 따라서 내용 증명을 보낸 2020년 10월 31일로부터 6개월 이내인 2021년 4월 30일까지 압류 등의 법적 대응을 해야 소멸 시효 중단 효력이 발생한다. → 5문단

④ 내용 증명을 보낸 날짜로부터 6개월 이내에 법적 대응을 해야만 소멸 시효가 중단되는 효력이 발생한다. 따라서 을이 내용 증명을 보낸 2020년 10월 31일 이후 6개월 이내에 법적 대응을 하지 않으면 소멸 시효가 중단되는 효력이 발생하지 않으므로, 을이 돈을 받을 수 있는 권리는 2020년 12월 31일에 만료된다. → 5문단

4 어휘의 의미 파악하기

근거 있는 정답 풀이

③ ⓒ는 '문서, 서류, 편지 따위를 제출하거나 보내다.'라는 의미로 사용되었으므로 문맥상 '제출하다'로 바꾸어 쓸 수 있다. '수령하다'는 '돈이나 물품을 받아들이다.'라는 의미이므로 ⓒ와 바꾸어 쓰기에 적절하지 않다.

근거 있는 오답 풀이

① '발생하다'는 '어떤 일이나 사물이 생겨나다.'라는 의미이므로, ⓐ와 바꾸어 쓰기에 적절하다.

② '방지하다'는 '어떤 일이나 현상이 일어나지 못하게 막다.'라는 의미이므로, ⓑ와 바꾸어 쓰기에 적절하다.

④ '독촉하다'는 '일이나 행동을 빨리하도록 재촉하다.'라는 의미이므로, ⓓ와 바꾸어 쓰기에 적절하다.

⑤ '분실하다'는 '자기도 모르는 사이에 물건 따위를 잃어버리다.'라는 의미이므로, ⓔ와 바꾸어 쓰기에 적절하다.

어휘 공략하기

본문 103쪽

1 (1) 서면 (2) 광년 (3) 철회 (4) 채권
2 (1) 소지하고 (2) 관측할 (3) 짐작하는 (4) 열람을
3 ③

3 수능 맛보기

근거 있는 정답 풀이

③ 〈보기〉에 쓰인 '지다'는 '책임이나 의무를 맡다.'라는 의미로 사용되었지만, ③에 쓰인 '지다'는 '어떤 현상이나 상태가 이루어지다.'라는 의미로 사용되었다.

근거 있는 오답 풀이

① '어떤 증거 따위를 내세워 증명함.'이라는 의미로 사용되었다.

② '어떤 사정이나 사실, 현상 따위를 나타내 보이다.'라는 의미로 사용되었다.

④ '어떠한 의무나 책임을 짐.'이라는 의미로 사용되었다.

⑤ '생각, 태도, 사상 따위를 마음에 품다.'라는 의미로 사용되었다.

17강 실전 1 공공 미술

예술 본문 104~105쪽

확인 문제 » 1 공공 미술 2 ○ 3 ×

정답 » 1 ④ 2 ④

수능이 쉬워지는 지문 키워드

☑과정의 흐름을 보여 주는 글

이 글은 대중과 미술의 소통을 목적으로 공공장소에 미술 작품을 설치하는 공공 미술의 변화 과정을 설명하고 있다. 시대의 변화에 따른 공공 미술의 특징을 중심으로 글의 내용을 이해해야 한다.

1960년대 후반 ~1980년대	• 장소 중심의 공공 미술 – 공공건물에 설치되던 작품들이 공원이나 광장 등 공공장소에 설치되기 시작함. – 주변 공간과 어울리지 않거나, 미술가의 미학적 입장이 대중에게 수용되지 못하는 일이 발생함. • 결과 중심의 수동적 미술

⬇

1990년대 이후	• 참여 중심의 공공 미술 – 미술가와 대중, 작품과 대중 사이의 소통을 강화함. – 대중들이 작품 제작에 참여하거나 작품을 보고 만지며 체험하는 활동 속에서 작품의 의미를 완성하도록 함. • 과정 중심의 능동적 미술

• 주제 시대 변화에 따른 공공 미술의 특징

• 문단별 중심 내용

1문단: 공공 미술의 개념과 사례
2문단: 1960년대 후반 ~ 1980년대 공공 미술의 특징
3문단: 1990년대 이후 공공 미술의 특징
4문단: 공공 미술가들이 지향해야 할 창작 태도

1 글의 정보 파악하기

근거 있는 정답 풀이

④ 장소 중심의 공공 미술은 이미 완성된 작품을 어디에 놓느냐에 주목하여 작품이 설치되는 장소를 점차 확장하는 쪽으로 전개되었다. 대중을 작품 창작 과정에 참여시키는 쪽으로 전개되었던 것은 참여 중심의 공공 미술이다. → 2, 3문단

근거 있는 오답 풀이

① 장소 중심의 공공 미술은 완성된 작품을 어디에 놓느냐에 주목하던 결과 중심의 수동적 미술이라고 하였다. → 3문단

② 올덴버그는 서울의 청계 광장에 '스프링'이라는 작품을 설치하여 대중과 미술의 소통을 이끌어 내려고 하였다. → 1문단

③ 장소 중심의 공공 미술은 대중과 미술의 소통을 위해 사람들이 자주

드나드는 공공건물에 작품을 설치하였지만, 이 작품들이 건물의 장식으로 인식되어 대중과의 소통에 한계가 있었다고 하였다. → 2문단

⑤ 참여 중심의 공공 미술은 대중들이 작품 제작에 직접 참여하게 하거나, 작품을 보고 만지며 체험하는 활동 속에서 작품의 의미를 완성할 수 있도록 하였다. → 3문단

2 비판이나 반응의 적절성 평가하기

근거 있는 정답 풀이

④ 〈보기〉에서 공공 미술가는 대중과의 소통을 위해 때로는 자신의 미학적 입장을 포기할 수 있어야 한다고 하였다. 반면에 [A]는 대중과의 소통을 위해 미술가가 자신의 미학적 입장을 어느 정도 포기해야 한다는 것이 대중의 미적 감상 능력을 무시하는 편협한 시각이라고 말하며, 공공 미술에서 예술의 자율성은 소통의 가능성과 대립하지 않는다고 하였다. 따라서 ④는 [A]의 입장에서 비판한 내용으로 적절하다. → 4문단

근거 있는 오답 풀이

① 공원이나 광장 같은 공공장소에 설치된 작품들을 공공 미술이라고 한다. 따라서 공공장소에 설치된 작품들이 예술로 인정받을 수 없다는 내용은 [A]의 입장이라고 볼 수 없다. → 1, 4문단

② [A]에서는 대중과의 소통을 위해 누구나 쉽게 다가가 감상할 수 있는 작품을 만들어야 한다는 것이 대중의 미적 감상 능력을 무시하는 편협한 시각이라고 하였다. 따라서 ②는 [A]의 입장에서 비판한 내용으로 적절하지 않다. → 4문단

③ [A]에서는 대중과의 소통을 위해 미술가가 자신의 미학적 입장을 어느 정도 포기해야 한다는 것이 대중의 미적 감상 능력을 무시하는 편협한 시각이라고 하였다. 따라서 ③은 [A]의 입장에서 비판한 내용으로 적절하지 않다. → 4문단

⑤ [A]에서 추상적이고 난해한 작품이라도 대중과의 소통 가능성은 늘 존재한다고 하였으므로 ⑤는 [A]의 입장에서 비판한 내용으로 적절하지 않다. → 4문단

17강 실전 2 지문 인식 시스템 기술 본문 106~108쪽

확인 문제 » 1 지문 인식 2 ○ 3 ×

정답 » 1 ⑤ 2 ③ 3 ④ 4 ⑤

수능이 쉬워지는 지문 키워드 ☑분류를 활용한 글

이 글은 지문 인식 시스템을 광학식 지문 입력 장치와 정전형 센서식 지문 입력 장치, 초전형 센서식 지문 입력 장치로 분류하여 설명하고 있다. 지문 입력 장치의 종류에 따른 지문 인식 과정을 중심으로 글의 내용을 이해해야 한다.

지문 인식 시스템

등록된 지문과 조회하는 지문이 동일한지 판단함으로써 신원을 확인하는 생체 인식 시스템

광학식 지문 입력 장치	정전형 센서식 지문 입력 장치	초전형 센서식 지문 입력 장치
융선과 골에 대응하는 빛의 세기 차이를 이용하여 지문 영상을 얻음.	융선과 골에 대응하는 전하량의 차이를 이용하여 지문 영상을 얻음.	융선과 골에 대응하는 온도 차이를 이용하여 지문 영상을 얻음.

• 주제 지문 인식 시스템의 종류와 지문 인식 원리

• 문단별 중심 내용

1문단: 신원 확인을 위한 생체 정보로 사용되는 지문
2문단: 지문 인식 시스템의 원리
3문단: 광학식 지문 입력 장치의 지문 인식 과정
4문단: 정전형 센서식 지문 입력 장치의 지문 인식 과정
5문단: 초전형 센서식 지문 입력 장치의 지문 인식 과정
6문단: 지문 인식 시스템의 지문 인식 과정

1 글의 정보 파악하기

근거 있는 정답 풀이

⑤ 초전형 센서식 지문 입력 장치의 센서는 온도가 변할 때에만 신호가 발생하는 특성이 있기 때문에 센서에 손가락을 접촉시킨 채 이동시켜야 접촉면과 지문의 융선 사이에 마찰열이 발생하여 양호한 지문 영상을 얻을 수 있다. 따라서 손가락을 센서에 접촉시킨 후 움직이지 않아야 한다는 내용은 적절하지 않다. → 5문단

2 내용 추론하기

근거 있는 정답 풀이

③ ㉡은 정전형 센서들을 배치한 판에 손가락이 닿으면 전하가 방전되어 센서의 전하량이 줄어든다고 하였다. 융선은 지문에서 솟아오른 부분이고, 골은 파인 부분이므로 융선은 판에 닿지만 골은 판에 닿지 않는다. 따라서 ㉡에서는 융선에 대응하는 센서의 전하량이 골에 대응하는 센서의 전하량보다 적을 것이다. → 4문단

근거 있는 오답 풀이

① ㉠에서는 융선 부분의 습기나 기름이 반사면에 막을 형성하는데, 이 막에 도달한 빛은 꺾이거나 여러 방향으로 흩어져 약해진 상태로 이미지 센서에 도달한다고 하였다. 반면에 골 부분은 빛이 꺾이거나 흩어지지 않고 반사되어 센서에 도달한다고 하였다. 따라서 ㉠에서는 융선의 위치에서 반사되어 센서에 도달한 빛의 세기가 골의 위치에서 반사되어 센서에 도달한 빛의 세기보다 약할 것이다. → 3문단

② ㉡에서 융선이 접촉된 센서와 그렇지 않은 센서는 전하량에 차이가 생긴다고 하였으므로 적절하지 않다. → 4문단

④, ⑤ ㉢은 온도 변화를 감지하는 센서에 손가락을 접촉시킨 채 이동시

키면 접촉면과 지문의 융선 사이에 마찰열이 발생하여 융선과 골에 따라 센서의 온도가 달라진다고 하였다. 센서에 닿는 부분은 융선이므로 마찰열이 더 많이 발생하는 부분은 융선일 것이다. 따라서 ⓒ에서는 융선에 대응하는 센서의 온도가 골에 대응하는 센서의 온도보다 높을 것이다. → 5문단

3 자료에 적용하기

보기 분석

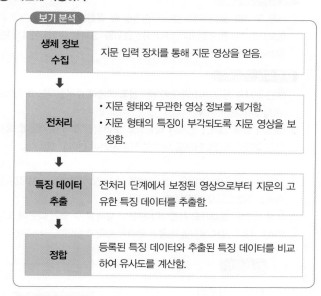

생체 정보 수집	지문 입력 장치를 통해 지문 영상을 얻음.
⬇	
전처리	• 지문 형태와 무관한 영상 정보를 제거함. • 지문 형태의 특징이 부각되도록 지문 영상을 보정함.
⬇	
특징 데이터 추출	전처리 단계에서 보정된 영상으로부터 지문의 고유한 특징 데이터를 추출함.
⬇	
정합	등록된 특징 데이터와 추출된 특징 데이터를 비교하여 유사도를 계산함.

근거 있는 정답 풀이

④ 특징 데이터 추출 단계에서는 지문이 가진 고유한 특징 데이터를 추출한다. <보기>에서 두 사람의 홍채 무늬가 같을 확률은 20억 분의 1 정도라고 하였으므로, 홍채의 불규칙한 무늬를 특징 데이터로 사용할 수 있다. 따라서 홍채 근육에 의해 달라지는 동공의 크기를 특징 데이터로 추출해야 한다는 내용은 적절하지 않다. → 6문단

근거 있는 오답 풀이

① 지문 인식 시스템은 지문 입력 장치에 손가락을 직접 접촉하여 정보를 얻지만, 홍채는 각막에 둘러싸여 있으므로 홍채 입력 시스템에는 홍채가 직접 닿지 않게 하는 방식이 필요하다. → 2, 6문단

② 전처리 단계에서는 지문 형태의 특징이 부각되도록 지문 영상을 보정한다. 홍채에서 신원을 확인하기 위한 생체 정보는 불규칙한 무늬라 할 수 있으므로 홍채 입력 시스템에서는 홍채의 불규칙한 무늬가 나타난 부분만을 분리하는 과정이 필요하다. → 6문단

③ 전처리 단계에서는 지문 형태의 특징이 부각되도록 지문 영상을 보정한다. 홍채에서 신원을 확인하기 위한 생체 정보는 불규칙한 무늬라 할 수 있으므로 홍채 입력 시스템에서는 홍채의 불규칙한 무늬가 선명하게 드러날 수 있도록 생체 정보 수집 단계에서 얻은 영상을 보정해야 한다. → 6문단

⑤ 정합 단계에서는 사전에 등록되어 있는 특징 데이터와 지문 조회를 위해 추출된 특징 데이터를 비교하여 유사도를 계산한다. 이 값이 기준치보다 크면 동일한 사람의 지문으로 판정하기 때문에 홍채 입력 시스템에 등록된 홍채의 특징 데이터와 조회하려는 홍채의 특징 데이터 사이의 유사도 값이 기준치보다 크면 동일한 사람의 홍채로 판정할 것이다. → 6문단

배경지식 확장하기

신분 확인을 위해 사용되었던 지문 인식

지문은 신분 확인을 위한 수단으로 기원전 7,000년 경부터 사용되었다. 당시 도자기를 만드는 도공들이 자신이 제작한 도자기를 구분하기 위해 도자기를 굽기 전 표면에 지문을 이용한 도장을 남겼고, 중국의 고대 문서들에는 작성자의 엄지손가락 지문이 찍혀 있었다. 1892년에 아르헨티나의 경찰관이 두 아들을 살해한 범인을 검거할 때 지문을 이용한 것이 세계 최초로 지문을 범죄 수사에 활용한 사례이다. 지문은 모양이 다 다르고, 그 형태도 평생 변하지 않기 때문에 오늘날에도 중요한 신원 확인 수단으로 활용되고 있다.

4 어휘의 의미 파악하기

근거 있는 정답 풀이

⑤ ㉮는 '구하거나 찾아서 가지다.'라는 의미로 사용되었다. 문맥을 고려할 때 '얻어 내거나 얻어 가지다.'를 의미하는 '획득하다'로 바꾸어 쓸 수 있다.

근거 있는 오답 풀이

① '조작하다'는 '어떤 일을 사실인 듯이 꾸며 만들다.'라는 의미이므로, ㉮와 바꾸어 쓰기에 적절하지 않다.

② '준비하다'는 '미리 마련하여 갖추다.'라는 의미이므로, ㉮와 바꾸어 쓰기에 적절하지 않다.

③ '제공하다'는 '무엇을 내주거나 갖다 바치다.'라는 의미이므로, ㉮와 바꾸어 쓰기에 적절하지 않다.

④ '제작하다'는 '재료를 가지고 기능과 내용을 가진 새로운 물건이나 예술 작품을 만들다.'라는 의미이므로, ㉮와 바꾸어 쓰기에 적절하지 않다.

어휘 공략하기

본문 109쪽

1 (1) 도달하다 (2) 보정하다 (3) 편협하다 (4) 추출하다
2 ②
3 ③

3 수능 맛보기

근거 있는 정답 풀이

③ <보기>에 쓰인 '따르다'는 '어떤 일이 다른 일과 더불어 일어나다.'라는 의미로 사용되었지만, ③에 쓰인 '따르다'는 '남이 하는 대로 같이 하다.'라는 의미로 사용되었다.

근거 있는 오답 풀이

① '신원'은 '개인의 성장 과정과 관련된 자료.'라는 의미로 사용되었다.

② '활용되다'는 '충분히 잘 이용되다.'라는 의미로 사용되었다.

④ '설치하다'는 '어떤 일을 하는 데 필요한 기관이나 설비 따위를 베풀어 두다.'라는 의미로 사용되었다.

⑤ '확장하다'는 '범위, 규모, 세력 따위를 늘려서 넓히다.'라는 의미로 사용되었다.

18강 실전 1 관점에 따른 도덕적 판단 인문 본문 110~111쪽

확인문제 » 1 도덕적 2 ○ 3 ○

정답 » 1 ③ 2 ② 3 ④

수능이 쉬워지는 지문 키워드 ☑관점을 제시하는 글

이 글은 도덕적 딜레마 상황에서 도덕적 판단의 기준을 제시하는 의무론적 관점과 목적론적 관점의 특징과 한계를 설명하고 있다. 도덕 법칙을 따라야 한다는 의무론적 관점과 최선의 결과를 가져오는 행위가 옳은 행위라는 목적론적 관점의 차이를 중심으로 글의 내용을 이해해야 한다.

도덕적 판단 기준

의무론적 관점	목적론적 관점
• 행위에 대한 도덕적 판단이 도덕 법칙에 따라 이루어져야 한다고 봄. → 좋지 않은 결과를 초래하더라도 도덕 법칙을 지켜야 함. • 도덕 법칙을 지키려는 의지를 의무로 보았으며, 결과와 상관없이 행위 자체의 옳고 그름에 주목함. • 한계: 두 개의 옳은 도덕 법칙이 충돌할 때 결정을 내릴 수 없음.	• 행복이나 쾌락을 인간이 추구해야 할 목적으로 봄. → 최선의 결과를 가져오는 행위가 옳은 행위임. • 어떤 행위를 결정할 때는 미래에 있을 결과를 고려해야 함. • 한계: 도덕 법칙에 대해 많은 예외를 허용할 우려가 있음.

• 주제 도덕적 판단의 기준을 제시하는 두 가지 관점

• 문단별 중심 내용

1문단: 도덕적 딜레마 상황과 도덕적 행위 판단의 기준
2문단: 의무론적 관점에 따른 도덕적 판단
3문단: 의무론적 관점의 한계점
4문단: 목적론적 관점에 따른 도덕적 판단
5문단: 목적론적 관점의 한계점

1 글의 정보 파악하기

근거 있는 정답 풀이

③ 이 글에서 의무론적 관점과 목적론적 관점의 개념을 밝히고, 사례를 들어 의무론적 관점과 목적론적 관점의 한계점을 설명하고 있으므로 적절하다.

근거 있는 오답 풀이

① 이 글에서 도덕적 판단의 기준이 되는 두 가지 관점을 제시하고 있지만, 이를 조율하여 결론을 이끌어 내지 않았다.

② 이 글에서 다른 대상과 비교하여 글쓴이 주장의 타당성을 증명하려 한 부분은 찾을 수 없다.

④ 이 글에서 의무론적 관점과 목적론적 관점의 한계점을 지적하고 있지만, 이에 대한 대안을 제시하지는 않았다.

⑤ 이 글에서 일반적으로 널리 통하는 개념의 문제점을 들어 주장을 강조한 부분을 찾을 수 없다.

2 글의 정보 파악하기

근거 있는 정답 풀이

② ㉠은 두 개의 옳은 도덕 법칙이 충돌할 때 결정을 내릴 수 없다고 하였으므로 더 좋은 결과가 나타나는 행위를 선택할 것이라는 내용은 적절하지 않다. → 3문단

근거 있는 오답 풀이

① ㉠은 결과와 상관없이 행위 자체의 옳고 그름에 주목한다고 하였으므로 적절하다. → 2문단

③ ㉠에서 도덕 법칙은 언제나 타당하고 보편적인 것이기 때문에 좋지 않은 결과를 초래하더라도 도덕 법칙을 지켜야 한다고 하였다. → 2문단

④ ㉡에서 도덕은 보다 많은 사람들에게 보다 많은 행복을 가져오는 행위라고 하였으므로 적절하다. → 4문단

⑤ ㉡은 똑같은 결과라도 사람마다 판단이 달라질 수 있기 때문에 도덕 법칙에 대해 많은 예외를 허용할 우려가 있다고 하였다. → 5문단

배경지식 확장하기

칸트주의와 공리주의

의무론적 관점의 대표적 이론은 칸트주의이며, 목적론적 관점의 대표적 이론은 공리주의이다. 칸트주의를 주장한 철학자 칸트는 인간의 내면에서 우러나오는 자율성만을 통해 진정한 자유를 얻을 수 있다고 주장하고, 자율적이면서 도덕적인 의지로 선의지를 제시하였다. 선의지란 도덕 법칙을 따르고자 하는 의지인 동시에 도덕 법칙에 따라 행동하도록 만드는 의지이며, 도덕적 행위의 주체이며, 다른 무엇과도 견줄 수 없는 무조건적인 선이라고 할 수 있다. 한편 공리주의의 대표적 철학자인 벤담은 가능한 한 많은 사람에게 결과적으로 많은 이익을 가져다주어야 한다는 '최대 다수의 최대 행복'을 도덕의 원리로 제시하였다.

3 어휘의 의미 파악하기

근거 있는 정답 풀이

④ ⓐ와 ④의 '내리다'는 '판단, 결정을 하거나 결말을 짓다.'라는 의미로 사용되었다.

근거 있는 오답 풀이

① '가루 따위를 체에 치다.'라는 의미로 사용되었다.
② '눈, 비, 서리, 이슬 따위가 오다.'라는 의미로 사용되었다.
③ '어둠, 안개 따위가 짙어지거나 덮여 오다.'라는 의미로 사용되었다.
⑤ '타고 있던 물체에서 밖으로 나와 어떤 지점에 이르다.'라는 의미로 사용되었다.

18강 실전 2 체지방 측정 방법 과학 본문 112~114쪽

확인 문제 » 1 체지방 2 ○ 3 ×

정답 » 1 ⑤ 2 ① 3 ③ 4 ①

수능이 쉬워지는 지문 키워드

✓분류를 활용한 글

이 글은 체지방의 개념과 다양한 체지방 측정 방법을 설명하고 있다. 피부 두겹법과 수중 체중법, 생체 전기 저항 분석법의 개념과 특징, 장단점을 중심으로 글의 내용을 정리하며 읽어야 한다.

체지방

- 섭취한 영양분 중 쓰고 남은 영양분을 지방의 형태로 몸 안에 축적해 놓은 것
- 내장 보호와 체온 조절, 에너지를 만드는 기능을 함.

피부 두겹법	수중 체중법	생체 전기 저항 분석법
• 캘리퍼스로 피하 지방의 두께를 잰 후 통계 공식에 넣어 체지방을 산출함. • 측정 부위나 측정자의 숙련도에 따라 오차가 발생할 수 있고, 내장 지방을 측정할 수 없음.	• 수중 체중과 물 밖 체중을 비교하여 체지방량을 계산함. • 이론적으로 정확성이 높지만, 일반적으로 활용하기에는 한계가 있어서 연구 목적 외에는 잘 사용되지 않음.	• 체내의 전기 저항을 통해 체지방량을 산출함. • 체내 수분의 양에 따라 전기 저항 수치가 달라지므로 매일 정해진 시간에 일정한 조건에서 측정해야 함.

• 주제 체지방의 특성과 체지방 측정 방법

• 문단별 중심 내용

1문단: 체지방의 개념과 기능
2문단: 체지방률의 개념과 비만 판정 기준
3문단: 체질량 지수(BMI)를 구하는 방법과 단점
4문단: 피부 두겹법을 이용한 체지방 측정과 한계
5문단: 수중 체중법을 이용한 체지방 측정과 단점
6문단: 생체 전기 저항 분석법을 이용한 체지방 측정과 단점

1 글의 정보 파악하기

근거 있는 정답 풀이

⑤ 체중은 체지방과 제지방의 합이라고 하였으므로, 체지방과 제지방의 전기 저항 차이를 통해 체중을 산출한다는 내용은 적절하지 않다. → 5문단

근거 있는 오답 풀이

① 탄수화물과 단백질은 1g당 4㎉의 열량을 내는 데 비해 지방은 9㎉의 열량을 낸다고 하였으므로 지방은 탄수화물과 단백질에 비해 열량이 높다. → 1문단

② 체지방률에 따르면 남성은 25% 이상, 여성은 30% 이상을 비만으로 판정한다고 하였으므로, 성별에 따라 판정 기준치가 다르다. → 2문단

③ 체지방은 피부 밑에 위치하는 피하 지방과 내장 기관 주위에 위치하는 내장 지방으로 나뉜다고 하였다. → 1문단

④ 체지방이 과잉 축적된 상태를 비만이라고 하였다. → 2문단

2 글의 정보 파악하기

근거 있는 정답 풀이

① ㉠은 살을 캘리퍼스로 집어서 피하 지방의 두께를 잰 후 체지방을 산출하기 때문에 내장 지방을 측정할 수 없다고 하였다. 또한 ㉡은 신체 부위별 체지방의 구성이나 비율을 정확하게 측정할 수 없다고 하였으므로 ㉠과 ㉡의 공통점으로 적절하다. → 4, 5문단

근거 있는 오답 풀이

② ㉡은 체지방량을 구하는 표준 방법으로 쓰일 정도로 이론적으로는 정확성이 높다고 하였으나, ㉠은 측정 오차가 발생할 수 있다고 하였으므로 ㉠과 ㉡의 공통점으로 적절하지 않다. → 4, 5문단

③ 이 글에서 ㉠이 연구 목적 외에 실제 측정 방법으로 사용되는지 확인할 수 없고, ㉡은 연구 목적 외에는 잘 사용되지 않는다고 하였으므로, ㉠과 ㉡의 공통점으로 적절하지 않다. → 4, 5문단

④ ㉠은 측정자의 숙련도에 따라 측정 오차가 발생할 수 있다고 하였고, ㉡은 측정자의 숙련도와 관련이 있는지 알 수 없으므로, ㉠과 ㉡의 공통점으로 적절하지 않다. → 4, 5문단

⑤ ㉠은 살을 캘리퍼스로 집어서 피하 지방의 두께를 잰다고 하였으므로 고가의 장비가 필요하다고 볼 수 없고, ㉡은 고가의 장비가 필요하지만 신체 부위별 체지방의 구성이나 비율은 정확하게 측정할 수 없다고 하였으므로, ㉠과 ㉡의 공통점으로 적절하지 않다. → 4, 5문단

3 자료에 적용하기

보기 분석

신장	A와 B의 체중이 동일하므로 BMI가 높은 사람의 신장이 더 작음.
제지방량	제지방량 = 체중 − 체지방량
수중 체중	체지방량이 많을수록 수중 체중이 줄어듦.
정상 체중	BMI가 18.5 ~ 22.9이면 정상 체중임.
비만 판정	남성의 경우 체지방률이 25% 이상이면 비만으로 판정함.

근거 있는 정답 풀이

③ 체지방량이 많을수록 수중 체중은 줄어든다고 하였으므로 체중이 같다면 체지방량이 많은 A의 수중 체중이 더 많이 줄어들 것이다. 따라서 수중 체중이 더 많이 나가는 사람은 B이다. → 5문단

근거 있는 오답 풀이

① BMI(체질량 지수)는 체중을 신장의 제곱으로 나누어 구한다. A와 B의

체중이 같다고 하였으므로 BMI 수치가 큰 사람의 신장이 더 작을 것이다. 따라서 A가 B보다 신장이 더 작다. → 3문단

② 체중은 체지방과 제지방의 합이라고 하였으므로 체중이 같다면 체지방량이 적은 사람의 제지방량이 더 많다. 따라서 B의 제지방량이 A보다 많다. → 5문단

④ BMI가 18.5~22.9이면 정상 체중이라고 하였으므로 BMI가 20.4인 B만 정상 체중이다. → 3문단

⑤ 체지방률은 체중에서 체지방이 차지하는 비율이라고 하였다. A의 체지방률은 27%(16.2/60×100)이고, B의 체지방률은 22%(13.2/60×100)이다. 남성의 경우 체지방률 25% 이상을 비만으로 판정한다고 하였으므로 A는 비만이라고 할 수 있다. → 2문단

4 어휘의 의미 파악하기

근거 있는 정답 풀이

① ⓐ는 '몇 가지 부분이나 요소들을 모아 일정한 성질이나 모양을 가진 존재가 되게 하다.'라는 의미로 사용되었다. 따라서 문맥을 고려할 때 '몇 가지 부분이나 요소들을 모아서 일정한 전체를 짜 이루다.'라는 의미의 '구성하다'로 바꾸어 쓸 수 있다.

근거 있는 오답 풀이

② '달성하다'는 '목적한 것을 이루다.'라는 의미이므로 ⓐ와 바꾸어 쓰기에 적절하지 않다.

③ '양성하다'는 '가르쳐서 유능한 사람을 길러 내다.'라는 의미이므로 ⓐ와 바꾸어 쓰기에 적절하지 않다.

④ '완성하다'는 '완전히 다 이루다.'라는 의미이므로 ⓐ와 바꾸어 쓰기에 적절하지 않다.

⑤ '이식하다'는 '살아 있는 조직이나 장기를 생체로부터 떼어 내어, 같은 개체의 다른 부분 또는 다른 개체에 옮겨 붙이다.'라는 의미이므로 ⓐ와 바꾸어 쓰기에 적절하지 않다.

어휘 공략하기

본문 115쪽

1 (1) 보편적 (2) 과잉 (3) 저항
2 ①
3 ②

3 수능 맛보기

근거 있는 정답 풀이

② 〈보기〉에 쓰인 '높이다'는 '품질, 수준, 능력, 가치 따위를 더 높은 수준으로 만들다.'라는 의미이고, ②에 쓰인 '높이다'는 '아래에서 위까지의 길이를 길게 하다.'라는 의미이다.

근거 있는 오답 풀이

① '축적되다'는 '지식, 경험, 자금 따위가 모여서 쌓이다.'라는 의미로 사용되었다.

③ '열량'은 '열에너지의 양.'이라는 의미로 사용되었다.

④ '주목하다'는 '관심을 가지고 주의 깊게 살피다.'라는 의미로 사용되었다.

⑤ '한계'는 '사물이나 능력, 책임 따위가 실제 작용할 수 있는 범위.'라는 의미로 사용되었다.

19강 실전 1 소비 형태에 관한 연구

사회 본문 116~117쪽

확인 문제 » 1 소비 2 × 3 ○

정답 » 1 ③ 2 ②

수능이 쉬워지는 지문 키워드

☑ 개념을 설명한 글

이 글은 대량 소비 시대의 소비 형태에 대한 베블런과 라이벤스타인의 연구 내용을 설명하고 있다. 베블런 효과와 밴드 왜건 효과, 스놉 효과로 설명한 현대인들의 과시적 소비 성향을 중심으로 글의 내용을 이해해야 한다.

대량 소비 시대의 소비 형태에 대한 연구

베블런	라이벤스타인
• 베블런 효과: 과시적 소비에 의해 고가의 상품에 대한 수요가 증가하여 가격이 오르는데도 수요가 늘어나는 현상	• 밴드 왜건 효과: 사람들이 일부 상류층과 신흥 부유층의 과시적 소비를 흉내 내며 사회 전체로 퍼져 나가는 현상 • 스놉 효과: 특정 제품에 대한 소비가 증가하게 되면 그 제품의 수요가 줄어들고 새로운 상품의 수요로 옮겨 가는 현상

• 주제 대량 소비 시대의 소비 형태에 대한 베블런과 라이벤스타인의 연구

• 문단별 중심 내용

1문단: 대량 소비 시대의 자기 과시적 소비 형태
2문단: 베블런 효과의 개념
3문단: 밴드 왜건 효과의 개념
4문단: 스놉 효과의 개념
5문단: 베블런과 라이벤스타인 연구의 의의

1 글의 정보 파악하기

근거 있는 정답 풀이

③ 이 글은 대량 소비 시대의 소비 형태에 대한 베블런과 라이벤스타인의 이론을 소개하고, 이러한 이론의 특징과 의의를 밝히고 있다.

근거 있는 오답 풀이

① 4문단에서 사례를 제시하고 있지만, 다양한 사례를 분류하여 나열하고 있지 않다.

② 이 글은 하나의 개념이 아니라, 베블런 효과, 밴드 왜건 효과, 스놉 효과 등 다양한 개념을 설명하고 있다. 또한 이러한 개념을 다양한 각도에서 살피고 있지 않으므로 적절하지 않다.

④ 베블런의 이론과 라이벤스타인의 이론 모두 현대 사회의 과시적 소비 형태를 설명한 것으로, 상반된 학설을 제시한 것이라고 볼 수 없으며 두 이론의 우열을 가리고 있지 않다.

⑤ 이 글에서 시간의 흐름에 따라 이론이 변화하는 과정을 다루지 않았다.

2 자료에 적용하기

보기 분석

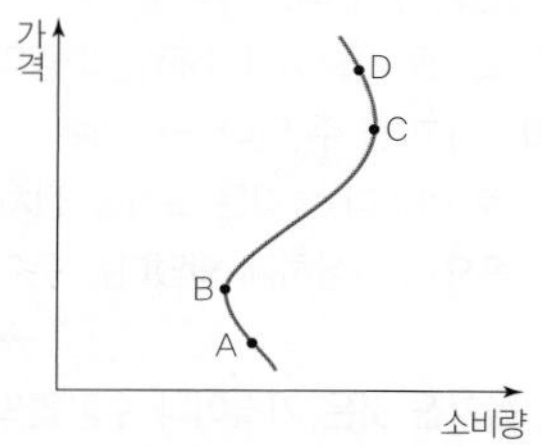

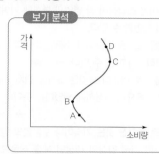

- A-B: 가격이 오르면 소비량이 감소함. → 기존의 경제 이론
- B-C: 가격이 오르는데 오히려 소비량이 증가함. → 베블런 효과
- B-D: 증가하던 기존 상품의 수요가 새 상품의 수요로 옮겨 가 소비량이 감소함. → 스놉 효과

근거 있는 정답 풀이

② 과시적 소비가 일어나면 가격이 올라도 수요가 늘어 소비량이 증가해야 하는데, 〈보기〉의 A–B 구간에서는 가격이 오르자 소비량이 감소하고 있으므로 과시적 소비가 일어났다고 보기 어렵다. 과시적 소비가 일어난 것으로 보이는 구간은 가격이 올랐음에도 소비량이 증가한 B–C 구간이다. → 2문단

근거 있는 오답 풀이

① 이 글에서 기존의 경제 이론에 따르면 상품의 가격이 내려가면 소비량이 늘어난다고 하였다. 따라서 상품 가격과 소비량은 반비례 관계에 있음을 알 수 있다. 〈보기〉에서 A–B 구간은 가격이 오를 때 소비량이 감소하는 모습을 보이고 있으므로 기존의 경제 이론으로 설명할 수 있다. → 5문단

③ B–C 구간은 가격이 오르는데 소비량이 늘어나는 베블런 효과를 보이고 있으므로, 이 구간의 상품은 '베블런 재'라고 할 수 있다. → 2문단

④ B–C 구간은 가격이 오르는데 소비량이 증가하는 베블런 효과를 보이고 있다. 이는 대량 생산 시대의 과시적 소비 형태라고 볼 수 있으므로 적절하다. → 1, 2문단

⑤ B–D 구간의 경우 B–C 구간에서는 가격이 올라도 소비량이 증가하는 소비의 형태를 보이다가, C–D 구간에서는 소비량이 감소하는 모습을 보인다. 이는 특정 제품에 대한 소비가 증가하면 그 제품에 대한 수요가 줄고 새로운 상품의 수요로 옮겨 가는 현상, 즉 스놉 효과와 관련이 있다. 따라서 라이벤스타인이 주목한 현상이 일어난다는 설명은 적절하다. → 2, 4문단

배경지식 확장하기

네트워크 효과

네트워크 효과(Network effect)는 소비 현상과 관련하여 라이벤스타인이 소개한 개념 중 하나이다. 이는 어떤 상품에 대한 수요가 형성되면 이것이 다른 사람들의 수요에 영향을 끼치는 것을 말한다. 특정 상품을 이용하는 사람들이 늘어날수록 이를 이용하려는 사용자가 계속 늘어나기 때문에 상품이나 서비스를 선택할 때, 그 자체의 품질보다는 상품에 대한 수요가 더 큰 영향을 미치게 된다.

19강 실전 2 조각과 장소의 관련성 예술 본문 118~120쪽

확인 문제 » 1 장소 2 × 3 ○

정답 » 1 ② 2 ② 3 ⑤ 4 ③

수능이 쉬워지는 지문 키워드 ☑과정의 흐름을 보여 주는 글

이 글은 시대적 흐름에 따라 조각과 장소의 관련성이 변화된 양상을 설명하고 있다. 근대 이전에는 조각이 장소의 일부로 존재했지만, 근대 이후에는 독립적인 작품으로서 의미가 강조되었고, 1960년대 이후에는 작품과 장소 간의 관련성이 새롭게 변화되었다는 점에 주목하여 글의 내용을 이해해야 한다.

근대 이전	종교적 분위기를 조성하거나 왕의 권력을 상징하며, 조각이 장소의 일부로 존재함.
⬇	
근대	조각의 종교적, 정치적 의미가 약해지고 미적 감상의 대상인 작품으로서의 성격이 강조됨.
⬇	
19세기 이후	작품 자체에서 의미의 완성을 추구하여 단순하고 추상화된 작품들이 등장하였고, 실제적인 장소나 현실로부터 분리된 느낌을 주었음.
⬇	
1960년대	미니멀리즘이 등장하여 극단적으로 단순화된 형태를 추구하고, 동선에 따라 다양한 경험과 의미 형성이 가능하도록 함.
⬇	
미니멀리즘 이후	자연 속에 작품을 만들어 내는 대지 미술과 같이 작품과 장소 간의 관련성을 새롭게 실현하려는 시도들이 이어짐.

- 주제 미술사의 흐름에 따른 조각과 장소의 관련성 변화 양상
- 문단별 중심 내용

1문단: 장소의 일부로 존재한 근대 이전의 조각
2문단: 작품으로서의 성격이 강조된 근대의 조각
3문단: 작품 자체에서 의미의 완성을 추구한 19세기 이후의 조각
4문단: 1960년대 미니멀리즘의 등장으로 인한 조각의 변화
5문단: 미니멀리즘 이후 등장한 새로운 시도와 대지 미술

1 글의 정보 파악하기

근거 있는 정답 풀이

② 화이트 큐브는 출입구 이외에는 사방이 막힌 실내 공간으로, 이 공간에 놓은 조각은 실제 장소나 현실로부터 분리된 느낌을 주었다. 따라서 화이트 큐브가 현실로부터 작품이 분리된 느낌을 완화해 준다는 내용은 적절하지 않다. → 3문단

근거 있는 오답 풀이

① 대지 미술가들은 미술관 바깥의 도시나 자연을 작업의 장소이자 대상으로 삼아 장소와의 관련성을 실현하려고 하였다. → 5문단

③ 근대에 들어서면서 왕권이 약화되어 관련 장소가 지녔던 권위가 퇴색하고 그 장소에 놓인 조각이 가졌던 종교적, 정치적 의미도 약해졌다고 하였다. → 2문단

④ 19세기 이후에는 감상자의 시선을 작품에만 집중시키는 단순하고 추상화된 작품들이 많이 등장했다고 하였다. → 3문단

⑤ 미니멀리즘 작가들은 가공하지 않은 있는 그대로의 산업 재료들을 사용하는 방법으로 무의도성과 단순성을 표현했다고 하였다. → 4문단

2 내용 추론하기

근거 있는 정답 풀이

② 미니멀리즘 바로 이전 시기 조각은 작품 외적 맥락에 구속되지 않고 작품 자체에서 의미의 완성을 추구했다고 하였다. 또한 작품들이 화이트 큐브 안에 놓여 실제 장소와 분리된 느낌을 주었다고 하였으므로 미니멀리즘 바로 이전 시기의 조각은 전시된 곳의 물리적 특성과 관련이 깊지 않음을 알 수 있다. → 3문단

근거 있는 오답 풀이

① 미니멀리즘 이전 시기의 조각은 실제 장소나 현실로부터 분리된 느낌을 주었다고 하였지만, 이를 상상 속 장소의 특성을 활용한 것으로 보기는 어렵다. → 3문단

③ 미니멀리즘 조각은 실제 장소의 물리적 특성을 작품에 의도적으로 연관시켜 활용했다는 점에서 이전 시기 조각과 차별성을 지닌다고 하였다. 따라서 미니멀리즘 조각이 이전 시기보다 조각과 장소의 연관성이 적다고 보기 어렵다. → 4문단

④ 미니멀리즘 조각은 작품의 의미가 예술가에 의해 결정되는 것을 줄이기 위해 극단적으로 단순화된 형태를 추구하였다. 그리고 감상자의 동선에 따라 개별적이고 다양한 경험과 의미 형성이 가능하게 하였다. 따라서 감상자가 다양한 의미를 형성할 수 없었다는 내용은 적절하지 않다. → 4문단

⑤ 미니멀리즘 이후에는 작품과 장소 간의 관련성을 새롭게 실현하려는 시도들이 이어졌는데, 이러한 시도 중 하나가 대지 미술이라고 하였다. 대지 미술은 도시나 자연을 작업의 장소이자 대상으로 삼아 장소와의 관련성을 다양한 방식으로 실현했다고 하였으므로 조각과 장소의 관련성을 배제하는 대지 미술을 추구했다는 내용은 적절하지 않다. → 5문단

3 내용 추론하기

근거 있는 정답 풀이

⑤ [A]에서 근대의 조각이 원래의 장소에서 물리적으로 분리되면서 기존의 맥락을 상실하는 경우가 생겨났다고 하였다. 또한 〈보기〉에서 근대에 이르러 사람들은 종교적 신비감이 시들해진 상태에서 순수한 미적 체험을 추구하기 시작했다고 하였다. [A]와 〈보기〉의 내용을 종합하여 볼 때, 조각상이 원래의 장소에서 분리되면 원래의 종교적 신비감을 유지하기 어렵다는 것을 알 수 있다. → 2문단

근거 있는 오답 풀이

① 박물관에서 원래의 장소로 돌아온 조각상이 각 영역의 통합에 기여한다는 내용은 [A]와 〈보기〉에서 확인할 수 없다.

② 근대적 장소인 박물관의 출현은 조각을 기술이나 수공업의 영역이 아니라, 작품으로서의 가치를 강화한다고 볼 수 있다. → 2문단

③ 조각상을 감상의 대상인 '작품'으로 여긴다는 것은 조각을 정치·사회적 맥락과 분리하여 독립적인 작품으로 감상하게 되었다는 뜻이다. → 2문단

④ 종교적인 인물상이 박물관으로 옮겨진 것은 기술이나 수공업의 영역으로 인식되었던 조각이 순수한 미적 감상의 대상인 예술 작품으로 인식된 것이다. → 2문단

4 어휘의 의미 파악하기

근거 있는 정답 풀이

③ ㉢은 새롭게 '나타나거나 나타나서 보이다.'라는 의미이다. 따라서 '가려 있거나 보이지 않던 것이 보이게 되다.'를 의미하는 '드러나다'로 바꾸어 쓰기에 적절하지 않다.

근거 있는 오답 풀이

① ㉠은 '무엇이 낡거나 몰락하면서 그 존재가 희미해지거나 볼품없이 되다.'라는 의미이므로 '희미하다'로 바꾸어 쓸 수 있다.

② ㉡은 '어떤 것을 아주 잃거나 사라지게 하다.'라는 의미이므로 '잃어버리다'로 바꾸어 쓸 수 있다.

④ ㉣은 '행동이나 의사의 자유가 제한되거나 속박되다.'라는 의미이므로 '얽매이다'로 바꾸어 쓸 수 있다.

⑤ ㉤은 '속내를 꿰뚫어 알아차리다.'라는 의미이므로 '알아차리다'로 바꾸어 쓸 수 있다.

어휘 공략하기

본문 121쪽

1 (1) 모방 (2) 사조 (3) 맥락 (4) 수요
2 ③
3 ②

3 수능 맛보기

근거 있는 정답 풀이

② 〈보기〉에서 '떠오르다'는 '관심의 대상이 되어 나타나다.'라는 의미로 사용되었지만, ②에 쓰인 '떠오르다'는 '기억이 되살아나거나 잘 구상되지 않던 생각이 나다.'라는 의미로 사용되었다.

근거 있는 오답 풀이

① '계층'은 '사회적 지위가 비슷한 사람들의 층.'이라는 의미로 사용되었다.

③ '추구하다'는 '목적을 이룰 때까지 뒤쫓아 구하다.'라는 의미로 사용되었다.

④ '과시하다'는 '자랑하여 보이다.'라는 의미로 사용되었다.

⑤ '경향'은 '현상이나 사상, 행동 따위가 어떤 방향으로 기울어짐.'이라는 의미로 사용되었다.

20강 실전 1 진공 증착 기술 | 기술 | 본문 122~123쪽

확인 문제 » 1 박막 2 ○ 3 ○

정답 » 1 ④ 2 ②

수능이 쉬워지는 지문 키워드

☑과정의 흐름을 보여 주는 글

이 글은 진공 증착 기술을 활용하여 박막을 만드는 과정을 설명하고 있다. 박막이 형성되는 과정을 중심으로 글의 내용을 정리하며 이해해야 한다.

• **박막 형성 과정**

용기를 진공 상태로 만듦.

↓

증발 금속을 가열함.

↓

증발 금속의 분자가 기체 분자가 되어 진공 공간으로 튀어 나감.

↓

기판 표면에 기체 분자가 달라붙는 흡착이 이루어짐.

↓

흡착된 분자들이 고체화되는 증착을 통해 박막이 만들어짐.

• 주제 진공 증착 기술을 활용한 박막 형성 과정

• 문단별 중심 내용

1문단: 박막의 역할과 진공 증착 기술의 개념

2문단: 진공 증착 과정 ① – 용기 내 진공화

3문단: 진공 증착 과정 ② – 증발 금속의 분자가 증발함.

4문단: 진공 증착 과정 ③, ④ – 흡착과 증착을 통한 박막 형성

5문단: 진공 증착 기술의 단점과 해결 방법

1 글의 정보 파악하기

근거 있는 정답 풀이

④ 기판 내부는 힘의 균형이 이루어진 안정된 상태이지만, 기판 표면에 있는 원자는 아래쪽에 결합할 원자가 없는 불안정한 상태라고 하였다. 불안정한 상태인 기판 표면에 있는 원자는 기체 분자와 결합하여 안정화하려고 하는데, 이 과정에서 기판 표면에 분자가 달라붙는 흡착이 이루어진다고 하였다. 따라서 기판 내부가 불안정한 상태라는 내용은 적절하지 않다. → 4문단

근거 있는 오답 풀이

① 안경과 카메라의 렌즈, 스마트폰의 터치 화면 등에 여러 겹의 박막이 만들어져 있으며, 이를 위해 진공 증착 기술을 사용하여 기체 분자를 물체 표면에 얇은 막으로 입힌다고 하였다. 이를 통해 기판 표면에 여러 겹의 박막을 형성하는 것이 가능하다는 것을 알 수 있다. → 1문단

② 증발 금속을 가열하면 증발 금속의 분자가 기체 분자가 된다고 하였다. 이를 통해 증발 금속의 분자가 기체화되기 위해서는 열이 필요함을 알 수 있다. → 3문단

③ 진공 용기 안에서 아랫부분에는 증발 금속을 설치하고 윗부분에는 박막이 형성될 고체 기판을 장착하는데, 증발 금속의 분자가 기체 분자가 되어 기판까지 날아가 기판 표면에 붙는다고 하였다. 따라서 용기 안에서 증발된 기체 분자는 아래쪽에서 위쪽으로 이동한다는 것을 알 수 있다.→ 3, 4문단

⑤ 기판 표면에 흡착된 기체 분자는 잃어버린 운동 에너지의 일부를 열로 내보내는데 이를 흡착열이라고 하며, 흡착열의 크기는 흡착 세기를 나타낸다고 하였으므로 적절하다. → 4문단

2 자료에 적용하기

보기 분석

ⓐ 용기 내의 진공화	금속이 증발할 때 공기에 있는 다른 물질과 충돌하면, 증발된 기체 분자가 기판 표면에 도달하지 못하기 때문에 용기를 진공 상태로 만듦.
ⓑ 증발 금속 가열	• 가열 온도가 높으면 튀어 나가는 에너지는 변하지 않지만, 튀어 나가는 분자 수가 많아짐. • 물질마다 증발하는 기체 분자량이 최대가 되는 가열 온도가 다름.
ⓒ 증발 금속의 분자 증발	튀어 나가는 분자 수가 많을수록 증발하는 기체가 많아지고 증착 속도가 빨라짐.
ⓓ 흡착	불안정한 상태인 기판 표면에 있는 원자에 기체 분자가 달라붙음.
ⓔ 박막 형성	기체 상태로 흡착된 분자들이 고체화되는 증착을 통해 박막이 만들어짐.

근거 있는 정답 풀이

② 일반적으로 가열 온도가 높으면 기체 분자가 튀어 나가는 에너지는 변하지 않지만 튀어 나가는 분자 수가 많아진다고 하였다. 따라서 가열 온도가 높을수록 ⓒ 단계에서 분자들이 튀어 나가는 에너지가 높아진다는 설명은 적절하지 않다. → 3문단

근거 있는 오답 풀이

① 용기 안을 진공 상태로 만드는 이유는 금속이 증발할 때 용기 안에서 공기에 있는 다른 물질들과 충돌하면 증발된 기체 분자가 기판 표면에 도달하지 못하기 때문이다. 즉 용기 안을 진공 상태로 만들지 않으면 기판에 도달하는 분자 수가 적어질 것이므로 적절하다. → 2문단

③ 증발 금속을 가열하면 증발 금속 분자가 기체 분자가 되어 증발하는데, 이때 증발하는 기체가 많을수록 증착 속도를 높일 수 있다고 하였으므로 적절하다. → 3문단

④ 기체 상태로 흡착된 분자들이 고체화되는 증착을 통해 기판의 박막이 만들어진다고 하였으므로 적절하다. → 4문단

⑤ 불안정한 상태인 기판 표면에 있는 원자는 증발 금속을 가열하여 생긴 기체 분자와 결합하여 안정화하려고 하기 때문에 적절하다. → 4문단

20강 실전 2 포틀래치와 구조주의 인문 본문 124~126쪽

확인 문제 » 1 구조주의 2 × 3 ×

정답 » 1 ⑤ 2 ⑤ 3 ① 4 ①

수능이 쉬워지는 지문 키워드 ☑관점을 제시하는 글

이 글은 북아메리카 원주민들의 관습인 포틀래치에 대한 인류학자들의 견해를 소개하고, 이를 구조주의와 연결하여 설명하고 있다. 포틀래치 관습을 바라보는 초기 인류학자들과 후대 인류학자들의 견해 차이, 포틀래치 관습을 통해 살펴본 구조주의의 개념을 중심으로 글을 이해해야 한다.

포틀래치에 대한 견해

모스	레비스트로스
• 포틀래치는 교환의 성격을 지닌다고 봄. • 포틀래치는 집단 간의 유대 관계를 형성하는 역할을 한다고 봄.	• 포틀래치에 나타나는 호혜적 교환을 사회가 성립되는 원리로 제시함. • 친족 간의 결혼 금지를 통해 호혜적 관계가 형성됨. → 결혼 제도가 사회적 유대 관계를 형성하는 구조 속에서 만들어졌다는 점에서 구조주의와 연결하여 이해함.

• 주제 포틀래치 관습을 통해 살펴본 구조주의

• 문단별 중심 내용

1문단: 포틀래치 관습 소개
2문단: 포틀래치에 대한 모스의 견해
3문단: 포틀래치에 대한 레비스트로스의 견해
4문단: 구조주의 관점을 바탕으로 한 레비스트로스의 견해
5문단: 레비스트로스 연구의 의의

1 글의 정보 파악하기

근거 있는 정답 풀이

⑤ 후대 인류학자인 모스는 포틀래치가 교환의 성격을 지닌다고 보았는데, 그 이유로 선물을 받은 사람은 의무적으로 답례를 해야 할 뿐만 아니라 더 많은 선물을 돌려주어야 한다는 점을 들었다. 따라서 후대 인류학자들이 포틀래치를 답례의 시행 여부를 선택할 수 있는 행위로 보았다는 내용은 적절하지 않다. → 2문단

근거 있는 오답 풀이

① 초기 인류학자들은 포틀래치를 자신의 재산을 대가 없이 자발적으로 주는 일반적 증여로 파악하고, 위엄과 신망을 얻기 위해 재산을 탕진하는 비합리적인 것으로 이해하였다. → 2문단

② 후대 인류학자인 모스는 포틀래치가 집단 간의 유대 관계를 형성하는 역할을 한다고 보았다. 레비스트로스도 인간은 생존을 위해 교환을 하고 다른 집단과 사회적 유대를 맺어야 한다고 하였으므로, 후대 인류학자들은 포틀래치가 유대 관계를 형성하는 역할을 한다고 보았음을 알 수 있다. → 2, 3문단

③ 2문단을 통해 자신의 재산을 대가 없이 자발적으로 주는 것이 일반적인 증여임을 알 수 있다. → 2문단

④ 후대 인류학자들은 포틀래치를 호혜적 교환으로 보았다. 호혜적 교환은 사물의 가격을 측정하여 같은 값으로 교환하는 행위와 달리 돌려받을 대가나 시기를 분명하게 정하지 않고 사물을 교환하는 방식이라고 하였다. 따라서 포틀래치는 사물의 가치를 따져 같은 값으로 교환하는 행위와는 다른 교환 방식을 사용한 것이다. → 2문단

배경지식 확장하기

포틀래치 경제

포틀래치 경제는 물건 등을 선물로 나누어 주어 물질적 필요를 채우는 경제를 말한다. 가격에 따라 상품을 거래하는 교환 경제와 달리 포틀래치 경제는 가진 사람이 필요로 하는 사람에게 물건을 선물하거나 서로 선물을 주고받음으로써 물질적 필요를 충족하는 방식이다. 포틀래치 경제는 자본주의 시장 경제가 시작된 후 사라졌지만, 기부 활동이나 기업 이익의 사회 환원 등을 포틀래치 경제에서 비롯된 것으로 보기도 한다.

2 내용 추론하기

근거 있는 정답 풀이

⑤ 레비스트로스는 다른 집단과 동맹을 맺는 가장 좋은 방법은 그 집단과 결혼을 하는 것이라고 하였고, ㉠을 통해 부족 간의 호혜적 교환이 가능해졌다고 하였다. 따라서 ㉠이 다른 집단과 동맹을 맺기 위한 목적으로 활용되어 호혜적 교환이 일어날 수 있도록 한 규칙이라는 내용은 적절하다. → 3문단

근거 있는 오답 풀이

① 레비스트로스는 다른 집단과 동맹을 맺는 가장 좋은 방법은 그 집단과 결혼을 하는 것이라고 하였으므로 ㉠이 부족 간의 동맹을 약하게 한다는 내용은 적절하지 않다. → 3문단

② 레비스트로스는 인류의 보편적 현상인 ㉠과 같은 결혼 제도는 인간의 본성이 아닌 사회적 유대 관계를 형성하는 구조 속에서 만들어졌다고 하였다. → 4문단

③ 다른 부족과의 결혼을 통해 호혜적 관계가 형성되는데, 호혜적 교환의 상황에서는 선물을 주는 행위가 상대방에게 부채감을 준다고 하였다. 따라서 사람을 받아들인 부족은 부채감을 갖게 되고, 보낸 부족은 부채감을 덜게 될 것이다. → 3문단

④ ㉠을 바탕으로 공동체에 필요한 다른 규칙들이 만들어졌고, 이로 인해 인간이 자연 상태에서 문명 상태로 접어들게 되었다. 즉, ㉠을 바탕으로 문명 상태로 발전하게 된 것이므로, 문명 상태로 발전한 상황에서 ㉠이 성립되었다는 내용은 적절하지 않다. → 3문단

3 내용 추론하기

근거 있는 정답 풀이

① 구조주의 관점에 따르면 인간은 결단의 주체가 아니며 인간의 특성과

정체성은 인간 스스로 결정하는 것이 아니라 그가 속한 사회 구조에 의해 결정된다. 인간을 자신의 결정에 책임을 지는 결단의 주체라고 보는 것은 실존주의에만 해당하는 내용이다. → 4문단

근거 있는 오답 풀이

② 구조주의에서는 인간의 특성과 정체성은 인간 스스로 결정하는 것이 아니라 사회 구조에 의해 결정된다. 이는 인간이 스스로 자신의 정체성을 결정한다고 보는 실존주의와 다르다. → 4문단

③, ⑤ 구조주의에서는 인간의 본질이 다른 것들과 맺은 관계로 인해 결정된다고 보았으며, 인간의 특성은 그가 속한 사회 구조에 의해 결정된다고 하였다. 반면에 전통 철학에서는 인간의 특성과 본질이 선천적인 원리에 의해 미리 규정된다고 보았다. → 4문단

④ 구조주의에서는 인간을 이해하려면 구체적인 행동보다는 그 인간이 속한 사회 구조를 살펴야 한다고 보았지만, 실존주의에서는 인간을 개별적인 존재로 보고 인간의 구체적인 행동에 관심을 두었다. → 5문단

4 어휘의 의미 파악하기

근거 있는 정답 풀이

① ⓐ의 '주다'는 '물건 따위를 남에게 건네어 가지거나 누리게 하다.'라는 의미로 사용되었고, ⓑ의 '주다'는 '남에게 어떤 일이나 감정을 겪게 하거나 느끼게 하다.'라는 의미로 사용되었다. ①의 ⓐ에 사용된 '주다'와 ⓑ에 사용된 '주다'는 각각 이 글에 사용된 ⓐ, ⓑ와 같은 의미로 사용되었다.

근거 있는 오답 풀이

② '책을 주다'와 '먹이를 주다'에서 '주다'는 모두 '물건 따위를 남에게 건네어 가지거나 누리게 하다.'라는 의미로 사용되었다.

③ '시간을 주다'에서 '주다'는 '시간 따위를 남에게 허락하여 가지거나 누리게 하다.'라는 의미로 사용되었고, '임무를 주다'에서 '주다'는 '남에게 어떤 역할 따위를 가지게 하다.'라는 의미로 사용되었다.

④ '기쁨을 주다'에서 '주다'는 '남에게 어떤 일이나 감정을 겪게 하거나 느끼게 하다.'라는 의미로 사용되었고, '손에 힘을 더 주다'에서 '주다'는 '속력이나 힘 따위를 내다.'라는 의미로 사용되었다.

⑤ '정을 주다'에서 '주다'는 '다른 사람에게 정이나 마음을 베풀거나 터놓다.'라는 의미로 사용되었고, '사랑을 주다'에서 '주다'는 '남에게 어떤 일이나 감정을 겪게 하거나 느끼게 하다.'라는 의미로 사용되었다.

어휘 공략하기

본문 127쪽

1 (1) 대가 (2) 탕진 (3) 자발적 (4) 분자
2 (1) ㉣ (2) ㉢ (3) ㉡ (4) ㉠
3 ⑤

3 수능 맛보기

근거 있는 정답 풀이

⑤ 〈보기〉에 쓰인 ⓔ은 '결정적인 판단을 하거나 단정을 내리다.'라는 의미로 사용되었다. 따라서 '마음속으로 괴로워하고 애를 태우다.'를 의미하는 '고민하다'와 바꾸어 쓰기에 적절하지 않다.

21강 실전 1 미적 대상

융합 본문 130~132쪽

확인문제 » 1 미적 대상 2 ○ 3 ×

정답 » 1 ⑤ 2 ① 3 ③

수능이 쉬워지는 지문 키워드

☑ 관점을 제시하는 글

(가)는 미적 대상에 대한 스톨니츠의 관점을 설명한 글이고, (나)는 미적 대상에 대한 비어즐리의 관점을 설명한 글이다. (가)와 (나)에서 미적 대상을 각각 어떻게 설명하고 있는지 파악하며 글을 읽어야 한다.

미적 대상

(가) 스톨니츠	(나) 비어즐리
미적 태도를 가지고 지각하는 모든 대상은 미적 대상이 된다고 주장함.	미적 대상이란 예술 작품의 속성 중 올바르게 감상되고 비평될 수 있는 것이라고 주장함.
• 무관심적: 대상에 대한 이해관계를 떠나 대상 자체에 관심을 가지고 바라보는 것 • 공감적: 감상자의 신념이나 편견 같은 반응은 억제하고 대상 자체가 가진 조건에 의해 대상을 받아들이는 것 • 관조: 단순히 바라보는 것이 아니라 식별력을 갖추고 대상에 적극적으로 주목하는 것	• 구분의 원리: 예술 작품과 구분되지 않는 예술 작품의 속성만 미적 대상이 될 수 있음. • 지각 가능성의 원리: 예술 작품의 어떤 속성이 직접적으로 지각될 수 있어야만 미적 대상이 될 수 있음.

• 주제 미적 대상에 대한 스톨니츠와 비어즐리의 관점

• 문단별 중심 내용

(가)
1문단: 미적 대상에 대한 스톨니츠의 관점
2문단: 스톨니츠가 말하는 미적 태도에서 '무관심적'의 의미
3문단: 스톨니츠가 말하는 미적 태도에서 '공감적'의 의미
4문단: 스톨니츠가 말하는 미적 태도에서 '관조'의 의미
(나)
1문단: 미적 대상에 대한 비어즐리의 관점
2문단: 미적 대상을 판별하는 '구분의 원리'
3문단: 미적 대상을 판별하는 '지각 가능성의 원리'
4문단: 미적 대상과 그 감상에 대한 비어즐리의 주장

1 글의 정보 파악하기

근거 있는 정답 풀이

⑤ (가)는 핵심 주제인 '미적 대상'과 관련된 개념으로 '무관심적', '공감적', '관조'의 의미를 설명하고 있다. (나)는 핵심 주제인 '미적 대상'과 관련된 개념으로 '구분의 원리', '지각 가능성의 원리'의 의미를 설명

하고 있다. 따라서 질문에 '아니요'라고 응답한 학생의 반응은 적절하지 않다. → (가)의 2~4문단, (나)의 2, 3문단

근거 있는 오답 풀이

① (가)는 스톨니츠의 견해만을 제시하고 있다. → (가)

② (가)는 미적 대상에 관한 스톨니츠의 견해만을 제시했을 뿐, 시대에 따라 달라지는 이론의 변화 과정을 제시하지 않았다. → (가)

③ (나)는 마지막 문단에서 미적 대상에 관한 비어즐리의 관점을 요약·정리하고 있다. → (나)의 4문단

④ (가)에서는 누군가가 사과를 보는 상황, 특정 신을 찬양하기 위한 의도가 담긴 조각 작품을 감상하는 상황 등을 예로 들어 독자의 이해를 돕고 있다. (나)에서는 어떤 그림을 감상하고 말한 것을 예로 들어 독자의 이해를 돕고 있다. → (가)의 2, 3문단, (나)의 3문단

2 내용 추론하기

근거 있는 정답 풀이

① ⓛ에 따르면 비어즐리는 미적 대상으로서의 예술 작품의 의미를 해석할 때는 예술 작품과 분리될 수 없는 '객관적인 속성'만을 고려해야 한다고 주장하였음을 알 수 있다. 또한 비어즐리는 (나)의 2문단에서 예술가의 의도는 예술 작품과 구분되므로 예술 작품의 속성이 될 수 없어 미적 대상에서 제외되어야 한다고 말하였다. 따라서 비어즐리의 관점에서 보았을 때, 작품에 담긴 예술가의 의도는 객관적으로 지각될 수 있는 것이 아니기에 예술 작품과 구분되어야 한다. 이에 따라 예술가의 의도는 미적 대상으로서 예술 작품의 의미를 올바르게 감상하기 위한 속성으로 볼 수 없다. 그러므로 ⓐ에는 '객관적', ⓑ에는 '구분', ⓒ에는 '없다'가 들어가는 것이 적절하다. → (나)의 2, 4문단

3 자료에 적용하기

근거 있는 정답 풀이

③ (가)는 '우리가 미적 태도를 가지고 지각하는 모든 대상은 미적 대상이 된다.'라고 하였고, (나)는 '예술 작품의 어떤 속성이 직접적으로 지각될 수 있어야만 미적 대상이 될 수 있다.'라고 하였다. 따라서 (가)와 (나) 모두 미적 대상은 지각할 수 있는 대상이어야 함을 드러내고 있으므로 적절하다. → (가)의 1문단, (나)의 3문단

근거 있는 오답 풀이

① (가)와 (나) 모두 미적 대상이 예술가의 의도에 의해 정해진다고 보지 않았으며, 미적 대상을 비판하지 않았다.

② (가)와 (나) 모두 예술 작품의 실제적인 쓸모를 평가하기 위한 절차를 설명하고 있지 않다.

④ (가)에서 말한 '무관심적'은 대상에 대해 관심이 없는 것이 아니라, 대상에 대한 이해관계를 떠나 대상 자체에 관심을 가지고 보는 것이라고 하였다. 또한 (나)에서는 미적 대상이 감상자의 주관에 의해 정해질 수 없다고 하였으므로 적절하지 않다.

⑤ (가)에는 감상자와 예술가의 상호 작용에 관한 내용이 나타나 있지 않으며, (나)는 '예술 작품과 구분되는 예술가의 의도는 예술 작품의 속성이 될 수 없어 미적 대상에서 제외되어야 한다.'라고 하였다. 따라서 (가)와 (나) 모두 예술 작품이 미적 대상이 되기 위해서 감상자와 예술가의 상호 작용이 필요하다고 강조하지 않았다. → (나)의 2문단

21강 실전 2 과거제

주제 통합 본문 133~136쪽

확인 문제 » 1 과거제 2 ○ 3 ○

정답 » 1 ① 2 ④ 3 ② 4 ④ 5 ④

수능이 쉬워지는 지문 키워드

☑ 관점을 제시하는 글

(가)는 과거제의 긍정적 측면을 설명한 글이고, (나)는 과거제의 부정적 측면과 그 개혁 방안을 설명한 글이다. 과거제를 바라보는 두 글의 상반된 관점을 파악하며 글을 읽어야 한다.

과거제

(가) 긍정적 측면	(나) 부정적 측면
1. 합리성: 세습과 무관하게 시험을 통해 능력을 평가하여 관료를 선발함. 2. 공정성: 많은 사람들에게 사회적 지위 획득의 기회를 줌. 3. 교육 확대와 지식 보급: 통치에 참여할 능력을 갖춘 지식인 집단이 폭넓게 만들어짐. 4. 도덕적 가치 기준에 대한 광범위한 공유 5. 사회적 안정에 기여: 동질적인 관료 집단이 이어져 올 수 있게 함.	1. 치열한 경쟁으로 인한 형식적 학습 2. 장기간의 수험 생활로 인한 인재들의 재능 낭비 3. 학습 능력 이외의 인성이나 실무 능력 평가의 어려움 4. 과거제 출신 관리들이 눈에 보이는 결과만 중시함. 5. 과거제 출신 관리들은 출세 지향적이고 공동체에 대한 소속감이 낮았음.

• 주제 과거제를 바라보는 상반된 관점

• 문단별 중심 내용

(가)

1문단: 과거제의 합리성

2문단: 과거제의 공정성

3문단: 과거제의 다양한 사회적 효과

4문단: 사회적 안정에 기여한 과거제

5문단: 유럽의 사회 제도에 영향을 미친 과거제

(나)

1문단: 다양한 관료 선발 제도 개혁론

2문단: 관료 선발 제도 개혁론이 제기된 배경

3문단: 과거제 출신 관리들의 문제점

4문단: 봉건적 요소를 도입하여 과거제를 보완하려 한 이유

1 글의 정보 파악하기

근거 있는 정답 풀이

① (가)는 '학습에 강력한 동기를 제공하여(원인) 교육의 확대와 지식의 보급에 크게 기여했다.(결과)'라고 하여 과거제가 사회에 미친 긍정적 영향을 인과적으로 서술하고 있다. (나) 역시 '치열한 경쟁은(원

인)~형식적 학습을 하게 만들었고(결과)', '학습 능력 이외의 인성이 나 실무 능력을 평가할 수 없다는 이유(원인)로 시험의 익명성에 대한 부정적 시각도 있었다(결과).'라고 하여 과거제의 부작용을 인과적으로 서술하였다. 또한 '몇 년마다 다른 지역으로 이동해 근무하는 관리들은 승진을 위해 빨리 성과를 내야 했기 때문에(원인),~결과만을 중시하는 부작용을 가져왔다.(결과)' 등에서도 과거제가 사회에 미친 부정적 영향을 인과적으로 서술하고 있다. 따라서 (가)와 (나) 모두 과거제가 사회에 미친 영향을 인과적으로 서술하고 있다.

→ (가)의 3문단, (나)의 2, 3문단

근거 있는 오답 풀이

② (가)와 (나) 모두 과거제를 분석하는 두 가지 이론을 제시하고 있지 않다.

③ (가)는 구체적 사상가를 언급하지 않았다. 반면에 (나)는 유형원, 고염무, 황종희와 같은 구체적 사상가들의 견해를 언급하며 과거제에 대한 관점을 드러내고 있다. → (나)의 1문단

④ (나)는 과거제의 부정적 측면을 설명하고 있을 뿐, 과거제에 대한 선호와 비판의 근거들을 비교하여 제시하고 있지 않다.

⑤ (가)는 과거제의 긍정적 측면을 설명하고 있을 뿐, 과거제의 발전을 시간의 순서에 따라 제시하지 않았다. (나)는 과거제에 대한 다양한 학자들의 견해를 제시하고 있는데, 이는 모두 과거제의 문제점을 보완하기 위한 관료 선발 개혁론에 해당하므로 학자들의 상반된 입장을 언급하였다고 볼 수 없다.

2 글의 정보 파악하기

근거 있는 정답 풀이

④ (가)에서 경쟁적 선발 제도가 가져올 수 있는 부작용을 완화하기 위해 최종 단계까지 통과하지 못한 사람들에게도 여러 특권을 주었다고 하였다. 하지만 이것이 지방의 관료에 의해 초빙될 기회를 주었다는 의미는 아니다. 지방의 관료가 관리를 초빙하여 추천하는 제도는 (나)에서 언급한 '벽소'이다. → (가)의 3문단, (나)의 1문단

근거 있는 오답 풀이

① (가)에서 동아시아에서 시행된 과거제가 유럽에 전해져 도입되기도 하였음을 알 수 있다. → (가)의 4, 5문단

② (가)에서 과거제로 인해 통치에 참여할 능력을 갖춘 지식인 집단이 폭넓게 만들어졌음을 알 수 있다. 그리고 이러한 과거제가 관료 선발 과정뿐 아니라 관료제에 기초한 통치의 안정성에 긍정적 영향을 미쳤다고 하였다. → (가)의 3, 4문단

③ (가)에서 경쟁적 선발 제도가 가져올 수 있는 부작용을 완화하고자 최종 단계까지 통과하지 못한 사람들에게도 국가가 여러 특권을 주었다고 하였다. → (가)의 3문단

⑤ (가)에서 일부 유럽 계몽사상가들이 귀족의 세습적 지위보다 학자의 지식을 우선하는 과거제와 같은 체제를 정치적 합리성을 갖춘 것으로 보았다고 하였다. → (가)의 5문단

3 내용 추론하기

근거 있는 정답 풀이

② (나)에서 중국에서는 17세기 무렵 관료 선발에서 세습과 같은 봉건적 인 요소를 부분적으로 재도입하려는 개혁론이 등장했다고 하였다. 따라서 관료 선발에 봉건적 요소를 재도입하려는 입장은 과거제로 등용된 관리들이 아니라 개혁론자들의 입장임을 알 수 있다. 또한 (나)에서 과거제를 통해 임용된 관리들의 개인적 동기가 공공성과 부딪치는 현상이 나타났다고 하였으므로 봉건적 요소에 대한 지향이 공공성과 부딪치는 모습으로 나타났다는 내용 역시 적절하지 않다.

→ (나)의 1, 3문단

근거 있는 오답 풀이

① (나)에서 몇 년마다 다른 지역으로 이동해 근무하는 관리들은 승진을 위해 빨리 성과를 내야 했으며, 공동체에 대한 소속감이 낮고 출세 지향적이라고 하였다. 이러한 과거제의 문제점을 보완하기 위해 ㉮와 같은 제안이 등장하였다. → (나)의 3문단

③ (나)에서 과거제로 등용된 관리들은 승진이라는 개인적 동기가 강했고 공동체 의식이 높지 않았다고 하였다. 이러한 과거제의 문제점을 보완하기 위해 ㉮와 같은 제안이 등장하였다. → (나)의 3문단

④ (나)에서 과거제로 등용된 관리들은 승진을 위한 빠른 성과를 내려고 지역 사회를 위해 장기적인 전망을 가지고 정책을 추진하기보다 짧은 시간에 이룰 수 있고 눈에 보이는 결과만을 중시했다고 하였다. 이러한 과거제의 문제점을 보완하기 위해 ㉮와 같은 제안이 등장하였다. → (나)의 3문단

⑤ (나)에서 과거제의 능력주의적 태도는 시험뿐 아니라 관리의 업무에 대한 평가에도 적용되었는데, 이로 인해 관리들이 승진을 위해 눈에 보이는 결과만을 중시하게 되었다고 하였다. 이러한 과거제의 문제점을 보완하기 위해 ㉮와 같은 제안이 등장하였다. → (나)의 3문단

배경지식 확장하기

공거제(貢擧制)

공거제는 원래 고대 중국에서 제후나 지방 장관들이 해마다 천자에게 유능한 인물을 추천하는 제도였다. 우리나라에서는 고려 광종 때 과거 시험을 주관하는 주시험관인 지공거로 쌍기라는 인물을 임명한 뒤부터 과거를 실시할 때마다 지공거를 임명하였는데, 지공거가 과거 시험을 관리하고 점수를 매겨 놓으면 왕이 최종적으로 합격자를 결정하였다. 조선 후기에 유형원은 과거제로 인해 교육이 형식적 학습에만 그치는 문제와 서울이나 지방의 주요 도시에서만 합격자가 많이 나오는 문제를 지적하며, 인품과 능력에 따라 인재를 책임지고 추천하는 공거제를 주장하였다.

4 내용 추론하기

근거 있는 정답 풀이

④ ㉠은 과거제의 긍정적 측면과 관련된 것으로, 공정성을 강화하기 위한 노력에 해당한다. 따라서 ㉠은 공정성을 바탕으로 하여 보다 많은 사람들에게 사회적 지위 획득의 기회를 주는 데 기여했다고 볼 수 있다. 한편, ㉡은 과거제의 부정적 측면과 관련된 것으로, 인성이나 실무 능력을 평가할 수 없다는 이유로 ㉡이 제기되었음을 알 수 있다. 따라서 ㉡이 관리 선발 시 됨됨이 검증의 곤란함에서 비롯되었다는 내용 역시 적절하다. → (가)의 2문단, (나)의 2문단

근거 있는 오답 풀이

① (가)에서 응시 자격에 일부 제한이 있었다고 한 것으로 보아 모든 사람에게 응시 기회를 보장한 것이 아님을 알 수 있다. 또한 ㉡은 학습 능력 이외의 인성이나 실무 능력을 평가할 수 없다는 점에서 비롯된 것이므로 ㉡이 결과주의의 지나친 확산에서 비롯되었다는 내용은 적절하지 않다. → (가)의 2문단

② ㉠은 과거제의 공정성과 관련이 있다. 사회적 안정에 기여한 것은 과거제의 합리성이라고 하였으므로 적절하지 않다. 또한 ㉡은 대대로 관직을 물려받는 문제에서 비롯된 것이 아니라 인성이나 실무 능력을 평가할 수 없다는 이유에서 비롯되었다. → (가)의 4문단, (나)의 2문단

③ 이 글에 ㉠이 지역 공동체의 전체 이익을 늘렸다는 내용은 나타나 있지 않다. 그리고 ㉡은 지나친 경쟁으로 인한 국가 전체의 비효율성에서 비롯된 것이 아니라 인성이나 실무 능력을 평가할 수 없다는 이유에서 비롯되었다. → (나)의 2문단

⑤ (가)에서 과거제가 도덕적 가치 기준에 대한 광범위한 공유를 이끌어 냈다는 것을 알 수 있다. 그러나 이는 과거제의 사회적 효과 중 하나이므로 ㉠이 관료들이 지닌 도덕적 가치 기준의 다양성을 확대했다는 내용은 적절하지 않다. 그리고 ㉡은 공동체에 대한 소속감과 충성심 확보의 어려움에서 비롯된 것이 아니라 인성이나 실무 능력을 평가할 수 없다는 이유에서 비롯되었다. → (가)의 3문단, (나)의 2문단

5 어휘의 의미 파악하기

근거 있는 정답 풀이

④ ⓓ와 ④의 '매달리다'는 '어떤 일에 관계하여 거기에만 몸과 마음이 쏠려 있다.'라는 의미로 사용되었다.

근거 있는 오답 풀이

① ⓐ의 '두다'는 '행위의 준거점, 목표, 근거 따위를 설정하다.'라는 의미이고, ①의 '두다'는 '일정한 곳에 놓다.'라는 의미이다.

② ⓑ의 '되살리다'는 '죽거나 없어졌던 것을 다시 살리다.'라는 의미이고, ②의 '되살리다'는 '잊었던 감정이나 기억, 기분 따위를 다시 떠올리거나 살려 내다.'라는 의미이다.

③ ⓒ의 '걸치다'는 '일정한 횟수나 시간, 공간을 거쳐 이어지다.'라는 의미이고, ③의 '걸치다'는 '가로질러 걸리다.'라는 의미이다.

⑤ ⓔ의 '어렵다'는 '가능성이 거의 없다.'라는 의미이고, ⑤의 '어렵다'는 '가난하여 살아가기가 고생스럽다.'라는 의미이다.

어휘 공략하기

본문 137쪽

1 (1) 식별력 (2) 초빙 (3) 통치 (4) 익명성
2 (1) ㉣ (2) ㉡ (3) ㉢ (4) ㉠
3 ④

3 수능 맛보기

근거 있는 정답 풀이

④ 〈보기〉에서 '배치'는 '사람이나 물자 따위를 일정한 자리에 나누어 둠.'이라는 의미로 사용되었다. 한편 ④에서 '배치'는 '서로 반대로 되어 어그러지거나 어긋남.'이라는 의미로 사용되었다.

22강 실전 1 영화와 역사

융합 본문 138~140쪽

확인 문제 » 1 영화 2 ○ 3 ×

정답 » 1 ③ 2 ① 3 ⑤

수능이 쉬워지는 지문 키워드

☑ 상관관계를 보여 주는 글

이 글은 역사 사료로 활용되는 영화의 이미지와 문헌 사료의 언어를 비교하면서 영화와 역사의 관계를 설명하고 있다. 영화가 역사 사료로서 어떠한 가치와 의미를 지니는지 파악하며 글을 읽어야 한다.

영화와 역사의 관계

역사에 대한 영화적 독해	영화에 대한 역사적 독해
영화를 매체로 역사를 해석하고 평가함.	영화에 담긴 역사적 흔적과 맥락을 검토함.

역사 사료로서 영화의 의의

- 새로운 사료의 원천이 됨.
- 대안적 역사 서술의 가능성을 지님.
- '아래로부터의 역사'의 형성에 기여함.
- 역사 속에서 소외된 집단의 묻혀 있던 목소리를 표현함.

- 주제 역사 사료로서 영화의 의의
- 문단별 중심 내용

1문단: 역사 사료의 유형
2문단: 문헌 사료와 영화의 특징
3문단: 영화와 역사의 관계
4문단: 역사 서술과 허구의 관계
5문단: 역사 사료로서 영화의 가능성

1 글의 정보 파악하기

근거 있는 정답 풀이

③ 이 글에서 역사가들은 기존의 사료를 새로운 방향에서 파악하여 사료를 발굴하기 위해 노력한다고 하였다. 그리고 그 예로 재판 기록, 일기, 편지, 탄원서, 설화집 등의 서사적 자료에 주목한 것을 제시하며 이것이 사료 발굴을 위한 노력의 결과라고 하였다. 따라서 기존의 사료를 새로운 방향에서 파악하는 것도 사료의 발굴이라고 할 수 있다. → 1문단

근거 있는 오답 풀이

① 미시사 연구에서는 재판 기록, 일기, 편지, 탄원서 등 개인적 기록에 주목했다고 하였다. → 1문단

② 역사가가 지나가 버린 과거의 사실과 직접 만나는 것은 불가능하여 사료를 매개로 과거와 만난다고 하였다. → 1문단

④ 문헌 사료의 언어는 추상화된 상징적인 기호이지만, 영화의 이미지는

그 피사체가 있었음을 지시하는 기호라고 하였다. 이를 통해 문헌 사료의 언어가 다큐멘터리 영화의 이미지에 비해 지시하는 성질이 약하다는 것을 알 수 있다. → 2문단

⑤ 영화는 카메라 앞에 놓인 물리적 현실을 이미지화하여 나타내므로 영화의 이미지는 닮은꼴로 사물을 지시하는 기호라고 하였다. 추상화된 상징적인 기호에 해당하는 것은 문헌 사료의 언어이다. → 2문단

2 사례나 상황에 적용하기

근거 있는 정답 풀이

① ㄱ. 판소리는 허구의 이야기이므로, 이를 활용하여 당시 음식 문화의 실상을 파악하고자 하는 것은 ⓐ의 사례에 해당한다.

ㄷ. 소설은 허구의 이야기이므로, 이를 활용하여 중국 명나라 때의 상거래 방식을 연구하는 것은 ⓐ의 사례에 해당한다.

ㄹ. 17세기의 사건 기록은 사료에 기반한 역사적 서술이고, 설화는 허구의 이야기이다. 사료에 직접적으로 나타나지 않은 여성의 심리를 재현하기 위해 허구의 이야기를 활용하여 역사적 서술을 보완한 것이므로 ⓑ의 사례에 해당한다.

근거 있는 오답 풀이

ㄴ. B.C. 3세기경에 편찬된 것으로 알려진 경전의 일부에 사용된 어휘를 분석해 이것이 후세대에 첨가되었을 가능성을 검토하는 것은 허구의 이야기 속에서 당시 시대적 상황을 발견하거나, 허구의 이야기를 활용해 역사적 서술을 보완한 사례가 아니다.

3 비판이나 반응의 적절성 파악하기

근거 있는 정답 풀이

⑤ [A]에서는 평범한 사람들의 회고나 증언, 구전 등의 비공식적 사료를 토대로 영화를 만드는 작업이 빈번하게 이루어진다고 하였다. 그런데 ㉠은 자료의 사실 여부를 확인해야 한다는 입장이므로, ㉠의 관점에서는 기억이나 구술 증언은 허구이거나 변형될 수 있으므로 이것이 참인지 거짓인지 확인한 후에 사료로 사용할 수 있다고 비판할 수 있다.

근거 있는 오답 풀이

① ㉠의 관점에서는 허구적 이야기를 바탕으로 하는 영화가 많은 사실 정보를 담고 있다거나, 사료로서의 가능성을 가지고 있다고 판단하지 않을 것이다.

② 하층 계급의 역사를 서술하기 위해 영화와 같이 허구를 포함한 서사적 자료에 주목해야 한다는 것은 [A]의 주요 내용일 뿐, 자료의 사실 여부를 확인해야 한다는 ㉠의 관점에서 비판한 내용으로 적절하지 않다.

③ ㉠은 자료의 사실 여부를 확인해야 한다는 입장이므로 소외된 집단의 목소리에 바탕을 둔 영화는 객관성이 없는 역사 서술일 뿐이라는 것을 이유로 [A]를 비판하지는 않을 것이다.

④ ㉠은 자료의 사실 여부를 확인해야 한다는 입장이므로 영화가 늘 공식 영화의 반대 지점에 있는 것은 아니라는 점을 이유로 [A]를 비판하지는 않을 것이다.

22강 실전 2 광고와 시장

주제 통합 본문 141~144쪽

확인문제 » 1 광고, 독점적 2 × 3 ○

정답 » 1 ② 2 ③ 3 ② 4 ① 5 ⑤

수능이 쉬워지는 지문 키워드

☑상관관계를 보여 주는 글

(가)는 독점적 경쟁 시장에서 광고의 기능을 설명한 글이고, (나)는 광고가 경제 전반에 미치는 영향을 설명한 글이다. 광고와 독점적 경쟁 시장 및 광고와 경제의 상관관계에 주목하며 글을 읽어야 한다.

광고

독점적 경쟁 시장에서 광고의 기능	경제 전반에 미치는 광고의 영향
• 구매자가 상품을 다르게 인지하고 더 선호할 수 있도록 함. • 특정 상품에 대한 구매자의 충성도를 높여 판매자의 독점적 지위를 강화시킴. • 신규 판매자가 상품의 차별성을 강조하여 독점적 지위를 확보할 수 있음. • 독점적 경쟁 시장에서 판매자 간 경쟁을 촉진함.	• 긍정적 영향: 소비를 촉진하여 경제 전반이 잘 순환되도록 함. • 부정적 영향: 소비로 촉진된 생산 활동이 환경 오염을 발생시킴.

• 주제 광고가 독점적 경쟁 시장과 경제 전반에 미치는 영향

• 문단별 중심 내용

(가)

1문단: 독점정 경쟁 시장에서 광고의 영향

2문단: 독점적 경쟁 시장에서 독점적 지위의 양상

3문단: 독점적 경쟁 시장에서 광고의 기능

(나)

1문단: 광고가 시장에 미치는 영향

2문단: 광고가 경제 전반에 미치는 영향

3문단: 광고로 인한 소비 촉진의 부정적 측면

1 글의 정보 파악하기

근거 있는 정답 풀이

② (가)는 판매자가 독점적 경쟁 시장에서 광고를 활용하면 구매자에 대한 독점적 지위를 강화할 수 있고 이를 통해 이윤을 증가시킬 수 있다고 하였다. 또한 광고를 활용하여 수요의 가격 탄력성을 감소시켜 경쟁을 제한하는 효과를 얻을 수 있다고 하였다. 따라서 (가)는 광고가 판매자에게 중요한 이유를 제시하고 판매자가 광고를 통해 얻으려는 효과를 설명하고 있다.

근거 있는 오답 풀이

① (가)에서 광고의 개념을 정의하지 않았다.

③ (나)는 광고의 소비 촉진 효과와 이로 인한 경제의 선순환 등 광고가 사회에 미치는 영향을 소개하고 환경적인 측면에서 비판적 견해가 있음을 설명하고 있다. 그렇지만 각각의 견해가 안고 있는 한계점을 지적하지는 않았다.

④ (나)에서 광고가 구매자에게 수용되는 과정이나 구매자가 광고를 수용할 때 유의해야 할 점을 언급하지 않았다.

⑤ (가)에서 구매자는 상품의 차별성이나 충성도 등을 고려하여 상품을 선택한다는 것을 알 수 있다. (나)에서는 상품의 품질, 가격, 쓰던 상품을 새 상품으로 대체하고 싶은 욕구 등을 고려하여 상품을 선택한다는 것을 알 수 있다. 그러나 (가)와 (나) 모두 광고와 관련된 제도 마련의 필요성은 제시하지 않았다. → (가)의 1, 3문단, (나)의 1, 2문단

2 글의 정보 파악하기

근거 있는 정답 풀이

③ 독점적 지위를 누린다는 것은 상품의 가격을 결정할 수 있는 힘이 있다는 의미이지만, 구매자는 상품의 물량이 많을 때보다 적을 때 높은 가격을 지불하고자 한다. 따라서 판매자는 구매자의 수요, 즉 구매자가 해당 상품에 지불하고자 하는 가격을 고려해야 한다. → (가)의 2문단

근거 있는 오답 풀이

① 독점적 경쟁 시장에서 어떤 판매자가 이윤을 얻으면, 이 이윤에 이끌려 그와 유사한 상품을 판매하는 신규 판매자의 수가 증가한다고 하였다. 또한 신규 판매자도 독점적 지위를 확보하기 위해 광고를 이용한다고 하였다. 이를 통해 독점적 지위는 독점적 경쟁 시장에 신규 판매자가 진입하는 것을 차단하지 않음을 알 수 있다. → (가)의 2, 3문단

② 독점적 지위를 누린다는 것은 상품의 가격을 결정할 수 있는 힘이 있다는 의미라고 하였다. → (가)의 2문단

④ 독점적 경쟁 시장에서 독점적 지위를 가진 판매자는 다소 비싼 가격에 상품을 판매하는 경향이 있다고 하였지만, 이러한 방식으로 얻는 이윤이 지속되리라 기대할 수는 없다고 하였다. → (가)의 2문단

⑤ 판매자는 구매자가 자신의 상품을 차별적으로 인지하고 선호하도록 하기 위해 광고를 이용하며 이를 통해 독점적 지위가 강화될 수 있다고 하였다. → (가)의 1문단

배경지식 확장하기

판매 경쟁으로 다양해진 시장

시장은 경제 활동의 중심지로, 재화나 서비스의 거래가 이루어지며 가격이 결정되는 장소나 기구를 말한다. 판매 경쟁이 치열해지면서 여러 가지 종류의 시장이 나타나게 되었다. 자유 경쟁 시장은 모든 경쟁 주체가 자신의 이익을 추구하며 경쟁할 수 있는 시장을 말한다. 그리고 다수의 생산자와 소비자가 존재하여 상품의 가격에 어느 누구도 영향을 줄 수 없는 시장을 완전 경쟁 시장이라고 한다. 또한 같은 종류의 제품을 생산하는 생산자는 많지만, 그 제품이 차별화되어 시장에서 독점력을 가지는 생산자가 있는 시장을 독점적 경쟁 시장이라고 한다.

3 글의 정보 파악하기

근거 있는 정답 풀이

② 한계 소비 성향은 경제 전반의 소득이 증가할 때 소비가 증가하는 정도를 의미하는데, 경제 전반의 소득 수준이 향상되면 소비가 증가하게 된다고 하였다. 광고가 소비를 촉진하면 생산 활동을 자극하여 고용이나 투자가 증가하고, 구매자의 소득이 증가하여 소비가 증가하는 과정을 통해 경제 전반에 순환이 일어나기 때문에 한계 소비 성향이 커질 때 광고가 경제에 순환을 일으키는 정도도 커지게 된다.

→ (나)의 2문단

근거 있는 오답 풀이

① 광고는 신상품이 인기를 누리는 유행 주기를 단축하여 소비를 증가시킬 수 있다고 하였다. → (나)의 2문단

③ 광고로 인해 촉진된 소비와 생산 활동이 환경 오염을 발생시킨다고 하였다. → (나)의 3문단

④ 광고로 인해 촉진된 소비가 생산 활동을 자극하는데, 상품의 생산에는 근로자의 노동, 기계나 설비 같은 생산 요소가 들어간다고 하였다. 따라서 광고가 생산 활동을 증가시키면 이에 포함되는 근로자의 노동, 기계나 설비 같은 생산 요소 이용이 증가한다. → (나)의 2문단

⑤ 광고로 인해 촉진된 소비가 생산 활동을 자극하면, 고용이나 투자가 증가하게 되고, 이는 근로자이거나 투자자인 구매자의 소득 증가로 이어진다고 하였다. → (나)의 2문단

4 내용 추론하기

근거 있는 정답 풀이

① 상품에 대한 구매자의 충성도가 높아지면, 판매자가 독점적 지위를 누리게 되어 ㉠이 일어난다. 한편 ㉡은 구매자가 상품의 품질이나 가격에 예민하게 반응할 때 일어난다. 구매자가 가격에 예민하다는 것은 가격이 변화할 때 상품 수요량의 변화 정도가 크다는 의미이므로, ㉡은 수요의 가격 탄력성이 높아질 때 일어난다.

→ (가)의 3문단, (나)의 1문단

근거 있는 오답 풀이

② ㉠은 판매자의 독점적 지위가 강화된 상황이므로 판매자가 상품의 가격을 올리기 쉬워진다. 한편 ㉡의 결과로 구매자는 가격에 더 예민하게 반응할 것이므로 구매자가 비싼 가격을 감수하게 된다는 것은 적절하지 않다. → (가)의 3문단, (나)의 1문단

③ ㉠은 판매자의 독점적 지위를 강화하므로, 신규 판매자의 시장 진입이 이전보다 쉽지 않을 수 있다. 하지만 이윤을 보는 판매자가 있으면 그러한 이윤에 이끌려 약간 다른 상품을 공급하는 신규 판매자의 수가 장기적으로 증가한다고 하였으므로, 시장 전체의 판매자 수가 증가하지 않는다는 내용은 적절하지 않다. 한편 ㉡은 판매자 간의 가격 경쟁과 신규 판매자의 진입 촉진을 의미하므로, 신규 판매자가 시장에 진입하기 쉬워질 것이다. → (가)의 3문단, (나)의 1문단

④ ㉠은 판매자가 광고를 통해 상품의 차별성을 알려 수요의 가격 탄력성을 감소시킨 결과이므로 차별성을 알리는 데 성공하지 못한 결과라는 내용은 적절하지 않다. 한편 ㉡은 신규 판매자가 신상품을 쉽게 홍보하고 시장에 진입하게 되면 더욱 촉진되므로 ㉡이 신규 판매자의 광고가 의도대로 성공한 결과라는 내용은 적절하다.

→ (가)의 3문단, (나)의 1문단

⑤ ㉠은 광고를 통해 상품의 차별성이 부각되어 수요의 가격 탄력성이 감소할 때 발생한다. 이는 구매자가 가격에 민감하게 반응하지 않는 것을 의미하므로 적절하다. 한편 ㉡은 구매자가 가격에 민감하게 수요량을 바꿀 때 판매자가 경쟁 상품의 가격을 더욱 고려하게 되어 발생하므로 경쟁 상품의 가격을 고려할 필요가 감소될 때 발생한다는 내용은 적절하지 않다. → (가)의 3문단, (나)의 1문단

5 어휘의 의미 파악하기

근거 있는 정답 풀이

⑤ ⓐ의 '들어가다'는 '어떤 일에 돈, 노력, 물자 따위가 쓰이다.'라는 의미로 사용되었다. '투입되다'는 '사람이나 물자, 자본 따위가 필요한 곳에 넣어지다.'라는 의미이므로, ⓐ와 바꾸어 쓸 수 있다.

근거 있는 오답 풀이

① '반입되다'는 '운반되어 들어오다.'라는 의미이다.
② '삽입되다'는 '틈이나 구멍 사이에 다른 물체가 넣어지다.' 또는 '글 따위에 다른 내용이 넣어지다.'라는 의미이다.
③ '영입되다'는 '환영을 받으며 받아들여지다.'라는 의미이다.
④ '주입되다'는 '흘러 들어가도록 부어져 넣어지다.' 또는 '기억과 암기가 주로 되어 지식이 넣어지다.'라는 의미이다.

어휘 공략하기

본문 145쪽

1 (1) 독점적 (2) 우회적 (3) 명시적 (4) 공식적
2 ②
3 ⑤

3 수능 맛보기

근거 있는 정답 풀이

⑤ <보기>에서 '차지하다'는 '사물이나 공간, 지위 따위를 자기 몫으로 가지다.'라는 의미로 사용되었지만, ⑤에 쓰인 '차지하다'는 '비율, 비중 따위를 이루다.'라는 의미이다.

근거 있는 오답 풀이

① '급증하다'는 '갑작스럽게 늘어나다.'라는 의미로 사용되었다.
② '돌입'은 '세찬 기세로 갑자기 뛰어듦.'이라는 의미로 사용되었다.
③ '운영'은 '조직이나 기구, 사업체 따위를 운용하고 경영함.'이라는 의미로 사용되었다.
④ '확보'는 '확실히 보증하거나 가지고 있음.'이라는 의미로 사용되었다.

23강 실전 1 회생 제동 장치

융합 본문 146~148쪽

확인 문제 » 1 회생 제동 2 ○ 3 ○

정답 » 1 ④ 2 ⑤ 3 ③

수능이 쉬워지는 지문 키워드

☑과정의 흐름을 보여 주는 글

이 글은 전기 자동차의 단점을 보완하기 위한 회생 제동 장치의 작동 원리를 설명하고 있다. 따라서 회생 제동 장치를 사용하여 전기 자동차가 제동하는 과정을 이해하며 글을 읽어야 한다.

• **회생 제동 장치를 사용한 전기 자동차의 제동 과정**

운전자가 제동 페달을 밟음.
⬇
배터리에서 전동기로 공급되는 전류가 차단됨.
⬇
회전자의 도선에 전류가 흐르지 않으며, 회전자를 회전시키는 전자기력이 사라짐.
⬇
달리던 자동차의 관성에 의해 바퀴가 회전자를 돌리게 됨.
⬇
바퀴의 운동 에너지가 감소하며 제동 효과가 발생함.
⬇
회전자가 회전하며 전기 에너지가 만들어짐.
⬇
전기 에너지가 배터리에 저장됨.
⬇
회생 제동 효과가 발생해서 주행 거리가 늘어남.

• 주제 전기 자동차의 회생 제동 장치의 작동 원리

• 문단별 중심 내용

1문단: 전기 자동차의 단점을 보완하기 위한 회생 제동 장치
2문단: 전기 자동차에 장착된 전동기의 구조
3문단: 전기 자동차가 움직이는 원리와 가속 시 전동기의 기능
4문단: 제동 시 전동기의 기능과 회생 제동 장치의 원리
5문단: 회생 제동 장치의 한계와 보완 방법
6문단: 전기 자동차의 제동 과정

1 글의 정보 파악하기

근거 있는 정답 풀이

④ 전동기는 영구 자석과 그 안쪽에서 회전할 수 있는 회전자로 구성되

어 있는데, 영구 자석 사이에는 항상 자기장이 형성되어 있다고 하였다. → 2문단

근거 있는 오답 풀이

① 회전자는 배터리에서 나오는 전류가 흐를 수 있는 도선으로 감겨 있는데, 회전자의 도선에 전류가 흐르면 자기장이 생긴다고 하였다. → 2, 3문단

② 전자기력의 영향으로 도선이 힘을 받으면 회전자가 회전하게 되고, 회전축과 연결된 바퀴에 회전력이 전달되어 자동차가 움직이게 된다고 하였다. → 3문단

③ 대부분의 전기 자동차에는 회생 제동 장치뿐만 아니라 일반 자동차에 사용되는 마찰 제동 장치가 함께 장착되어 있다고 하였다. → 5문단

⑤ 전기 자동차의 제동 과정은 실시간으로 이루어지기 때문에 상황에 따른 전체 제동력이 일정하게 유지될 수 있다고 하였다. → 6문단

2 자료에 적용하기

근거 있는 정답 풀이

⑤ 전자 제어 장치는 제동 페달에 있는 센서로부터 받은 전기적 신호를 바탕으로 페달을 밟는 압력의 정도에 따라 제동에 필요한 전체 제동력을 계산한다. 그리고 이와 동시에 회생 제동으로 얻을 수 있는 제동력과, 이를 전체 제동력에서 뺀 나머지 제동력도 계산한다. 따라서 ⓒ이 발생시킬 제동력의 크기를 계산하는 것은 ⓛ이다. → 6문단

근거 있는 오답 풀이

① 운전자가 제동 페달을 밟으면 배터리에서 전동기로 공급되는 전류가 차단되어 회전자의 도선에 전류가 흐르지 않게 되므로 회전자를 회전시키는 전자기력은 사라진다. 그러나 달리던 자동차의 관성으로 인해 바퀴는 일정 시간 굴러가기 때문에 바퀴가 회전자를 돌리는 상황이 된다. 즉 ㉠을 밟게 되면 전기 에너지로 돌아가던 회전자는 운동 에너지에 의해 돌아가게 된다. → 4문단

② 운전자가 제동 페달을 밟으면 페달에 있는 센서가 페달을 밟은 압력의 정도를 인식하여 전자 제어 장치로 전기적 신호를 보낸다고 하였다. 즉 ㉠에 있는 센서가 압력의 정도를 인식하면 ㉠에서 ⓛ으로 전기적 신호가 전달된다. → 6문단

③ 전자 제어 장치는 제동 페달에 있는 센서로부터 받은 전기적 신호를 바탕으로 전체 제동력을 계산하며, 현재 자동차 운행 상태와 배터리 충전 상태 등을 고려하여 회생 제동으로 얻을 수 있는 제동력과, 이를 전체 제동력에서 뺀 나머지 제동력을 계산한다고 하였다. 따라서 ⓛ에서 회생 제동으로 얻을 수 있는 제동력을 계산하려면 ㉠으로부터 받은 신호와 배터리 충전 상태 등을 고려해야 한다. → 6문단

④ 전자 제어 장치가 회생 제동 장치에 신호를 보내는데, 이 신호가 배터리와 전동기의 연결을 차단하여 회생 제동이 발생하도록 한다. 따라서 ⓒ이 ⓛ으로부터 신호를 받으면 배터리와 전동기의 연결이 차단되어 제동력이 발생한다. → 6문단

3 내용 추론하기

근거 있는 정답 풀이

③ 회생 제동이 일어날 때에는 제동을 하면서 줄어든 운동 에너지가 전기 에너지의 형태로 회생된다고 하였으므로, ⓐ에는 '전기'가 들어가는 것이 적절하다. 그리고 이렇게 만들어진 전기 에너지가 전압 변환 장치의 작용을 통해 배터리에 저장되어야 비로소 회생 제동의 효과가 발생한다고 하였으므로, ⓑ에는 '전압 변환 장치'가 들어가는 것이 적절하다. 그런데 배터리가 완전히 충전된 상황에서는 생성된 전기 에너지를 저장할 수 없어 회생 제동 장치가 작동하지 않는다고 하였으므로, ⓒ에는 '회생'이 들어가는 것이 적절하다. → 4, 5문단

23강 실전 2 법 원리주의와 조선 시대의 형법

주제 통합 본문 149~152쪽

확인 문제 » 1 원리주의, 법정주의 2 ○ 3 ×

정답 » 1 ③ 2 ② 3 ① 4 ③ 5 ②

수능이 쉬워지는 지문 키워드

☑분류를 활용한 글

(가)는 법 원리주의에서 법 규범을 법 규칙과 법 원리로 나누어 설명한 글이고, (나)는 죄형 법정주의와 관련하여 조선 시대 형법에 대한 두 가지 입장을 제시한 글이다. (가)는 법 규칙과 법 원리의 개념과 특성을, (나)는 죄형 법정주의와 관련하여 조선 시대 형법을 바라보는 상반된 입장을 파악하며 읽어야 한다.

법 원리주의에서 법 규범

- **법 규칙**: 구성 요건과 그에 따른 법률 효과의 발생이 확정적으로 규정된 법 규범
- **법 원리**: 법률 효과의 발생이 주어진 조건 아래에서 가능한 최대로 실현되는 형식을 가지는 법 규범

죄형 법정주의와 관련한 조선 시대 형법

- **죄형 법정주의를 발견할 수 있다는 입장**: 조선 시대 형법은 정형주의적 형식을 따름.
- **죄형 법정주의를 발견하기 어렵다는 입장**: 죄를 결정하는 데 해당하는 규정이 율령에 기록되어 있지 않으면 임의적인 판단이 개입할 수 있었음.

• 주제 (가) 법 원리주의에서의 법 규칙과 법 원리
(나) 죄형 법정주의와 관련한 조선 시대 형법에 대한 두 입장

• 문단별 중심 내용

(가)
1문단: 법 규칙과 법 원리
2문단: 법 규칙의 개념과 특징
3문단: 법 원리의 개념과 특징
4문단: 법 규칙의 존재와 내용을 파악하는 배경적 근거가 되는 법 원리

(나)
1문단: 죄형 법정주의와 관련한 조선 시대 형법에 대한 두 가지 입장
2문단: 조선 시대 형법에서 죄형 법정주의를 발견할 수 있다는 입장
3문단: 조선 시대 형법에서 죄형 법정주의를 발견하기 어렵다고 보는 입장
4문단: 인율비부에 대한 반론

1 글의 정보 파악하기

근거 있는 정답 풀이

③ 같은 행위에 대해 충돌하는 법 규칙들이 있다면 특별법 우선의 원칙, 신법 우선의 원칙 등을 적용하여 어느 하나의 법 규칙만이 효과가 있다고 밝히거나 예외 조항을 두는 방법으로 해결한다고 하였다. 이익 형량을 통해 충돌하는 사안을 해결하는 것은 법 원리이다.
→ (가)의 2, 3문단

근거 있는 오답 풀이

① 법적 삼단 논법에서 대전제는 법 규범이라고 하였으므로 적절하다.
→ (가)의 2문단

② 법 원리는 법률 효과의 발생이 주어진 조건 아래에서 가능한 최대로 실현되는 형식을 가지는 법 규범이라고 하였다. 따라서 법 원리는 주어진 조건에 따라서 다양한 정도로 실현될 수 있다. → (가)의 3문단

④ 법 규칙은 법 규범이 정하는 요건이 사실로 발생하면 그에 대응하는 법률 효과가 반드시 발생한다고 하였으므로 적절하다. → (가)의 2문단

⑤ 충돌하는 법 규칙들이 있을 때에는 특별법 우선의 원칙, 신법 우선의 원칙 등을 적용하여 어느 하나의 법 규칙만이 효과가 있다고 밝히거나 예외 조항을 두는 방법으로 해결한다고 하였다. 따라서 법 규칙들이 서로 맞부딪치면 하나의 규칙만이 채택되어 그에 대응하는 법률 효과가 발생할 수 있다. → (가)의 2문단

2 글의 정보 파악하기

근거 있는 정답 풀이

② 조선 시대 형법은 개별적인 사안을 하나하나 열거하는 형식이었지만, 실제로 발생하는 모든 사건을 열거할 수는 없었다. 그래서 어떤 사건에 형법을 적용할 때 대응하는 규정이 없어서 법률에 흠결이 생기는 것을 보완하기 위해 인율비부가 사용되었으므로 적절하다.
→ (나)의 3문단

근거 있는 오답 풀이

① 조선 시대에는 죄를 결정하는 데 해당하는 규정이 율령에 기록되어 있지 않으면 율령에 기록된 것 중 가장 가까운 것에 근거하여 더할 것은 더하고 뺄 것은 빼서 죄명을 결정하고 이를 임금께 아뢰어 처벌한다고 하였다. 따라서 율령에 어긋나더라도 경우에 따라 형벌을 가감하는 사법 제도를 운용하였다는 내용은 적절하지 않다. → (나)의 3문단

③ 조선 시대 형법은 구체적이고 개별적인 사안을 하나하나 열거하는 형식이었기 때문에 어떤 사안에 각 조항을 곧바로 적용하기에 용이했다고 하였다. → (나)의 3문단

④ 조선 시대 형법은 범죄의 종류, 범죄자나 피해자의 신분 등을 개별적으로 구분하고 이에 따라 형량이 결정되는 정형주의적 형식을 따랐으므로 신분을 고려하지 않고 일률적으로 벌을 내렸다는 내용은 적절하지 않다. → (나)의 2문단

⑤ 조선 시대의 형법은 처벌의 기준을 글로 명시한 문서의 체계를 가지고 있었다. 따라서 당대의 관습에 따라 범죄 여부와 형량을 판단했다거나 글로 명시한 문서 체계의 형법이 존재했다고 보기 어렵다는 내용은 적절하지 않다. → (나)의 1문단

3 글의 정보 파악하기

근거 있는 정답 풀이

① (가)에서는 법 규칙이나 법 원리가 충돌할 때의 해결 방안을 제시하고 있다. 그리고 (나)에서는 조선 시대의 형법에서 죄형 법정주의를 발견할 수 있다는 입장과 죄형 법정주의를 발견하기 어렵다는 입장을 대조적으로 제시하고 있다. 그렇지만 (가)와 (나)에서 법을 해석하여 적용할 때 서로 충돌하는 가치를 제시하지는 않았다.

근거 있는 오답 풀이

② (가)에서 법 원리주의에서는 법 규범을 법 규칙과 법 원리로 나누어 파악한다고 하였다. → (가)의 1문단

③ (나)에서는 죄형 법정주의에 대한 개념을 정의하고, 이와 관련하여 조선 시대 형법을 바라보는 입장을 둘로 나누어 제시하고 있다.
→ (나)의 1문단

④ (가)에서 법 규칙은 법 규범이 정하는 요건이 사실로 발생하면 그에 대응하는 법률 효과가 반드시 발생한다고 하였고, 법 원리는 법에서 정한 요건이 만족될 경우 발생하는 법률 효과가 확정되어 있지 않다고 하였다. 또한 법 원리는 법 규칙의 존재와 내용을 파악하는 데 배경적 근거가 된다고 하였으므로 법 규칙과 법 원리의 차이점을 중심으로 그 둘의 관계를 설명하고 있음을 알 수 있다. → (가)의 2~4문단

⑤ (나)는 조선 시대 형법에서 죄형 법정주의를 발견할 수 있다는 입장과 죄형 법정주의를 발견하기 어렵다는 입장으로 나누어 조선 시대 형법을 바라보는 서로 다른 시각을 대조하고 있다. → (나)의 1~3문단

4 내용 추론하기

근거 있는 정답 풀이

③ ㉠은 조선 시대 형법에서 죄형 법정주의를 발견하려는 이들이다. 따라서 ㉮에 들어갈 말로는 '있다'가 적절하다. 그리고 이들은 인율비부가 정형주의의 한계를 극복하기 위해 동원된 법 적용 방법이라고 본다. 따라서 ㉯에 들어갈 말로는 '인율비부'가 적절하다. 또한 인율비부에서 죄명을 결정한 후 형조에 보고하고 임금에게 아뢰도록 한 것은 임의로 판단하는 것을 방지하려는 노력이므로, ㉰에 들어갈 말로는 '없도록'이 적절하다. → (나)의 3, 4문단

배경지식 확장하기

죄형 법정주의

죄형 법정주의는 어떠한 행위가 범죄로 처벌받기 위해서는 행위 이전에 미리 글로 써 있는 문서의 법률로 규정되어 있어야 한다는 원칙이다. 이는 '법률이 없으면 범죄도 없고, 형벌도 없다.'라는 근대 형법의 기본 원리이다. 대한민국 헌법 재판소도 '죄형 법정주의는 이미 제정된 정의로운 법률에 의하지 아니하고는 처벌되지 아니한다는 원칙으로서 이는 무엇이 처벌될 행위인가를 국민이 예측 가능한 형식으로 정하도록 하여 개인의 법적 안정성을 보호하고 글로 써 있는 문서 형태의 형벌 법규에 의한 실정법 질서를 확립하여 국가 형벌권의 임의적 행사로부터 개인의 자유와 권리를 보장하려는 법치 국가 형법의 기본 원칙이다.'라고 밝힌 적이 있다.

5 어휘의 의미 파악하기

근거 있는 정답 풀이

② ⓑ의 '도출하다'는 '판단이나 결론 따위를 이끌어 내다.'라는 의미이다. 따라서 '굽거나 비뚤어진 것을 곧게 하다.' 또는 '그릇된 일을 바르게 만들거나 잘못된 것을 올바르게 고치다.'라는 의미의 '바로잡다'로 바꾸어 쓰는 것은 적절하지 않다.

근거 있는 오답 풀이

① ⓐ의 '간주하다'는 '상태, 모양, 성질 따위가 그와 같다고 보거나 그렇다고 여기다.'라는 의미이므로 '여기다'로 바꾸어 쓸 수 있다.

③ ⓒ의 '칭하다'는 '무엇이라고 일컫다.'라는 의미이므로 '일컫다'로 바꾸어 쓸 수 있다.

④ ⓓ의 '위반하다'는 '법률, 명령, 약속 따위를 지키지 않고 어기다.'라는 의미이므로 '어기다'로 바꾸어 쓸 수 있다.

⑤ ⓔ의 '용이하다'는 '어렵지 아니하고 매우 쉽다.'라는 의미이므로 '쉽다'로 바꾸어 쓸 수 있다.

어휘 공략하기

본문 153쪽

1 (1) 당위 (2) 제동 (3) 흠결 (4) 이념적
2 (1) ㉡ (2) ㉠ (3) ㉢
3 ①

3 수능 맛보기

근거 있는 정답 풀이

① 〈보기〉에서 '어렵다'는 '하기가 까다로워 힘에 겹다.'라는 의미로 사용되었다. 한편 ①에서 '어렵다'는 '가난하여 살아가기가 고생스럽다.'라는 의미로 사용되었다.

24강 실전 1 베르그송 철학과 인상주의

융합 본문 154~156쪽

확인 문제 » 1 베르그송 2 ○ 3 ○

정답 » 1 ⑤ 2 ⑤ 3 ③ 4 ④

수능이 쉬워지는 지문 키워드

☑ 상관관계를 보여 주는 글

이 글은 근대 철학의 흐름에 반발하여 직관과 지속을 통해 세계를 통찰하고자 한 베르그송 철학과 빛이 연출하는 색채와 인상을 표현하고자 한 인상주의 회화의 유사점을 설명하고 있다. 베르그송 철학과 인상주의가 어떤 점에서 유사한지 이해하며 글을 읽어야 한다.

베르그송 철학	인상주의 회화
• 직관: 공감적 경험을 통해 각각의 이질성을 유지하면서도 하나가 다른 하나로 스며가면서 통합되는 경험 • 지속: 공감과 통합은 지속되는 시간에서 이루어짐.	• 색들의 이질성을 살리면서 색들의 경계를 흐리게 표현하여 한 가지 색이 다른 색으로 지속적으로 섞여 들어가도록 표현함. • 대상에게 받은 인상을 전달하는 것에 주목함.

• 주제 베르그송의 철학과 이와 유사성을 지닌 인상주의

• 문단별 중심 내용

1문단: 근대 철학에 영향을 준 근대 과학의 사고
2문단: 데카르트가 말하는 직관
3문단: 근대 철학에 반발한 베르그송
4문단: 베르그송이 말하는 직관
5문단: 시간에 대한 베르그송의 관점
6문단: 인상주의의 특징
7문단: 인상주의와 베르그송 철학의 유사성

1 글의 정보 파악하기

근거 있는 정답 풀이

⑤ 이 글은 먼저 근대 철학의 이성론을 제시한 후에 이를 반박하는 베르그송의 관점을 제시하고 있다. 그리고 베르그송 철학과 유사성을 지닌 인상주의 회화에 대해 소개하고 있다.

근거 있는 오답 풀이

① 이 글에서는 세계를 통찰하는 방법에 대한 근대 철학과 베르그송의 상반된 주장을 제시하였을 뿐, 이에 대한 절충안을 제시하고 있지 않다.

② 이 글에서는 근대 철학의 흐름에 반박하는 베르그송의 철학을 제시하고 있을 뿐, 이에 대한 재반론을 제시하지 않았다.

③ 이 글에서는 자문자답 방식을 활용하지 않았으며, 특정 이론에 대한 장단점을 나열하지도 않았다.

④ 이 글에서는 특정 이론의 견해가 지닌 부당함으로 제시하지 않았으며, 이에 대한 다양한 분야의 의견을 시대순으로 비교하지도 않았다.

2 글의 정보 파악하기

근거 있는 정답 풀이

⑤ 근대 철학자 데카르트는 의심할 수 없는 것을 찾기 위해 대상을 직관으로 분절하여 더 나눌 수 없는 단순 본성을 찾았다고 하였으므로, 단순 본성을 분절하였다는 내용은 적절하지 않다. → 2문단

근거 있는 오답 풀이

① 근대 과학은 미리 수학적으로 설정한 믿음을 통해 자연에 접근하였다고 하였다. 그리고 수학적 관점의 선험적 태도는 근대 철학의 이성론에 많은 영향을 주었다고 하였다. → 1문단

② 케플러는 우주의 구성 원리에 대해 우주가 기하학적인 원리에 의해 만들어졌다는 믿음에 따라, 선험적인 태도로 자연에 접근하였다. → 1문단

③ 인상주의자들은 색들을 합쳐 만든 중간색은 편견이므로 이를 해체해 본래의 색으로 되돌려야 한다고 생각하였다. → 7문단

④ 고전주의에서는 인물화 속에 인물의 위대함이나 교훈을 담으려고 하였으며, 풍경이 인간과 인간 행위의 배경에 불과하다고 보았다. 이를 통해 고전주의 회화에서 인간은 중요한 대상이었기 때문에 인간을 풍경과 차별성을 가진 존재로 작품에 표현하였음을 알 수 있다. → 6문단

3 내용 추론하기

근거 있는 정답 풀이

③ 데카르트는 직관을 '순수한 정신의 의심할 여지 없는 파악이며, 이성의 빛에서 생기는 것'이라고 보았다. 반면에 베르그송은 이성이 세계를 분절시킨다고 말하며, 세계를 통찰하는 방법으로 이성 대신 직관을 제시하였다. 따라서 순수한 이성을 통해 ㉡을 얻는다는 설명은 적절하지 않다. → 2~4문단

근거 있는 오답 풀이

① 데카르트는 선험적으로 직관을 가지고 있다고 믿었다. 즉 경험하기 전부터 ㉠을 가지고 있다고 생각한 것이다. → 2문단

② 베르그송의 직관은 공감적 경험이자 통합적 경험을 의미한다고 하였다. → 4문단

④ 데카르트는 대상을 직관으로 분절하여 더 나눌 수 없는 단순 본성을 찾는다고 하였다. 따라서 ㉡과 달리 ㉠은 단순 본성을 찾는 도구라고 할 수 있다. → 2문단

⑤ 데카르트는 ㉠을 통해 인식한 것들로 세계에 접근하려고 하였고, 베르그송은 세계를 통찰하는 방법으로 ㉡을 제시하였다. → 2, 4문단

4 어휘의 의미 파악하기

근거 있는 정답 풀이

④ ⓓ의 '포착하다'는 '요점이나 요령을 얻다.'라는 의미이다. 따라서 '한데 합치다.'라는 의미의 '모으다'로 바꾸어 쓰는 것은 적절하지 않다.

24강 실전 2 플라톤과 아리스토텔레스의 예술관

주제 통합 본문 157~160쪽

확인 문제 » 1 예술 2 ○ 3 ×

정답 » 1 ② 2 ④ 3 ④ 4 ③ 5 ④

수능이 쉬워지는 지문 키워드

☑관점을 제시하는 글

(가)는 플라톤, (나)는 아리스토텔레스가 예술을 바라보는 관점에 대해 설명한 글이다. (가)와 (나)에 제시된 개념을 중심으로 두 철학자의 예술관을 이해하며 글을 읽어야 한다.

플라톤의 예술관	아리스토텔레스의 예술관
• 예술은 감각 가능한 현상을 모방한 것임. • 음유 시인의 연기를 보는 관객들은 비이성적인 것들에 지배되어 타락하게 됨.	• 예술의 목적은 사물 하나하나에 내재한 형상을 표현해 내는 것임. • 인간은 예술을 통해 쾌감을 느낄 수 있으며, 음유 시인의 연기를 보는 관객들은 카타르시스를 느끼게 됨.

• 주제 예술에 대한 플라톤과 아리스토텔레스의 관점

• 문단별 중심 내용

(가)

1문단: 플라톤이 구분한 이데아계와 현상계

2문단: 예술에 대한 플라톤의 관점

3문단: 시에 대한 플라톤의 관점

4문단: 음유 시인의 연기에 대한 플라톤의 주장

(나)

1문단: 이데아계에 대한 아리스토텔레스의 주장

2문단: 가능태와 현실태를 통해 형상을 설명한 아리스토텔레스

3문단: 예술과 시에 대한 아리스토텔레스의 관점

4문단: 예술을 통해 쾌감을 느낄 수 있다고 생각한 아리스토텔레스

1 글의 정보 파악하기

근거 있는 정답 풀이

② (가)에서는 플라톤이 이데아계에 형상이 존재하며, 현상계는 이를 본뜬 것일 뿐이라는 관점을 지녔음을 제시하고 있다. 그리고 이를 바탕으로 예술은 현상계를 모방하여 만든 허구의 허구일 뿐이며, 형상에서 두 단계 떨어져 있는 수준이 낮은 것으로 보았던 플라톤의 생각을 설명하고 있다. 한편, (나)에서는 아리스토텔레스가 이데아계는 존재하지 않으며 형상은 사물에 내재한다는 관점을 지녔음을 제시하고 있다. 그리고 이를 바탕으로 예술을 사물 하나하나의 형상을 표현하는 것으로 보았으며, 시를 역사보다 우월하다고 평가했던 아리스토텔레스의 생각을 설명하고 있다. 따라서 (가)와 (나) 모두 특정 사상가가 예술을 평가하는 데 바탕이 된 철학적 관점을 설명하고 있다고 볼 수 있다.

근거 있는 오답 풀이

① (가)와 (나)는 모두 특정 사상가의 예술을 바라보는 관점을 제시하고 있을 뿐, 관점이 변화하게 되었다는 내용을 제시하지 않았다.
③ (가)에서는 예술을 사물의 본질적 특성에서 두 단계 떨어져 있는 수준이 낮은 것, 허구의 허구일 뿐이라고 생각한 플라톤의 관점을 제시하고 있으므로, 특정 사상가가 생각하는 예술의 불완전성을 설명하고 있다고 볼 수 있다. 하지만 (나)에서는 아리스토텔레스가 생각하는 예술의 불완전성에 대해 설명하지 않았다. → (가)의 2문단
④ (가)는 플라톤의 예술관에 대해 설명하고 있을 뿐, 예술관에 내재한 장점과 단점을 제시하지 않았다.
⑤ (가)에서 플라톤의 예술관이 보이는 한계를 제시하지 않았으며, (나)에서 아리스토텔레스의 예술관이 주는 의의를 제시하지 않았다.

2 글의 정보 파악하기

근거 있는 정답 풀이

④ 플라톤은 감각 가능한 현상을 모방한 것이 예술이라고 보았다. 따라서 예술의 표현 대상은 감각 가능한 사물이다. → (가)의 2문단

근거 있는 오답 풀이

① 플라톤은 예술이 형상을 올바르게 인식할 수 없게 하는 허구의 허구라고 하였다. → (가)의 2문단
② 플라톤은 형상이 존재하는 이데아계는 이성으로만 인식될 수 있는 관념의 세계라고 하였다. → (가)의 1문단
③ 플라톤은 침대 그림을 예로 들어 설명하면서 형상을 모방하여 생긴 것이 현상인데, 예술은 현상을 다시 모방한 것이기 때문에 수준이 낮은 것이라고 하였다. → (가)의 2문단
⑤ 플라톤은 현상계에 나타난 모든 사물의 근본이자 본질적 특성, 즉 형상이 존재하는 곳이 이데아계라고 하였다. → (가)의 1문단

3 글의 정보 파악하기

근거 있는 정답 풀이

④ 아리스토텔레스는 형상은 사물이 생기고 변화하는 데 바탕이 되는 질료 안에 있다고 보았다. 그에 따르면 가능태는 형상을 실현시킬 수 있는 가능적 힘이자 질료이며, 현실태는 가능태에 형상이 실현된 어떤 상태이다. 따라서 형상과 질료 사이의 관계가 현실태와 가능태 사이의 관계와 같다고 할 수 없다. → (나)의 2문단

근거 있는 오답 풀이

① 아리스토텔레스는 형상이 항상 사물이 생기고 변화하는 데 바탕이 되는 질료에 안에 있다고 보았다. → (나)의 2문단
② 아리스토텔레스에 따르면, 질료는 형상을 실현시킬 수 있는 가능적 힘이다. → (나)의 2문단
③ 아리스토텔레스는 가능태에 있는 것은 형상이 완전히 실현된 상태인 '완전 현실태'로 나아가는데, 이 과정인 운동의 원인은 가능태 안에 있다고 하였다. 그리고 가능태는 형상을 실현시킬 수 있는 질료라고 하였다. 이를 통해 형상이 질료에 실현되는 원인이 가능태 안에 있음을 알 수 있다. → (나)의 2문단
⑤ 아리스토텔레스는 생성 · 변화하는 모든 것은 목적을 향해 움직이므로, 형상이 완전히 실현된 상태인 '완전 현실태'를 향해 나아간다고 하였다. → (나)의 2문단

4 비판이나 반응의 적절성 평가하기

근거 있는 정답 풀이

③ 아리스토텔레스는 이데아계의 어린아이 형상을 바탕으로 현상계의 어린아이가 생겨났다면, 현상계에서 어린아이가 성장하는 것을 설명할 수 없다는 점을 근거로 이데아계가 존재하지 않는다고 주장하였다. 따라서 아리스토텔레스는 현상계에서 변화가 생긴다는 점을 근거로 들어 ㉠을 비판할 수 있다. → (나)의 1문단

근거 있는 오답 풀이

① 플라톤은 이데아계에 형상이 존재하며, 이를 바탕으로 만들어진 현상계의 사물이 감각에 의해 인식된다고 하였다. → (가)의 1문단
② 플라톤은 이데아계의 형상은 이성으로만 인식될 수 있다고 하였는데, 이와 관련하여 아리스토텔레스가 형상이 어떠한 방법으로도 인식될 수 없다고 주장한 부분은 제시되어 있지 않다. → (가)의 1문단
④ 플라톤은 형상과 현상계의 사물이 서로 독립적이라고 설명하지 않았다. 오히려 그는 현상계의 사물이 이데아계의 형상을 바탕으로 한다고 하였다. → (가)의 1문단
⑤ 플라톤은 현상계의 모든 사물이 형상을 본떠 만들었다고 하였다. 따라서 플라톤의 관점에서 현상계에 존재하는 사물들이 모두 다른 이유를 설명할 수 있으므로, 그 이유를 설명할 수 없을 것이라고 비판하는 것은 적절하지 않다. → (가)의 1문단

5 어휘의 의미 파악하기

근거 있는 정답 풀이

④ ⓐ와 ④의 '보다'는 '대상을 평가하다.'라는 의미이다.

근거 있는 오답 풀이

① '영화를 보았다'의 '보다'는 '눈으로 대상을 즐기거나 감상하다.'라는 의미이다.
② '책을 보았다'의 '보다'는 '책이나 신문 따위를 읽다.'라는 의미이다.
③ '집을 보았다'의 '보다'는 '맡아서 보살피거나 지키다.'라는 의미이다.
⑤ '합의를 보았다'의 '보다'는 '어떤 결과나 관계를 맺기에 이르다.'라는 의미이다.

어휘 공략하기

본문 161쪽

1 (1) 이질성 (2) 관념 (3) 허구 (4) 편견
2 (1) ㉠ (2) ㉢ (3) ㉣ (4) ㉡
3 ⑤

3 수능 맛보기

근거 있는 정답 풀이

⑤ ⓔ의 '자제하다'는 '자기의 감정이나 욕망을 스스로 억제하다.'라는 의미이다. '조심하다'는 '잘못이나 실수가 없도록 말이나 행동에 마음을 쓰다.'라는 의미이므로 ⓔ과 바꾸어 쓰기에 적절하지 않다.

모의고사

본문 162~168쪽

01 ⑤ 02 ① 03 ③ 04 ③ 05 ⑤ 06 ① 07 ④ 08 ④ 09 ③
10 ⑤ 11 ⑤ 12 ③ 13 ③ 14 ③ 15 ⑤ 16 ③ 17 ④

[01~03] 깊이 있는 탐구를 위한 독서 방법 독서 이론

수능이 쉬워지는 지문 키워드

☑개념을 설명한 글

이 글은 특정 주제를 깊이 있게 탐구하기 위한 독서 방법을 설명하고 있다. 독서 과정에서 일어나는 개인적 차원의 의미 구성과 사회적 차원의 의미 구성의 차이, 독서에서 기록의 역할 등을 중심으로 글의 내용을 이해해야 한다.

• 특정 주제를 깊이 있게 탐구하기 위한 독서

독서 방법	• 목차나 책 전체를 훑어보며 글의 전체 구조를 파악함. • 필요한 부분을 찾아 읽을 내용을 선별함. • 글 표면에 드러난 내용을 정확하고 충분하게 읽음. • 글 이면의 내용을 추론하고 비판하며 읽음. • 여러 관점을 비교하고 종합하여 읽음.
의미 구성	• 개인적 차원: 독자가 자신의 배경지식과 새로 얻은 지식을 통합하여 의미를 구성함. • 사회적 차원: 개인의 머릿속에서 구성된 의미가 사회 구성원들과의 상호 작용을 거쳐 재구성됨.
기록의 역할	• 읽은 내용을 잊지 않게 함. • 비판과 토론의 자료로서 사회적 차원의 의미 구성에 기여함. • 공동체의 지식이 축적되는 토대를 이룸.

• 주제 특정 주제를 깊이 있게 탐구하기 위한 독서의 방법과 기록의 역할

• 문단별 중심 내용

1문단: 특정 주제를 깊이 있게 탐구하기 위한 독서 방법
2문단: 특정 주제를 깊이 있게 탐구하기 위한 독서의 의미 구성
3문단: 특정 주제를 깊이 있게 탐구하기 위한 독서에서 기록의 역할

01 글의 정보 파악하기

근거 있는 정답 풀이

⑤ 정서적 반응을 기준으로 글의 가치를 평가하며 읽는 것은 이 글에서 설명한 ㉠의 방법에 해당하지 않는다. → 1문단

근거 있는 오답 풀이

① 이 글에서는 글 표면에 드러난 내용을 독자가 정확하고 충분하게 읽는 것을 ㉠의 방법으로 제시하고 있다. → 1문단
② 이 글에서는 목차나 책 전체를 훑아보아 글의 전체 구조를 파악하며 읽는 것을 ㉠의 방법으로 제시하고 있다. → 1문단
③ 이 글에서는 글 이면의 내용을 추론하고 비판하며 읽는 것을 ㉠의 방법으로 제시하고 있다. 따라서 글의 숨겨진 의미를 파악하며 비판적으로 읽는 것 역시 ㉠의 방법에 해당한다. → 1문단
④ 이 글에서는 독자가 필요한 부분을 찾아 읽을 내용을 선별하는 것을 ㉠의 방법으로 제시하고 있다. 따라서 탐구하고자 하는 주제에 필요한 내용을 골라 읽는 것 역시 ㉠의 방법에 해당한다. → 1문단

02 내용 추론하기

근거 있는 정답 풀이

① 〈보기〉에서 '정신이 새어 나가고 성의가 흩어져 버리'는 것은 연속적으로 공부하지 않고 맥이 끊어지는 경우에 발생하는 문제를 밝힌 것이다. 따라서 기록의 궁극적인 목적이 학습 내용을 모두 기억하는 것에 있다는 점을 드러낸다는 내용은 적절하지 않다.

03 비판이나 반응의 적절성 평가하기

근거 있는 정답 풀이

③ 학생은 자신이 보고서 작성을 위해 책을 읽고 친구들과 의문점을 나누며 의논했던 경험을 이 글에서 설명한 독서 방법과 연관시켜 이해하고 있다. 이를 통해 독서 활동의 의미를 확인하고 있으므로 적절하다.

근거 있는 오답 풀이

① 학생의 반응에서 독서를 통해 얻은 깨달음을 실천하려는 모습은 확인할 수 없다.
② 학생의 반응에서 모범적인 독서 태도를 발견하고, 이를 반성의 계기로 삼으려는 모습은 확인할 수 없다.
④ 학생의 반응에서 추가적인 독서 계획을 세우는 모습은 확인할 수 없다.
⑤ 학생의 반응에서 지속적인 독서의 중요성을 인식하는 모습을 확인할 수 없다.

[04~08] 도덕적 운과 도덕적 평가 인문

수능이 쉬워지는 지문 키워드

☑관점을 제시하는 글

이 글은 도덕적 운에 따라 도덕적 평가가 달라질 수 있다는 철학자들의 입장과 도덕적 운의 존재를 인정할 수 없다는 입장이 대조적으로 드러나는 글이다. 도덕적 운과 도덕적 평가에 대한 견해가 관점에 따라 어떻게 달라지는지 확인하며 읽어야 한다.

도덕적 운의 존재를 인정하는 입장		도덕적 운의 존재를 부정하는 입장
• 도덕적 운에 따라 도덕적 평가가 달라질 수 있음. – 태생적 운: 태어날 때 결정되는 성품에 따라 도덕적 평가가 달라짐. – 상황적 운: 어떤 상황에 처하는지에 따라 도덕적 평가가 달라짐. – 결과적 운: 행위의 결과에 의해 도덕적 평가가 달라짐.	↔	• 도덕적 운으로 보이는 것들이 사실은 도덕적 운이 아님. – 태생적 운: 도덕적 평가의 대상이 되는 행위는 태생적 성품과 별개의 것임. – 상황적 운: 나쁜 상황에 처한 사람이 나쁜 행위를 할 것이라는 추측만으로 폄하하는 것은 정당하지 않음. – 결과적 운: 어떤 행위에 대한 도덕적 판단은 결과와 무관하게 그 일 자체로 판단해야 함.
⬇		⬇
통제할 수 없는 도덕적 운에 의해 도덕적 평가가 이루어지는 것은 불공평함.		도덕적 평가가 불가능한 경우를 강제나 무지에 의한 행위에 국한함.
⬇		⬇
도덕적 평가 불가능		도덕적 평가 가능

• 주제 도덕적 운의 존재를 인정하는 입장과 부정하는 입장의 차이

• 문단별 중심 내용

1문단: 도덕적 평가에 대한 철학자들과 글쓴이의 견해
2문단: 도덕적 운의 종류 ① – 태생적 운
3문단: 도덕적 운의 종류 ② – 상황적 운
4문단: 도덕적 운의 종류 ③ – 결과적 운
5문단: 도덕적 운을 인정했을 때의 문제점
6문단: 도덕적 운을 부정하면 가능해지는 도덕적 평가

04 글의 정보 파악하기

근거 있는 정답 풀이

③ 이 글은 도덕적 운의 존재를 인정하는 주장과 관련하여 도덕적 운의 종류를 예를 들어 설명하고 있다. 그리고 도덕적 운의 존재를 인정하면 도덕적 평가 자체가 불가능해진다고 말하며 도덕적 운의 존재를 인정할 경우의 문제점을 지적하고 있다.

근거 있는 오답 풀이

① 이 글에는 도덕적 운의 존재를 인정하는 입장과 부정하는 입장이 제시되어 있지만, 도덕적 운의 존재를 인정하는 입장의 장점이나 이를 부정하는 입장의 단점은 제시되지 않았다.

② 이 글에 특정 주장이 등장하게 된 배경과 그 변화 과정은 제시되지 않았다.

④ 이 글에서 기존 주장의 장점을 다양한 측면에서 살피고 있지 않으며, 이를 토대로 다른 사상가의 주장을 비판하고 있지도 않다.

⑤ 이 글에서 글쓴이는 도덕적 운에 따라 도덕적 평가가 달라질 수 있다는 입장에 대해 도덕적 운의 존재를 부정하면 도덕적 평가가 가능하다는 점을 들어 반대되는 입장을 보이고 있다. 따라서 특정 주장에 동의하는 측면에서 새로운 관점을 제시하고 있다는 설명은 적절하지 않다.

05 글의 정보 파악하기

근거 있는 정답 풀이

⑤ ㉠은 통제할 수 없는 도덕적 운이 도덕적 평가에 개입하여 불공평한 일이 일어난다고 하였고, 글쓴이는 도덕적 운의 존재를 인정하면 불공평한 평가만 할 수 있다고 하였다. 따라서 ㉠과 글쓴이 모두 도덕적 운의 존재를 인정하는 것이 도덕적 평가를 불공평하게 만든다고 생각하는 것으로 볼 수 있다. → 2, 5문단

근거 있는 오답 풀이

① ㉠은 화가로서 성공했을 때보다 실패했을 때 그의 무책임을 더 비난하는 것을 상식으로 받아들이는 경우가 많지만, 이를 불공평한 것이라고 생각한다. 글쓴이도 실패한 화가를 더 비난하는 상식이 통용되는 것은 그 화가가 성공했을 때 무책임한 행위가 덜 부각되기 때문이라고 말하며 '상식'에 대해 비판적인 시각을 가지고 있다. 따라서 ㉠과 글쓴이 모두 '상식'에 따라 도덕적 평가를 해야 한다고 생각하지 않는 것이다. → 4~6문단

② ㉠과 글쓴이 모두 운은 우리가 통제할 수 없는 것이라고 보고 있다. → 1문단

③ ㉠은 같은 성품을 가졌어도 상황에 따라 다른 행위로 나타날 수 있다는 점을 언급하며 상황적 운을 제시하고 있다. 글쓴이도 행위와 성품은 별개의 것이라고 하였으므로, ㉠과 글쓴이 모두 같은 성품을 가진 사람이 같은 행동을 한다고 생각하지 않는 것이다. → 3, 6문단

④ 글쓴이는 도덕적 운이라고 생각되는 예들이 실제로는 도덕적 운이 아님을 보여 주어서 운에 따라 도덕적 평가가 달라지는 것을 부정할 수 있다고 하였다. 그렇지만 ㉠은 운에 따라 도덕적 평가가 달라지는 일이 일어난다고 하였다. → 2, 6문단

06 사례나 상황에 적용하기

근거 있는 정답 풀이

① 'ㄱ'은 자신의 성격을 스스로 통제하여 자신의 의지에 따라 행동한 것이므로 도덕적 평가의 대상이 될 수 있다. 'ㄹ'도 종교적 신념이라는 자신의 의지에 의해 행동한 것이므로 도덕적 평가의 대상이 될 수 있다.

근거 있는 오답 풀이

② 'ㄴ'에서 누군가에게 떠밀린 것은 스스로 통제할 수 없는 상황이므로 도덕적 평가의 대상이 될 수 없다. 'ㄷ'은 글을 모르는 어린아이의 무지에서 비롯된 상황이므로 도덕적 평가의 대상이 될 수 없다.

07 비판이나 반응의 적절성 평가하기

근거 있는 정답 풀이

④ 결과적 운을 부정하는 입장에서는 어떤 사람이 성공을 했든 안 했든 그 사람의 행위에 대해 같은 평가를 내려야 한다고 본다. 따라

서 A와 C의 거친 말을 다르게 평가하는 것이 당연하다고 생각하지 않을 것이다. → 6문단

근거 있는 오답 풀이

① 태생적 운을 부정하는 입장에서는 도덕적 평가의 대상이 되는 행위와 성품이 별개라고 본다. 따라서 다른 사람의 시선을 신경 쓰지 않는 A의 성품과 타인에게 거친 말을 하는 행위는 별개라고 주장할 것이다. → 6문단

② 태생적 운의 존재를 인정하는 입장에서는 성품은 우리가 통제할 수 없는 요인이라고 주장한다. 또한 이러한 요인이 도덕적 평가에 개입되는 것을 불공평하다고 본다. 따라서 A의 행동에 대한 도덕적 평가가 불공평하다고 볼 것이다. → 2문단

③ 상황적 운을 부정하는 입장에서는 나쁜 상황에 처한 사람이 나쁜 행위를 할 것이라는 추측으로 폄하하는 것이 정당하지 않다고 본다. 따라서 A의 주변에 거친 말을 전할 사람이 있기 때문에 A가 거친 말을 할 것이라는 추측은 정당하지 않다고 여길 것이다. → 6문단

⑤ 결과적 운의 존재를 인정하는 입장에서는 예측할 수 없는 결과에 의해 그 행위를 달리 평가하는 것이 불공평하다고 생각한다. 따라서 C가 성공한 이후 그의 거친 말에 대한 평가가 달라지는 것을 불공평하다고 생각할 것이다. → 4문단

08 어휘의 의미 파악하기

근거 있는 정답 풀이

④ ⓓ는 '범위를 일정한 부분에 한정함.'이라는 의미이다.

[09~13] 개인 정보 보호법 사회

수능이 쉬워지는 지문 키워드

☑개념을 설명하는 글

이 글은 개인 정보를 보호하기 위한 개인 정보 보호법의 개념과 특징을 설명하고 있다. 개인 정보의 종류와 개인 정보를 수집하거나 이용할 때 지켜야 할 사항을 설명하는 과정에서 새로운 용어들이 많이 등장하므로 각 용어의 의미와 특징을 잘 살피며 읽어야 한다.

개인 정보	• 살아 있는 개인에 관한 정보 • 개인을 알아볼 수 있는 정보 • 다른 정보와 쉽게 결합하여 개인을 알아볼 수 있는 정보
고유 식별 정보	개인을 고유하게 구별하기 위해 부여된 정보 예 여권 번호
민감 정보	주체의 사생활을 현저히 침해할 우려가 있는 정보 예 건강 정보, 정치적 견해
익명 정보	• 다른 정보를 사용하더라도 더 이상 개인을 알아볼 수 없는 정보 – 수집 목적 이외의 분야에서 활용하기 어려움.
가명 정보	• 개인 정보의 일부를 삭제 혹은 대체한 정보 – 추가 정보와 비교적 쉽게 결합하여 개인을 식별할 수 있기 때문에 개인 정보 보호법의 보호 대상이 됨. • 통계 작성, 과학적 연구, 공익적 기록 보존 등을 위해 정보 주체의 동의 없이 이용·제공될 수 있음.

• 주제 개인 정보 보호법의 개념과 특징

• 문단별 중심 내용

1문단: 개인 정보 자기 결정권의 개념
2문단: 개인 정보 보호법이 규정하는 개인 정보의 특징
3문단: 개인 정보 보호법에 따른 사전 동의 제도의 특징
4문단: 고유 식별 정보와 민감 정보의 개념
5문단: 익명 정보의 개념과 특징
6문단: 가명 정보의 개념과 특징

09 글의 정보 파악하기

근거 있는 정답 풀이

③ 주어진 정보만으로 특정 개인을 알아볼 수 없더라도 다른 정보와 쉽게 결합하여 알아볼 수 있다면 이 역시 법적 보호 대상으로서의 개인 정보에 포함된다. → 2문단

근거 있는 오답 풀이

① 우리나라는 헌법 제17조에 명시된 사생활의 비밀과 자유가 보장되어야 한다는 내용을 주된 근거로 개인 정보 자기 결정권이 기본권 중 하나임을 인정하고 있다. → 1문단

② 최근 정보 활용의 중요성이 커지면서 개인 정보 활용의 유연성을 높여야 한다는 주장이 대두되었고, 이에 따라 개인 정보 보호법에서는 개인 정보를 가명 정보로 가공하여 활용할 수 있도록 하는 방안을 마련하였다. → 6문단

④ 개인 정보 처리자는 정보의 수집·이용 동의를 구할 때 정보 주체에게 동의를 거부할 권리가 있다는 사실과 동의 거부에 따른 불이익이 있는 경우 그 불이익의 내용 역시 알려야 한다. → 3문단

⑤ 개인을 고유하게 구별하기 위해 부여된 정보를 고유 식별 정보라고 하는데, 고유 식별 정보의 항목은 정보 주체가 알아보기 쉽도록 밑줄이나 큰 글씨로 강조해야 한다. → 4문단

10 비판이나 반응의 적절성 평가하기

근거 있는 정답 풀이

⑤ 개인 정보의 일부를 삭제하거나 대체한 것을 가명 정보라고 한다. 가명 정보는 통계 작성, 과학적 연구, 공익적 기록 보존 등을 위해 정보 주체의 동의 없이 이용될 수 있다고 하였으므로 적절하다. → 6문단

근거 있는 오답 풀이

① 이 글에서 정보 통신 기술의 발달로 개인에 대한 정보가 데이터베이스화되면서 개인 정보 유출로 인한 피해가 늘어나고 있다고 하였으므로 적절하지 않다. → 1문단

② 이 글에서 사망자에 관한 정보는 개인 정보 보호법에서 규정하는 개인 정보에 포함되지 않는다고 하였으므로 개인 정보 보호법으로 보호되지 않을 것이다. → 2문단

③ 이 글에서 개인 정보 보호법에 따른 사전 동의 제도는 정보 주체인 개인이 개인 정보에 대한 자기 결정을 표현할 수 있다는 점에서 개인 정보 자기 결정권을 보호하는 것이라고 하였다. 따라서 이 제도는 개인 정보를 처리하는 사람이 아니라 그 사람에게 정보를 제공하는 주체를 보호하기 위한 제도이므로 적절하지 않다. → 3문단

④ 주체의 사생활을 현저히 침해할 우려가 있는 건강 정보는 민감 정보에 포함된다. 민감 정보를 수집하거나 이용할 때에는 별도의 동의를 받아야 하는데, 정보 주체가 그것을 알아보기 쉽도록 밑줄이나 큰 글씨로 강조해야 한다. 따라서 민감 정보에 대한 이용 동의를 받을 때 은밀하게 감추어야 한다는 것은 적절하지 않다. → 4문단

11 사례나 상황에 적용하기

근거 있는 정답 풀이

⑤ 이 글에서 단체 혹은 법인에 관한 정보는 ㉠에 포함되지 않는다고 하였다. 따라서 단체에 해당하는 '이부자 장학 재단'이라는 명칭은 ㉠에 해당하지 않는다. → 2문단

근거 있는 오답 풀이

① 교사의 이름은 살아 있는 개인에 관한 정보이며, 담임을 맡은 학급과 함께 게시될 경우 개인을 알아볼 수 있는 정보이므로 ㉠에 해당한다. → 2문단

② 희생자를 추모하기 위한 자리에 참석한 사람들은 살아 있는 사람이며, 그들의 모습을 촬영한 동영상은 개인을 알아볼 수 있는 정보이므로 ㉠에 해당한다. → 2문단

③ '장'의 직책을 맡고 있는 사람의 휴대 전화 번호는 살아 있는 개인에 관한 정보이므로 ㉠에 해당한다. → 2문단

④ 학생들의 얼굴을 확인할 수 있도록 화면을 촬영한 이미지는 개인을 알아볼 수 있는 정보이므로 ㉠에 해당한다. → 2문단

12 글의 정보 파악하기

근거 있는 정답 풀이

③ ⓐ는 다른 정보를 사용하더라도 더 이상 개인을 알아볼 수 없는 정보를 의미한다. 따라서 개인 정보 보호법의 보호 대상이라고 할 수 없다. 그렇지만 ⓑ는 추가 정보와 비교적 쉽게 결합하여 개인을 식별할 수 있으므로 개인 정보 보호법의 보호 대상이 된다. → 2, 5, 6문단

근거 있는 오답 풀이

① 마지막 문단에서 ⓑ는 ⓐ와 달리 개인 정보와 일대일 대응이 가능하다고 하였다. 따라서 ⓐ가 개인 정보와 일대일로 대응한다는 설명은 적절하지 않다. → 6문단

② ⓑ는 통계 작성, 과학적 연구, 공익적 기록 보존 등의 목적을 위해 정보 주체의 동의 없이 이용될 수 있다고 하였다. 이는 이용 목적에 따라 정보 주체의 동의 여부가 결정되는 것이므로 이용 목적과 상관없이 정보 주체의 동의가 필수적이라는 설명은 적절하지 않다. → 6문단

④ ⓐ는 수집 목적 이외의 분야에서 사용되기 어렵지만, ⓑ는 개인 정보 활용의 유연성을 높이기 위해 마련된 것으로 통계 작성, 과학적 연구, 공익적 기록 보존 등을 위해 활용될 수 있다고 하였다. 따라서 ⓑ가 수집 목적 이외의 분야에서 활용되기 어렵다는 설명은 적절하지 않다. → 5, 6문단

⑤ ⓑ는 통계 작성, 과학적 연구, 공익적 기록 보존 등의 목적을 위해 정보 주체의 동의 없이 이용·제공될 수 있다고 하였으므로 제3자에게 제공할 수 없다는 설명은 적절하지 않다. → 6문단

13 내용 추론하기

근거 있는 정답 풀이

③ 개인 정보 자기 결정권은 개인 정보에 대한 열람, 삭제, 정정 등의 행위를 요구할 수 있는 권리를 포함한다. 그런데 〈보기〉에 따르면 헌법 제17조에서 다루는 권리는 적극적으로 다른 사람에게 일정한 행위를 요구할 수 있는 권리를 함께 다루기 어렵다. 즉 개인 정보 자기 결정권에는 적극적으로 타인에게 어떤 행위를 요구하는 성격이 포함되어 있어 헌법 제17조만으로 이를 보장하기에는 그 근거가 충분하지 않은 것이다. → 1문단

[14~17] 메타버스와 관련된 기술 기술

수능이 쉬워지는 지문 키워드

☑개념을 설명한 글

이 글은 메타버스에서 사용자의 몰입도를 높이는 데 활용되는 여러 가지 기술을 설명하고 있다. HMD, 가상 현실 장갑, 가상 현실 트레드밀, 모션 트래킹 시스템 등 감각을 전달하는 여러 장치의 개념과 역할을 중심으로 글의 내용을 이해해야 한다.

HMD	사용자의 양쪽 눈에 시차가 있는 영상을 전달하여 이를 뇌에서 조합하는 과정에서 공간과 물체의 입체감을 느끼게 함.
가상 현실 장갑	가상 공간에서 물체를 접촉하는 것처럼 사용자의 손에 감각 반응을 전달하는 장치로, 사용자의 손가락과 팔의 움직임에 따라 아바타를 움직이게 할 수 있음.
가상 현실 트레드밀	사용자의 움직임을 아바타에게 전달하는 장치로, 360도 방향으로 사용자의 이동이 가능하도록 바닥의 움직임을 지원함.
모션 트래킹 시스템	사용자의 동작에 따라 아바타가 동일하게 움직일 수 있도록 동기화하는 시스템

• 주제 메타버스의 몰입도를 높이는 여러 가지 기술

• 문단별 중심 내용

1문단: 메타버스의 개념과 감각 전달 장치의 기능
2문단: HMD와 가상 현실 장갑의 역할
3문단: 가상 현실 트레드밀의 역할
4문단: 모션 트래킹 시스템의 구성과 역할

14 글의 정보 파악하기

근거 있는 정답 풀이

③ 이 글은 메타버스와 관련된 여러 감각 전달 장치의 개념과 역할을 설명하고 있다.

근거 있는 오답 풀이

① 이 글에서는 메타버스에 관한 상반된 관점을 소개하지 않았다.
② 이 글에서 국내의 메타버스를 해외 사례와 비교하여 설명하지 않았다.
④ 이 글에서 메타버스를 여러 분야에서 연구한 내용을 소개하지 않았다.
⑤ 이 글에서 메타버스를 활용할 때 발생할 수 있는 문제점을 지적하지 않았으며, 이를 해결하기 위한 방안 역시 제시하지 않았다.

15 글의 정보 파악하기

근거 있는 정답 풀이

⑤ 가상 현실 장갑은 가상 공간 속 아바타가 만지는 물체의 크기, 형태, 온도 등을 사용자가 느낄 수 있게 하고, 사용자의 손가락 및 팔의 움직임에 따라 아바타를 움직이게 하는 기능을 한다. 그렇지만 가상 현실 장갑을 통해 사용자의 감각 반응을 아바타에게 전달할 수 없으므로 사용자와 아바타가 상호 간에 감각 반응을 주고받을 수는 없다. → 2문단

근거 있는 오답 풀이

① 이 글에서 사용자는 감각 전달 장치를 통해 가상 공간을 현실감 있게 체험하면서 메타버스에 몰입하게 된다고 하였다. 또한 공간 이동 장치를 이용하면 몰입도 높은 메타버스를 체험할 수 있으므로 적절하다. → 1, 3문단
② 공간 이동 장치는 사용자의 움직임을 가상 공간의 아바타에게 전달하는 역할을 한다. → 3문단
③ 시각을 전달하는 장치인 HMD는 사용자의 양쪽 눈에 시차가 있는 가상 공간의 영상을 전달하는데, 이 영상을 사용자가 뇌에서 조합하는 과정에서 사용자는 공간과 물체의 입체감을 느낄 수 있다. → 2문단
④ 감각 전달 장치는 메타버스 속에서 사용자를 대신하는 아바타가 보고 만지는 것으로 설정된 감각을 사용자에게 전달하는 장치이다. → 1문단

16 글의 정보 파악하기

근거 있는 정답 풀이

③ 가상 공간의 환경 변화에 따라 트레드밀 바닥의 진행 속도 및 방향, 기울기 등이 변경되기도 한다. 따라서 아바타가 경사로를 만나면 트레드밀 바닥의 기울기가 변경될 수 있다. → 4문단

근거 있는 오답 풀이

① 관성 측정 센서를 통해 사용자의 이동 속도를 측정할 수 있지만, 사용자의 뛰는 힘을 측정하는 것은 압력 센서이므로 적절하지 않다. → 4문단
② 모션 트래킹 시스템이 사용자의 동작 정보를 컴퓨터에 전달하면, 컴퓨터는 사용자가 움직이는 방향과 속도에 맞춰 트레드밀의 바닥을 제어한다. 또한 사용자의 움직임이나 트레드밀의 작동 변화에 따라 HMD에 표시되는 가상 공간의 장면이 변경된다. 따라서 HMD가 가상 현실 트레드밀을 제어한다는 이해는 적절하지 않다. → 4문단
④ 모션 트래킹 시스템은 사용자의 동작에 따라 아바타가 동일하게 움직일 수 있도록 동기화하는 시스템이다. 그러므로 아바타의 동작에 따라 사용자가 동일하게 움직일 수 있게 한다는 것은 적절하지 않다. → 4문단
⑤ 모션 트래킹 시스템은 사용자의 동작에 따라 아바타가 동일하게 움직일 수 있도록 동기화하는 시스템이다. 따라서 사용자의 이동 동작에 따라 트레드밀의 움직임이 변경되기도 하고, 가상 공간의 환경 변화에 따라 트레드밀의 움직임이 바뀌기도 한다. 그러므로 아바타의 이동 방향 변화에 따라 트레드밀의 진행 방향이 바뀌어 사용자의 이동 방향이 바뀐다는 이해는 적절하지 않다. → 4문단

17 어휘의 의미 파악하기

근거 있는 정답 풀이

④ ㉠과 ④의 '맞추다'는 '어떤 기준이나 정도에 어긋나지 아니하게 하다.'라는 의미로 사용되었다.

근거 있는 오답 풀이

① '일정한 수량이 되게 하다.'라는 의미로 사용되었다.
②, ③ '서로 어긋남이 없이 조화를 이루다.'라는 의미로 사용되었다.
⑤ '둘 이상의 일정한 대상들을 나란히 놓고 비교하여 살피다.'라는 의미로 사용되었다.

memo

Contact Mirae-N
www.mirae-n.com
(우)06532 서울시 서초구 신반포로 321
1800-8890

수학 EASY 개념서

개념수다

개념이 수학의 전부다! 술술 읽으며 개념 잡는 EASY 개념서

수학 0_초등 핵심 개념,
1_1(상), 2_1(하),
3_2(상), 4_2(하),
5_3(상), 6_3(하)

수학 필수 유형서

올리드 유형완성

체계적인 유형별 학습으로 실전에서 더욱 강력하게!

수학 1(상), 1(하), 2(상), 2(하), 3(상), 3(하)

미래엔 교과서 연계 도서

자습서

미래엔 교과서 자습서

핵심 정리와 적중 문제로 완벽한 자율학습!

국어 1-1, 1-2, 2-1, 2-2, 3-1, 3-2
영어 1, 2, 3
수학 1, 2, 3
사회 ①, ②
역사 ①, ②
도덕 ①, ②
과학 1, 2, 3
기술・가정 ①, ②
제2외국어 생활 일본어, 생활 중국어, 한문

평가 문제집

미래엔 교과서 평가 문제집

정확한 학습 포인트와 족집게 예상 문제로 완벽한 시험 대비!

국어 1-1, 1-2, 2-1, 2-2, 3-1, 3-2
영어 1-1, 1-2, 2-1, 2-2, 3-1, 3-2
사회 ①, ②
역사 ①, ②
도덕 ①, ②
과학 1, 2, 3

내신 대비 문제집

올리드 시험직보 문제집

내신 만점을 위한 시험 직전에 보는 문제집

국어 1-1, 1-2, 2-1, 2-2, 3-1, 3-2
영어 1-1, 1-2, 2-1, 2-2, 3-1, 3-2

* 미래엔 교과서 관련 도서입니다.

예비 고1을 위한 고등 도서

룩

이미지 연상으로 필수 개념을 쉽게 익히는 비주얼 개념서

국어 문학, 독서, 문법
영어 비교문법, 분석독해
수학 고등 수학(상), 고등 수학(하)
사회 통합사회, 한국사
과학 통합과학

NEW 올리드

탄탄한 개념 설명, 자신있는 실전 문제

수학 고등 수학(상), 고등 수학(하), 수학 Ⅰ, 수학 Ⅱ, 확률과 통계, 미적분
사회 통합사회, 한국사
과학 통합과학

수학중심

개념과 유형을 한 번에 잡는 개념 기본서

수학 고등 수학(상), 고등 수학(하), 수학 Ⅰ, 수학 Ⅱ, 확률과 통계, 미적분, 기하

유형중심

체계적인 유형별 학습으로 실전에서 더욱 강력한 문제 기본서

수학 고등 수학(상), 고등 수학(하), 수학 Ⅰ, 수학 Ⅱ, 확률과 통계, 미적분

BITE

GRAMMAR 문법의 기본 개념과 문장 구성 원리를 학습하는 고등 문법 기본서

핵심문법편, 필수구문편

READING 정확하고 빠른 문장 해석 능력과 읽는 즐거움을 키워 주는 고등 독해 기본서

도약편, 발전편

word 동사로 어휘 실력을 다지고 적중 빈출 어휘로 수능을 저격하는 고등 어휘력 향상 프로젝트

핵심동사 830, 수능적중 2000

손쉬운

작품 이해에서 문제 해결까지 손쉬운 비법을 담은 문학 입문서

현대 문학, 고전 문학